全国高等院校国际经济与贸易专业系列统编教材

中国对外贸易概论

(2009 年版)

主　编　杨逢珉

副主编　杨爱兰　刘丽娟
　　　　汪五一　贺长年

中国商务出版社
CHINA COMMERCE AND TRADE PRESS

图书在版编目（CIP）数据

中国对外贸易概论：2009 年版/杨逢珉主编．—北京：中国商务出版社，2009.2　（2015.1 重印）
（全国高等院校国际经济与贸易专业系列统编教材）
ISBN 978-7-5103-0039-4

Ⅰ．中⋯　Ⅱ．杨⋯　Ⅲ．对外贸易－中国－高等学校－教材　Ⅳ．F752

中国版本图书馆 CIP 数据核字（2009）第 016109 号

全国高等院校国际经济与贸易专业系列统编教材

中国对外贸易概论（2009 年版）

主编　杨逢珉

中国商务出版社出版
（北京市东城区安定门外大街东后巷 28 号）
邮政编码：100710
电话：010-64269744（编辑室）
　　　010-64266119（发行部）
　　　010-64295501
　　　010-64263201（零售、邮购）
网址：www.cctpress.com
E-mail：cctp@cctpress.com

北京中商图出版物发行有限责任公司发行
北京开和文化传播中心排版
北京密兴印刷有限公司印刷
787 毫米×980 毫米　16 开本
22.75 印张　407 千字
2009 年 3 月　第 1 版
2015 年 1 月　第 3 次印刷
ISBN 978-7-5103-0039-4
定价：31.00 元

版权专有　侵权必究　　　举报电话：(010)64242964

全国高等院校国际经济与贸易专业系列统编教材

编辑委员会

顾　　　问	施用海　霍建国　严卫京　张汉林
主　　　任	钱建初
秘　书　长	吴小京
编委会成员	（以汉语拼音为序）

陈丽珍　陈双喜　程艳菲　冯宗宪
高　歌　高湘一　韩常青　蒋　瑛
李汉君　李　宏　刘　巍　唐海燕
王友顺　谢晓丰　阎国庆　杨爱兰
杨逢珉　张永安　周升起

序

进入 21 世纪以来，我国外经贸事业发展蒸蒸日上，对外贸易额连年增长，2005 年我国进出口贸易额已经达到 14 200 亿美元，成为世界上的贸易大国。随着对外贸易的发展，外经贸领域对各类外贸人才的需求也日益增长。与此同时，我国的国际贸易教育事业也发展到了一个关键时期，各地院校纷纷开设了国际贸易或与国际贸易有关的专业。但与此不相适应的是，当前国际贸易教育普遍存在着教材陈旧、滞后的情况。当今的国际贸易已经发生了很大变化，服务贸易、技术贸易等有别于商品贸易的贸易形式发展迅速，新的国际贸易理论不断出现，新的交易条件和方式层出不穷；而目前我国各地院校普遍还在使用 20 世纪 80 年代的教材，内容陈旧，形式单一成为这些教材的普遍缺点。

中国商务出版社（原中国对外经济贸易出版社），是商务部所属的唯一一家专业出版社。多年以来，中国商务出版社出版了大量对外经济贸易方面的优秀图书，为我国的对外贸易教育事业作出了卓越的贡献。

在经历了一段时期的调查研究和悉心准备后，中国商务出版社于 2005 年年底在北京召开了"全国高等院校国际经济与贸易专业系列统编教材研讨会"。全国 80 多所开设国际贸易相关专业的高等院校的 100 多位专家、教授参加了会议。经过大家热烈的研讨，会议决定打造一套全新的国际经济与贸易专业系列统编教材。这次会议后，参编的各院校的专家、教授们为编写这套教材，投入了大量的精力。主编们根据自己多年从事对外经济贸易的教学经验，结合当前国际贸易发展的新形势、新理论、新问题，与时俱进，力求创新，精心编撰，几易其稿，为广大读者提供了这套适应当前国际贸易新形势的、适用于所有开设国际贸易及相关专业的高等院校的教材。这套教材是全国 80 多所高等院校从事国际经济与贸易教育事业专家、教授的智慧结晶，也是中国商务出版社为我国国际经济与贸易事业所作的又一杰出贡献。

相信这套教材的出版一定能为我国国际经济与贸易教育事业提供最新、最好的教学用书，也能为我国国际经济与贸易事业培养出更多符合时代要求、知识丰富、能力出众的有用人才。

中国国际贸易学会会长

2006 年 5 月

《中国对外贸易概论》修订说明

2008年1月，中国商务出版社对其出版的高校教材编写的体例作出统一要求，这是我们对本教材进行修订的主要推动力。本教材在2007年7月出版后，随着中国对外贸易的发展变化和中国经济体制改革的不断深化，也有补充和完善的必要。

体例方面，在正文部分，每章前面增加了"本章概要"、"本章学习目标"，力求使读者在学习和阅读前有初步的了解。在每章后面增加了"本章总结"和"本章复习思考题"。为了配合教学的要求，本教材配备了PPT课件。为了有助于学生的学习和教师安排教学的进度，这次专门编写了教学大纲。对有关数据和内容进行了尽可能的补充和完善。

编写组

2008年12月10日

目 录

第一章 导 论 …………………………………………………………… (1)
 本章总结 ………………………………………………………………… (14)
 本章复习思考题 ………………………………………………………… (14)

第二章 中国对外开放与社会主义初级阶段的对外贸易 ………………… (15)
 第一节 对外开放是中国的长期基本国策 …………………………… (15)
 第二节 中国对外开放的内涵与进程 ………………………………… (17)
 第三节 社会主义初级阶段的对外贸易 ……………………………… (25)
 本章总结 ………………………………………………………………… (32)
 本章复习思考题 ………………………………………………………… (32)

第三章 中国发展对外贸易的理论依据 …………………………………… (33)
 第一节 马克思主义的对外贸易理论 ………………………………… (33)
 第二节 邓小平理论对中国对外开放、发展外贸的理论指导 ……… (37)
 第三节 西方国际贸易理论以及对中国的适用性 …………………… (41)
 本章总结 ………………………………………………………………… (50)
 本章复习思考题 ………………………………………………………… (50)

第四章 中国对外贸易战略 ………………………………………………… (51)
 第一节 对外贸易战略的含义、特点与类型 ………………………… (51)
 第二节 中国对外贸易战略的演变 …………………………………… (58)
 第三节 中国对外贸易的次级战略 …………………………………… (66)
 第四节 新时期中国对外贸易战略的调整 …………………………… (85)
 本章总结 ………………………………………………………………… (89)
 本章复习思考题 ………………………………………………………… (90)

第五章 中国出口贸易的发展 …………………………………… (91)
第一节 中国出口贸易发展概况及特点 …………………………… (91)
第二节 出口贸易在中国经济中的地位和作用 …………………… (97)
第三节 中国出口贸易的国际竞争力 ……………………………… (99)
第四节 中国出口贸易从贸易大国向贸易强国的转变 …………… (103)
本章总结 ……………………………………………………………… (106)
本章复习思考题 ……………………………………………………… (107)

第六章 中国进口贸易的发展 …………………………………… (108)
第一节 中国发展进口贸易的意义 ………………………………… (108)
第二节 中国进口贸易发展概况和特点 …………………………… (114)
第三节 中国进口贸易发展战略 …………………………………… (120)
本章总结 ……………………………………………………………… (123)
本章复习思考题 ……………………………………………………… (123)

第七章 中国服务贸易的发展 …………………………………… (124)
第一节 国际服务贸易概述 ………………………………………… (124)
第二节 服务贸易总协定 …………………………………………… (129)
第三节 中国服务贸易的发展 ……………………………………… (131)
第四节 中国服务贸易竞争力分析 ………………………………… (139)
第五节 中国服务贸易竞争力的提高 ……………………………… (151)
本章总结 ……………………………………………………………… (159)
本章复习思考题 ……………………………………………………… (160)

第八章 中国技术贸易的发展 …………………………………… (161)
第一节 国际技术贸易概述 ………………………………………… (161)
第二节 国际技术贸易的内容与方式 ……………………………… (165)
第三节 中国的技术引进 …………………………………………… (169)
本章总结 ……………………………………………………………… (173)
本章复习思考题 ……………………………………………………… (174)

第九章 中国对外贸易与国际直接投资 ………………………… (175)
第一节 国际直接投资与对外贸易相互促进 ……………………… (175)
第二节 "走出去"战略 ……………………………………………… (185)

本章总结 …………………………………………………………………… (191)
本章复习思考题 …………………………………………………………… (192)

第十章　中国对外贸易体制 ……………………………………………… (193)
第一节　改革开放前的中国对外贸易体制 ……………………………… (193)
第二节　中国对外贸易体制改革 ………………………………………… (196)
第三节　改革开放与对外贸易体制改革 ………………………………… (203)
第四节　对外贸易体制改革的进程与效果 ……………………………… (205)
第五节　加入世界贸易组织与对外贸易体制改革 ……………………… (213)
本章总结 …………………………………………………………………… (216)
本章复习思考题 …………………………………………………………… (216)

第十一章　中国对外贸易法律制度的建设 ……………………………… (217)
第一节　中国对外贸易法律概况 ………………………………………… (217)
第二节　《外贸法》概述 ………………………………………………… (222)
第三节　中国对外贸易救济措施 ………………………………………… (227)
本章总结 …………………………………………………………………… (237)
本章复习思考题 …………………………………………………………… (237)

第十二章　中国对外贸易经济调控手段 ………………………………… (238)
第一节　中国对外贸易经济调控手段概述 ……………………………… (238)
第二节　对外贸易税收 …………………………………………………… (242)
第三节　汇率和汇率制度 ………………………………………………… (248)
第四节　进出口信贷制度 ………………………………………………… (255)
本章总结 …………………………………………………………………… (260)
本章复习思考题 …………………………………………………………… (261)

第十三章　中国对外贸易行政管理 ……………………………………… (262)
第一节　对外贸易行政管理概述 ………………………………………… (262)
第二节　对外贸易经营管理 ……………………………………………… (264)
第三节　货物进出口管理 ………………………………………………… (268)
第四节　货物进出口主要环节管理 ……………………………………… (275)
本章总结 …………………………………………………………………… (285)
本章复习思考题 …………………………………………………………… (286)

第十四章　中国对外贸易政策 (287)
第一节　改革开放前的中国对外贸易政策 (287)
第二节　改革开放后的中国对外贸易政策 (291)
第三节　加入世界贸易组织后中国对外贸易政策的调整 (299)
本章总结 (305)
本章复习思考题 (306)

第十五章　中国对外经济贸易关系 (307)
第一节　中国对外经济贸易关系概述 (307)
第二节　中国的双边经济贸易关系 (310)
第三节　中国的区域经济贸易关系 (324)
本章总结 (327)
本章复习思考题 (328)

附录 (329)
1. 《中国对外贸易概论》课程教学大纲 (329)
2. 《中国对外贸易概论》模拟期末考试试卷（闭卷） (333)

参考文献 (347)

后记 (349)

第一章 导 论

本章概要 本章对中国对外贸易这门学科的背景与意义、研究的对象与目的、基本概念与特征进行了全面细致的讲述。对比分析了国际贸易与对外贸易的联系与区别。揭示了对外开放政策的基本含义和主要内容。区别了大经贸战略与市场多元化战略的内涵。对全书的内容进行了归纳和介绍。

本章学习目标 本章学习目标有五个方面：（1）掌握对外贸易这门学科的背景和意义。（2）掌握国际贸易与对外贸易的联系与区别。（3）了解大经贸战略与市场多元化战略产生的背景与含义。（4）掌握全书各章节之间的逻辑联系。（5）了解对外贸易在国民经济发展中的积极作用。

党的十一届三中全会以后，在科学研究的基础上，客观地、实事求是地撰写一部面对大学生的、关于中国对外贸易理论与实践发展演变的教材是一件非常有意义的工作。

这本教材研究的对象是一门中国特有的学科。因为它是专门研究中华人民共和国成立前后中国对外经济贸易实践的一门学科，这里我们就像国内的许多老前辈和同行们一样称它为《中国对外贸易概论》。

一、本门学科研究的背景和意义

1. 研究背景

"中国对外贸易概论"作为一门课程，在中华人民共和国成立初期，就在前苏联专家的帮助下，在中国人民大学的对外贸易专业中开设，当时名为《中苏对外贸易原理》。20世纪50年代中期改名为《社会主义阵营对外贸易》。后在中国的一些高等院校曾一度与《国际贸易》合并，名为《国际贸易原理》。进入20世纪60年代，从学科发展和学科研究对象的不同等角度出发，又将研究中国对外贸易的部分从《国际贸易原理》中分离出来，名为《中国对外贸易政策》，后在许多老前辈的著述中又改称《中国对外贸易政策理论》，后又改名为《中国对外贸易理论与政策》。"文化大革命"结束,"四人帮"被粉碎,中国的高考制度恢复,在中国的高等院校的相关专业开设的课程和相应的教材里,学者们又将它改名为《中国对外贸易经济概论》。1985年,全国统编教材时,改名为《中国对外贸易概论》,并作为我国各大专院校国际贸易专业的专业基础核心课程开设。无论该课程的名称怎样变化,它研究的内容、重点和结构体系大致相同,都是以研究中华人民共和国成立前后中国的对外贸易发展演变的实践,以及中国对外贸易的指导思想、政策和原则为主要内容。

随着中国改革外放的不断深入和扩大,中国对外经济贸易合作关系迅速发展,新情况、新事物不断涌现,《中国对外贸易概论》的内容也在不断丰富和发展,日趋成熟。

近30多年来,我国经历了由计划经济向有计划的商品经济,向有计划的市场经济,再向市场经济的体制改革与转轨。加入WTO后,我国开放型的市场经济体系和运行机制更是处于加速调整状态。在国内经济体制改革和世界经济全球化的合力推动下,我国外贸领域的新事物、新现象、新情况层出不穷。实践的发展呼唤理论的创新。从20世纪80年代开始,每两三年,"中国对外贸易概论"课程就有新的教材面世。新教材总是紧跟实践发展的需要,在基本内容、结构安排、论述深度与材料应用上作出适当的调整。

虽然几乎不到三年的时间,就有新教材的出现,在内容、结构、材料等方面都有更新,但是,这种更新并没有改变《中国对外贸易概论》的基本研究对象和任务的稳定性,这是因为,我们研究中国外贸发展的理论依据、方针政策和实践历程的主要方面都没有改变,我们以最大限度维护本国经济利益的角度出发去做研究。

《中国对外贸易概论》系统地、比较全面地介绍中国贸易发展的现状、特点与趋势,中国贸易与投资的现状与特点,中国的国别(地区)贸易关系等有关贸易实践、贸易政策与贸易关系等问题。

2. 研究意义

从本门学科研究的意义来看,由于《中国对外贸易概论》是一门中国对外贸易理论与实践相结合的综合性的专业基础课程,这就决定了它在中国的高等院校的涉外专业课程中的重要地位。《中国对外贸易概论》不仅是大学生们学习中国对外经济贸易实践的一门必修课,它也是中国每一位从事对外经济贸易工作的同志都必须学习和掌握的重要专业基础课程。只有学好这门学科,才能从马克思主义理论的高度分析我国对外贸易方针政策,才能从战略的高度认识我国的社会主义对外贸易,树立正确的指导思想,才能从本质上了解我国对外贸易的实际,真正做到"知己",为做好我国的对外经济贸易工作打下坚实的基础。因此,推进该学科的不断完善，对我国对外经贸事业的发展具有深远的意义。

与此同时，研究中国对外贸易发展、演变的历程，又存在一定的难度。例如，在分析研究中国社会主义对外贸易理论方面，既要求以马克思主义理论为基础，又要求"与时俱进"富于创造性；在分析研究有关方针政策方面，既要求提高到理论的高度，又要求密切联系实际；在研究中国对外贸易实际问题方面，既要求及时掌握实际情况，又要求分析问题的实质。这样，就要求我们必须具有一定的马克思主义理论水平、较高的政策水平、较丰富的世界经济和国际贸易知识，以及能够及时了解实际工作情况等条件。

二、本教材研究的目的

本教材的研究目的就是对我国发展对外贸易树立正确的指导思想，从战略上认识我国发展对外贸易的重要意义，从马克思主义理论的高度分析我国对外贸易的实际情况，从而为做好我国的对外贸易工作打下坚实的基础，培养相关的从事涉外经济工作的人才。

三、本教材的研究对象

《中国对外贸易概论》的研究对象是分析和研究中国对外贸易发展的基本理论和实践，正确地阐明我国对外贸易的有关方针政策，总结我国发展对外贸易的实践经验，特别是结合马克思主义、列宁主义的基本理论和中国特有的有关方针政策，探讨当前中国对外贸易的主要实际问题，并对未来中国对外经济、贸易的发展作出一定的展望和判断。

也就是说，《中国对外贸易概论》是以中国国家利益最大化为宗旨，研究中国社会主义初级阶段对外贸易发展的过去、现状，预测并试图规划未来。

《中国对外贸易概论》是社会主义市场经济理论体系中的一个重要组成部分，是在国际经济学、发展经济学、区域经济学、制度经济学等多学科交叉处萌生的边缘学科。它同"国际贸易概论"、"国际贸易实务"、"国际经济法"等课程有密不可分的联系，其研究对象涉及中国涉外经济领域的各个方面，因而带有宏观性与综合性特征。它要求从全局出发对中国对外贸易发展的有关理论指导、方针政策和实践作出全面总结与分析。

四、相关概念与范畴的界定

1. 国际贸易与对外贸易的联系与区别

为了准确地把握中国对外经济贸易活动中的相关问题，我们有必要首先了解国际贸易与对外贸易这两个概念的联系与区别。

如果以一个国家或者地区为主体，其对另一些国家或者地区所进行的商品、劳务和技术的买卖和交换就称为该国或者该地区的对外贸易（foreign trade）。任何一宗对外贸易都是由一国（地区）的出口和另一国（地区）的进口构成，所以对外贸易又称进出口贸易或输出入贸易。海岛国家如英国、日本等，也常用"海外贸易"表示对外贸易。

国际贸易（international trade）是指国家或地区之间的商品、劳务和技术的买卖或交换。国际贸易有狭义和广义之分，狭义上仅指货物的跨国或跨地区流动；广义上还指劳务、技术、信息甚至资金的跨国或跨地区流动。

显然，国际贸易是由各国或地区的对外贸易构成的，同时，任何一国或者地区的对外贸易均涉及与其他国家或地区的交换。世界贸易组织（WTO）、国际货币基金组织（IMF）、世界银行集团（WBG）等国际经济组织，以及研究全球贸易问题的经济学家，通常以世界资源的有效利用和人类福利的增加为最高宗旨，他们在应用国际贸易与对外贸易这两个概念时并没有本质上的差别。但是，国家或地区之间的贸易往来，不仅仅涉及资源有效利用以及由此引起的经济增长的问题，还涉及增加的经济利益在贸易双方如何分配的问题。从贸易产生起，贸易利益在贸易伙伴之间的分配很少会达到自然的公平合理。由于种种因素的作用，贸易中一方得益、另一方受损，或一方得益更多的现象常有发生。各国为使自己在贸易利益的分配上占据有利的地位，纷纷制定各种贸易发展战略，出台各种贸易政策，甚至运用政治、军事、外交手段和措施，影响贸易的流动。

2. 对外开放政策的基本含义和主要内容

对外开放政策的基本含义是，大力发展和不断加强对外经济技术交流与合作，积极参加国际交换和国际竞争，由封闭型经济转变为开放型经济，以加速经济建设。对外开放的主要内容是，大力发展对外贸易，特别是扩大出口贸易；积极引进先进技术设备，特别是有助于企业技术改造的适用的先进技术；积极有效地利用外资；积极开展对外承包工程和劳务合作；发展对外经济技术援助和多种形式的互利合作；设立经济特区和开放沿海城市，带动内地开放。

3. 大经贸战略的内涵

大经贸战略是指从宏观和微观两个层次上，实现各项经贸业务的渗透和融合；加强外经贸部门和国民经济其他部门的协作和配合，加强外经贸业务与国内有关产业的结合，发挥贸、工、农、技、银各方面的积极性，形成合力。

4. 市场多元化战略的内涵

"八五"计划期间，中央制定和实施出口市场多元化战略，这主要是由于世界政治形势发生剧变而确定的。其具体内容是：以亚太市场为重点，以周边国家市场为支撑，发达国家市场与发展中国家市场均衡、协调地发展。我国出口市场过于集中的状况有所改善，但进展缓慢。目前，我国的出口商品仍然集中在美国、日本、香港、东盟、韩国等国和地区。这种状况不利于我国实行全方位的对外开放政策，不利于我国持续、稳定地发展出口贸易，不利于我国加强同发展中国家的团结和合作，不利于在新的国际形势条件下，在国际分工和竞争中取得有利地位，不利于我国冲破贸易保护主义和区域集团排他性的限制。"十一五"计划期间，我国将继续实施市场多元化战略。

五、本教材的主要内容

本教材共十五章，基本内容可以归纳为以下五个部分。

（一）中国对外开放与社会主义初级阶段的对外贸易

本教材的第一章到第四章，主要是从宏观的角度分析中国的对外开放与社会主义初级阶段的对外贸易的概况，以及中国发展对外贸易的理论依据和中国对外贸易的战略。这一部分涉及的主要内容如下。

1. 对外开放是党和国家制定的基本国策

对外开放政策是党的十一届三中全会后，党和国家制定的基本国策，是依据马克思主义关于国际经济关系的原理和国际国内的历史经验作出的重大战略决策。研究我国的对外贸易，必须研究对外开放与发展对外贸易的关系，并从对外开放的战略高度来认识对外贸易的战略意义。

对外开放符合经济发展规律的客观要求。我国实行对外开放采取了先开放沿海地区再逐步向内地开放的战略。在总结实践经验的基础上，于1987年年底制定了沿海地区经济发展战略。1992年年初，邓小平南方谈话之后，我国对外开放进入了一个新阶段，实行多层次、多渠道、全方位的对外开放，除继续开放沿海地区外，沿边地区、沿江地区相继开放，内地的许多省会城市也实行对外开放，逐步形成了我国对外开放的新格局。20世纪末，我国又作出了开发中西部地区的战略决策，极大地推动了我国西部地区的对外开放。加入世界贸易组织是我国对外开放进入新阶段的标志。中国由有限范围和领域内开放转变为全方位的开放；由以试点为特征的政策性开放转变为在法律框架下的可预见的开放；由单方面为主的自我开放转变为中国与世界贸易组织成员之间的相互开放。

2. 对外开放要为市场经济服务

我国正处于社会主义初级阶段。社会主义初级阶段必须培育和发展社会主义市场经济体制。对外贸易要为我国发展市场经济服务，而且它本身就是社会主义市场经济的一个重要部分。社会主义初级阶段的对外贸易有一个建立和发展过程。在不同的发展阶段，对外贸易所有制形式有所变化。党的十一届三中全会后，在我国对外贸易领域中形成了以公有制为主体的，包括中外合资经营企业、合作经营企业和外商独资企业、集体企业在内的多种所有制形式。

3. 对外贸易在中国国民经济发展中的重要战略地位

研究中国对外贸易必须充分认识对外贸易在我国国民经济中的重要地位和作用。党的十一届三中全会以后，党和国家认真总结了国际和国内的经验，明确提出进行社会主义现代化建设，必须要利用两种资源——国内资源和国外资源，打开两个市场——国内市场和国外市场，学会两套本领——组织国内建设和发展对外经济关系的本领。要以天下之长，补一国之短。

对外贸易在我国社会主义现代化建设中处于重要的战略地位。在经济发展过程中，对外贸易可以优化生产要素的组合和经济资源的配置，转换商品的实物形态和价值增值，对我国国民经济起着日益重要的作用，有力地推动了我国现代化建设，成为我国国民经济持续加快发展的主要动因，成为经济增长的"助推器"。具体表现为：促进国民经济迅速发展；加快产业结构调整；提高科学技术水平；增加国家和地方财政收入，扩大劳动就业；促进社会主义市场经济体制的初步建立；为国民经济的发展创造良好的外部环境。

4. 中国发展对外贸易的理论依据

发展我国社会主义初级阶段的对外贸易，应当研究它的主要理论依据。我国发展对外贸易的主要理论依据是马克思主义对外贸易理论、邓小平理论和国际贸易理论。

马克思主义的国际分工理论是我国发展对外贸易的理论基础。马克思主义的国际分工理论指出，国际分工是客观的经济范畴，是人类生产力发展到一定阶段的必然产物。马克思不仅从生产力方面科学地分析国际分工的产生和发展的客观性，而且从生产关系方面揭示了资本主义国际分工的强制性和不平等性。我国发展社会主义商品经济，必然要充分利用国际分工，大力发展对外贸易。在我国同西方国家的贸易关系中，一方面存在着相互需要、相互依存、促进彼此经济发展的内容，另一方面又存在反对歧视和不平等关系的斗争。

马克思主义的国际价值理论从商品价值的角度，说明发展对外贸易的重要性和必要性。马克思主义的国际贸易价值理论指出，商品的国际价值取决于国际社会必要劳动时间。这样，同一种商品具有国内价值和国际价值两种根本不同的价值尺度。马克思指出，各种商品在这两种不同的价值尺度之间存在不同的比例关系，并称之为"比较差异"。因此，从理论上考察，在正常的、平等的贸易条件下，各国有可能利用各种商品国内价值和国际价值的比较差异，发展优势或相对优势商品的出口，获取贸易利益。贸易双方都可能通过国际交换，实现以较少的劳动耗费获取较多的劳动产品。

马克思主义的社会再生产理论从商品使用价值的角度，说明发展对外贸易的重要性和必要性。马克思主义的社会再生产理论指出，社会生产各部类之间以及每个部类内部在实物形态上要求保持一定的比例关系，社会再生产才能顺利地发展，取得适宜的经济发展速度和较好的经济效益。但是，由于各国的生产水平、经济结构、科学技术条件，以及资源和气候等条件的差异，各国社会再生产的实际实物构成有差距。也就是说，在一国范围内，不可能在实物形态上达到社会再生产所要求的平衡关系，任何国家都不可能生产自己发展经济所需要的一切。只有通过对外贸易，同国外实现实物形态的转换，以调整第一部类和第二部类、农轻重之间以及它们内部结构上的比例关系，在较高的水平上实现综合平衡，从而取得较好的社会经济效益。

邓小平理论是马克思主义基本原理和当代中国具体实际问题和时代特征相结合的最新成果。这个理论第一次比较系统地、初步地回答了中国这样的原来经济文化比较落后的国家如何建设、巩固和发展社会主义的一系列问题。它是我国一切工作的理论基础和指导思想，也是我国发展对外贸易的理论基础和指导思想。"一个中心，两个基本点"是建设有中国特色社会主义理论的核心内容。要坚持以经济建设为中心，坚持改革开放，坚持四项基本原则，并且始终把改革开放同四项基本原则统一起来。坚持"一个中心，两个基本点"的基本路线，客观上要求我国大力发展对外贸易，以便吸收和利用世界各国包括发达资本主义国家在内的一切反映现代化生产和商品经济一般规律的先进经营方式和管理方法，吸收和利用国外的资金、资源、技术、人才以及作为有益补充的私人经济，以加速我国社会主义现代化建设进程。建立社会主义市场经济体制为发展对外贸易开创了广阔的前景，而大力发展对外贸易是建立社会主义市场经济的必要条件。

国际贸易理论经历了从古典贸易理论到新古典贸易理论，进而从新古典贸易理论到新贸易理论三个发展阶段。古典贸易理论的核心是比较利益理论，这一理论从不同角度出发，有两种表述：一是技术差异论；二是生产要素禀赋论。两者共同点在于，它们都是以各国生产同一产品的价格或成本差别作为国际贸易的原因和动力。古典贸易理论的假设前提非常严格，虽然在理论上可以接受，但距离揭示现实还有一定距离。新古典贸易理论放松了古典贸易理论的各个假设前提，从而得出了新的观点。古典贸易理论和新古典贸易理论都是自由竞争市场结构下的理论。新贸易理论将不完全竞争的市场结构纳入国际贸易理论的思考中。新贸易理论的核心是，具有某种不完全竞争优势的企业或行业凭借自身的优势获得了国际贸易中的竞争优势。新国际贸易理论扩展了国际贸易的原因、结构和结果的理论观点，使现代国际贸易中的许多新现象得到了更切合实际的解释。

国际贸易理论中的许多观点、立场是正确的，理论核心是可取的，我们在建立和完善社会主义国际贸易理论时，可以借鉴吸收。对于国际贸易理论，要进行科学地、实事求是地分析和评价，取其精华，去其糟粕，为发展我国的对外贸易、建立社会主义国际贸易理论体系服务。

（二）进出口贸易、服务贸易和技术贸易

本教材的第五章到第八章，主要研究中国的进出口贸易、服务贸易和技术贸易。

1. 进出口贸易是推动中国经济增长的重要力量

改革开放以来，我国进出口规模不断扩大，成为拉动国民经济增长的重要力量。进出口贸易的规模和水平、质量和效益制约着我国对外开放的范围和程度，从而影响着国民经济建设的规模和进程。

要推动我国进出口贸易发展，必须大力贯彻大经贸战略。在社会主义市场经济条件下，调动各方面发展对外经济贸易的积极性，按照国际经济贸易的通行规则来管理和经营高效益、高效率的具有较强综合整体竞争能力的对外经贸战略。

我国对外贸易出口商品构成优化的安排，在不同历史时期侧重点有所不同。根据国际市场的需求及我国国情的变化，我国制定了不同的出口商品战略。在"六五"计划期间，主要是扩大矿产品、农副土特产品出口；其次是发展工艺品和轻纺产品出口；再次是发展机电产品和有色金属、稀有金属加工品的出口。到"七五"计划期间，中央提出要实现两个转变：以出口初级产品为主转变为出口制成品为主；以出口粗加工品为主转变为出口精加工品为主。经过这两个五年计划的努力，我国出口商品构成不断优化，到1991年，制成品出口已占七成。因此，"八五"计划期间的出口商品战略是：实现以出口粗加工品为主转变为精加工品为主，努力增加附加值高的机电产品、轻纺产品和高技术产品的出口。在改善出口商品构成的同时，要大力提高出口产品的质量。"九五"计划期间，我国的出口商品战略是"进一步优化出口商品结构，着重提高轻纺产品的质量、档次，加快产品升级换代，扩大花色品种，创立名牌，提高产品附加值。进一步扩大机电产品的出口，特别是成套设备出口，发展附加值高和综合利用农业资源的创汇农业"。"十五"计划期间，我国提出优化出口商品结构,"继续扩大大宗传统和劳动密集型工业制成品出口,不断提高其技术含量和附加值,增加高新技术和高附加值产品出口,2005年机电产品出口比重提高到50%左右"。"十一五"期间,我国出口商品结构将更加优化:汽车、发电机等更多高附加值商品的大量出口、具有自主知识产权商品出口的扩大以及我国对外直接投资总金额将有快速增长。近几年来,国内一些产业的产业规模和竞争程度日益扩大和增强,带动了国内产业的升级。出口商品优化的基础来自于国内产业结构的升级。

2. 产品质量是国际市场竞争的焦点

世界经济的发展趋势表明,产品质量是当前国际竞争的焦点。产品能否在国际市场上竞争取胜,质量是一个决定性因素。我国实施"以质取胜"战略的具体措施是:强化质量意识;依靠科技进步提高出口商品质量;加强全面质量管理;积极推行国际化标准;充分发挥商检部门的监督保证作用;实施名牌战略,提高出口商品质量和国际竞争能力。

为提高我国对外贸易的质量和水平,实现外贸出口的可持续发展,实现由外贸大国向贸易强国的转变,增强抗御外部风险能力,1999年年初,外经贸部提出了"科技兴贸"战略,大力推动高新技术产品出口。同时运用高新技术成果改造传统出口产业,将高新技术渗透到传统出口产品中,提高出口产品的技术含量和附加值。"十一五"期间深入实施科技兴贸战略,关系到我国能否抓住当前国际产业调整重组的机遇,提高企业自主创新能力,增强我国出口商品国际竞争力;关系到我国能否解决贸易摩擦加剧等突出矛盾,跨越国外的各种贸易壁垒;关系到我国能否处理好外贸发展速度与结构、规模与效益的关系,实现对外贸易全面、协调和可持续发展。《科技兴贸"十一五"规划》的编制和实施对于加快转变贸易增长方式、优化进出口商品结构、增强自主创新能力具有十分重要的意义。

3. 技术进步对外贸发展的推动作用

科学技术是生产力,科技进步是经济发展的决定性因素。中国引进技术的历程证明了技术引进对中国国民经济的发展具有十分重要的意义,它是加快中国技术升级和经济发展的重要途径。要进一步做好技术引进工作,首先要进一步提高对技术引进工作重要意义的认识;今后引进工作的重点是对引进技术的消化、吸收、推广和再开发;今后我国引进技术的先进领域是按产业政策要求的领域,它包括农业和农业工业的技术进步,基础产业的技术进步,加工工业的技术进步,第三产业的技术进步和发展高科技产业及新兴产业。

(三) 对外贸易与国际直接投资

本教材的第九章主要是研究中国对外贸易与国际直接投资。利用外资是加速对我国经济发展的有效途径之一。我国利用外资的总方针是积极合理有效地利用外资。主要原则是：争取国际金融机构和政府双边贷款，适当控制借债规模。重点是吸引外商直接投资（FDI），引导外商投资方向，逐步实行国民待遇等。我国利用外资主要是外商投资，同时也借用外国资金。20世纪90年代以来，我国利用外资的规模不断扩大，无论是在发展中国家、地区中，还是在全球范围内都处于较为突出的地位，我国已成为世界上利用外资大国。中国利用外资最突出的方面是吸收外商直接投资。我国利用外商直接投资已走过了20多年的历程，外资对我国经济发展起到了重要的推动作用。这种重要性不仅体现在对我国经济增长速度的影响方面，更重要的是体现在对我国经济增长方式质量的影响方面。利用外资的意义和作用主要表现在：利用外资有力地促进了国民经济持续、快速、健康发展；利用外资推动着技术进步；利用外资促进我国经济结构转变，增加就业；利用外资有助于社会主义市场经济体制的建立和完善。毫无疑问，中国是需要外资的。然而，20多年的实践也告诉我们，外资对中国的影响也要一分为二地看待。应该看到，目前我国的引进外资政策开始面临一些挑战，及时调整引资政策和引资重点十分重要。

我国企业的海外投资规模较小，从"十五"计划开始，我国制定了在实施"引进来"的对外开放战略的同时，要实施"走出去"的对外开放战略。对外投资可以为东道国创造就业机会，推动其经济发展，还可以实现原产地多元化，有效规避贸易摩擦。"十一五"时期，我们要综合运用财政、金融、外汇管理等手段，支持我国企业合作开发境外资源，支持我国具有比较优势的纺织、轻工、家电等产业"走出去"。"走出去"战略是现阶段我国的对外投资战略，是适应经济全球化和我国经济结构调整的必然选择。我国要加大对外投资的力度，逐步建立中国的跨国公司。

（四）外贸体制和对外贸易管理

本教材的第十章到第十三章，主要是研究中国对外贸易体制以及对外贸易管理方面的问题。

1. 外贸体制改革的关键作用

对外贸易体制如何适应市场经济发展的需要，如何建立既符合社会主义市场经济的运行机制，又符合国际贸易规范的新体制，促进对外开放和发展的开放型经济，这是一个重大的课题。研究对外贸易体制，必须研究对外贸易体制改革的演变和基本内容，中国对外贸易旧体制的弊病以及今后我国对外贸易体制改革的目标和方向。

改革开放以来，我国对外贸体制进行了一系列改革，大体上可划分为三个阶段：（1）1979年到1987年的初步改革。其主要内容是：下放外贸经营权、开展工贸结合试点、简化外贸计划内容、实行出口承包经营责任制试点。（2）1988年到1993年的深化改革。其主要内容是：全面推行外贸承包经营责任制、实行一系列配套措施（放宽外汇管制、实行彻底退税政策等）。1991年起推行出口自负盈亏承包经营责任制。（3）1994年的进一步改革。其主要内容是：坚持统一政策、放开经营、平等竞争、自负盈亏、工贸结合、推行代理制的改革方向；加速转换各类企业的对外经营机制，按照现代企业制度改组国有对外经贸企业，赋予具备条件的生产和科技企业对外经营权；发展一批国际化、实业化、集团化的综合贸易公司。国家主要运用汇率、税收和信贷等手段调节对外经济活动；改革进出口管理制度，取消指令性计划，减少行政干预；对少数实行数量限制的进出口商品的管理，按照效益、公正和公开的原则，实行配额招标、拍卖或规则化分配；发挥进出口商会协调指导、咨询服务的作用等。1994年的外贸体制改革是我国外贸体制的重大转折，既符合社会主义市场经济发展的需要，又符合国际贸易惯例，方向是正确的。

2. 外贸管理对外贸发展的促进作用

实行对外贸易管理是当代国际贸易中的普遍现象。世界各国为了维护本国的政治、经济利益，发展对外经贸关系，都采取了一系列措施来管理本国的对外贸易活动。我国对外贸易管理是通过制定有关法规，运用经济杠杆和采取必要的行政手段进行的。

改革开放以来，我国逐步加强和完善了对外贸易法律建设，借助法律的规范作用对进出口活动施加影响和调控。目前，最重要的涉外经济法规是《中华人民共和国对外贸易法》（以下简称为《对外贸易法》）。《对外贸易法》明确了从事货物、技术进出口及国际服务贸易的基本原则，规定了促进我国对外贸易的主要措施，同时对违反外贸法的法律责任作出了明确的规定。《对外贸易法》是我国管理货物、技术进出口、国际服务贸易的一部基本法律，是我国各级外贸管理部门和对外贸易经营单位最基本、最重要的法律准则。

经济手段是市场经济实际调控过程中的最主要、最常用的调控手段。外贸经济手段就是指国家通过调控经济变量从而调节市场价格信号或市场价格信号的形成条件，来影响外贸领域的微观经济行为，并使之符合宏观经济发展目标的一切政策措施的总和。我国对外贸易管理的经济调控手段主要是价格、税收、信贷、汇率。

对外贸易的行政手段同经济手段相比，具有强制性、义务性、直接性的特点，它可以弥补市场机制的缺陷，有效地维护我国对外贸易秩序。根据国际贸易规范和我国的实际情况，我国对外贸易管理的主要手段是：配额管理、进出口许可证管理、对设立对外贸易业的管理、对外国企业在中国设立常驻代表机构的管理、对出口商品的协调管理、外汇管理、海关管理、进出口商品检验管理等。

(五) 对外贸易国别、地区政策和多边经贸关系

本教材的第十四章到第十五章,主要研究中国的对外贸易政策和中国的多边贸易关系。我国对外贸易紧密联系着国际市场,与国际市场上各种不同类型的国家、地区发生着不同性质的贸易经济关系。因此,要分析研究我国与不同类型国家、地区的贸易经济关系和有关方针政策。

当前,我国对外贸易国别、地区关系的基本政策是:在改革开放总方针指引下,实行全方位协调发展的国别、地区政策,即坚持平等互利的原则,致力于同世界上所有国家和地区发展多种形式的多边、双边经济贸易关系。这为我国积极参与国际交换和国际竞争,扩大国内经济与世界经济的联系,使国内经济与国际经济实现互接互补,促进国民经济发展创造了良好的条件。中国在发展同世界各国经贸关系时,主要遵循独立自主原则,平等互利原则,互惠对等原则和外贸、外交相互配合的原则。

随着经济全球化与区域经济贸易合作的不断深化、加强,我国也积极参与多边和区域经贸活动。2001年12月中国已经成为WTO的正式成员。中国将以积极的姿态参与世界经济,同时也将积极参与世界贸易规则的制定。中国积极参与亚太经济合作组织及亚欧会议等区域经济贸易合作等活动。我国应当在平等互利的原则基础上,根据需要和可能,积极开展同西方发达国家的贸易经济合作。我国与发展中国家贸易关系的指导原则是平等互利,讲求实效,形式多样,共同发展。同时,我国要积极发展同独联体、东欧国家的经贸关系。我国内地要重视同香港、澳门和台湾地区的贸易关系。

总之,《中国对外贸易概论》是在总结我国50多年的对外贸易实践经验和广泛吸收有关对外贸易科研成果的基础上编写而成的。该学科已经形成了独立的体系,具有一定的科学水平。但是,这门学科的性质决定它必须不断总结新的实践经验,不断探索新的理论课题,才能进一步完善和科学化。

六、本门学科的研究方法

在中国研究社会科学,必须坚持以马克思主义为指导。马克思主义永远是指导我们进行社会科学研究的强大理论武器。与此同时,马克思主义的辩证唯物主义和历史唯物主义是研究一切社会科学的基本方法。《中国对外贸易概论》是一门社会科学,因此,研究它就必须以马克思主义的辩证唯物主义和历史唯物主义的各项原理作为指导。

《中国对外贸易概论》的学科性质及特点，决定了我们的研究在辩证唯物主义和历史唯物主义方法论的指导下，应特别强调采用以下具体方法。

1. 历史和逻辑相统一的方法

马克思主义的辩证唯物主义和历史唯物主义的方法论指出，在分析经济现象时，必须用抽象的方法，对历史和逻辑进行辩证统一的研究。也就是说，我们在研究中国对外贸易的历史、现状和未来时，必须对它们进行历史和逻辑辩证统一的研究。根据这一原理，我们在研究中国对外贸易的种种问题时，既要注重理论的研究，也要强调历史的和现实材料的分析研究，把二者有机、辩证地结合起来。

2. 理论和实际相结合的方法

研究中国对外贸易的发展演变历史，应以马克思主义、毛泽东思想和邓小平理论为指导，结合中国革命和建设的实践来研究。例如，在我们的研究中，对中国继承和吸收各个历史阶段、国外发达国家的贸易理论与学说中的一切有价值的和科学的成分，借鉴各种相关学科的理论和分析模型来考察我国的外贸现象。只有将各种现象纳入一定的理论框架进行分析、评价，才能从纷繁复杂的现象中总结出规律性的东西。同时，我们必须学会观察现象，全面、充分地收集、占有事实材料。只有大量地占有实际资料，进行深入、细致、客观的研究，才能得出符合客观实际的、具有科学性的结论。

3. 静态分析和动态分析相结合的方法

社会学科的发展演变，从来都是在一定的历史背景下进行的一种研究。所以，我们对中国对外贸易发展的学科进行研究时也要注意静态分析和动态分析相结合。在分析某一因素对外贸活动的影响时，要假设其他因素是固定不变的；在分析某一理论时，要注意该理论产生的特殊条件，这就是静态分析。在研究中国社会主义对外贸易的理论、政策和实践时，要对它们的变化过程进行分析，要对不同历史阶段上情况进行比较分析，说明各种理论、政策及各阶段实践的进步性和局限性，这就是动态分析。

4. 规范研究和实证研究相结合的方法

实证分析和规范分析是经济学科学习和研究常用的方法。所谓实证经济分析，就是回答经济运行中"是什么"的问题。所谓规范经济分析，就是解决经济运行"应该是什么"的问题。在《中国对外贸易概论》的研究和学习中，通过实证经济分析，可以准确把握我国外贸活动的现状与问题，提供切实可行的解决方案。而通过规范经济分析，可以解决外贸活动价值判断问题，为我国的对外贸易体制和宏观经济管理体制的改革提供对策和建议。

5. 定性研究和定量研究相结合的方法

定性分析是运用经济学理论、管理学理论、法学理论、国际关系理论等对外贸战略、外贸体制、外贸管理、进出口贸易、对外贸易关系等诸多问题进行理性分析，进行宏观把握。定量分析是通过构建数学模型，对对外贸易领域出现的问题进行量化处理，使研究所得结论更加准确，提出的对策性意见和建议更加符合客观实际，更加易于付诸实施。通过定性分析和定量分析相结合的方法从事研究，能够保证研究结果的正确性和准确性，使所提出的对策性意见和建议既有其理论意义，又具有可行性，使研究成果最终落在实处。

总之，"十一五"时期是全面建设小康社会的关键时期，我们要按照落实科学发展观和构建和谐社会的要求，紧紧抓住经济全球化的机遇，积极应对各种挑战，着力解决对外贸易发展中的突出问题，提高对外贸易发展的质量和效益，为国民经济平稳较快地发展作出贡献。

本 章 总 结

（1）通过对对外贸易这门学科的产生背景、研究对象、研究目的与意义等方面问题的分析，我们得出这样的结论：这门学科所研究的对象，具有一定的理论意义和实际意义。（2）对外贸易在利用外资、促进国民经济结构的完善等方面都具有重要的战略意义。通过本章的学习，同学们应该对全书的内容有一个比较系统的了解和展望。（3）从中国的实际出发研究对外贸易在中国经济发展中的战略作用，还要采用科学的研究方法。

本章复习思考题

一、本门学科的研究对象是什么？
二、国际贸易与对外贸易的联系与区别是什么？
三、为什么说对外贸易在中国国民经济发展中有着重要战略地位？
四、中国发展对外贸易的理论依据是什么？
五、对外贸易国别、地区关系的基本政策是什么？
六、研究对外贸易应该采用的方法主要有哪些？

第二章 中国对外开放与社会主义初级阶段的对外贸易

本章概要　本章对我国对外开放政策、对外开放格局和进程加以较为系统的阐述，还对新中国成立以来，我国对外贸易发展阶段进行划分，并阐述了改革开放后我国对外贸易发展变化及在我国国民经济中的地位与作用。

本章学习目标　本章学习目标有三个方面：（1）了解对外开放是中国的长期基本国策及其确立的时间。（2）掌握中国对外开放的内涵与进程，特别是各阶段对外开放的特征。（3）掌握我国改革开放后，对外贸易所取得的成绩及在国民经济中的地位和作用。

第一节　对外开放是中国的长期基本国策

对外开放思想是邓小平理论的重要组成部分。早在1978年和1979年，邓小平先后访问了日本和美国。面对西方高速发展的经济，在深感中国已经落后的同时，他深刻地认识到："环顾全球，今天世界上经济发展较快的国家，没有一个是闭关自守的。对外开放的政策是中国的希望。关起门来搞建设是不行的，中国的发展离不开世界。"

在邓小平同志的倡导下，对外开放的思想第一次写进党的十一届三中全会决议。1980年6月，邓小平同志在接见外宾时，首次以"对外开放"作为我国对外经济政策而公诸于世。1982年12月，对外开放政策写入我国宪法，成为我国一项长期坚持的基本国策并得以最终确立。

一、对外开放是经济全球化背景下的历史选择

对外开放是我国在经济全球化背景下的历史选择。中国的发展离不开世

界，现在的世界是开放的世界，"开放的世界"的基础是经济生活的国际化。对外开放，从根本上说是生产社会化、经济生活国际化的客观要求，是国际分工、市场经济发展的必然结果。第二次世界大战以后，国际间的经济技术联系日益密切，各国经济都不同程度地卷入国际分工和世界市场体系之中，使当代世界经济紧密地结为一个整体，各国间相互依赖、相互联系的程度越来越高。

由于社会化大生产效率高、规模大，产量剧增，国内市场已无法容纳，需要开拓国际市场；消耗的原材料数量、品种剧增，单靠本国不能满足需要，必然要求资源配置的国际化。加上当今国际经济联系手段的日臻完善，通信卫星、电脑和信息网络的发展，交通运输工具的现代化，极大地促进了国际间经济联系和世界市场的发展。

因此，在世界全球化背景下，任何国家都不可能拥有发展本国经济所需要的全部产品、资源、资本和技术，要发展经济，必须对外开放，积极参与国际分工和国际贸易，中国更是如此。只有积极参与国际贸易、国际分工，利用国内国外两个市场、两种资源，才能使我国国民经济实现高级综合平衡。

二、对外开放是实现现代化的内在要求

邓小平根据社会主义初级阶段发展的客观规律和历史任务，高瞻远瞩，总揽全局，提出我国经济"三步走"的发展战略。第一步，20世纪80年代国民经济生产总值翻一番，实现温饱；第二步，20世纪90年代再翻一番，达到小康；第三步，到21世纪中叶再翻两番，达到中等发达国家的水平。"三步走"的发展战略不仅明确了我国经济发展的长远目标，并成为指导我国实现现代化的行动纲领。

世界经济一体化趋势，决定了中国只能在向世界开放中实现社会主义现代化。邓小平强调要依靠改革开放。并指出："总结历史经验，中国长期处于停滞和落后状态的一个重要因素是闭关自守。经验证明，关起门来搞建设是不能成功的，中国的发展离不开世界。"这一论述概括了三个方面的重要内容：一是闭关自守是我国长期落后的重要原因；二是对外开放是关系到我国现代化建设的一个战略问题；三是由此我们要制定一系列的方针政策加速同世界各国的联系。因此，对外开放是我国实现社会主义现代化的必要条件。

引进技术是加速国民经济发展和推进现代化进程的重要措施。尤其是作为经济较落后的国家，要完成"三步走"的战略目标，实现现代化，更应积极引进先进技术。当代科学技术门类繁多，发展速度加快，国际间技术交流已成为普遍现象。从历史上看，经济技术落后的国家能够在较短的时期内迅速赶上甚至超过发

达国家，无一不是积极引进国外先进技术，敢于创新和善于创新的结果。

我国是一个发展中国家，人口多，底子薄，生产力水平低，资金严重短缺。现代化建设要求我们对现有国民经济进行技术改造、更新设备和调整结构；要大力加强农业的基础地位，促进农村经济的全面发展；要大力发展交通、通信和能源等基础产业和基础设施；要大力发展高新技术产业，充分发挥科技在社会经济发展中的作用；要大力发展教育事业等。这一切都需要大量的资金。因此，要加快现代化进程，实现经济发展，仅靠国内的积累和投资是远远不够的，必须通过开放，积极引进外资，用外资弥补资本要素的缺口。

中国与发达国家在经济上的差距，不仅表现在资金、技术、设备等方面，而且表现在管理方面。我国缺乏在市场经济条件下组织现代化大生产的经验，借鉴和引进国外先进的经济管理方法和经营方式也是对外开放的一项重要内容。

三、对外开放是发展社会主义市场经济的客观要求

我国经济体制改革的目标是建立社会主义市场经济体制。而建立和发展社会主义市场经济，更离不开对外开放。世界经济发展的历史表明，实行对外开放是一个国家实现经济现代化的必由之路，无论是发达资本主义国家还是发展中国家，无一例外。许多国家经济高速增长的成功经验表明，利用有利的国际经济环境，实行以自力更生为基础的对外开放，是经济建设的巨大推动力。因此，我国发展社会主义市场经济，需要广泛开展对外经济联系，充分利用国外资源和国际市场。

市场经济的本质就是开放的经济，只有参与国际交换，才能分享国际专业化协作带来的好处。社会化大生产所需要的资源是多方面的，我国很难拥有发展国民经济所需要的各种资源。只有通过对外开放，与世界各国发展对外经济关系，才能使自己的资源要素获得最佳配置和利用，更好地发挥我国资源优势。我国社会生产力的持续发展，要求充分利用国内、国际两种资源和两个市场，最大限度地利用国际分工和世界市场的有利条件，以天下之长，补我国之短，利用国际资金和先进技术帮助我国经济发展。

第二节 中国对外开放的内涵与进程

我们的对外开放是向世界开放，也是我国现代化建设的客观需要，基于各

个国家和地区情况的差异，特别是经济技术发展水平的不同，在一个时期，我国根据需要和可能，同一些国家和地区经贸联系多一些，快一些，这是国际上通常现象。而且，这种情况也是随着条件的变化而变化的。

一、中国对外开放的内涵

（一）对外开放政策的基本含义

对外开放是与闭关自守相对而言。我国实行对外开放是指在坚持社会主义制度和共产党领导地位的基础上，在独立自主、平等互利的前提下，根据生产社会化、国际化和社会主义市场经济发展的客观要求，利用国际分工的好处，积极发展与世界各国的经济贸易往来，以及科学、技术、文化、教育等方面的交流与合作，以促进社会主义物质文明的建设和发展。因此，它不仅仅限于对外经济贸易方面的交流与合作，而且包括科学技术、文化教育、宗教艺术等领域的广泛交流与合作。

对外开放首先是经济上的对外开放，也是实行对外开放的经济政策，从这个角度讲，对外开放的基本含义是：要大力发展和不断加强对外经济技术交流，积极参加国际交换和国际竞争，由封闭型经济转变为开放型经济，以加速实现四个现代化建设事业。

对外开放是向世界上所有国家和地区的开放：即不论是社会主义国家还是资本主义国家，是发展中国家还是发达国家，是穷国还是富国，是大国还是小国，我国都在平等互利的基础上发展同它们的经济贸易关系。我国对外开放，是要吸收世界上各个国家和地区的长处和优点，博采众长，为我所用。

（二）对外开放政策的内容

1. 对外开放政策的主要内容

对外开放政策的主要内容是：（1）大力发展对外贸易，特别是扩大出口贸易；（2）积极引进先进技术和设备，特别是企业技术改造所需的先进技术；（3）积极有效地利用外资；（4）积极开展对外工程承包和劳务合作；（5）发展对外技术援助和多种形式的互利合作；（6）设立经济特区和开放沿海城市，带动内地开放。

2. 对外开放政策的最主要内容

1982年9月，中共十二大召开。会议制定了全面开创社会主义现代化建设新局面的纲领。会议指出："实行对外开放，按照平等互利的原则，扩大对外经济技术交流，是我国坚定不移的战略方针。我们要促进国内产品进入国际市场，大力扩展对外贸易。要尽可能地多利用一些可以利用的外国资金进行建设……要积极引进一些适合我国情况的先进技术,特别是有助于企业技术改造的先进技术,努力加以消化和发展,以促进我国的生产建设事业。"因此,发展对外贸易、利用外国资金、引进先进技术设备这三项是对外开放政策的最主要内容。

3. 对外开放政策的最根本内容

在发展对外贸易、利用外国资金、引进先进技术设备这三项的最主要内容中,发展出口贸易是利用外资和引进技术的物质基础,决定着我国对外开放的深度与广度,因此,是对外开放政策的最根本内容。

(三) 对外开放政策主要内容之间的关系

对外开放政策6项内容之间的关系表现为:对外贸易、利用外资、引进技术这三项主要内容是从货物、服务的进出口、国外资金、资本的流入和国外先进技术的引进方面的对外开放。此外,对外工程承包和劳务合作、对外技术援助是我国资金、资本、劳务和技术的对外输出。而设立经济特区、开放沿海城市是我国地域的对外开放。

二、中国对外开放的进程

根据邓小平对外开放思想,党中央、国务院确定了分地区、分阶段、分层次梯度推进的对外开放战略。大致分为三个阶段:一是建立经济特区阶段。1979年7月,中央决定试办深圳、珠海、汕头、厦门等4个经济特区,成为我国对外开放的第一个重大战略举措,并由此带动了我国其他地区的对外开放。二是沿海开放阶段。第一个步骤是批准设立"沿海开放城市",第二个步骤是批准"沿海经济开放区",第三个步骤是批准海南建省并成立特区,第四个步骤是决定开发、开放上海浦东新区。三是对外开放全面铺开阶段。1992年,根据邓小平南方谈话的精神,党中央加快了对外开放的步伐,出台了沿边开放、沿江开放和内陆开放的一系列新举措。

我国对外开放是依据各地区经济发展不平衡、地理条件差异较大等特点,没有采取全国同步开放方式,而是采取由点到线,由线到面,由边缘向纵深,从南到北,从东到西多层次、渐进式、滚动式的开放,最终形成了以经济特区和沿海开放城市为重点的全方位、多渠道、多层次的开放格局。

从1979年到1992年上半年,对外开放的重点集中在东部沿海地区,形成了经济特区、沿海开放城市、经济技术开发区、沿海经济开放区、上海浦东新区和保税区等6种类型的地区对外开放形式。1992年以来,对外开放逐步向长江沿江地区、内陆沿边地区、省会城市推进,在内陆地区设立了省会开放城市、边境开放城市、沿江开放城市和边境经济合作区，还设立了出口加工区，从而逐步形成了全方位、有重点、点线面结合的对外开放格局。

（一）1992年以前，重点开放沿海地区，逐步向内地开放

早在对外开放初期，党中央和国务院就确定了"重点开放沿海地区，逐步向内地开放"的经济发展战略。按照此项战略，将我国地域的对外开放分为经济特区、沿海开放城市、沿海经济开放区、内地四个层次。

1. 建立经济特区

经济特区是我国对外开放的第一个层次。经济特区的设立，是我国对外开放的突破口和开创性措施。1978年12月，中国共产党十一届三中全会召开，从此进入了一个新的发展时期。十一届三中全会指出，要在自力更生的基础上积极发展同世界各国平等互利的经济合作，努力采用世界先进技术和先进设备。这实际上提出了实行对外开放的方针。此后，中国在对外开放方面迈出了两大步：一是1979年7月，党中央和国务院根据广东、福建两省靠近港澳、华侨众多的有利条件，决定对两省的对外经济活动实行特殊和优惠措施。二是决定在广东的深圳、珠海、汕头和福建的厦门设置经济特区，采取来料加工装配、补偿贸易、合资经营、合作经营，以及外商独资经营等多种形式，吸引外资。

20多年来，经济特区不仅本身实现了经济的持续快速健康发展，而且有力地促进了其他地区的经济发展，有效发挥了示范、辐射和带动作用。经济特区的作用和影响表现为三个方面：（1）经济特区成为中国对外开放全面展开的一个"突破口"；（2）经济特区是发展外向型经济的"排头兵"；（3）经济特区是全国经济体制改革的"试验田"。20多年来，深圳人创下了230多项"全国第一"：物价改革、打破铁饭碗、股份制试点、证券市场、企业产权转让、国有土地使用权有偿转让、"小政府、大社会"的管理、住房制度改革、对外企实行国民待遇、社会保障等。

2. 开放沿海港口城市

沿海开放城市是我国对外开放的第二个层次。十二届三中全会通过了《关于经济体制改革的决定》，提出要积极发展多种经济形式，进一步扩大对外经济技术交流。1984年5月4日，决定进一步开放沿海港口城市。大连、天津、秦皇岛、青岛、烟台、上海、南通、连云港、宁波、温州、福州、广州、湛江、北海等14个沿海港口城市获得了经济特区的部分优惠政策，经济得到快速发展。沿海城市具有较雄厚的工业基础，经济效益明显高于全国平均水平。交通方便，具有较大的外运港口，并且同内地铁路相连，是中国重要的贸易

口岸。

3. 开辟沿海经济开放区

沿海经济开放区是我国对外开放的第三个层次。1985年2月，决定把长江三角洲、珠江三角洲和闽东南地区以及山东半岛、辽东半岛、环渤海地带开辟为沿海经济开放区。这是扩大对外开放的又一重大步骤。

国家对其实行沿海开放城市的优惠政策。沿海经济开放区可凭借交通方便，对外联系广泛，工农业基础好，有丰富的劳动力资源，以及蓬勃发展的乡镇企业的力量，并根据国际市场的需要，通过吸引外商直接投资，大力发展外向型的加工工业和出口创汇农业，扩大出口创汇。

十三大以后，我国实施了沿海地区经济发展战略，大力发展外向型经济，主要措施是在沿海地区注重发展劳动密集型产业，要求沿海加工工业坚持"两头在外"（指生产经营过程的两头：原材料和销售市场）、大进大出。中国对外开放的步伐显著加快。

4. 逐步向内地开放

内地是我国对外开放的第四个层次。1990年4月18日，中央又决定开发和开放上海浦东，在浦东实行经济技术开发区和某些经济特区的政策。此后，浦东开发进入实质性的阶段。

1990年6月在上海创办了我国第一个保税区——上海外高桥保税区。而后，国家又先后批准设立了天津港保税区、青岛保税区、海口保税区、广州保税区、张家港保税区、厦门象屿保税区、沙头角保税区、汕头保税区、福田保税区、宁波保税区、福州保税区、大连保税区等13个保税区。

保税区是我国改革开放过程中出现的新生事物，是借鉴国际上通行自由贸易区的做法，并在结合我国国情的基础上形成的经济开放区域。在此区域内，从境外运入的货物就其关税和其他关税而言被视为境外，免于海关监管，并给予该区域特殊的关税和优惠政策。我国建设和发展保税区的根本目的就是要形成良好的投资环境，利用保税区内海关保税的独特条件发展对外贸易。

1991年以来，国务院先后共批准建立了53个国家级高新技术产业开发区。高新技术产业的发展以先进的技术和持续的创新为基础，将知识迅速转化为产品，构成了现代知识经济中最具活力的部分，代表了未来发展的方向。

至此，我国对外开放从经济特区—沿海开放城市—沿海经济开放区—内地逐步推进，由沿海带动整个内地的发展，促进全国经济的振兴。这样，中国就形成了一个"经济特区—沿海开放城市—沿海经济开放区—内地"的多层次、有重点、点面结合的对外开放格局，在沿海形成了包括2个直辖市、25个省辖市、67个县，约1.5亿人口的对外开放前沿地带。

(二) 1992年以后，逐步形成全方位的对外开放格局

党的十四大报告为中国对外开放格局确定了发展目标：对外开放的地域进一步扩大，形成多层次、多渠道、全方位的对外开放格局。因此，1992年以后，我国在继续开放沿海地区的基础上，进一步开放了陆地边境市、镇，沿江（长江）城市和内陆省会城市，使我国形成了全方位对外开放的新格局。

1. 开放陆地边境市、镇

进一步开放陆地边境市、镇是全方位对外开放的重要步骤。1992年3月，国务院决定开放黑龙江的黑河、绥芬河、吉林省珲春和内蒙古自治区的满洲里等我国北部地区4个边境城市。1992年7月，又决定开放云南的畹町、瑞丽、河口和广西壮族自治区的凭祥、东兴镇等。接着又开放新疆的伊宁、博乐、塔城市和内蒙古的二连浩特。西藏边境口岸普兰也正式对印度开放。并相继建立与开放沿边一些口岸。其中有：黑龙江与俄罗斯一江之隔的21个口岸；内蒙古与蒙古人民共和国边境线上的十几个水陆空口岸。这些开放的口岸成为我国内陆通往东北亚、中亚和西亚最为便捷的通道。从而形成了沿周边国家的东北、西北、西南的三大开放地带。

东北开放地带，以俄罗斯、独联体其他国家、蒙古、东欧诸国为对象，以满洲里、黑河、绥芬河、珲春4个沿边开放城市为龙头，内蒙古、黑龙江、吉林等省区正在形成一个具有纵深背景的大开放区。西北开放地带，以独联体诸国、东欧诸国、巴基斯坦、西亚诸国为对象，以新疆维吾尔自治区为主体，在5 400多公里的边境线上开通了8个通商口岸。

我国对陆地边境市、镇实行类似沿海开放城市的政策。沿边地区利用中央赋予的政策，逐步打开了封闭的门户，一种以贸易为先导，以内地为依托，以高层次经济技术合作为重点，以开拓周边国家市场为目标的沿边开放新态势已经形成。

2. 开放沿江和内陆省会城市

1992年6月，开放了长江沿岸的芜湖、九江、岳阳、武汉和重庆等5个沿江城市。沿江开放对于带动整个长江流域地区经济的迅速发展，对于我国全方位对外开放新格局的形成起了巨大推动作用。不久，又批准了11个内陆省会城市的开放。还开放了乌鲁木齐、昆明、南宁、哈尔滨、长春、呼和浩特、石家庄等7个边境、沿海省会城市，使我国对外开放向纵深地域发展。我国通过该地区的开放，不仅促进了长江流域和大半个中国经济的发

展,而且对于扩大和完善我国对外开放格局,缩小东、中、西部地区差距产生了积极影响。

这样,在我国就形成了沿海、沿江、沿边及东西南北中,"经济特区—沿海港口城市—经济技术开发区—沿海经济开放区—再到内地"的多层次、多渠道、全方位、有重点、点面结合的对外开放格局。

3. 进一步扩大西部地区的对外开放

1999年,党的十五届四中全会明确提出国家要实施西部大开发战略。加快西部对外开放是西部大开发战略的主要内容。为了推动西部对外开放,国家在吸引外资、发展对外经济合作方面给予了西部地区许多政策支持。

邓小平于1988年9月12日提出了"两个大局"的战略构想。他说:"沿海地区要加快对外开放,使这个拥有两亿人口的广大地带较快地先发展起来,从而带动内地更好地发展,这是一个大局。内地要顾全这个大局。反过来,发展到一定时候,又要求沿海拿出更多的力量来帮助内地发展。这也是个大局。那时沿海地区也要服从这个大局。"1995年召开的十四届五中全会指出,支援西部地区。1999年正式提出"国家要实施西部大开发战略"。2000年年初出台了进一步促进西部扩大对外开放的新优惠政策。

在西部开发中加强与发达地区合作,与东部地区进行一帮一的对口帮扶:北京帮内蒙古、天津帮甘肃、上海帮云南、辽宁帮青海、山东帮新疆、江苏帮陕西、辽宁帮四川、福建帮宁夏、广东帮广西、深圳、青岛、大连、宁波帮贵州,已经取得了显著成效。

4. 进一步扩大对外开放

"十五"计划期间中国进一步扩大对外开放:由单方面开放,转变为与世贸组织成员之间的相互开放;随着"西部大开发战略"的实施,转向更加平衡的全面开放战略;由"引进来"为主的开放模式,转变为"引进来"、"走出去"的双向开放模式。

(1) 出口加工区。为了促进加工贸易的发展,规范加工贸易发展,将加工贸易由分散型向相对集中型管理转变,给企业提供更宽容的经营环境,鼓励扩大贸易出口。2000年4月27日,国务院正式批准建立出口加工区。为有利于发展运作,国家将出口加工区设立在已建成的开发区内,并选用部分地点进行试点,首次批准进行试点的共有15个出口加工区。目前全国共批准设立57个出口加工区,通过验收并封关运作的37个。分布在23个省区市的51个城市中,总规划面积141平方公里。出口加工区在促进加工贸易转型升级、扩大出口中发挥了积极作用。如北京天竺出口加工区、河北秦皇岛出口加工区、辽宁大连出口加工区、天津出口加工区等。出口加工区是目前中国政策最优惠、通关最快捷、设施最完善、管理最规范的特殊监管区域,是经济全球化背景下连接国际国内两个市场、两种资源的重要桥梁,是承接国际产业转移的重要平台。

(2) 振兴东北地区等老工业基地。东北三省是我国对东北亚地区开放的窗口,振兴东北,同西部大开发一样重要,是"东西互动"的两个轮子,它们并行不悖,并有利于更好地适应加入世贸组织后的对外开放局势。

2003年5月,新一届中央领导集体审时度势、谋划全局,提出了振兴东北地区等老工业基地的重大战略部署,是继实施沿海发展战略、西部大开发战略后的又一重大战略决策。振兴东北作为一项新的战略,必将成为继珠江三角洲、长江三角洲和京津唐地区之后的重要经济增长极。东北再度崛起的优势和条件:一是自然资源优势,东北经济区的土地资源、矿产资源、生物资源、海洋资源均较丰富,并且又与优越的地理位置相结合,构成了经济社会发展的得天独厚的条件。二是基础设施优势,公路、铁路、海运、航空等运输网络发达,电力供应充足稳定,通信系统完善,城市化程度较高。东北地区铁路和公路的密度居全国前列,形成了水陆空互补的综合运输体系。东北经济区还是沟通东北亚和欧洲之间里程最近的大陆桥的重要中间站和联络点,从图们江口,经我国东北、蒙古、俄罗斯至荷兰鹿特丹,就可以构筑一条新的欧亚大陆桥,东北是这条新欧亚大陆桥的必经之地。三是产业优势,经过几个五年计划的实施,东北地区形成了较雄厚的工业基础。四是人才资源优势,发达的高等教育和曾经发达的重工业,造就并为老工业基地振兴储备了大量的人才资源。五是区位优势,东北三省毗邻俄罗斯、日本、韩国、朝鲜。日、韩是我们引进技术、资金、先进设备的重要来源地,也是出口的重要市场。俄罗斯、朝鲜是我们"走出去"的重点地区,也是开拓市场的主要对象。六是农业资源优势,东北地区农业发达,是全国最大的商品粮基地,这不仅是东北社会稳定的基础,也是农机产业和农副产品加工业的发展空间。

三、中国对外开放格局的特点

30年间,我国对外开放采取从沿海建立经济特区到向内陆渐进式开放,经过先试验后推广,采取了分步骤、多层次、逐步推进的战略,最终形成了全方位、多层次、多形式、宽领域的对外开放格局。

所谓全方位开放,是对世界所有类型的国家开放,不论对资本主义国家还是对社会主义国家,对发达国家还是发展中国家都实行开放政策;不仅在经济建设方面，而且在科技、教育、文化方面也坚持对外开放。

所谓多层次，就是根据各地区的实际和特点，通过经济特区、经济技术开发区、沿海经济开放区、开放沿边和沿江地区以及内陆省区等不同开放程度的各种形式，形成全国范围内的开放。

所谓多形式、宽领域，就是向世界市场全面开放，包括商品市场、资本市场、技术市场、劳动力市场等。通过举办外资经济、对外经济贸易、引进先进技术、吸引外资、发展国际劳务合作、国际旅游业、跨国经营等各种方式，使开放领域在地区上由沿海拓展到内地，在产业上由农业、加工工业向基础产业、基础设施和金融、保险、商业等领域延伸，促进对外经济的加速发展，从而使国内经济面向世界，参与国际竞争，与世界经济接轨。

第三节　社会主义初级阶段的对外贸易

旧中国对外贸易完全依附于帝国主义列强，属于半殖民地性质。新中国成立后，我国立即废除了帝国主义列强在中国的一切特权，没收了对外贸易中的官僚资本，新建国营对外贸易企业，并对民族资本进出口企业进行改造，从而建起全国统一的社会主义对外贸易。

一、社会主义对外贸易的建立

1956 年，在全国公私合营高潮中，私营进出口企业也实行全行业公私合营，合营后，根据社会主义对外贸易工作的需要，随即对原有的商号进行合并改组，企业的生产资料完全由国家支配和使用，全行业公私合营企业基本上是社会主义性质。至此，在我国对外贸易领域中，基本完成了对生产资料私有制的社会主义改造，我国对外贸易已基本上是全民所有制。随着我国进入社会主义初级阶段，我国社会主义的对外贸易已全面确立。

二、改革开放前的对外贸易（1950—1977 年）

改革开放前，我国对外贸易发展经历了四个时期，各时期的发展都与该时期国民经济的发展目标、主要任务和特征密切联系在一起。

（一）国民经济恢复时期（1950—1952 年）

该时期国家的中心任务是恢复国民经济、进行土地改革、抗美援朝、开展反帝国主义封锁禁运斗争。根据这些任务，这一时期对外贸易发展的主要特点是：积极发展与苏联、东欧国家的经贸关系；进口大量恢复和发展国民经济必需的物资与抗美援朝物资；相应组织农副土特产品及原料产品的出口。

（二）第一个五年计划时期（1953—1957年）

该时期国民经济的中心任务是启动中国的工业化进程。围绕国家奠定工业化初步基础的中心任务，对外贸易发展呈以下特点：从苏联、东欧国家分别进口156项和68项重点建设工程所需技术设备；除了出口传统的农副产品外，增加了轻纺产品的出口；拓展了与东南亚国家和西方国家的贸易关系；贸易规模不断扩大，并从1956年起扭转了长期的逆差局面。

（三）第二个五年计划和国民经济调整时期（1958—1965年）

该时期在大跃进"左倾"思想指导下，加上三年特大自然灾害，中苏关系恶化，国民经济发生了暂时困难，为此国家制定了"调整、巩固、充实、提高"的方针。根据这一方针，对外贸易发展呈以下特点：对外贸易额从急剧增加到大幅度下降后转为逐步回升；进口中粮食等生活资料比重大幅度增加，生产资料比重下降；贸易伙伴开始面向西方资本主义国家，尤其是同日本和西欧的贸易取得突破性进展；出口商品根据资本主义国家市场的需求进行了调整，轻纺产品出口增加较快。

（四）"文化大革命"与拨乱反正时期（1966—1977年）

"文化大革命"前期，由于"左倾"思想严重泛滥，国民经济遭到严重破坏，对外贸易处于停滞下降状态。"文化大革命"后期，由于周恩来和邓小平先后主持工作，国民经济有所恢复，加之比较有利的国际环境，对外贸易由下降转为回升，并创新中国成立以来最高水平。

三、改革开放新时期对外贸易的发展（1978—2007年）

1978年年底中共中央十一届三中全会以后，国家把工作重点转移到社会主义现代化建设上来，并实行对外开放的基本国策，国民经济持续迅速发展，对外贸易也进入到前所未有的新的发展时期。

（一）我国对外贸易规模迅速扩大

我国进出口贸易增长迅速快，外贸规模每五年翻一番，我国1978年进出口贸易额与2007年贸易总额相比，从206.4亿美元上升到21 738.3亿美元，共增长了104.3倍（如表2-1所示）。

表 2-1　　　　　　　1978—2007 年我国对外贸易额　　　　　　　亿美元

年份	进出口额	出口额	进口额	年份	进出口额	出口额	进口额
1978	206.4	97.5	108.9	1993	1 957.0	917.6	1 039.6
1979	293.3	136.6	156.8	1994	2 366.2	1 210.1	1 156.2
1980	378.2	182.7	195.5	1995	2 808.6	1 487.8	1 320.8
1981	440.2	220.1	220.2	1996	2 898.8	1 510.5	1 388.3
1982	416.1	223.2	192.9	1997	3 251.6	1 827.9	1 423.7
1983	436.2	222.2	213.9	1998	3 239.5	1 837.1	1 402.4
1984	535.5	261.4	274.1	1999	3 606.3	1 949.3	1 657.0
1985	696.0	273.5	422.5	2000	4 743.0	2 492.0	2 250.9
1986	738.5	309.4	429.0	2001	5 097.7	2 661.5	2 436.1
1987	826.5	394.4	432.2	2002	6 207.9	3 255.7	2 952.2
1988	1 027.8	475.2	552.7	2003	8 512.1	4 383.7	4 128.4
1989	1 116.8	525.4	591.4	2004	11 547.4	5 933.6	5 613.8
1990	1 154.4	620.9	533.5	2005	14 221.2	7 620.0	6 601.2
1991	1 357.0	719.1	637.9	2006	17 606.9	9 690.7	7 916.1
1992	1 655.3	849.4	805.9	2007	21 738.3	12 180.1	9 558.2

资料来源：海关统计数据整理。

(二) 我国外贸增长速度高于国内生产总值和世界贸易增长率

1978—2007 年间，我国对外贸易年平均增长速度超过 20%，国内生产总值年平均增长速度为 15%，而世界贸易年平均增长速度为 7%。因此，我国外贸增长速度高于国内生产总值，也高于世界贸易增长率。30 年来，对外贸易不仅极大地推动了我国国民经济的高速发展，还成为拉动世界经济的重要"引擎"之一。

(三) 我国出口贸易在世界贸易中的地位显著提高

中国对外贸易的持续增长，尤其是出口贸易的高速增长，使中国在世界贸易中的位次不断提高，中国对外贸易在世界贸易中的所占比例也不断提高，从 1980 年居世界第 26 位，到 2004 年跃居第 3 位，表明中国已进入世界贸易大国的行列。所占比重，从 1980 年的 0.9%，到 2005 年占到 6.7%。

（四）我国国民经济发展对外贸依存度越来越高

外贸依存度（（进口额+出口额）/GDP）是衡量一国贸易开放程度的一个基本指标，也是反映一国与国际市场联系程度的标尺。我国的外贸依存度从1978年的10%提高到1990年的30%，2003年又进一步升至60%。世界银行认为，中国外贸依存度已赶上了发展中国家平均水平，表明了中国经济开放取得了显著成就。

（五）我国外贸进出口商品结构不断优化

我国外贸进出口规模迅速扩大的同时，进出口商品结构也得到持续改善，表明中国工业化水平不断提高，产业结构向高级化方向不断推进。从改革开放初期，以初级产品出口为主向以制成品出口为主的转变。1986年，纺织品服装出口取代石油成为我国第一大类出口产品，标志着我国出口商品结构从资源密集型为主向劳动密集型为主的转换。1995年，机电产品出口首次超过纺织品服装成为我国第一大类出口产品，标志着我国出口商品开始从劳动密集型为主向资本密集型为主转变。

1. 工业制成品与初级产品所占比重的变化

通常以工业制成品在出口中所占比重的高低，来衡量一国出口产业结构，以至整个产业结构的优劣程度。以初级产品、工业制成品的大类划分法，中国改革开放后，出口商品结构逐渐优化，工业制成品所占比重逐年上升。1980年我国制成品出口所占比重为46.6%，2007年达到94.9%。这与我国出口商品战略的有效实施密切相关。

2. 我国劳动密集型、资本密集型、技术密集型出口产品所占比重的变化

中国出口商品结构经历了从轻工纺织品到机电产品，再到高新技术产品为主要支撑和新增长点的三个阶段，成功进行了出口产品逐步升级的过程。中国出口主打产品20年来完成了三次转型。1980—1990年，中国出口增加额的61%依靠纺织和轻工产品实现；1990—2000年，出口增加额的50%由传统机电产品创造，成为出口的主导力量；加入世界贸易组织后，以信息技术为代表的高新技术产品越来越显示出活跃的生命力，成为推动中国进出口高速增长的新亮点。

3. 我国进口商品结构也得到优化

根据我国进口商品战略，进口商品结构中的初级产品虽然进口量在逐年增长，但所占比重呈下降趋势，而技术设备等工业制成品增长迅速，所占比重稳定上升（如表2-2所示）。

表2-2　　　　中国几个时期的进口商品结构比较　　　　　　%

年份	初级产品	工业制成品	年份	初级产品	工业制成品
1980	34.8	65.2	2002	16.7	83.3
1985	17.1	82.9	2003	17.6	82.3
1990	18.5	81.5	2004	20.9	79.1
1995	18.5	81.5	2005	22.4	77.6
2000	20.8	79.2	2006	23.6	76.4
2001	18.8	81.2	2007	25.4	74.6

资料来源：各年《中国对外贸易统计年鉴》。

中国进口商品结构升级显著：第一，大量进口了短缺的资源型商品。第二，以信息、通信类产品为主的高新技术产品进口大增。第三，技术引进项目和金额成倍增长。第四，国内技术和生产能力逐步完善的进口商品大幅度减少。

（六）进出口市场不断扩展

我国从"八五"计划起开始实施出口市场多元化战略，即根据国际政治经济条件的变化，充分发挥我国的优势，有重点、有计划地逐步建立起我国出口市场合理的多元化的总体格局，使我国进出口贸易的地理方向逐渐向全方位发展。2000年止，已与228个国家和地区建立了经济贸易关系。我国实施出口市场多元化战略虽然取得积极进展，但从整体来看，至今尚未改变出口市场主要集中于美国、香港地区、欧盟和日本的特点（如表2-3所示）。

表2-3　我国主要贸易伙伴在我国对外贸易中所占比重变化情况　%

国家和地区	占进出口总额的比重 2001年	占进出口总额的比重 2005年	占出口总额的比重 2001年	占出口总额的比重 2005年	占进口总额的比重 2001年	占进口总额的比重 2005年
欧盟	15.0	15.3	15.4	18.9	14.7	11.1
美国	15.8	14.9	20.4	21.4	10.8	7.4
日本	17.2	13.0	16.9	11.0	17.6	15.2
中国香港	11.0	9.6	17.5	16.3	3.9	1.9
上述四个国家和地区合计	59.0	52.8	70.2	67.7	47.0	35.5
东盟	8.2	9.2	6.9	7.3	9.5	11.4

续表

国家和地区	占进出口总额的比重 2001年	占进出口总额的比重 2005年	占出口总额的比重 2001年	占出口总额的比重 2005年	占进口总额的比重 2001年	占进口总额的比重 2005年
韩国	7.0	7.9	4.7	4.6	9.6	11.6
中国台湾	6.3	6.4	1.9	2.2	11.2	11.3
俄罗斯	2.1	2.0	1.0	1.7	3.3	2.4
澳大利亚	1.8	1.9	1.3	1.5	2.2	2.5
加拿大	1.4	1.3	1.3	1.5	1.7	1.1
上述六个国家和地区合计	26.8	28.7	17.1	18.8	37.5	37.8
上述十个国家和地区合计	85.8	81.5	87.3	86.5	84.5	73.3

资料来源：海关统计数据整理。

随着经济全球化与区域经济一体化的发展，我国主要贸易伙伴的位次略有变化。1992年以前，香港地区是我国第一大贸易伙伴。自1993年后，日本始终保持我国第一大贸易伙伴地位。2001—2003年，日本、美国和欧盟分别是我国前三大贸易伙伴。2004年，东扩后的欧盟成为中国的第一大贸易伙伴，日本先后被欧盟和美国取代，成为第三大贸易伙伴。但美国仍然是中国最大的出口市场，日本仍然是中国最大的进口来源地。

（七）对外贸易方式多样化

改革开放前，中国只有一般的商品贸易。改革开放以后，除原有的贸易方式外，中国还采用了加工贸易、补偿贸易、边境贸易、电子商务等多种方式开展对外贸易。

在各种贸易方式中，加工贸易发展最为突出，成为推动中国对外贸易增长的主要因素，促进了产业结构的升级和产品结构的优化，吸纳了2 000万以上的劳动力就业，创造了较大的贸易顺差，为增加进口提供了安全保障。

一般贸易曾出现过较大幅度的下降，但目前保持平稳发展态势。加工贸易与一般贸易共存共荣。以往中国外贸以一般贸易为主的格局已被打破。

（八）外贸经营主体多元化

改革开放前，我国外贸经营主体单一，只有全民所有制的国有外贸企业。改革开放后，随着不断下放外贸经营权，外贸经营主体已实现多元化。从所有制结构看，包括国有企业、集体企业、民营企业、外商投资企业；从经营业务范围看，包括外贸专业公司、工贸公司、国际经济合作公司、大中型生产企业、科研院所、商业物资流通企业、外商投资企业等。

2007年，外资企业和私营企业分别占我国出口额的57.1%和20.3%，进口额的58.2%和10.5%，占主导地位。

四、对外贸易在国民经济中的地位与作用

1. 发展对外贸易

对外贸易，就是国家或地区之间的商品和服务的交换活动。改革开放后，对外贸易在我国国民经济中处于重要的战略地位，是其他对外开放形式的基础，是开展对外经济交流的中心环节。对外贸易在我国国民经济中的作用表现为：弥补国内某些资源短缺的缺陷，优化资源配置；利用国际分工，取得比较利益；提高技术水平和管理水平，增强国家经济实力；增加外汇收入，扩大国内就业机会。

2. 对外资金往来

对外资金往来，是指国与国、地区与地区之间的信贷活动和生产经营的投资活动，包括资金的输出和输入。我国是发展中国家，对外资金交流方面，主要是吸收和利用外资。

吸收和利用外资，对于加快我国现代化建设，具有重要作用和意义：可以弥补国内建设资金的不足，加强能源工业、原材料工业、城市基础设施和交通运输等薄弱环节的建设；可以综合利用外资引进先进技术和先进管理经验，加快生产技术水平和经营管理水平的提高；可以促进出口商品结构的优化，扩大商品出口规模，增强出口商品的竞争能力；有利于提高经济效益，扩大劳动就业，增加国家和劳动者个人的收入。

我国吸收和利用外资的主要形式：一是吸收国外直接投资，二是利用国外贷款。改革开放以来，我国在利用外资方面取得巨大成绩，要进一步扩大引进外资，必须遵循以下原则：第一，要坚持平等互利，确保中外双方的合法权益；第二，要根据偿还能力和国内资金、物资的配套能力，保持适当的规模；第三，要切实提高利用外资的综合经济效益。

3. 对外技术交流

对外技术交流，是指国家或地区间的科学技术的引进和输出。开展对外技术交流，引进先进技术，是科学技术本身发展的需要，也是我国加强现代化建设的需要。

引进国外先进技术，应从我国国情出发，力求取得最好的经济效益。为此引进技术的重点应放在引进软件、先进技术、关键设备上，放在通过国外的智力引进，学习先进的管理方法上。引进技术的原则是：有目的、有计划、有选择地引进我国需要的先进技术；必须同我国现有的技术改造相结合；必须同国内的消化、吸收、运用和创新相结合，使之有利于提高国产化水平。

本 章 总 结

（1）通过介绍我国对外开放政策的6项基本内容，了解发展对外贸易、利用外国资金、引进先进技术设备这三项是对外开放的最主要内容，同时，发展出口贸易又是利用外资和引进技术的物质基础，是对外开放政策的最根本内容。（2）通过分析我国对外开放格局，了解1992年前我国对外开放的四个层次，1992年后我国内地开放，最终形成了全方位、多层次、多渠道的开放格局。（3）通过分析改革开放后我国对外贸易发展所取得的成绩，了解我国进出口贸易在世界贸易中地位不断上升、商品结构不断优化、对外贸易依存度大大提高，在我国国民经济中发挥着重要的作用。

本章复习思考题

一、对外开放政策的基本含义是什么？
二、对外开放政策的主要内容有哪些？
三、阐述1992年前我国对外开放格局的特点。
四、分析改革开放新时期我国对外贸易的发展所取得的成绩。
五、阐述对外贸易在我国国民经济中的地位与作用。

第三章　中国发展对外贸易的理论依据

本章概要　本章首先讲述了作为贸易一般理论基础的马克思的国际分工理论、国际价值理论与社会扩大再生产理论，然后详述了邓小平的社会主义初级阶段理论、经济体制改革理论和社会主义市场经济理论对中国对外贸易的指导作用，接着介绍了西方的古典贸易理论（绝对成本理论、比较成本理论）、新古典贸易理论（要素禀赋理论、要素价格均等化定理、里昂惕夫之谜）和新贸易理论（规模经济贸易理论、重叠需求理论、产品生命周期理论），最后指出从比较优势到竞争优势是中国发展对外贸易的必然选择。

本章学习目标　本章学习目标有六个方面：（1）了解马克思的国际分工理论、国际价值理论与社会扩大再生产理论的内容。（2）了解邓小平的社会主义初级阶段理论、经济体制改革理论和社会主义市场经济理论的内容。（3）掌握比较优势理论、要素禀赋理论的分析方法及应用。（4）了解里昂惕夫之谜。（5）了解新贸易理论的内容。（6）掌握比较优势与竞争优势的区别与联系。

第一节　马克思主义的对外贸易理论

马克思考察资本主义经济制度时，首先从资本主义最简单的经济细胞——商品入手进行分析，深刻揭示了劳动和资本的关系及其不可克服的矛盾，而后从国内到国外，分析了包括对外贸易在内的国际经济关系。这种从抽象到具体，从国内到国外和历史的与逻辑一致的考证方法，既反映了马克思的辩证唯物主义和历史唯物主义的立场和方法，也十分清楚地展现了他把对外贸易始终放在对资本主义经济制度研究的关键地位。

一、马克思的国际分工理论

国际分工概念是指世界各国间的劳动分工，是国内分工超越国界的发展结果，是国际贸易的基础。

马克思的国际分工理论，主要在研究国际分工的原因和方式时，与当时的资产阶级经济学家不同。针对亚当·斯密和大卫·李嘉图关于自然条件决定国际分工形式和内容的观点，马克思讽刺道："先生们，你们也许认为生产咖啡和砂糖是西印度的自然禀赋吧！200年以前，跟贸易毫无关系的自然界在那里连一棵咖啡树、一株甘蔗也没有生长出来。也许不到50年，那里连一点咖啡、一点砂糖也找不到了，因为东印度正以其更廉价的生产得心应手地跟西印度虚假的自然禀赋作竞争。"（《马克思恩格斯全集》第4卷第457页）

那么，什么是国际分工产生和发展的决定因素呢？

马克思认为，生产力的发展水平决定国际分工的规模、形式、内容以及各国在国际分工中的地位。马克思在《资本论》中，深刻地阐明了国际分工和与之相适应的世界市场的形成，是社会化大生产和商品经济发展的必然结果。

1. 国际分工是生产力发展的必然结果

随着生产力水平的不断发展，人类社会出现了三次大分工，而每一次分工的产生、分工的广度和深度都是与当时人类生产力发展水平相适应的。真正使人类分工跨越国界，形成国际分工，则是从18世纪60年代起发生的工业革命。工业革命引起原料需求增加和扩展海外市场，使得国际贸易在全球范围内大规模地展开，从而形成了以欧洲工业国生产和出口工业品，全世界落后国家生产和出口农产品和原料的国际分工格局。

2. 各国生产力水平决定了在国际分工中的地位

在国际分工的各个历史阶段中，世界基本分成两大部分：一部分由生产力水平高的国家组成，在国际分工中居于主导地位；另一部分由生产力水平低的国家组成，在国际分工中居于从属地位。这两类国家在资本主义发展初期表现为文明民族与非文明民族的分工，在帝国主义时期表现为宗主国与殖民地的分工，在当代则表现为发达国家与发展中国家的分工。当然，这两类国家的地位是由各国生产力水平决定的。

3. 世界生产力的发展决定了国际分工的形式及内容

在国际分工形成和发展的初期阶段，由于生产力水平不高，分工的形式主要表现为工业国与农业国的分工，是一种由工业国家进口原材料而向落后国家出口制成品的"垂直型"分工。随着生产力水平的提高，国际分工变得更加深入和广泛，参与交换的商品愈来愈多，出现了生产力水平相近国家之间进行的

"水平型"分工以及"垂直型"分工和"水平型"分工同时存在的"混合型"分工。与此相应，国际分工也从产业间分工发展到产业内分工，再发展到产品上分工，甚至同一零部件不同工序上的分工。制造业分工的细化和深入，又带动了服务业分工的发展和服务贸易的扩张。

目前，我国正处在社会主义初级阶段，其根本任务是要通过大力发展商品生产和商品交换来发展社会生产力，而积极参与国际分工、发展对外贸易则是发展社会生产力的重要途径。因此，积极发展对外贸易，利用国内和国外两种资源，开拓国内和国外两个市场，就成了我国改革开放政策的主要内容和必然选择。改革开放以来，我国对外贸易迅速发展，从出口初级产品为主到出口工业制成品为主，从与发达国家产业间分工为主到产业内分工为主，事实完全证明了马克思国际分工理论的正确。

二、马克思的国际价值理论

各国通过贸易分工，能得到使用价值上的好处，增进消费者的福利，调剂资源的余缺，满足生产的需要。但是，国际分工的利益更多地体现在价值的获取上。马克思的国际价值理论解释了这个问题。

马克思认为，商品价值是凝结在商品中的无差别的人类抽象劳动，其量是由社会必要劳动时间决定的。随着商品交换日益突破地方的、民族的、国家的界限，价值规律的作用形式也发生了变化。

首先，决定国家间商品交换国际价值的，不是一国之内的社会必要劳动时间，而是由国际社会必要劳动时间决定的。各国的商品价值，到了国际市场上，都成了个别价值或国别价值；各国的社会必要劳动时间，到了国际市场上，都成了个别劳动时间或国别劳动时间。决定国际价值的国际社会必要劳动时间，是生产某种商品的各国平均劳动时间，使所有进入国际市场的同类商品直接耗费的国内社会必要劳动时间的加权平均数。马克思指出，"每一个国家都有一个中等的劳动强度，在这个强度以下的劳动，在生产一种商品时所耗费的时间要多于社会必要劳动时间，所以不能算做正常质量的劳动。在一个国家内，只有超过国民平均水平的强度，才会改变单纯以劳动的持续时间来计量的价值尺度。在以各个国家作为组成部分的世界市场上，情形就不同了。国家不同，劳动的中等强度也就不同；有的国家高些，有的国家低些。于是各国的平均数形成一个阶梯，它的计量单位是世界劳动的平均单位。因此，强度较大的国民劳动比强度较小的国民劳动，会在同一时间内生产出更多的价值，而这又表现为更多的货币。"(《马克思恩格斯全集》第23卷，第613—614页)马克思在这里分析了商品国内价值向国际价值转化的原因和过程。马克思论证了：第一，在世界市场上，商品交换比例不能以它们所包含的国内价值为基础，而是以国际价值为基础，即国际商品交换是按国际价值进行的。第二，衡量国际价值的尺度是世界劳动的平均单位，任何一国的产品一进入世界市场就必须把国内价值转化为国际价值，即用世界劳动平均单位来衡量各国的某种商品时，商品的国内价值就转化为国际价值了。

其次，由于国际价值决定的上述特点，使得参加贸易的各方都能获得利益。在等价交换的情况下，如果一国的国别价值低于国际价值，就可以稳定地获得超额利润。在国际贸易中，有可能各方都有一种商品的国别价值低于国际价值。一般说来，发达国家劳动生产率较高，多数商品的国别价值低于国际价值，能在国际贸易中获得较多的利益。对落后国家而言，也绝不意味着不利。马克思指出，落后国家与发达国家贸易时，在国际交换中"所付出的实物形式的物化劳动多于它所得到的，但是它由此得到的商品比它自己所能生产的更便宜"。（《资本论》第三卷第265页）这是由于国际贸易商品的价值实现不同于国内商品。落后国家参与国际贸易，仍然有利可图，而且，在国际贸易中，还能看到与世界先进水平的差距，努力提高劳动生产率，降低个别价值，争取在国际竞争中处于更有利的地位。

与发达国家相比，我国劳动生产率有较大差距，但是，只要从我国的实际情况出发，发挥我国的比较优势，生产和出口劳动密集型产品，进口资本和技术密集型产品，就能实现社会劳动的节约，增加我国的价值总量。

三、马克思的社会扩大再生产理论

按照再生产的规模，马克思将社会再生产分为简单再生产和扩大再生产。马克思认为，资本主义社会扩大再生产能否顺利进行，关键取决于社会总产品能否顺利实现。而这个过程"不仅是价值补偿，而且是物质补偿，因而既要受到社会产品的价值组成部分相互之间比例的制约，又要受到它们的使用价值，它们的物质形式的制约"。（《马克思恩格斯全集》第24卷，第437—438页）通过交换，商品生产者不仅要收回商品价值中的不变资本和可变资本部分（C＋V），以补偿生产过程中的消耗，还要得到剩余价值部分（M）进行资本积累，以扩大生产规模。而且，生产过程中在物质形态上所消耗的各种使用价值，即各种生产资料和生活资料都必须在流通中得到补充和更新，以使社会再生产持续进行。

马克思从社会产品的最终使用价值上将社会产品分成两大类：生产资料和消费资料。生产生产资料的部门为第Ⅰ部类，生产消费资料的部门为第Ⅱ部类。如果资本家要扩大再生产，就必须将剩余价值的一部分积累起来，作为追加的资本投入生产。这些积累起来的追加资本，其中一部分作为追加的不变资本，用来购买追加的生产资料，另一部分作为追加的可变资本，用来支付工人的工资。在资本主义生产方式下，扩大再生产所需要的劳动力，可以从庞大的产业后备军中得到补充。重要的问题是，在社会总产品中，要有可供追加的生产资料和追加的劳动力所需要的消费资料。

扩大再生产所需要的追加的生产资料当然是要由第Ⅰ部类生产提供，因此，第Ⅰ部类一年中生产的全部生产资料，在补偿当年的两大部类消耗的生产资料以后，还必须要有一定的余额，才能保证满足扩大再生产对追加生产资料的需求。这样，第Ⅰ部类的可变资本与剩余价值之和，就必须要大于第Ⅱ部类的不变资本，这就是社会资本扩大再生产所必要的基本前提条件。

由于扩大再生产所需要的消费资料要由第Ⅱ部类生产提供，因此，第Ⅱ部类一年中生产的全部消费资料，在补偿当年两大部类需要的消费资料之后，也必须还要有一定的余额，才能保证满足扩大再生产对追加的消费资料的需要。这样，第Ⅱ部类的不变资本与用于积累的那部分剩余价值之和，必须大于第Ⅰ部类的可变资本与资本家个人消费的那部分剩余价值之和。

第二节　邓小平理论对中国对外开放、发展外贸的理论指导

党的十一届三中全会以来，邓小平依据马克思主义原理，基于对中国国情和世界形势的深邃分析，就对外开放、发展对外贸易问题作了一系列的精辟的论述，逐渐形成了一套完整的具有中国特色的社会主义对外开放、发展对外贸易的理论，为制定和贯彻新时期的改革开放政策奠定了重要的理论基础。

一、社会主义初级阶段理论与中国对外开放和外贸发展

1. 社会主义发展阶段问题的历史探索

在社会主义社会的发展阶段问题上，马克思主义经典作家有过一些重要论述，一些社会主义国家在实践中也曾经作过一些有益的探索，但也存在重大失误，因此，这是一个长期没有得到很好解决的问题。

马克思、恩格斯曾设想在资本主义结束后，要经过一个过渡时期，然后进入共产主义第一阶段，最后进入共产主义第二阶段即共产主义的高级阶段。

列宁把马克思所设想的"第一阶段"明确称作社会主义社会。他认为，社会主义社会还要经过低级、中级和高级阶段。列宁还提出"初级形式的社会主义"、"还没有巩固基础的社会主义"、"完全的社会主义"、"发达的社会主义"等概念。

1978年党的十一届三中全会以后，邓小平就指出，现在搞建设，要适合中国情况，走出一条中国式的现代化道路，中国现代化建设必须考虑底子薄、人口多、耕地少等特点，因而中国的现代化必然是长期的。以此出发，把过去我们党在本世纪末实现现代化的战略目标，改为实现小康，这种对国情和社会主义长期性的认识，是社会主义初级阶段理论形成的基础。

1981年6月，党的十一届六中全会通过了由邓小平主持起草的《关于建国以来党的若干历史问题的决议》，第一次明确提出了"我们的社会主义制度还是处于初级的阶段"的论断。1982年9月召开的党的十二大再次指出："我国的社会主义社会现在还处在初级发展阶段，物质文明还不发达。"1987年党的十三大、1992年党的十四大和1997年党的十五大根据新的实践经验，进一步深化了社会主义初级阶段理论。

2. 社会主义初级阶段理论提出的意义

社会主义初级阶段理论具有十分重要的理论和实践意义。（1）深化和发展了马克思主义关于社会发展阶段的基本原理；（2）是邓小平理论的基石，是我们党制定改革开放路线方针政策的根本依据；（3）是我们在实践中警惕右主要防止"左"的有力武器。

3. 社会主义初级阶段理论的含义

社会主义初级阶段，不是泛指任何国家进入社会主义都必须经历的起始阶段，而是特指我国在生产力落后、商品经济不发达条件下建设社会主义必然要经历的特定发展阶段。这个社会主义初级阶段，从1956年生产资料私有制的社会主义改造基本完成起，到社会主义现代化在我国基本实现为止，至少需要一百年的时间。我国还处于社会主义初级阶段，包括两层含义：第一，我国已经进入了社会主义社会。不能离开社会主义这个前提来谈论初级阶段。第二，我国的社会主义还处在初级阶段。我国还没有从根本上摆脱贫穷落后的不发达状态。

4. 社会主义初级阶段理论对中国对外开放与外贸发展的指导意义

在社会主义初级阶段理论的基础上，党制定了在社会主义初级阶段的基本路线："一个中心、两个基本点"。"一个中心"即以经济建设为中心；"两个基本点"即坚持四项基本原则，坚持改革开放。以经济建设为中心，是这条基本路线的根本和关键点。坚持四项基本原则是两个基本点之一。这就是要：坚持社会主义道路，坚持人民民主专政，坚持共产党的领导，坚持马列主义毛泽东思想。坚持改革开放是另一个基本点。"经济建设与四项基本原则、改革开放，是相互贯通、相互依存、不可分割的统一整体。我们的经济建设，是以四项基本原则为政治保证、以改革开放为强大动力的，我们的改革开放，是以进一步解放和发展生产力、巩固和发展社会主义制度为目的的；我们的四项基本原则，是保证改革开放和经济建设沿着正确的方向前进，同时又从新的实践中不断吸取新的经验来丰富和发展的。离开经济建设这个中心任务，社会主义社会的一切发展和进步就会失去物质基础；离开四项基本原则和改革开放，经济建设就会迷失方向和丧失动力。"① 可见社会主义初级阶段理论说明了实行对外开放、发展对外贸易的必然性和重要性，因为实行对外开放、发展对外贸易对逐步改变我国不发达状态、推动生产力的迅速发展具有重要作用，所以，要积极对外开放，大力发展对外贸易。邓小平指出：对外开放是在坚持社会主义原则下开展的；执行对外开放政策，学习外国的技术，利用外资，发展对外贸易，这只是社会主义建设的一个补充，而不能离开社会主义道路。为此，要坚持"两手抓、两手都要硬"。否则，不但对外开放政策肯定要失败，对内搞活经济的政策也肯定要失败。

二、经济体制改革理论与中国对外开放和外贸发展

社会主义改革，是在坚持社会主义基本制度的前提下，调整、变革生产关系和上层建筑中不适应生产力发展的一系列相互联系的环节和方面，以促进生产力的发展和社会的全面进步。社会主义之所以需要改革，归根到底是由于社会主义初级阶段的生产关系和上层建筑还很不完善，还存在着种种束缚社会生产力的因素。正是从社会主义初级阶段的基本矛盾和主要矛盾出发，邓小平精辟指出，改革是解放和发展生产力的重要手段，是社会主义制度的自我完善和发展，是一场深刻的革命。改革的目的是扫除发展社会生产力的障碍；改革的原则必须坚持社会主义方向；改革的方法则是有秩序、有领导地进行，相互协调，胆子要大，步子要稳。现在的世界是开放的世界，中国的发展离不开世界，因此，对外开放是经济体制改革的重要方面。经济体制改革的核心和"突破口"是所有制改革，公有制实现形式可以而且应当多样化，一切反映社会化生产规律的经营方式和组织形式都可以大胆利用。在实现经济体制改革的同时，还必须继续推进政治体制改革，健全民主和法制，以保障经济体制改革的成果。具体来说，就是要坚持和完善社会主义公有制为主体、多种所有制经济

---

① 江泽民：《论有中国特色社会主义》，中央文献出版社，2002。

共同发展的基本经济制度;坚持和完善社会主义市场经济体制,使市场在国家宏观调控下对资源配置起基础性作用;坚持和完善按劳分配为主体的多种分配方式,允许一部分地区一部分人先富起来,带动和帮助后富,逐步走向共同富裕;坚持和完善对外开放,积极参与国际经济合作和竞争,保持国民经济持续、快速、健康发展,人民共享经济繁荣成果。

根据邓小平的经济体制改革理论,我国设置了经济特区和各种经济开发区,大力引进外资,同时积极"走出去",对外投资,积极推进外贸体制改革,放开外贸经营权,建立现代企业制度,发展加工贸易等,取得了丰硕的成果。中国引进外资连年居世界第2位,外贸总额从改革开放之初的居全球第32位发展到2005年的第3位。将来中国对外开放与外贸发展仍然要以邓小平理论为指导,坚持正确的政治方向。

三、社会主义市场经济理论与中国对外开放和外贸发展

社会主义市场经济理论的逐步形成和建立社会主义市场经济体制目标的逐步确立,归根到底来源于对社会主义初级阶段基本国情的认识和把握。由于是初级阶段,因而不可能一下子走上市场经济道路,经济市场化的发展是一个不可逾越的阶段;由于是社会主义,因而初级阶段市场经济的发展必须建立在公有制为主体的基本经济制度之上,同时加强全社会的精神文明建设,以克服市场自身的弱点和消极方面。总之,社会主义市场经济体制就是社会主义经济制度和市场经济运行机制的有机结合,是公有制与社会化生产基础上的市场经济。

邓小平在1992年视察南方的谈话中阐述了社会主义的本质,指出计划和市场不是社会主义与资本主义的本质区别。他说:"计划多一点还是市场多一点,不是社会主义与资本主义的本质区别。计划经济不等于社会主义,资本主义也有计划;市场经济不等于资本主义,社会主义也有市场。计划和市场都是经济手段。社会主义的本质,是解放生产力,发展生产力,消灭剥削,消除两极分化,最终达到共同富裕。就是要对大家讲这个道理。"[①]

社会主义市场经济理论,不仅仅是解决了社会主义制度下有效发展生产力的基本途径问题,而且更重要的是建构了一种新型的社会主义经济制度和经济形态。

市场经济的核心特征是:市场是一种优化资源配置的有效手段,这个市场既包括国内市场,也包括国际市场。因此,以国际市场为导向,积极参加国际

---

① 《邓小平文选》(第3卷),第346页,人民出版社,1993。

分工、国际交换、国际竞争就是市场经济发展的必然趋势。

第三节 西方国际贸易理论以及对中国的适用性

国际贸易分工理论大体经历了三个发展阶段。第一阶段从亚当·斯密1776年发表的《国民财富的性质和原因的研究》中提出的"绝对成本理论"（Theory of Absolute Cost），到大卫·李嘉图1817年出版的《政治经济学及赋税原理》中建立以"比较成本理论"为基础的国际贸易学说总体系。这被称为古典国际贸易分工理论，是国际贸易分工理论的创立阶段。第二阶段从比较成本理论的创立到1933年瑞典经济学家伯尔蒂尔·俄林（Bertil Ohlin）在《地区间贸易和国际贸易》中提出的生产要素禀赋理论，这被称为新古典国际贸易分工理论，是国际贸易分工理论的发展阶段。第三阶段是第二次世界大战后西方经济学家对传统国际贸易分工理论的检验、补充和进一步发展，以及对新的国际贸易现象进行解释而产生了种种"新"的国际贸易分工理论。

一、古典贸易理论

1. 绝对成本理论

国际贸易理论的创始者、英国古典经济学家亚当·斯密，在1776年出版的《国民财富的性质和原因的研究》一书中，提出了"绝对成本理论"来论证国际贸易发生的基础。

亚当·斯密的绝对成本理论，是建立在他的分工学说之上的。他用一国内部不同职业、不同工种之间的分工原则来说明国际分工。他认为，分工可以提高劳动效率，增进社会财富，原因：（1）分工可使劳动者从事专门的工作，提高熟练程度；（2）分工可使劳动者从事固定的工作，可以节省与生产没有直接关系的时间；（3）有利于发明和改进生产工具。分工以后，如果每个人都用自己擅长生产的东西去交换自己不擅长生产的东西，那对交换双方都有利。裁缝不必自己做鞋子，而是向鞋匠购买；鞋匠也不必自己缝衣服，而是向裁缝购买。每个人都应该发挥各自的优势，集中生产自己的优势产品，然后相互交换，那是有利的。"如果外国能以比我们自己制造还便宜的商品供应我们，我们最后就用我们自己有利的产业生产出来的产品的一部分来向他们购买。"[①]

---

① [英]亚当·斯密：《国民财富的性质和原因的研究》，第425页，商务印书馆，1979年版。

那么，用什么标准来判断一国某种商品是否便宜呢？亚当·斯密认为应依据生产成本。一国应把本国生产某种商品的成本即生产费用与外国生产同种商品的成本即生产费用进行比较，以便决定自己生产还是从国外进口。这就是所谓的"绝对成本"。如果一国某种商品的生产成本绝对地低于他国，那该国生产这种商品的产业就是具有绝对优势的产业，反之，就是处于绝对劣势的产业。各国按照绝对成本差异进行分工，专门生产和出口本国具有绝对优势的产品，将会使各国的资源得到最有效的利用，从而大大提高劳动生产率和增进各国的物质福利。

2. 比较成本理论

绝对成本理论的局限性，被大卫·李嘉图的比较成本理论所弥补。英国古典经济学家大卫·李嘉图在继承亚当·斯密的劳动价值论和绝对成本理论的基础上，在1817年出版的《政治经济学及赋税原理》一书中，提出了比较成本理论，论证了国际贸易分工的基础不限于绝对成本差异，只要各国之间产品的生产成本存在着相对差异（即比较成本差异），就可参与国际贸易分工并取得贸易利益。大卫·李嘉图举例如下：

假设英国和葡萄牙同时生产呢绒和酒。由于自然条件和技术条件不同，两国生产成本不同。生产1单位呢绒和1单位酒，英国分别需要100人劳动一年和120人劳动一年，葡萄牙分别需要90人劳动一年和80人劳动一年（见表3-1）。

表3-1　　　　　　　　英国和葡萄牙的生产成本

	呢绒	酒
英　国	100	120
葡萄牙	90	80

按照亚当·斯密的绝对成本理论，在上述情况下，英、葡之间不会发生贸易，因为英国呢绒和酒的生产成本都比葡萄牙高，处于绝对劣势；葡萄牙呢绒和酒的生产成本都比英国低，处于绝对优势。英国没有什么东西可以卖给葡萄牙，而葡萄牙也根本不必向英国购买。

但是，大卫·李嘉图认为，即使在这种情况下，两国仍能进行国际分工和贸易，并获得经济利益。他主张，各国不一定要生产出成本绝对低的产品，而只要生产出成本比较低或相对低的产品，就可进行贸易分工。或者说，在各种产品生产上都具有绝对优势的国家，应集中生产优势相对大的产品，而在各种产品生产上都具有绝对劣势的国家，应集中生产劣势相对小的产品，这样国际分工对贸易各国都有利。即"两优择其重，两劣取其轻"。

首先，按比较成本理论进行分工，可以提高资源配置效率，增加产品产量。在分工前，英、葡两国一年共生产 2 单位呢绒和 2 单位酒。在分工后，英国专门生产呢绒，220 人劳动一年，可生产 2.2 单位呢绒。葡萄牙专门生产酒，170 人劳动一年，可生产 2.125 单位酒。分工前后，两国投入的劳动总量不变，但两种产品总产量都增加了，这显然是专业化分工带来的资源配置效率提高的结果。

其次，通过国际贸易，两国各自的消费水平都提高了。假设英国用一半的呢绒与葡萄牙交换酒，假设酒与呢绒的交换比例为 1:1，那么，英国呢绒和酒的消费量分别是 1.1 单位，都比分工前增加了 0.1 单位。而葡萄牙呢绒和酒的消费量分别是 1.1 单位和 1.025 单位，比分工前分别增加了 0.1 单位的呢绒和 0.025 单位的酒。

最后，如果两国维持分工前的消费水平不变，英国只需用 100 人劳动一年生产 1 单位的呢绒与葡萄牙交换自己所需的 1 单位的酒，比自己生产节约了 20 人一年的劳动。葡萄牙只需用 80 人劳动一年生产 1 单位的酒与英国交换自己所需的 1 单位的呢绒，比自己生产节约了 10 人一年的劳动。可见按比较成本进行国际贸易分工，能节约双方的社会劳动。

当然，"金无足赤，人无完人"，大卫·李嘉图的理论也不例外，其存在以下一些缺陷。

(1) 模型太简单，与实际相差较远。与任何理论一样，为了说明道理，大卫·李嘉图舍去了许多现实因素，只考虑了两个国家、两种产品和一种生产要素（劳动）的情况，即 $2 \times 2 \times 1$ 模型。

(2) 未能解决劳动决定价值与实际商品交换比例的矛盾，即劳动价值论是不彻底的。比较成本理论虽然以劳动价值论为基础，但是由于未能区分价值与交换价值，大卫·李嘉图无法解释为什么葡萄牙 80 人一年的劳动能与英国 100 人一年的劳动相交换。为什么这种交换还能互利以及交换中的利益来自何处等问题。

(3) 用静态分析方法，容易使人忽略国际分工的动态变化，对落后国家赶超先进国家不利。他未能认识到劳动生产率不是固定不变的，而是一个可变的因素。一个国家能够通过技术引进、管理革新来提高劳动生产率，从而改变比较成本的比率，使国际贸易分工格局发生变化。

(4) 忽视了国际分工中的生产关系的作用。马克思主义认为，不能离开生产关系去考察社会分工问题。社会分工（包括国际分工）是一个历史范畴，它的产生是社会生产力发展到一定阶段的结果，但生产力总是在一定的生产关系下发展的，因而国际分工的实质和内容不能不受到社会生产方式的制约。因此，不能把国际分工简单地说成是生产率差异的结果。

二、新古典贸易理论

大卫·李嘉图的比较成本理论，是以劳动价值论为基础的，产生比较成本差异的原因是各国劳动生产率的差异。但是，如果各国劳动生产率相同，那么，产生比较成本差异的原因是什么呢？20世纪30年代产生的要素禀赋理论回答了这个问题。

（一）要素禀赋理论

瑞典经济学家伯尔蒂尔·俄林1933年出版的《地区间贸易和国际贸易》一书中，师承赫克歇尔（E. F. Hecksher）的观点，创立了生产要素禀赋理论，又称赫克歇尔—俄林模型（H—O模型）。

1. 有关概念

要素禀赋理论主要涉及两个概念：产品的生产要素密集度和国家的生产要素丰裕度。

（1）产品的生产要素密集度：是指单位产品中拥有的不同要素投入比例。这是一个相对的概念，将两种产品的要素含量比例进行比较而得出的结论。

设K代表资本，L代表劳动，设X产品的要素含量为6K和3L，Y产品的要素含量为12K和4L，从绝对量上看，Y产品无论资本还是劳动要素含量都比X产品高，但是，从相对比例上看，(K/L) Y > (K/L) X，故称X产品为劳动密集型产品，Y产品为资本密集型产品。显然，一种产品与不同产品比较会得出不同的结论。

（2）国家的生产要素丰裕度：是指一个国家所拥有的不同生产要素之间比较所表现出来的相对丰裕与稀缺的程度。这也是一个相对的概念，根据要素的相对供给量或要素的相对价格来判断。

经济学常识告诉我们，价格由供给和需求两方面决定。如果假设各国的消费偏好一样，需求因素就可以不考虑，价格便仅与供给有关。物以稀为贵，丰富的要素价格自然就低。所以，用要素的相对供给量与要素的相对价格来判断一国所拥有某种要素的丰裕程度结果是一样的，只不过前者是直接的判断，后者是间接的判断而已。

（3）要素丰裕程度和要素密集程度的关系：一国所拥有的生产要素总量，决定了一国的生产能力。假设有A、B两国和X、Y两种产品，其中A国为劳动要素丰富的国家，B国为资本要素丰富的国家，X产品为劳动密集型产品，Y产品为资本密集型产品。那么，A国生产的X产品产量与Y产品产量之比，就会大于 B 国生产的 X 产品产量与 Y 产品产量之比。

2. 要素禀赋理论的主要内容

赫克歇尔—俄林假设各国劳动生产率是一样的，这样产生比较成本差异的原因有两个：一个是各个国家生产要素禀赋比率不同，从而同种要素价格不同。所谓生产要素禀赋，指的是各国生产要素的拥有状况，如有的国家劳动力相对丰富，有的资本相对丰富，有的技术相对丰富，有的土地相对丰富等。一般说来，一个国家的某种生产要素丰富，其价格就便宜；反之，比较稀缺的生产要素，其价格当然就高些。各国生产要素禀赋比率不同，是产生比较成本差异的重要决定因素。另一个是生产不同商品所使用的各种生产要素组合不同，亦即使用的生产要素的比例不同。如有的商品在其生产过程中使用劳动的比重较大，称为劳动密集型产品，有的使用资本较多，称为资本密集型产品。不论是生产不同的商品，还是生产相同的商品，只要各国生产商品所投入的生产要素组合或比例不同，就会产生比较成本差异，从而产生国际贸易分工的基础。

与大卫·李嘉图的比较成本理论相比，要素禀赋理论实际上是说明了一国的比较利益是如何形成的，即一国在某种产品生产上拥有相对优势，是由于该国拥有丰富的该种产品密集使用的要素，该种要素价格相对便宜，使得该种产品成本相对低廉。

3. 对要素禀赋理论的评价

积极方面：

（1）进一步完善、发展了大卫·李嘉图的比较成本学说。H—O 模型实际上是说明大卫·李嘉图的比较利益是如何形成的，即一国在某种产品的生产上占有优势，是由于该国拥有丰富的该种产品密集使用的要素，该种要素价格相对便宜，使得该种产品成本相对低廉。

（2）增强了国际贸易理论的解释力。赫克歇尔—俄林把大卫·李嘉图的个量分析扩大为总量分析，不是单单比较两国两种产品的单位劳动耗费的差异，而是直接比较两国生产要素总供给的差异，从一国的资本、土地、劳动等最基本的因素来解释国际贸易分工基础和贸易格局。这种"靠山吃山、靠水吃水"的资源优势理论对第二次世界大战前的国际贸易格局和发达国家与发展中国家之间的贸易具有很强的解释力。

（3）增强了国际贸易理论的实用性。生产要素禀赋理论虽然使用的是比较成本分析方法，但是其分析更加接近经济运行的现实，为一国如何利用本国资源优势参与国际贸易分工以获得贸易利益提供了可操作性的思路。

不足之处：

（1）该理论是建立在一系列不符合实际的假设前提上的，对许多贸易现实无法解释。该理论认为国际贸易应发生在要素禀赋不同的发达国家和发展中国家之间，但是，当代贸易的一个突出特点是：大量的国际贸易发生在要素禀赋相似的发达国家之间，而发达国家和发展中国家之间的贸易发展比较缓慢。

（2）该理论以要素比例说来反对马克思的劳动价值论，抹杀了劳动收入与财产收入的差别，使比较成本理论庸俗化。大卫·李嘉图还以劳动价值论来解释比较成本理论，而H—O学说以生产三要素论代替了劳动价值论。

（3）该理论抹杀了国际分工和国际贸易发展最重要的原因。H—O学说认为资本、土地、劳动等生产要素是决定国际分工和国际贸易产生和发展最重要的因素。完全没有考虑国际生产关系的影响和资本主义的基本矛盾，掩盖了发达国家剥削发展中国家的事实。

（4）该理论没有考虑政府和科学技术对贸易的作用。在当代国际分工和国际贸易中，科学技术和政府的作用越来越重要。科技可以改变要素成本和比例，从而改变比较成本比率。至于政府的作用就更大了，无论是科技进步，还是要素利用，都离不开政府的指导。

（二）要素价格均等化定理

赫克歇尔和俄林不仅认为不同国家的不同的要素禀赋会导致国际贸易的发生，而且还进一步论述了国际贸易将会导致各国生产要素的相对价格和绝对价格均等，即所谓要素价格均等化。后来，美国经济学家萨缪尔森发展了这个理论，认为国际要素价格均等化不仅是一种趋势，而且是一种必然。由于他对赫—俄理论的引申，这个理论又被称为赫克歇尔—俄林—萨缪尔森定理。

按照该理论，虽然生产要素在国际间不能自由流动，但是国际间商品的自由流动将会导致两国同质的生产要素获得同样的报酬，即工人能获得同样的工资，资本能获得同样的利息，土地能获得同样的地租。原因是两国按照要素禀赋分工后，各自经常大量使用本国丰裕的要素进行商品生产和出口，从而使这类要素价格日趋上涨；同时，由于各自不断进口本国稀缺要素生产的外国产品，将使本国这类要素价格不断下跌，这样，通过自由贸易导致两国间的要素价格趋向均等。

（三）"里昂惕夫之谜"

赫克歇尔—俄林理论创立以后，逐步被西方经济学界普遍接受，因为这个理论同人们的常识是一致的。只要知道一个国家的要素禀赋状况，就可以推测它的贸易走向。比如资本相对丰富的国家出口资本密集型产品，劳动力相对丰富的国家出口劳动密集型产品。战后不少经济学家利用经验数字对该理论进行验证，企图进一步从实证角度证明该理论的正确性。其中最著名的要数美国经济学家里昂惕夫的验证。他利用自创的投入—产出分析方法对美国的对外贸易商品结构进行具体计算，对200种商品进行分析，计算出在1947年和1951年美国每生产百万美元的出口商品和每百万美元的进口竞争商品所需的资本和劳动数量，从而得出美国出口商品和进口替代商品中所含的资本和劳动的密集程度。

这个结论正好与赫—俄理论相反。一般认为，美国资本丰富，劳动力相对短缺，按照要素禀赋理论，美国应出口资本密集型产品，进口劳动密集型产品，而里昂惕夫利用投入—产出分析方法验证的结果却与此相反，被称为里昂惕夫之谜。

里昂惕夫验证结果发表以后，西方经济学界大为震惊，并掀起了一个验证和探讨里昂惕夫之谜的热潮。验证的结果证实了这个"谜"的存在。围绕这个"谜"，西方学者进行了大量的研究，从不同角度提出了各种各样的解释。

里昂惕夫之谜是战后西方国际贸易理论发展史上一个重大的转折点，它引发了人们对战后国际贸易新现象、新问题的深入探索，有力地推动了国际贸易理论的发展，也为各国贸易政策和发展战略的制定提供了新的指导。

三、新贸易理论

（一）规模经济贸易理论

现代贸易理论将规模经济作为国际贸易的基础之一。规模经济的含义是生产成本随着生产规模的扩大而递减，可分为内部规模经济和外部规模经济。

内部规模经济即通常所言的规模报酬递增，是指个别厂商水平上的规模经济，又称内部经济，指的是厂商因其自身规模的扩大而获得的生产效率的提高和平均成本的下降。原因是企业的内部分工和生产手段的不可分性，例如，达到相当规模的厂商，能够采用巨大而专用的生产设备，实行高度的劳动分工和高效的管理，能够从事大量的研发活动，进行数额庞大的采购和销售活动，这些都有利于降低成本。规模报酬递增形成不完全竞争的市场结构。

外部规模经济是指产业水平上的规模经济，又称外部经济，指单个厂商从整个行业生产规模的扩大中获得生产效率的提高和平均成本的下降。一般来说，国内厂商是不必为获得这种外部经济而付费的。外部规模经济可以进一步分为技术外部经济和货币外部经济。技术外部经济是指厂商通过同一产业或相关产业中其他厂商的技术外溢和从"干中学"中获得技术和知识，从而带来市场效率的提高和成本的下降。货币外部经济是指厂商从同一产业或相关产业的聚集中获得的市场规模效应，包括更便捷、廉价、可靠地获得原材料、中间品、技术工人和专门化服务，供厂商使用的基础设施和融资渠道更加便利和完备等，从而导致效率的提高和成本的下降。

（二）重叠需求理论

重叠需求理论又称需求偏好相似说，是由瑞典经济学家林德（S. B. Linder）提出的，从国家之间需求结构相似或重叠的角度来解释工业制成品贸易发展的理论。林德认为，赫克歇尔—俄林定理只适用于工业制成品和初级产品之间的贸易，而不适用于工业制成品之间的贸易，这是因为前者的贸易发展主要由供给方面决定的，而后者的贸易发展主要由需求方面决定的。林德利用三个命题来阐述其理论的逻辑关系：

1. 商品出口基于国内需求

林德认为，工业制成品生产初期主要是满足国内需求，一旦国内市场扩大到足以使产业达到规模经济并具备国际竞争力时，商品出口才具有现实的可能性。之所以如此，原因是：（1）厂商对国内市场的熟悉程度远远超过国外市场。在生产初期，厂商更看重国内市场的获利机会，不太可能去生产一种在国内市场没有需求的商品。（2）新产品、新技术的发明和运用，其动力首先来源于国内需求，当国内的具体情况和特殊问题需要解决时，才会推动人们去从事技术革新和发明创造。（3）新产品适应市场并臻于完善的过程需要生产者和消费者之间大量的信息反馈，如果市场远在国外，获取信息的成本高昂。因此，潜在的出口商品只有在国内需求的有力支持下才能成长起来。

2. 贸易规模和流向决定于国内需求相似的程度

既然可供出口的商品一定是国内需求的商品，那么，两个国家之间的偏好越相似，需求重叠范围越大，相互之间开展贸易的机会也越大，因为任何一国生产的商品都可以在另一国找到市场。如果两国需求结构完全一致，则一个国家所有可能进出口的商品同时也是另一个国家可能进出口的商品。

3. 一国的需求偏好主要决定于平均收入水平

影响一国需求结构的因素很多，林德认为主要因素是平均收入水平。人均收入越相似的国家，其消费偏好和需求结构越相近，产品的相互适应性就越强，贸易可能性也就越大。平均收入相似可视为偏好相似的标志。

（三）产品生命周期理论

美国经济学家、哈佛大学教授雷蒙德·弗农在研究国际间技术流动对国际贸易的影响时，提出了产品生命周期理论（Theory of Product Cycle）。

按照该理论，许多新产品的生命周期可以划为四个阶段：第一阶段是创新国对某一新产品的出口垄断时期；第二阶段是其他发达国家生产者开始生产这种新产品的时期；第三阶段是外国产品在出口市场上进行竞争的时期；第四阶段是在创新国开始进口竞争时期。

新产品的国际贸易模式之所以发生上述有规则的变化,是因为在产品生命周期的不同阶段,决定其比较优势的要素不同,从而要素禀赋不同的国家,在产品生命周期的不同阶段拥有的比较优势也不同。像美国工业发达,技术力量雄厚,生产技术知识密集型产品具有比较优势;发达国家资本丰裕,且有相对丰富的科学和工程实践经验,生产一般的资本密集型产品具有优势,即在产品生命周期的第二、第三阶段具有相对优势;发展中国家有相对丰富的不熟练劳动,生产劳动密集型产品具有相对优势。因此,产品生命周期理论是用动态分析的方法把比较成本理论与要素禀赋理论、新要素理论结合起来的一种理论,它从技术创新、技术传播的角度分析国际分工的基础和贸易格局的演变。该理论发展至今,已经与国际投资、技术转让等生产要素的国际移动结合在一起,不仅对国际贸易,而且对国际投资、跨国公司的生产经营战略等有着很大的影响。

四、从比较优势到竞争优势——中国对外贸易的必然选择

在古典和新古典贸易理论中,一国的贸易模式取决于该国的比较优势。古典比较优势理论的核心思想是,只要各国之间存在着劳动生产率的差别,就会产生生产成本和产品价格的相对差别,从而使各国在不同的产品生产上具有比较优势,各国应集中生产并出口其具有比较优势的产品,进口其具有比较劣势的产品。新古典主义比较优势理论(要素禀赋论)是古典贸易模型基础上的扩展,中心思想是,产生国际贸易的前提是相互进行交换的国家之间生产要素的相对稀缺程度(即生产要素的相对价格)和不同产品中所用要素的不同比例。劳动充裕的国家拥有生产劳动密集型产品的比较优势,应该生产并出口劳动密集型产品;资本充裕的国家拥有生产资本密集型产品的优势,应该生产并出口资本密集型产品。

长期以来,比较优势理论一直是各国产业发展战略的重要理论依据。我国对外贸易也一直以比较优势理论为指导。迄今为止,我国净进口的主要是资本密集型产品,净出口的主要是劳动密集型产品。

我国是发展中国家,劳动力丰富、资本稀缺是我国资源禀赋最为显著的特征。劳动力成本较低就是我国的比较优势。在对外贸易中,我国还得在相当长的时期内、在很大程度上依靠劳动密集型产业,而不是高新技术产业。事实上,现在我们能在国际市场上卖得出去(同时能盈利)的东西主要还是劳动密集型产业的产品,或者是在技术密集型产品生产过程中的一些劳动密集型的生产环节上的产品(组装、来料加工等)。而进口的主要是资本和技术密集型产

品。改革开放以来，我国对外贸易能够迅速增长，出口大幅度地增加，主要得益于比较优势理论的指导，大力发展纺织品服装的出口和加工贸易（在我国进行劳动密集型的组装）的出口。

然而，时过境迁，继续以比较优势理论为指导，有可能使我国跌入"比较优势陷阱"，延缓产业升级的步伐和对外贸易的进一步发展。要与时俱进，新时期的对外贸易必须以竞争优势理论为指导，这是比较优势理论本身的局限性和当今的对外贸易形势决定的。

本 章 总 结

（1）通过对马克思理论和邓小平理论的叙述和分析，我们得出这样的结论：积极参加国际分工、发展对外贸易是中国的必然选择，闭关自守是没有出路的。（2）通过对西方贸易理论的分析，我们认为，发挥廉价劳动力的比较优势，积极发展劳动密集型产业出口，是中国现阶段的理性选择，是走向富强之国的必经之路。（3）为了避免落入"比较优势陷阱"，必须积极创造竞争优势，实现从比较优势到竞争优势的转化。

本章复习思考题

一、马克思主义国际分工理论的主要内容是什么？根据马克思主义的国际价值理论，为什么劳动生产率不同的国家都能通过国际贸易获益？

二、邓小平社会主义初级阶段理论的主要内容是什么？

三、试评述大卫·李嘉图的比较成本理论。

四、简述要素禀赋理论的主要内容。它与比较成本理论有何区别和联系？

五、什么是"里昂惕夫之谜"？

六、简述产品生命周期理论的内容及其意义。

七、简述规模经济的含义。

八、分析比较优势与竞争优势的区别和联系。为什么说从比较优势到竞争优势是我国外贸发展的必然选择？

第四章　中国对外贸易战略

本章概要　本章对中国对外贸易战略进行了比较全面的分析。首先阐述对外贸易战略的含义、特点与类型；分析了一国制定对外贸易战略应该考虑的因素，归纳出中国制定对外贸易战略的原则，并对中国对外贸易战略由改革开放前的进口替代战略到有限开放时期的混合发展战略再到全面开放时期的对外贸易战略的演变进行具体分析；论述"以质取胜"与"品牌"战略、科技兴贸战略、知识产权兴贸战略、出口市场多元化战略、"走出去"战略以及可持续发展战略等中国对外贸易的次级战略；最后探讨新时期中国对外贸易战略的调整。

本章学习目标　本章学习目标有四个方面：(1) 正确认识与理解对外贸易战略的含义、特点与类型。(2) 清楚了解中国对外贸易战略的历史演变，正确认识一国制定对外贸易战略应该考虑的因素，把握中国制定对外贸易战略的原则。(3) 了解并清楚认识中国对外贸易的次级战略。(4) 对新时期中国对外贸易战略的调整作出思考。

第一节　对外贸易战略的含义、特点与类型

战略一词来源于军事，是指对战争全局的筹划和指导，后指具有全局意义的重大安排或计划。20 世纪 80 年代初战略一词被逐步运用到经济领域，就有了经济发展战略、对外贸易战略等概念。

一、对外贸易战略的含义及特点

对外贸易战略是一国或地区经济发展战略的对外贸易方面的内容，是根据经济发展的总体要求、针对对外贸易发展的目标及其实现手段所作的战略性决

策。对外贸易战略是一国或地区经济发展战略的基本组成部分，是一国或地区对外贸易发展的指导思想的体现。

对外贸易战略作为一国经济发展战略的重要组成部分，从本质上应该服从于和服务于一国或地区的经济发展战略。但是，对外贸易战略和经济发展战略不是一般的整体与部分的关系，由于对外贸易战略是在世界经济的大环境下制定的如何参与国际分工、实现资源优化配置、促进经济发展的战略规划，可以决定一国或地区经济发展战略的多方面的内容，因此处于一国或地区经济发展战略的核心地位。选择哪种对外贸易战略对一国的经济发展非常重要，以国际比较优势为原则的对外贸易战略在很大程度上就决定了这个国家将把比较优势产业的发展战略作为该国整体经济发展战略的重要内容。因此，在有些经济学家看来，对外贸易战略在一定程度上可以看成是一国的经济发展战略，它反映了该国经济发展的目标和方向。

处于一国经济发展战略核心地位的对外贸易战略具有全局性、整体性和稳定性的特点。对外贸易战略的全局性特点是指一国对外贸易战略的制定要着眼于世界经济的分工体系，充分考虑到国内的资源条件和经济发展目标，所制定的各种制度和政策对一国的贸易和经济的发展应发挥指导思想的作用。对外贸易战略的整体性特点来源于一国对外贸易战略组成部分之间的相互关系，对外贸易战略的制定原则、指导思想、进出口战略、贸易体制和贸易政策等各部分之间不是简单的串行或并行关系，而是相互联系、相互协调、相互促进、相辅相成的关系，从整体上对促进贸易和经济发展发挥作用。对外贸易战略的稳定性特点是其本身的内在要求，对外贸易战略的制定是对未来贸易发展方向、发展方式、发展目标等方面的确定，要发挥指导思想的作用，因而从根本上要求对外贸易战略在一定时期内保持稳定，不可朝令夕改。一国可以根据国际环境和国内环境的变化调整对外贸易战略，但是对外贸易战略的基础不可以随意变动，这样不仅有利于国际贸易和经济安全、有序地发展，也增强了世界各贸易伙伴国与本国合作的可预见性。

二、对外贸易战略的类型

国内外学者从不同的角度出发，把对外贸易战略划分为不同的类型。最常见的划分方法来自世界银行。世界银行按照对国内市场和国际市场的轻重选择不同，把对外贸易战略分为两类：外向型的和内向型的，即出口导向战略和进口替代战略。世界银行认为，"外向型战略的贸易和工业政策不歧视内销的生产或供出口的生产，也不歧视购买本国商品或外国商品。由于它有利于国际贸易,这种没有歧视性的战略往往(有些不大适当地)被看做是促进出口的战略。与之相适应,内向型战略对工业和贸易的奖励制度有偏向,重视内销的生产,轻视供出口的生产。这种做法即是大家所熟知的进口替代战略。"①

世界银行制定了区分贸易战略内向型或外向型的 4 项指标。这 4 项指标是:有效保护率,对诸如限额和进口许可证等直接控制手段的依赖性,对出口贸易奖励的方法和汇率定准值高估的程度。根据这 4 项指标,世界银行又进一步把内向型贸易战略和外向型贸易战略分为以下 4 种:坚定的外向型战略,一般的外向型战略,一般的内向型战略和坚定的内向型战略。

除了世界银行的分类,霍利斯·B. 钱纳里②等人应用多国计量模型进行分析和比较,把发展中国家的对外贸易战略划分为出口促进战略、进口替代战略和平衡战略 3 种。克鲁格利用统计数据对第二次世界大战后 10 个发展中国家制造业的有效保护率进行了测算,把发展中国家实际执行的对外贸易战略也分为 3 种类型:出口促进战略,进口替代战略和温和的进口替代战略。国内有学者按照战略目标的不同,把对外贸易战略分为 3 类:追求静态利益的贸易战略,追求动态利益的贸易战略和排斥贸易利益的贸易战略。③ 这里综合考虑各种分类方法之后,将对外贸易战略分为 3 种,即进口替代战略,出口导向战略和混合型发展战略。

(一) 进口替代战略

进口替代战略又称为内向型的发展战略,主要是通过建立和发展本国的工业,实现对进口工业制成品的替代,以达到消减进口、节约外汇、发展本国工业和减少对国外经济依附等目的。因此,实现发展中国家的民族工业化和消除不利贸易因素对国家经济的影响是进口替代战略的主要目的。第二次世界大战后初期,许多发展中国家都走向了政治独立,摆在它们面前的紧迫任务是如何在经济上寻求独立、和平与发展。为了摆脱对发达国家的依赖,迅速找到摆脱贫困状态的捷径,发展中国家不约而同地把实现工业化和经济多元化作为经济的发展目标。为了实现这些目标,大多数发展中国家,最早是一些拉丁美洲国家采取了限制进口、保护民族工业的进口替代战略,这一战略在一些拉丁美洲国家持续到 20 世纪 80 年代。亚洲地区的国家实行进口替代战略的时间较晚,

---

① 世界银行:《1987 年世界发展报告》,第 80 页,中国财政经济出版社,1987。
② 霍利斯·B. 钱纳里,哈佛大学教授,著名经济学家,世界银行经济顾问,1918 年生于弗吉尼亚州,1950 年获哈佛大学经济学博士学位,1968 年获荷兰经济学院荣誉博士。他曾任斯坦福大学教授、美国国际开发署副署长、世界银行副行长等公职,1965 年起任哈佛大学教授至今。
③ 刘力:《贸易的动态利益与发展中大国的贸易战略》,《国际贸易问题》,1997 年第 6 期。

东亚和东南亚的一些国家先后在20世纪50年代至70年代实行过进口替代战略。非洲国家在取得独立后对以本国原料为主的加工工业也实行过进口替代战略。

进口替代战略一般分为两个阶段。在第一阶段主要是建立和发展一般的最终消费品工业，主要发展收音机、自行车、纺织品和食品等行业，实现对这些产品的进口替代。这些行业对专门人才和资金、技术的要求不是很高，而且国内对初级消费品已经形成有效需求，因而，这一阶段的进口替代战略比较容易实施。第二阶段就是在对消费品的进口替代发展到一定程度以后，集中力量建立和发展生产资本品、中间产品的工业，如机械设备制造、石油提炼、炼钢轧钢、冶金、化工等需要大量资本和专门技术的工业，实现替代工业的升级。这一阶段进口替代战略的实施比较困难，由于发展中国家资金、技术、人才和市场等方面的限制，并不是任何国家都能成功地实施该阶段的进口替代战略。

尽管实行进口替代战略并没有固定的模式和要求，但是从各国的实践来看，在实行进口替代战略的同时，各国在对外贸易政策方面都采取了一些比较相似的做法。

（1）高筑壁垒限制进口。各国的普遍做法是对国内重点扶持的幼稚产业和民族工业的产品，利用提高关税、颁发进口许可证、实行配额和押金制度等手段进行严格限制。即使允许进口类似产品，各国或地区也有权指定外汇来源、采购地区、货物等级和价格等进口事项。但是对于本国发展工业急需的原料和机械设备的进口，则实行免税进口或是只征收很低的关税，而且几乎没有数量限制。这种政策带有明显的歧视进口、拒绝参与国际分工的特点。

（2）优惠的国内政策。实施进口替代战略的国家通常对其重点扶持的国内工业部门实行税收减免政策。通过减免这些企业的税收负担和利用加速资本折旧等手段，加速国内重点发展工业的资本积累。有些国家还将国内有限的资源优先分配给重点扶持的产业，加速国内工业化的进程。

（3）采取进口替代战略的国家一般都存在着对本国货币汇率高估的现象。以此来节约进口资本物品所需的外汇，并把有限的外汇分配给国内最急需的产业部门。

进口替代战略的主要优点是：① 所生产的工业品的国内有效市场需求已经基本存在，建立新工业的风险被大大地降低了；② 通过对本国幼稚工业和民族工业的保护，各国可以建立自己的工业体系，促进本国经济多元化健康发展；③ 进口替代战略在一定程度上解决了发展中国家的就业问题。

但是进口替代战略作用的发挥是受到经济发展水平约束的，这在拉美国家的实践中得到了很好的证明。拉美国家的经济在20世纪80年代以前一直保持了持续快速的增长,这些地区每年的国内生产总值的增长率几乎一直维持在 5.6%左右,超过了发展中国家和发达国家在该时期的平均经济增长水平。但是 20 世纪 80 年代以后,拉美国家的经济发展速度明显放缓,这主要是由于经过一定时期的进口替代战略的保护,这些国家的国内工业得到了很大的发展,进口替代战略已经表现出和经济发展的不适应性,该战略自身的局限性随着经济的发展也表现得越来越明显。

(1) 进口替代战略是立足于国内市场的内向型发展战略。国内的市场容量和市场结构决定了进口替代战略的发展潜力。市场容量较小是发展中国家的普遍特征,这就决定了这些国家在国内经济得到一定的发展之后,有限的市场需求将成为制约经济发展的主要因素。一旦国内的市场达到饱和,经济的增长速度就会受到抑制,甚至倒退。恩格尔定律表明,随着经济的发展,生活必需品的支出占收入的比重将不断缩小,因此实行进口替代战略国家的产品市场需求经过一段时间后一定会饱和。

(2) 实行进口替代战略容易造成国际收支失衡。发展中国家主要依靠农产品、资源等初级产品的出口换取外汇,用于进口国内经济发展所需的机器设备,由于初级产品换汇能力低,进口产品所需外汇量较大,长期下去极易导致一国国际收支失衡。

(3) 实施进口替代战略要求国家对进口进行高度限制,受保护的行业在初期阶段会因避免来自国外的冲击而得到发展,但是长期的保护会造成这些行业失去竞争意识,出现不求进取的懒惰行为,对一国经济的发展产生不良影响。

从以上的分析可以看出,进口替代战略的实施应与相应的经济发展阶段相联系,在经过一定时期的发展后,进口替代战略就走到了尽头。

(二) 出口导向战略

出口导向战略又称为外向型的发展战略,主要是通过扩大制成品的出口,加强工业基础,促进整个经济的工业化。实施该战略的国家都把国际市场作为一国经济活动的中心,把促进工业制成品的出口作为一国经济发展的核心。20 世纪 50 年代,日本为了恢复第二次世界大战后的国内经济,采取了出口导向型的对外贸易发展战略,实现了国内的工业化。20 世纪 70 年代起,一些拉美国家和地区在实施进口替代战略受阻后转向了出口导向型的对外贸易发展战略。在亚洲地区,中国香港、中国台湾、韩国和新加坡是实施出口导向战略最成功的国家和地区,这些国家和地区被称为"新兴工业"国家和地区,并取得了"亚洲四小龙"的称号。

出口导向战略一般分为两种,一种是依靠初级产品来推动经济增长的"初级产品"出口导向战略,另一种是依靠制成品出口来带动经济增长的"次级产品"出口导向战略。实施出口导向战略的发展中国家大多遵循国际分工的比较优势原则,利用国内丰富的资源或廉价的劳动力等优势发展资源密集型和劳动密集型产品,通过参与国际分工和合作获取国际贸易的静态利益和动态利益,实现促进国内产业结构的升级、改善出口产品结构、实现国际收支平衡等国内经济发展目标。

从成功实施出口导向战略的国家和地区的实践看,该战略的实施一般都有比较类似的国内鼓励出口的政策措施相配合。

(1) 出口导向战略要求一国减少贸易壁垒,实施自由贸易。实施该战略的国家普遍降低了关税水平,并减少了配额、许可证等数量限制措施。在20世纪80年代中期,实施出口导向战略的亚洲新型经济国家和地区的平均保护水平只有24%,而同期其他亚洲国家的平均保护水平为42%,实施进口替代战略的南美各国的平均保护率高达46%。

(2) 各国(地区)对出口部门采取了特殊优惠政策。这些国家和地区普遍地对出口企业税收实施特殊待遇,有的国家和地区还对出口的产品实施退税政策。出口企业在资金融通方面也享有特殊待遇,一些国家和地区对出口企业提供出口信贷、外汇担保等措施鼓励企业发展出口贸易。如中国台湾地区的出口贷款利率在1962年只有7.5%,大大低于当时的普通贷款利率12%~19%的水平。

(3) 采取出口导向战略的国家还采取了货币对外贬值的策略,促进出口贸易发展。在货币对外贬值的条件下国内出口产品的竞争力明显增强。1960—1975年韩国的出口实际汇率始终大于进口的实际汇率。1960年韩国的出口实际汇率为1美元=295韩元,进口实际汇率为1美元=200韩元;1965年出口实际汇率为1美元=281韩元,进口实际汇率为1美元=270韩元;1975年出口实际汇率为1美元=267韩元,进口实际汇率为1美元=241韩元。此外,一些国家还专门设置了促进出口贸易的专门管理机构。

出口导向战略克服了发展中国家国内市场狭小的限制,把国内市场和国际市场融合在一起,在一定程度上形成了无限的市场容量,这有利于这些国家引进先进技术、改善产业结构、利用规模经济促进国内经济全面发展。亚洲一些国家和地区通过创造条件在20世纪六七十年代利用出口导向战略实现了经济腾飞。但应该看到出口导向战略并非完美无瑕,随着经济的发展和内外部环境的变化,出口导向战略也表现出种种不足。

(1) 实施出口导向战略容易导致国家对国际市场过度依赖。采取出口导向战略的国家和地区的经济运行对世界经济,尤其对美国、日本等少数发达国家经济形成严重依赖。由于亚洲各国和地区主要发展加工工业，它们所需的生产要素主要依赖发达国家及其跨国公司，而它们生产的产品主要销往发达国家。第二次世界大战后美国成为吸收亚洲国家和地区出口产品的主要市场，而日本则成为这些国家进口机械设备的主要对象。经济发展造成各国对美国保持巨额的贸易顺差，对日本则是巨额的贸易逆差，对两国经济依赖严重。亚洲金融危机爆发的一部分原因就是这些国家和地区对发达国家资本的过度依赖性造成的。

（2）发达国家已经建立起了极具效率的工业，发展中国家建立自己的工业与其竞争比较困难。发展中国家主要是通过分享国际贸易利益来实现本国的产业结构升级，但是实施出口导向战略的国家在要求别国开放市场的同时也必然要开放自己的市场，在发达国家势力雄厚的大公司的竞争下，如何建立本国的工业基础、实现产业结构的升级是发展中国家面临的难题。

（3）20世纪70年代以后发达国家经济进入了衰退期，新贸易保护主义抬头，发达国家常常对发展中国家的劳动密集型的出口产品实施各种贸易限制。与此同时，发达国家极力开拓发展中国家的市场，利用各种机会占领发展中国家的市场。在这种条件下，采取出口导向型的发展战略能否获得成功值得考虑。

（三）混合型发展战略

随着大多数发展中国家实行进口替代战略的失败和少数国家和地区实行出口导向战略的成功，一些学者认为，发展中大国既不能实行纯粹的进口替代战略，也不能实行单一的出口导向战略，而应该把进口替代战略和出口导向战略结合起来，即实行混合型发展战略。

主张发展中大国应该实行混合型发展战略的国内外学者很多，其中包括美国学者吉利斯、帕金斯，英国学者科尔曼、尼克森，中国学者张士元、陈立成、杨敬年等。[①] 按照上述学者的观点，混合型发展战略的根本考虑是把进口替代战略和出口导向战略各自有效的部分组合起来，在继续大力发展进口替代的同时，积极利用出口导向战略的某些政策，以兼容并蓄，最大限度地促进经济发展。既然混合型发展战略是进口替代战略和出口导向战略的"有效组成部分"的混合物，那么，这些"有效组成部分"是什么呢？从主张混合型发展战略的学者的论述来看，主要包括进口替代战略中的面向国内市场的独立自主的工业化、改进后的政府干预和保护以及出口导向战略中的

---

① 参见马尔科姆·吉利斯等：《发展经济学》，经济科学出版社，1989；张士元：《试论发展中国家对外贸易发展战略，对外教育出版社，1986；陈立成等：《发展中国家的经济发展战略与国际经济新秩序》，经济科学出版社，1987。

出口鼓励政策等。

在实践中，印度、巴西和中国曾经对这两种战略的结合进行了尝试。印度在 20 世纪五六十年代实施进口替代战略受阻后，从 70 年代初开始尝试采取进口替代和出口导向结合的新战略，但是由于开放的程度不足，对国内的工业保护过度，它实际采取的战略只是对进口替代战略作了少量的修正，本质上并没有改变，因而实施效果不佳。从 20 世纪 60 年代中期开始，巴西也混合使用两种贸易发展战略，却创造了经济快速发展的奇迹。

第二节　中国对外贸易战略的演变

一个国家或地区对外贸易的发展水平和结构状况不是孤立的，它是该国或该地区国民经济发展状况的综合反映，同时也受国际经济环境的影响。因此，制定对外贸易战略，不是孤立地根据外贸战略类型是否优越，而是要以一定的客观条件为依据。违反了客观条件，力图过分超前，或者不充分利用一定时机与条件，固步自封、因循守旧，具备条件而不及时实现战略转换，都难以正确促进外贸发展。

一、一国制定对外贸易战略应该考虑的因素

一个国家或地区制定对外贸易战略应综合考虑各种客观因素，使得所制定的对外贸易战略能适应对外贸易和国民经济发展的要求。

（一）国内经济因素

影响对外贸易战略制定的国内经济因素主要是该国或该地区的经济发展水平、经济发展结构、经济发展速度、经济发展效益等方面。

1. 经济发展水平

经济发展水平主要是指一个国家或地区所处的工业化阶段和该国或地区在世界经济中的地位。具体体现在该国或地区每年 GNP（或 GDP）总量的多少、GNP（或 GDP）的人均水平的高低，以及产品科技含量的高低。这些是决定国内供需状况、国内市场容量以及可能跻身国际市场力度的重要因素。如果一国经济发展水平低，该国处于工业化较低阶段，科技比较落后，产品多是科技含量较低的劳动密集型产品，GNP（或 GDP）总量和人均水平都较低，国内市场容量大，而产品供不应求，不能挤出多少有竞争力的产品投入国际市场，因而在国际经济中难于占有一席之地。这种经济发展水平的国家

或地区，在外贸发展战略上不可能超前选择出口导向型。相反，如果一国或地区的经济发展水平较高，该国或地区处于工业化较高阶段，科学技术发达，GNP（或GDP）总量和人均水平都较高，物质丰富，除满足国内旺盛的需求外，还可能加大跻身国际市场力度，产品竞争力强，因而在世界经济中影响较大。这种经济发展水平的国家或地区，在外贸发展战略上不及时转换，仍停留在进口替代阶段上，不但对外贸易得不到及时发展，还势必会延缓整个国家工业化的进程。

2. 经济发展结构

经济发展结构最主要的是产业结构和产品结构。根据三个产业的相对比重和重工业与轻工业的相对比重的不同情况，可以把经济发展结构区分为低级、中级和高级三个阶段。在经济发展结构处在低级阶段的国家或地区，第一产业在国民经济中的比重较高，轻工业成为工业发展的基础，处于这种经济发展结构的国家或地区，在外贸发展战略上一般不宜选择出口导向或混合型发展战略。因为这些国家面临的首要任务是尽快提高第二和第三产业在国民经济中的比重，建立国内较完整的产业体系和工业体系，改变不合理的产业结构，因此适宜选择进口替代战略。在经济发展结构处于中级阶段的国家或地区，第一产业在国民经济中的比重有所下降，第二、三产业比重相对上升，并且，在工业发展中，重工业的比重也逐步提高，这些国家或地区经济发展面临的任务是进一步提高第二产业，特别是第三产业在国民经济中的比重，使之成为主导产业。这些国家或地区在外贸发展战略上一般适宜选择混合型发展战略，不宜实施进口替代战略。经济发展处于高级发展阶段的国家或地区，第二、第三产业处于国民经济的主导地位，具有强劲的国际竞争力。这些国家或地区经济的发展要求外贸发展实施出口导向战略。此外，就产品结构而言，主要生产初级产品和原料性产品，劳动密集程度较高的国家或地区，在外贸发展战略上一般较难实施出口导向战略；而主要生产工业制成品，特别是机电产品和重化工业产品，以及科技含量较高的技术密集产品的国家或地区，一般适宜实施出口导向战略；处于以生产一般工业制品，特别是生产轻工纺织产品为主的国家或地区，一般适宜实施混合型发展战略。

3. 经济发展速度

经济持续快速发展的国家或地区生产力较高，国内消费需求和生产需求旺盛，要保持经济快速发展，需要充分利用国内国外两种资源和两个市场，既满足国内市场需求，又满足国际市场需求。这种经济发展状态的国家或地区客观上要求在外贸战略上实施混合型发展战略，实行有进有出，进出大体平衡，维持外汇收支基本平衡，总供给和总需求基本平衡，以推动国民经济发展；而经济发展缓慢，生产不足，产品奇缺，社会供给远不能满足国内市场的国家或地区，一方面不能挤出多少产品出口，另一方面国内民族工业更需要保护，这些国家或地区在对外贸易上，一般适宜实施进口替代战略。

4. 经济发展效益

在市场经济条件下，经济效益是决定外贸发展规模、发展速度的另一重要因素，也是决定外贸发展战略制定的重要因素。从国际范围考察，实施进口替代战略的经济效益不可能很高，因为这些国家或地区没有在国际市场中得到比较利益；而具备条件实施外贸出口导向战略的国家或地区，一般来说，其经济效益是较高的，因为它在国际市场中获得了巨额的比较利益。反过来说，国民经济效益不高的国家或地区，其科学技术水平一般较低，国际竞争力也不强，这些国家或地区为了提高经济效益，提高科技水平和竞争能力，一般在外贸发展上采取混合型发展战略，实行多元化发展。

上述国内经济因素对外贸发展的影响作用不是孤立的，它们之间是相互依赖、相互制约的，从而作为一个整体共同发生作用。作为对外贸易发展战略制定的依据，也是取决于它们的综合作用情况。同时，由于各国或地区的具体情况千差万别，对外贸易发展战略的制定，也不可能那么绝对或典型，往往采用三大类型战略中的某些过渡形式。

（二）国际经济因素

国际经济环境也是外贸发展战略制定的依据，但各类外贸战略的实施对国际经济环境的依赖程度各不相同。进口替代战略的实施主要取决于国内或地区内的经济发展状况，对国际经济环境要求不高，只要国际社会默认其以保护手段建立国内替代产业、国际市场能提供建立国内替代产业所需要的技术和设备等，就可以实施。而这些环境，一般都比较容易获得。相反，出口导向战略的实施与国际经济环境关系密切，依赖程度大，因为这关系到国际市场对该国出口产品的需求状况，出口产品的贸易条件，以及有关国家对该国或地区出口产品的贸易政策等。因此，国际经济发展的水平和速度的改变、国际市场需求的变化、资源供应渠道的更迭，以及贸易对象国贸易政策的变化等，都会很敏感地影响到出口导向战略的顺利实施。混合型发展战略对国际经济环境的要求相对比较灵活，因为混合型发展战略是集进口替代和出口导向因素于一体的战略，可以根据当时国际经济环境的实际情况，灵活地利用有利于进出口的各种条件实行多元化发展，以适应不断变化的国际经济环境，推动混合型发展战略的实施。

对外贸易发展战略制定的两种基本依据中，国内经济因素是主要的或决定性的依据,而国际经济因素则是影响性的。

二、中国制定对外贸易战略的原则

中国对外贸易战略的制定,应根据国内的经济社会发展水平和国际经济的大环境,结合国内经济体制改革的进程和特点,充分考虑国内经济发展目标,并且在对外贸易战略的制定过程中贯彻如下原则。

(一) 自由贸易与保护贸易良好结合的原则

从新古典经济学的理论上来说自由贸易能够实现最大福利,但是现实情况是没有一个国家实行完全的自由贸易。因此,纯粹的自由贸易或保护贸易都不是对外贸易战略制定的良好原则。中国是一个发展中大国,而且是处于经济转型期的发展中国家,当前的产业发展参差不齐,地区经济呈现明显的二元经济特征,出口产品的结构水平还较低,竞争优势不足。总的说来,中国的经济发展和世界经济强国相比还很薄弱。因此,在制定中国的对外贸易战略时必须充分考虑到这些问题,将自由贸易和保护贸易很好地结合起来。对中国已经比较成熟的产业可以多开放一些,对那些关系到国计民生的重要行业和幼稚产业就要适当地多保护一些。

(二) 进口替代和出口导向良好结合的原则

中国目前的经济发展阶段、国内的产业结构、对外贸易的商品结构和贸易条件等方面来看,实现产业结构升级、出口商品结构优化、贸易条件改善等仍是中国亟待解决的问题。因此,中国的对外贸易战略应该把出口导向原则和进口替代原则结合起来,通过出口为进口创造条件,通过进口替代实现重要产业的建立和发展,并通过出口进一步实现国内产业的升级。

(三) 国内市场和国际市场良好结合的原则

发展中国家的技术、机械设备、资源的引进,产品的出口严重地依赖国际市场特别是发达国家的市场,因此,发展中国家极易受到发达国家经济运行的影响。亚洲金融危机的爆发已经很说明问题。中国在制定对外贸易战略时应该充分吸取这些经验教训,在充分利用国际市场,特别是发达国家市场的同时,一定要保持经济发展的独立,警惕对发达国家的市场产生过度的依赖。对那些市场狭小的发展中国家可能很难做到,但是对于中国这样一个发展中大国来说是可以做到的。中国国内市场巨大,很多地区的市场开发是很有潜力的,国内的市场应该作为中国经济发展的中心,国际市场作为促进国内市场发展的有效补充。

三、中国对外贸易战略的演变

根据新中国成立以来中国对外贸易发展的实践和国际经济学对对外贸易战略的分类，中国对外贸易的总体战略的演变大体上经历了以下几个阶段。

（一）改革开放前的进口替代战略

中国改革开放前的对外贸易战略，是一种极端的进口替代战略。在这一阶段，中国开展对外贸易的目的是"互通有无，调剂余缺"。举国强调自力更生，只有自己不能生产的才进口，而不是根据国际分工的比较优势原则参与国际分工、发展对外贸易。这主要是由中国当时的国内、国外环境，经济建设的指导思想和经济体制等主客观因素决定的。当时新中国刚成立不久，国内的工业经历了多年战争的摧残，百废待兴，而国际上由于资本主义和社会主义两大阵营的对立，造成西方资本主义国家对中国实行经济封锁。面对国内、国外如此严峻的形势，中国不得不采取独立自主、自力更生的发展战略来建立和发展自己的工业体系，恢复国民经济发展。并且中国当时的经济体制是对前苏联的模仿，实行的是高度集中的计划经济体制。在这种体制下，为了保护国内幼稚产业的发展，防止西方资本主义经济对中国的冲击，维护社会主义制度以及避免国际收支逆差和对外举债，中国基本上采取了闭关锁国的做法。在经济建设方面，特别是对外经济发展方面采取了极端排斥的态度，实行的是一种在几乎封闭状态下的进口替代战略。

改革开放以前的进口替代战略在当时的历史环境条件下对中国的贸易和经济发展起了积极的作用。在1952—1978年期间，中国的对外贸易额增长了近5.5倍，其中，出口增长了约6.2倍，进口也增长了6倍。经济增长率在1949—1978年之间达到了平均7.3%的水平，工业产值的平均增长率在1953—1978年期间也达到了11.3%的水平。此外，中国还初步建立起比较完整的民族工业体系，实现了出口产品由农产品为主到轻工业产品为主的过渡。在劳动力资源充裕的基础上，形成了劳动密集型的轻工业产品略占优势的出口商品结构，在国际竞争中获得了一定的比较优势。

但是，长期地实行进口替代战略也对中国经济的发展带来了不利的影响。由于进口替代战略从本质上排斥进口的同时也造成了对出口的歧视，而且它不是以比较优势为原则发展对外贸易，加上中国采取的是一种极端的进口替代战略，因此，中国不能获得国际贸易的各种静态利益和动态利益。对国内产业的高度保护导致了资源配置的低效率，高度集中的计划经济体制使得企业缺乏竞争意识和效率观念。不仅如此，因为优先发展工业使中国人民的生活水平长期受到压抑，农业由于受到歧视而发展滞后、结构失衡，影响中国经济的进一步发展。

（二）有限开放时期的混合型发展战略

有限开放时期是指1978—1992年这一阶段。在此期间，中国基本上实行的是混合型发展战略。这种转变从1978年将对外开放作为中国的基本国策后开始，但中国对外贸易战略的转变不是一蹴而就的，而是采取了由点到面逐步转变的过程。

在战略转变之初，中国对外贸易战略仍是具有内向型特征的进口替代战略。但是随着经济的发展，这种战略越来越表现出与改革进程的不适应性：（1）国内经济体制的改革逐步实现由高度集中的计划经济体制向市场经济体制的转变，原来计划经济体制下的对外贸易战略随着其赖以存在的体制基础的转变，也就必然要表现出其与新体制之间的冲突；（2）进口替代战略的实施过程中中国采取了高估汇率的政策抑制了出口的发展，无法改善外汇紧缺的局面并且影响了国内资源的优化配置；（3）中国在1986年提出复关申请，为了适应关贸总协定所倡导的自由贸易原则，早日恢复中国在关贸总协定中的缔约国地位，需要对实施高度保护的进口替代战略进行调整。

从20世纪80年代中期开始，根据中国经济发展中出现的种种问题，国内对在开放条件下的对外贸易战略选择进行了深入的理论探索。在结合国外经验的基础上，有些学者提出了实行进口替代战略和出口导向战略相结合的混合型发展战略。即在全国实行以进口替代为主，与出口导向相结合的对外贸易战略。在沿海经济特区和有条件的地区实行出口导向战略，在中西部地区实行进口替代战略，充分发挥这两种战略的优势，利用出口导向战略增加外汇收入，利用进口替代战略维护国民经济基础，两种战略相互作用实现国民经济结构的合理化、高级化。在80年代后期又有学者提出了国际大循环战略，也称为大进大出战略。它要求充分利用农村劳动力的资源优势发展劳动密集型产品出口，利用赚得的外汇收入尽快实现劳动密集型产业向资本或技术密集型产业的转变。这种战略既解决了农村的剩余劳动力问题，又树立起了世界经济的整体观念和国际意识。但是以该战略进行对外贸易将使国家处于比较低的国际分工层次，不利于经济的长期发展。

到90年代初期中国已经基本实现了出口商品由以初级产品为主向以工业制成品为主的重要转变，国内的经济也得到了快速的发展。然而，中国当时实行的对外贸易政策各地区差异很大，造成了各地不公平的竞争地位。各地为了地区利益竞相争夺资源，实行地区限制人为地分割国内市场，对沿海经济的发展带来了不利影响。不仅如此，这种倾斜的对外贸易政策还造成了地区经济发展的不平衡，影响国内经济运行的稳定。对外贸易体制亟须改革，对外贸易政策亟须调整，对外贸易战略亟须重构。

(三) 全面开放时期的对外贸易战略

邓小平南方谈话和党的十四大对市场经济地位的确定,标志着中国的改革开放进入了全面开放时期。随着中国改革开放的深入和对外贸易规模的不断扩大,对外贸易战略在国民经济发展中的地位越来越突出,制定一个符合实际的对外贸易战略显得越来越重要。在1994年春举办的"90年代中国外经贸战略国际研讨会"上,由外经贸部正式提出了"大经贸"的战略构想。

所谓"大经贸"战略就是指实行以进出口贸易为基础,商品、资金、技术、劳务合作与交流的相互渗透和相互协调发展,外经贸部门与生产企业、科技和金融等部门共同参与的对外贸易战略。它大体上包含四方面的内容:一是全面开拓国际市场,在稳定传统市场,如美国市场、欧盟市场、香港市场的同时还应该积极开拓拉美市场、东南亚市场和俄罗斯市场,并且对非洲市场和东欧市场也可以作一些尝试,体现了"大经贸"战略中市场范围大的特点。二是大融合,即把商品、服务、技术出口和利用外资相互融合、协调发展,比如大型、成套机电产品的出口,往往带动工程承包甚至劳务出口,这可以通过中国提供符合国际惯例的买方信贷来加以实现。三是大结合,把对外贸易发展与外向型经济发展结合起来。各种经济特区、开发区在对外贸易发展中应该走在前面,使沿海地区的对外贸易发展得更好一些,同时帮助中西部地区发展对外贸易,打破地区界限,实现不同地区之间的对外贸易发展和外向型经济发展的有机结合。四是大转变,即转变对外贸易的功能,打破原来只为出口创汇而发展对外贸易的做法。"大经贸"战略要求对外贸易应该促进产业结构升级和技术进步,发挥对国民经济的综合促进作用。

"大经贸"战略强调企业作为国际竞争的主体,自负盈亏、自担风险,并直接享有经济利益。要求国家政府主要运用汇率、税收、关税、价格、信贷等多种经济杠杆来间接地调控企业的行为和经济的发展。对企业可以进行计划指导,但是尽可能减少指令安排。此外,"大经贸"战略还要求中国融入世界双边和多边的贸易体制,加速构建适应经济一体化发展的体制和政策。中国"大经贸"战略的实施对中国经济贸易的发展起到了重要作用。

同时,国内有学者认为发展中大国在制定对外贸易战略时主要应该考虑三个原则:第一,追求贸易的动态利益;第二,正确认识和利用"国内市场广阔"的优势;第三,尽量避免因经济规模过大而带来的贸易冲击。因此,该学者提出一种新贸易战略:内撑外开型贸易战略。[①]

---

① 刘力:《试论国内市场与发展中大国的贸易战略》,《国际经贸探索》,1996年第5期。

所谓内撑外开型贸易战略，就是以国际比较优势为依据，以国内市场为依托，以适度保护为辅助，全面对外开放的贸易战略。该战略主要由以下三个方面的内容构成。一是充分发挥自身的国际比较优势，走开放型的发展道路。当代世界各国经济联系越来越紧密，国际分工和一体化程度越来越高，任何一个国家或地区企图摆脱国际经济联系，走自我封闭、自我循环的发展道路都是不可能的。在这一背景下，发展中大国必须实行开放型贸易战略，积极主动地参与国际分工，走向国际市场，在世界经济的广阔背景下发掘并利用本国的比较优势，建立自己的出口产业和主导产业，以保证本国贸易和经济的长期持续发展。二是重视发挥国内市场的作用，以国内市场支撑对外贸易的发展。发展中大国不能以所谓国内市场广阔为由而拒绝实行开放型的贸易战略。但是，国内市场广阔毕竟是发展中大国的重要优势所在，发展中大国在实行开放型贸易战略的过程中，还必须充分发挥国内市场的作用。应该看到，广阔的国内市场对于发展中大国的贸易发展具有重要的支撑作用。这种支撑作用具体表现为：(1) 对出口产业的规模经济作用。发展中大国的国内市场较大，规模经济效应较强，可以使本国产品成本降低，有利于获得国际竞争优势。(2) 对国外资本、技术等生产要素流入的吸引作用。发展中大国富有潜力的市场是吸引国外生产要素的一个重要因素。而国外生产要素尤其是技术的流入对于发展中大国的工业化和现代化具有十分重要的作用。(3) 对出口产品的"蓄水池"作用。由于国内外供给或需求方面的原因，一国的出口往往面临许多困难和问题。发展中大国具有较为广阔的国内市场，其出口产品在国际市场上一旦受阻，可以通过扩大国内市场销售的办法来加以缓冲。(4) 对外国贸易壁垒的抵制作用。在当代国际贸易规则越来越富有"对等"和"互惠"色彩的条件下，一国对本国市场的保护，就意味着他国市场的丧失。一国因担心失去发展中大国的巨大市场，在奉行贸易保护政策时不得不有所收敛。三是实行政府适度保护下的自由贸易政策。不言而喻，开放型贸易战略需要实行自由性的贸易政策，政府高度保护所导致的贸易"堡垒"是与开放型贸易战略格格不入的。但是，自由性贸易政策并非意味着不存在任何贸易保护的自由放任的贸易政策。在现实经济尤其是现代经济中，政府作为重要的宏观经济主体对国民经济活动的影响是不容忽视的，其中自然也包括对外贸的影响。另外，从一定意义上讲，国际贸易是国家与国家之间的经济行为，在许多方面（最明显的例子是国际贸易规则的制定和实施）离开了贸易双方的政府都是行不通的。一国在总体上实行自由性贸易政策，并不排斥少量的局部性的贸易保护。而少量的局部性的贸易保护措施也并不能否定该国贸易政策的自由性。

内撑外开型贸易战略在一定程度上与中国对外贸易的现实发展相吻合。

第三节 中国对外贸易的次级战略

所谓对外贸易的次级战略指的是就对外贸易的某一方面、某一领域所作的战略性安排。中国对外贸易的次级战略主要有"以质取胜"与"品牌"战略、科技兴贸战略、知识产权兴贸战略、出口市场多元化战略、"走出去"战略、可持续发展战略等。

一、"以质取胜"与"品牌"战略

(一)"以质取胜"与"品牌"战略的内涵

改革开放以来,中国虽然对对外贸易体制进行了改革,但是原有计划经济体制的影响并没有消除,加上中国经济发展所需资金和外汇不足,外贸企业长期以出口创汇为目标,中国的对外贸易发展走上了粗放型增长的道路。虽然中国出口数量巨大,但出口企业大多靠价格战来竞争,赢利能力不强。然而,世界经济的发展表明,产品的质量在国际市场的竞争中已经越来越占据主要地位,单纯低价格竞争的优势越来越不明显,而且还容易招致其他国家的反倾销、反补贴、特保等形式的制裁。为了改变对外贸易的增长方式,中国在20世纪90年代初期就提出了全面提高产品质量和全民质量意识的建议,在《关于国民经济和社会发展"九五"计划和2010年远景目标纲要》中明确了中国对外贸易发展中要充分贯彻"以质取胜"战略。近几年,已从"以质取胜"战略演进出"以质取胜"与"品牌"战略。

"以质取胜"与"品牌"战略的主要内容有:(1)树立质量第一的观念,增强重视出口商品质量的意识;(2)加强全面质量管理是提高出口商品质量的保证;(3)加快出口生产企业的技术改造是提高出口商品质量的有效措施;(4)不断开发高科技产品是提高出口商品质量的主要途径;(5)实施"品牌"战略有助于推动出口商品质量和档次的提高。

(二) 实施"以质取胜"与"品牌"战略的措施

(1)要正确处理质与量的关系,在提高出口商品质量的前提下扩大出口规模,处理好出口规模、速度、效益和质量的关系。出口商品的质量对于保持和扩大出口规模至关重要。质与量在出口商品规模中是辩证统一的关系,没有一定的量就没有规模,但是规模要以质为基础,规模要以经济效益为前提。出口量的增长应伴随出口额的同步扩大，如果数量上去了，但质量下降了，价格大跌，这种没有质的量和缺少效益的规模越大，国家的损失反而更严重。

（2）提高出口商品的技术含量和优化出口商品结构，是提高出口商品质量的根本途径。每个地区、每个企业应对出口商品进行分类、比较，下决心剔除、甚至不生产那些成本高、档次低、不合理占用资金或配额的商品。要开发创新商品，要切实依靠科技进步，加强贸技结合，使科技成果实现商品化、产业化，形成国际经济贸易的综合竞争优势，提高高技术含量、高附加值制成品出口的比重，提高轻纺产品的档次和加工深度，扩大机电产品出口，通过出口产品结构的优化和质量档次的提高促进外贸出口向集约化、效益型方向转变。

（3）强化质量管理和质量检查制度，按照国际标准组织生产，把好质量关。实践证明，企业管理搞得好的外贸企业，其出口商品质量也比较高。为确保和提高出口商品质量，外经贸企业应该严格贯彻执行有关外经贸进出口企业质量管理办法。管理部门应在对出口商品生产企业实行质量体系评审的基础上，强化质量监督力度，广泛推行 ISO 9000 质量管理标准，把由于出口商品质量达不到要求而带来的直接经济损失降到最低限度，做到向管理要质量、依法管好质量。

（4）制定名牌拓展的国际战略，加快名牌成长发展的国际化进程，将国内名牌产品推向国外市场。名牌商标是高质量商品的标志，信誉的象征，是开拓国际市场的重要手段。综观世界贸易的发展，几乎每一个国家都是通过自己的名牌产品加强国际地位的。因此，中国的出口能否扩大，出口商品是否高质量、有信誉，在很大程度上取决于名牌商标的开创、保护和管理。

（5）对出口商品质量好的企业和产品，予以相应的政策和舆论的鼓励，同时，依法查处造成重大质量事故的案件。对于积极采用先进生产技术、推行严格质量管理、客户反映良好的出口商品生产经营企业，给予奖励；对于符合免检条件的企业给予免检、优先出口信贷和优先分配出口配额；对于生产、收购、出口假冒伪劣商品，或因质量问题对外发生理赔，并造成严重经济损失和政治影响的企业和个人，则根据情节予以通报批评、罚款直至取消其外贸经营权的处分；对于造成重大质量事故、涉及面广、问题突出、跨行政区域的案件，应予以曝光查处。凡是因质量问题造成损失的，承担赔偿损失的责任；侵犯商标权、专利权的，要承担侵权责任；构成犯罪的，则要追究刑事责任。

二、科技兴贸战略

（一）科技兴贸战略的内涵

为了适应科技革命不断发展和知识经济蓬勃兴起的新形势，党的"十五大"提出实施"科教兴国"战略并将其作为中国的一项基本国策,赋予了科技进步在社会经济发展中新的历史地位。为在对外贸易领域贯彻"科教兴国"的基本国策,1999年年初外经贸部提出了科技兴贸战略。党中央、国务院高度重视实施科技兴贸战略。党的十五届五中全会提出"重视科技兴贸"。九届人大四次会议通过的《国民经济和社会发展第十个五年计划纲要》中把"更好地实施科技兴贸战略"作为"十五"计划的一项任务。认真贯彻中央精神,加快实施科技兴贸战略,对中国对外贸易的持续稳定发展具有重要意义。

科技兴贸战略以提高中国出口产业和产品的国际竞争力、加强制度创新和技术创新、提高中国高新技术产业国际化水平为基本指导思想,以"有限目标、突出重点、面向市场、发挥优势"为发展思路,进一步转变政府职能,通过面向国际市场的科研开发、技术改造、市场开拓、社会化服务等部署,提高企业出口竞争力和自主创新能力,加快出口商品结构的战略性调整,实现中国由贸易大国向贸易强国的跨越。

科技兴贸战略的基本原则是:以市场为导向,以企业为主体,以创新为动力,加强政府的服务保障作用,建立和完善企业提高产品出口竞争力的政策环境,在中国高新技术产品和传统出口产品的优势领域形成高新技术研究、开发与应用的有力支撑,建立较为完善的政策、法律、知识产权保护、出口促进服务体系,提高高新技术产品出口持续发展能力和传统出口产品的技术含量与附加值,取得全球市场的战略性突破。

科技兴贸战略主要包含两方面内容:一是大力推进高新技术产品出口,在中国优势领域培育一批国际竞争力强、附加值高、出口规模大的高新技术出口产品和企业;二是运用高新技术成果改造传统出口产业,提高传统出口产品的技术含量和附加值。选择出口额最大的机电产品和纺织品作为高新技术改造传统产业的重点,初步完成中国出口商品结构由低附加值、低技术含量产品为主向以高新技术产品为主的转变。

(二) 实施科技兴贸战略的意义

实施科技兴贸战略是适应知识经济时代和经济全球化发展趋势,实现中国由贸易大国向贸易强国跨越的必由之路。实施科技兴贸战略,加快出口商品结构战略调整,抓住国际产业结构调整的机遇,促进国内产业结构的升级,是中国应对加入世界贸易组织后的机遇和挑战,保证对外贸易与国民经济持续、稳定发展的重大战略选择。从世界贸易的发展趋势和中国贸易的发展现状看,中国实施科技兴贸战略有以下几方面的意义。

1. 科技兴贸有助于中国由贸易大国走向贸易强国

中国已跻身于世界贸易大国之林已是不争的事实。但与美国、德国和日本等贸易强国相比，还存在很大差距，主要表现在：（1）中国重大装备制造业和相关产品市场的60%以上已被外企或外国产品挤占。据统计，中国光纤制造设备的100%，集成电路芯片制造装备和石油化工装备的80%以上，轿车制造、数控机床和纺织机械的70%被外国产品或外企挤占。国家工商行政管理总局2004年5月27日发布的调查报告显示，多家跨国公司已经在中国市场的相关高技术产业和产品市场占据了垄断地位。一些重大装备和关键零部件严重依赖进口或外企，存在着被别人"卡脖子"的风险，中国产业安全形势依然面临严峻挑战。（2）对外投资少和大企业少是两大"软肋"。中国引进外商直接投资居发展中国家之首和世界第二位，但对外投资很少。（3）中国90%的出口依靠"贴牌"，只能获得微薄加工费。中国拥有自主品牌的出口产品只有10%左右。美国《商业周刊》和国际品牌公司公布的2004年"世界百强品牌价值排名"，其中美国占有58家公司，而中国企业则无一家入选。中国出口产品越是高技术和高附加值产品，越被外企垄断，中国受益越少。

可以说，中国在产业链高端、企业核心竞争力和高附值产品出口等重要领域取得比较优势之日，才是中国从贸易大国走向世界贸易强国之时。显然这依赖于科技兴贸战略的实施及其效果。

2. 科技兴贸有助于打破国际贸易保护主义利用高科技所设置的贸易壁垒

技术性贸易壁垒（TBT）对国际贸易的影响越来越大。20世纪90年代后期，世贸组织秘书处货物贸易理事会每年得到的有关违反《TBT协定》的通报有600—700件，是各协议中最多的。近年来，主要出口市场针对中国产品的贸易壁垒加强，并呈现向技术性贸易壁垒发展的趋势，已严重影响了中国对外贸易的进一步发展。严格遵守《TBT协定》，加强技术性贸易壁垒的研究，建立中国技术性贸易措施体系，已成为科技兴贸的当务之急。

3. 实施科技兴贸有助于中国在国际市场竞争中占领制高点

目前，高技术含量、高附加值出口产品的比重低已成为制约中国出口进一步发展的重要原因。中国只有抓住世界经济、产业结构调整的大好时机，发展高新技术产品出口，才能占领竞争的制高点。

4. 实施科技兴贸是顺应世界经济、贸易调整的需要

随着科技迅猛发展，经济全球化趋势日益明显，国际经济贸易的格局将发生新的变化，使中国对外贸易的进一步发展面临强大的竞争压力。预计到2010年，世界出口商品总额将达到10万亿美元，国际市场商品结构将发生深刻变化，资源密集型初级产品市场相对萎缩，劳动密集型轻纺产品贸易稳步增长，但竞争更趋激烈，技术密集型机电产品，特别是高附加值的高新技术产品，将成为出口增长最快和发展后劲最足的支柱商品。因此，科技兴贸战略是中国顺应世界经济贸易发展趋势，有效参与竞争的必行之策，是解决中国外贸可持续发展的最有效措施。

(三) 实施科技兴贸战略的主要措施

1. 促进高新技术产品出口制度创新和机制创新

(1) 促进高新技术产品产业发展和产品出口的制度创新。研究在有基础、有条件、有优势的国家高新技术产业开发区中建立高新技术出口创业园试点。采取"境内关外"的封闭管理模式，在投融资、海关监管、外汇管理、税收管理、进出口管理、人员进出管理等方面进行探索，在促进中国高新技术产业发展和产品出口方面进行符合国际通行规则的制度创新。适应加入WTO的需要，充分发挥国家高新技术产业开发区的作用，特别是进一步加强高新技术产品出口基地的建设。通过制度创新，大力吸引国内外资金和创业人才，提高高新技术成果转化能力和持续开发能力，提高中国高新技术产业的国际竞争能力，培育一批国际化、具有较强技术开发能力、拥有自主知识产权的高新技术产品出口企业。在短期内形成较大的出口规模，使其成为推动高新技术产品出口快速增长的主要力量。

(2) 促进高新技术产业发展和产品出口的资金投入机制创新。加强科技、产业部门向高新技术产业和产品出口的资金支持，加强中央外贸发展基金对外开拓高新技术产品国际市场的技术力度，建立以政府投资为引导、企业投资为主体、金融保险系统和社会风险投资共同支持的多渠道高新技术产品出口投入体系，大力吸引境外的风险投资、社会投资，建立多渠道的促进高新技术产品出口基金，主要支持出口规模大、市场前景好的高新技术产品出口企业与研究院所的技术开发、技术引进、技术改造、跨国经营和国际市场开拓。

2. 发展重点产业和技术领域的产品出口

(1) 促进高新技术产业的国际化。在中国优势技术领域培育一批国际市场占有较大份额的、有自主知识产权的出口产品，集中有限资源，创造有利条件，发挥积聚效应，使电子信息产品、生物医药、新材料等竞争力强、出口市场前景良好的高新技术产品较快形成较大的出口规模，成为推动高新技术产品出口增长的主导产品。

培育一批具有国际竞争意识、熟悉和遵守国际贸易规则、善于开拓国际市场的高新技术产品出口企业和跨国公司，通过示范作用，带动中国高新技术产品出口企业国际贸易水平的整体提高。

鼓励企业在国外设立技术研究开发中心，促进中国高新技术产业研究与开发的国际化。形成和不断提高高新技术出口产品的持续开发能力，通过高新技术产品的产业化和国际化，在更高水平上促进科技成果的转化。

加强对外宣传自有品牌的产品，开拓国际市场，创造"走出去"的政策环境，从科技计划和科研院所中选择有国际市场、有竞争力的项目和产品予以支持；通过举办境内外国际展览会和交易会、网络交易市场等形式，拓宽对外宣传的信息渠道。

（2）促进有自主知识产权的关键技术开发和产业化。根据技术预测和国际市场需求预测，选择若干技术领域和国际目标市场，针对提高出口产品竞争力的要求，组织重点出口产品关键技术开发，力争在软件、生物医药、通信产品等中国已有一定优势的技术领域取得技术突破，提高高新技术产品和传统出口产品的国际竞争能力和持续出口能力。

优选和重点支持一批有出口优势和潜力的高新技术企业和科研院所，使之成为中国具有自主知识产权的高新技术产品出口骨干力量。国家和地方政府对重点出口企业和科研院所重大技术开发项目给予前期资助。在中国优势技术领域培育一批高新技术企业，使之成为在该技术领域具有较强技术开发能力、拥有自主知识产权的出口企业中坚力量。

3. 加强对出口产品的高新技术支持

（1）提高传统出口产品的技术含量和附加值。加强技术创新，促进中国传统产业的优化升级。用高新技术改造一批机电行业和纺织行业的重点出口企业，加快利用高新技术开发新产品、新材料，实现行业技术改造跨越式升级。引导现代科技向农业及相关产业渗透，在形成高效农业和环保农业的基础上扩大农产品出口。加强品牌意识，培育一批高质量、高附加值的国际知名品牌，巩固和扩大传统出口产品的市场份额。配合"西部大开发"战略，根据东西部地区的资源特点和经济发展需求，将调整传统出口产业结构同技术的升级换代结合起来；通过政策引导，组织和吸引东西部的科研院所、大学和企业优势互补、联合进行技术开发，促进高新技术对传统出口产业的改造，扩大高新技术产品和高附加值产品出口。

（2）提高技术引进、消化、吸收、创新水平。初步建立技术引进、消化、吸收、创新的良性循环机制。按照中国产业结构调整和技术升级的需要，通过政策引导、技术咨询、技术服务等软技术的比例，引导和组织企业与研究机构加强对高技术含量、高附加值产品关键技术的消化吸收，促进引进技术消化吸收再创新后形成竞争能力，参与国际竞争。鼓励跨国公司在华设立研发中心，通过提高外商投资质量，促进中国引进技术和开发创新技术。

4. 构筑科技兴贸服务体系

（1）加强技术贸易法律法规体系建设。贯彻《中华人民共和国技术进出口条例》等技术贸易法律法规，制定配套措施，规范高新技术进出口企业的贸易行为。加快技术贸易政策法规的清理、调整与建设工作，形成符合 WTO 规则、较为完善的促进高新技术产品出口的政策法规体系和管理体系，为企业提供公平竞争、正当竞争的法律环境。健全技术贸易政策法律咨询服务体系和国际技术贸易纠纷与争端快速反应机制。

（2）加强技术性贸易措施的研究与应用。加强对国外技术性贸易壁垒的研究，建立中国技术性贸易措施管理体系。组织实施技术性贸易措施体系建设推进计划，根据中国出口商品市场战略和国外技术性贸易壁垒，制定技术标准、检测标准和技术性防范措施。加强技术性贸易措施工作的对外磋商、对内协调。推动中国企业开展国际质量管理体系认证、环境管理体系认证和产品认证。

（3）加强信息技术在外贸领域的推广应用。根据中国对外贸易发展的要求，研究和完善电子商务的交易规则、管理制度、技术手段和配套设备。组织实施科技兴贸信息化专项计划。率先在科技兴贸重点城市、高新技术产品出口基地、高新技术产品出口创业园、高新技术开发区、重点出口企业和科研院所建立电子商务应用体系，推动中国电子商务应用的快速发展。加快以信息化为基础的现代物流系统建设，提高对外贸易的物流效率，降低物流成本。

（4）加大知识产权的保护力度。加强对中国知识产权保护的法规建设。加大对中国技术出口、高新技术出口产品海外商标注册的保护力度。鼓励有较大出口市场和出口潜力的技术成果在国外申请专利。加强研究和规范对跨国公司在华研发机构的技术贸易管理。

三、知识产权兴贸战略

当今，科技进步日新月异，经济全球化迅猛发展，知识经济快速推进，知识产权日益突显为一种资本和财富，已经渗透到国际经济、科技、贸易活动的各个方面。

知识经济是一种创新型经济，创新是知识经济的灵魂。创新包括知识创新、技术创新、制度创新等诸多方面，而知识产权制度正是人类历史上一项重要的制度创新，这一制度创新和发展也是社会、经济、科技发展的必然产物。二百多年来，世界知识产权制度的形成和发展，极大地促进和保护了全球的知识创新、技术创新。

20 世纪 90 年代以来，随着高新技术的发展，知识产权对世界经济与贸易发展产生了重大而深刻的影响。知识产权已成为世界技术竞争与经济竞争的战略制高点。随着世界高新技术及其高新技术产业的发展，知识产权在世界经济、科技和贸易中的作用和地位发生了重大变化。在知识经济时代，知识产权已成为技术标准和技术性贸易壁垒的重要支撑，成为连接技术与经济和贸易的纽带。

随着"科技兴贸"战略的实施，我国高新技术产品出口增长速度很快，但是存在着"三靠"、"三低"的现象，即主要依靠加工贸易、主要依靠外资企业、主要依靠低劳动成本优势；有自主知识产权的产品比重低、出口产品附加值低、出口产品利润率低。由于缺乏具有自主知识产权的核心技术，近年来知识产权纠纷案件不断增多，使得知识产权不仅对我国外贸发展产生了一定影响，而且成为部分行业发展的制约因素。

党中央、国务院对鼓励科技创新、提高企业的研究开发能力和自主创新能力的工作十分重视。十六大报告在经济建设和经济体制改革的论述中强调，"鼓励科技创新，在关键领域和若干科技发展前沿掌握核心技术和拥有一批自主知识产权"。胡锦涛总书记多次指出，要坚持把推动自主创新摆在全部科技工作的突出位置，大力增强科技创新能力，大力增强核心竞争力，在实践中走出一条具有中国特色的科技创新的路子。2005年1月，国务院成立了国家知识产权战略制定工作领导小组。2005年6月30日，国家知识产权战略制定工作领导小组第一次会议召开，标志着国家知识产权战略制定工作的正式启动，也预示着中国知识产权事业进入了新的历史发展时期。实施知识产权兴贸工程，加强知识产权对我国外贸发展的促进作用，是我国知识产权战略的重要组成部分，也是今后一个时期国家知识产权管理部门、科技管理部门和商务管理部门共同的战略重点。

在"十一五"期间，我们必须以科学发展观为知识产权兴贸工程的指导思想，建立以企业为主体、以市场机制为基础、政府引导的知识产权创造、管理保护与应用互动创新体系，提高引进技术的消化吸收和创新能力，扩大具有自主知识产权和自主品牌高新技术产品出口，为实现我国由贸易大国向贸易强国的历史性跨越奠定坚实的知识产权基础。

1. 以自主知识产权培育工程为基础

改革开放20多年来，我国紧紧抓住世界产业转移的历史性机遇，大力引进国外先进技术和设备，生产制造技术明显提高，通信设备、家用电器、发电设备、船舶、军用飞机、载重汽车、金属冶炼等产业和产品已形成较强的国际竞争力，成为世界瞩目的加工制造中心。但是，要清醒地认识到，关键技术和核心技术是很难引进的，即使能够引进关键技术，也要有消化吸收能力才能掌握，而自主创新能力是不可能引进的，只能逐步培育。自主知识产权的培育不仅成为科技发展的重点，也成为产业发展和对外贸易的基础。建立国家科技计划成果知识产权预案制度，加强科技计划成果的知识产权化；建立企业知识产权咨询服务机制，解决企业知识产权信息不畅问题；建立重大科技成果知识产权查询咨询制度，促进产业技术进步。

2. 以实施自主知识产权基地工程为重点

加入 WTO 后，我国经济结构调整在更大程度上受到世界经济结构调整的影响。如何在新的国际竞争环境中掌握、运用好包括《与贸易有关的知识产权协议》在内的世界贸易组织规则，促进我国技术创新能力的提高，是我国知识产权工作面临的重大课题。专利以及知识产权工作对于促进技术创新具有不可替代的重要作用。出口基地是企业、技术、人才密集地区，也是技术创新基地和专利以及知识产权的主要产生地。通过政策引导，充分调动企事业单位开展专利工作的积极性，为企业运用专利制度实现市场竞争优势创造政策、法制环境。以市场化手段鼓励出口基地及企业主动成为示范标杆，成为知识产权兴贸工程的重点实施单位。创造基地良好环境，完善知识产权服务体系；扶持中小企业，建立自主知识产权专项资金；发挥示范作用，加强基地的知识产权应用与实施。

3. 以自主品牌工程为窗口

自主品牌是国家和企业的核心竞争力。经济全球化深入发展，国内统一、开放的市场体系逐渐形成，市场整体进入了一个新的阶段。做强自主品牌成为我国企业面临的重要历史机遇。加强自主品牌的培育，提高品牌国际竞争力；支持企业知识产权联盟；树立自主品牌形象，深入参与国际竞争。

4. 以知识产权人才培育工程为支撑

近年来，国外企业对中国企业的知识产权诉讼案不断增多。既有丰富知识产权专业知识又拥有外贸经验和技术背景的知识产权战略人才、咨询人才、管理人才和纠纷谈判人才极度缺乏的问题也突显出来。知识产权人才的培育成为顺利实施知识产权兴贸工程强有力的支撑。在"十一五"期间，要进行加强行业知识产权战略研究，培育行业知识产权战略人才；提高科学决策意识，培育知识产权管理人才；加快"走出去"步伐，培育知识产权谈判人才；提高知识产权中介服务水平，培育知识产权专业咨询人才。

5. 以知识产权维权工程为保障

随着我国加入 WTO，国外知识产权和技术标准不仅成为影响我国高新技术产品出口和产业发展的制约因素，也阻碍了国外先进技术向我国转移的进程。建立知识产权保护的沟通与合作机制，树立中国企业和产品的知识产权形象，将有利于提高我国技术受让水平。建立行业知识产权纠纷应对机制，提高知识产权纠纷法律支援能力，建立与外商投资企业的知识产权保护沟通机制，将有助于加强同主要国家知识产权的对话与沟通，了解外商投资企业在打击专利侵权、保护知识产权等方面的意见和建议，为知识产权兴贸工程提供保障。

随着市场经济的发展和引进外资的需要，我国在改革开放后的20多年时间里，不断加强知识产权保护，初步建立了符合WTO规则的知识产权保护制度。我国政府在坚持遵循知识产权国际保护规则的同时，按照国情确定相应的知识产权保护水平，努力平衡知识产权创造者、应用者与社会公众之间的利益关系，使知识产权的创造与应用形成良性循环。这不仅是我国履行加入WTO作出的承诺，是规范市场经济秩序、改善投资环境、进一步扩大对外开放的要求，也是我国提高自主创新能力、加快产业升级与经济增长、提升国际竞争力、落实科学发展观、走新型工业化道路、构建和谐社会的迫切需要。

四、出口市场多元化战略

（一）出口市场多元化战略的内涵

出口市场多元化战略是中国在20世纪90年代初期为了降低出口市场集中度，减少市场风险而提出的，并于"八五"计划时期正式启动。该战略是根据国内外经济形势的变化，有重点、有计划地调整出口产品市场结构，在巩固传统出口市场的基础上努力开拓新市场，改变出口市场过于集中的状况，逐步建立起出口市场多元化格局。实行出口市场多元化战略，首先有利于减少贸易摩擦，规避市场风险。由于中国的出口市场过于集中和发达国家贸易保护主义的抬头，中国的出口产品屡屡遭到技术贸易壁垒、反倾销、反补贴制裁，这已经成为中国对外贸易健康发展的障碍。其次，出口市场多元化战略可以通过拓展出口市场，更好地组织国内资源，根据不同市场的需要，调整出口产品结构，同时巨大的市场需求也降低了中国对外贸易受世界经济波动的影响。此外，出口市场多元化战略的实施还可以降低发达国家大公司在国际市场上的垄断力量，争取更有利的贸易条件，有利于提升中国在国际分工中的地位，对中国对外贸易稳定、持续发展具有重要意义。

出口市场多元化战略，从总体上要求中国对发达国家市场的开拓要以商品结构优化为特点，对新兴市场的开拓要适应不同的消费层次，针对不同国家和地区制定相应的出口政策，逐步实现以新兴市场为重点、以周边国家为支撑、发达国家和发展中国家市场合理分布的市场结构。具体来讲，就是要纵深开拓欧洲、北美市场，恢复和稳定亚洲市场，积极开发非洲、拉丁美洲市场，稳步扩大俄罗斯和东欧市场。

(二) 出口市场多元化战略的实施途径

提高外贸竞争力和发展多种贸易方式是出口市场多元化战略的主要实施途径。

第一，企业是实施市场多元化战略的主体。没有一大批具有国际竞争能力的企业，不要说开拓新市场，现有市场也可能丧失，市场多元化只能是空谈。政府政策应重点倾向于对企业的支持和服务。至于市场的选择和开拓则应更多的依靠企业的判断，政府的作用是有限的。

第二，产品是开拓市场能力的重要方面。我国出口比较优势产品集中在劳动密集型产品上，这种状况的根本改变还需要有较长的过程，成本和价格优势还会在较长时间内作为我国出口竞争的重要手段，这也就限制了我国外贸竞争力和市场开拓能力不能很快提高。出口产品结构限制了我们在具有潜力的新兴市场的竞争力，成为市场多元化发展的瓶颈。市场多元化战略应该配合国家产业政策，帮助企业提高产品的市场竞争力。企业和产品竞争力是开拓国际市场能力的主要因素，它的提高涉及一国经济发展的深层次问题，市场多元化外贸政策虽然不能根本解决这个问题，但它的实施却有助于促进企业提高国际化程度，提高产品质量和品质，进而促进出口扩张。

第三，贸易方式的多元化是开拓国际市场、实现市场多元化战略的重要手段。贸易方式对贸易的扩展、收益的提升和避免外部市场的不确定性有着更重要的作用。国际投资、国际服务贸易的发展对一般货物贸易的影响越来越大，也成为各国和地区占领市场的重要手段。受产业水平和产业结构的限制，我国目前贸易方式还比较单一和落后，成为制约我国开拓国际市场的重要因素。实施市场多元化战略要重视解决这方面的问题，要在我国实际生产力水平基础上，帮助企业采取多种手段开拓国际市场，例如对外投资、对外承包工程、输出劳务以及各类贸易方式。

(三) 出口市场多元化战略的实施效果

出口市场多元化战略实施十多年来，中国出口市场格局发生较大变化，呈现如下特点：

(1) 在继续深度拓展美、日、欧等发达国家和地区市场的同时，大力开拓非洲、拉美、东欧和独联体以及周边国家和地区市场，出口市场格局渐趋合理，初步形成全球市场布局。1991年，美、日、欧、中国香港占中国总出口的77%，其中仅中国香港就占据了44.7%的份额，对拉美、原苏联、东欧、非洲、大洋洲的出口不足6%，中国出口市场表现出较高的集中度。到2003年，情况发生较大改变,市场集中度明显改善,美、日、欧、中国香港四大市场份额下降到68%,2004年更进一步下降到57.8%。

(2) 主要出口市场仍然集中在美、欧和以日本、中国香港、东盟为代表的亚洲市场,但集中度有所下降,各主要市场间份额趋于平衡,并逐渐稳定化,2003年与1991年相比,中国的出口市场中,美国从8.6%上升到21.1%,欧盟从9.8%上升到16.5%(以1995年后15国计算)。日本变化不大,从14.3%下降到12.5%。中国香港则有较大幅度下降,从44.7%跌至17.4%。东盟略有上升,从6.2%上升到7.1%。各市场间趋于平衡。

(3) 新兴市场发展很快,出口增长速度远远超出中国外贸出口总体增长速度,但市场份额仍然较低。中国对东盟、韩国、中国台湾、拉美、非洲、大洋洲、中东以及原苏联、东欧地区出口额十几年来增长了4—8倍,速度远远超出中国出口总体增长,市场份额也有明显增加。但是由于新兴市场原有贸易额基数较低,所以尽管发展很快,其总体市场份额仍然不大。然而,正是这些新兴市场的快速发展,推动了中国出口的不断扩大,在中国出口增量中所占比重不可忽视。

从中国出口市场多元化的实践来看,中国出口市场过于集中的状况已经得到改善,出口市场多元化的格局基本形成。但是,中国对发达国家市场仍存在一定程度的过度依赖,在未来对外贸易发展中,仍需要继续坚持出口市场多元化战略。

五、"走出去"战略

(一)"走出去"战略的内涵

经济全球化在21世纪的发展趋势可以归纳为以知识为基础、以金融为中心、以信息技术为先导、以跨国公司为依托。为应对21世纪经济全球化发展趋势所带来的变化,1999年,江泽民同志指出:中国的改革开放,应该"引进来"与"走出去"双向并举。由此,拉开了中国实施"走出去"战略的序幕。2001年《国民经济和社会发展第十个五年计划纲要》又明确提出"实施走出去战略"。为此,国家先后出台了一系列政策和措施,鼓励国内有优势的企业开展跨国经营,努力培育中国的跨国公司,进一步开拓国际市场和利用境外资源,不断巩固和扩大中国在国际市场的地位。

实施"走出去"战略的主要形式有对外投资、对外承包工程和对外劳务合作等。可以说,鼓励有实力的企业"走出去",是中国适应经济全球化和进一步开放的必然选择。

(二)"走出去"战略的实施成效

实施"走出去"战略,鼓励和支持有条件的各种所有制企业对外投资和跨国经营,主动参与各种形式的国际经济技术合作,是我国对外开放新阶段的重大举措。"十五"期间,我国启动并实施"走出去"战略,成绩斐然。

(1)"走出去"各项业务实现大幅增长。"十五"期间,对外直接投资(非金融类,下同)实现跨越式增长,2002—2005年4年累计投资净额179亿美元,年均增长36%。2001—2005年5年间,对外承包工程累计完成营业额726亿美元,年均增长24%,比"九五"时期增长一倍;对外劳务合作累计完成营业额173亿美元,年均增长6%,比"九五"时期增长49%。2005年年末在外各类劳务人员达56万人,比"九五"期末增加12.5万人。截至"十五"期末,对外直接投资额超过500亿美元;境外中资企业超过一万家;对外承包工程累计签订合同额1 811亿美元,完成营业额1 353亿美元;对外劳务合作累计签订合同额401亿美元,完成营业额348亿美元;累计派出劳务人数达到345万人。

(2)全方位、宽领域的"走出去"格局逐渐形成。"十五"期间,对外投资、承包工程、劳务合作等对外经济合作业务遍及全世界近200个国家和地区,基本形成了"亚洲为主,发展非洲,拓展欧美、拉美和南太"的多元化市场格局。对外经济合作拓展到以工业制造、建筑、石油化工、资源开发、交通运输、水利电力、电子通讯、商业服务、农业等行业为主,并广泛涉及国民经济其他诸多领域如环境保护、航空航天、核能和平利用以及医疗卫生、旅游餐饮、咨询服务等。我国东部及沿海省区"走出去"的优势相对明显,中部、西部和东北地区以及边境省区"走出去"步伐加快。

(3)方式日趋多样,水平逐步提高。"十五"期间,对外直接投资由"绿地投资"向跨国并购等方式扩展,单个项目的平均对外投资额由2002年的281万美元增加到2004年的448万美元。跨国并购成为对外直接投资的重要方式。一批境外研发中心、工业产业集聚区逐步建立。对外承包工程不断向EPC总承包、BOT等更高层次发展,大项目不断增多,技术含量日益提高。对外劳务合作逐步摸索出团队整建制派出、基地县培训后派出、政府间协议派出等方式,海员、护士、工程师等高级劳务外派不断增加。

(4)经营主体队伍壮大,大型企业作用明显。"十五"期间,我国从事跨国经营的企业达3万多家,对外承包工程企业1 800多家,对外劳务合作企业600多家。国有大型企业继续发挥主导作用,非公有制企业逐步成为"走出去"的生力军,部分优势企业正在发展成为集境内外研发、生产、销售、服务于一体的跨国企业。2004 年，16 家中国企业进入世界 500 强，49 家中国企业进入世界最大 225 家国际承包商行列。

（5）对促进国民经济和对外关系发展的作用日益增强。通过"走出去"，我国在境外形成了若干个原油和矿产资源生产基地，获得了国民经济和社会发展所需的油气、矿产资源、木材等。我国企业在境外从事家电、机电、纺织、服装、轻工等行业的加工贸易，促进了国内产业结构调整。我国企业"走出去"，在近 200 个国家和地区开展经济合作，有利于东道国发展经济、创造就业、增加税收等，实现互利共赢，促进共同发展，受到世界各国特别是广大发展中国家的普遍欢迎。总之，实施"走出去"战略，对缓解国内资源短缺矛盾、推动产业结构调整、扩大出口、增加就业，以及增进对外友好合作关系等方面的作用日益明显。

（6）实施"走出去"战略的政策推动效应明显。"十五"期间，为实施"走出去"战略，推动对外经济合作，国家在财税、信贷、保险、外汇、国别导向等方面制定了一系列发展对外投资、承包工程、劳务合作等业务的政策措施，深化管理体制改革，推进"走出去"便利化，并初步建立起对外经济合作的促进体系、服务体系、保障体系和监管体系，实施"走出去"战略的政策推动效应日益明显。如商务部会同有关部门制定出台的资源类境外投资和对外经济合作项目前期费用扶持、境外加工贸易贷款贴息、对外承包工程贷款贴息和保函风险专项资金等政策，一些省市也制定了一些支持企业"走出去"的具体措施。

（三）进一步实施"走出去"战略的具体措施

1. 政府层面的措施

在全球化进程中推动实施"走出去"战略，就要求我国相关政府主管部门更新观念，创新思路，适应时代要求，提高与发达国家政府机构竞争的能力，突破现有的政策瓶颈，加大政策引导和服务力度，把"走出去"战略的实施推向新阶段。

第一，在宏观管理方向上，从"限制"为主向"促进与提供便利"为主转变。过去由于受限于国内外各种条件，我国政府对企业跨国经营的总体政策是制约大于促进，而对于我国企业跨国经营的服务和权益保护，则远远不能满足企业业务发展需要。目前我国正在完善社会主义市场经济体制，企业将彻底成为投资决策和生产经营主体。因此在自主经营、自负盈亏的前提下，政府部门应减少对企业商务活动的限制和干预，包括跨国经营的投资决策和经营人员的出国外事管制。政府政策的重点不再是在审批环节上管制企业，而应通过产业和地区促进政策引导企业的经营行为。为此政府应根据"走出去"的战略规划，制定相关政策，出台新措施，并使政策具有系统性、长期性、稳定性和必要的灵活性。

第二，根据新的产业导向对原有政策目标进行调整。为提高我国企业的国际竞争力，改善贸易增长方式，提高附加值，政府的产业支持重点应向自主知识产权研发、品牌战略、外包服务和IT等新产业领域倾斜。鉴于我国国内能源和原材料紧缺的实际情况，除继续支持资源类企业到海外开发资源以外，还应鼓励生产制造业企业将部分高耗能生产流程转移到海外，以降低生产成本，提高企业经济效益。在对外工程承包领域，应为企业以BOT等新投融资方式进入国际市场开绿灯。

第三，强化法律和制度保障。随着"走出去"战略的进一步实施，由我国相关的法律、法规缺位所造成的影响愈加显现出来。新的投资方式和跨国经营模式，必须有一定的法律监管和法律保障。因此应建立和完善我国海外投资的法律体系，尽快改变我国企业从事国际化经营无法可依的局面，制定我国《海外投资法》。海外投资法规和政策透明度的提高，将有效鼓励我国企业的海外投资和其他跨国经营活动，保障它们的权益。

第四，改善对外投资和其他跨国经营促进工作，完善实施"走出去"战略的各项服务体系。通过实施具体的投资促进方案，在更高层次上促进对外投资和其他各项跨国经营活动，主要方法包括信息服务和技术援助。如信息服务可以被赋予新内涵：除提供东道国经济和政策法规外，还要向国内投资者提供相关国家的各类风险信息；行业调研和具体的投资机会信息；建立对境外投资有兴趣的国内企业相关情况的数据库；提供中介服务，向潜在投资者提供投资机会信息或介绍适宜的投资合作项目；举办会议、投资团组和其他有实质意义的信息性项目，以期向潜在投资者提供投资机会。技术援助体系包括：根据企业需要，设定投资促进的技术援助项目，如跨国收购和资源整合、可行性研究等。通过这种项目，把发达国家的高级管理人员带到国内，或者把国内企业的高级管理人员送到发达国家，相互交流；对于圈定的投资机会，提供项目开发和可行性研究等。

第五，外交为实施"走出去"战略服务。国际政治和经济利益是难以严格区分开来的，以经促政，以政促经，外交为经济战略服务，经济战略的有效实施反过来为外交创造新的条件，二者相辅相成，才是当今国际关系的真谛。所以在国际政治中要善于打经济牌，这是发达国家的普遍做法，值得我国借鉴。在处理双边和多边关系时，不仅要在原则上维护国家利益，而且要在具体事务上、尤其是重大项目的市场开拓上，对企业的跨国经营活动予以促进和支持。

2. 企业层面的措施

深刻理解资源重组和产业转移内涵，提高参与国际分工的能力和竞争水平，是我国企业在新形势下实施"走出去"战略的重中之重。

第一，制定明确的国际化发展战略，强调跨国经营战略与总体发展战略相协调，把国际化发展与企业的总体发展战略有机结合起来，企业的每项海外投资和跨国经营，必须服从于整体战略。

第二，正确理解"走出去"的国家战略和企业发展战略之间的关系。国家战略需要企业以经济效益为核心，企业不能以符合国家战略要求为由盲目决策投资，出现问题时期待政府出面承担。

第三，合理取舍产业链条，确定经营方向，从资源重组角度出发，以降低成本为基点，开拓海外市场或寻求海外资源和技术，将资源开发、技术开发、耗能高的生产环节和销售环节转向境外相关地区。不计成本或低价竞销，既达不到实施"走出去"战略的目的，又损害国家和企业利益。

第四，在产业选择上，不进入企业不熟悉、与企业业务发展不相干的领域，更不鼓励企业大规模进入高风险领域。

第五，在进入国际市场的方式选择上，要根据企业现有竞争实力和驾驭能力，采取形式多样、高效快捷的方式进行跨国经营，诸如跨国并购、战略联盟、项目融资等。要量力而行地选择跨国经营的进入方式，并非所有的企业都适合于同一种模式。

第六，着力完善跨国经营管理制度，包括投资决策制度、经营管理制度、人力资源管理制度、风险规避制度等等，以制度推动和约束企业发展。跨国经营的战略管理与控制制度，是实现企业全球化资源优化配置的关键。

第七，以效益为核心，向管理要效益，关键在于成本管理和战略控制。企业在产业布局过程中，一定要兼顾成本和利润率，实行价值链管理，以母公司利润最大化为根本目标。对现有生产经营的产业链进行细分、延长，由国内外分支机构按资源优化组合的原则进行专业化分工协作，把国内劳动力资源的竞争优势转化为利润，然后加大对研发和营销的投入，创立自主知识产权和自有品牌。

第八，高度警惕和防范跨国经营可能遭遇的各类风险，建立风险评估机制和风险防范预案，通过快速反应机制，应对风险的发生并降低风险带来的损失。除政治风险可以依托我国政府和政策性机构获得相应的规避和赔偿外，合同风险、汇率风险、管理风险等，都需要企业依靠健全的风险防范机制进行规避。

六、可持续发展战略

(一) 可持续发展战略的内涵

可持续发展作为一种发展观是在20世纪50年代后期西方国家工业化经济迅速增长，出现了世界性的环境恶化、人口膨胀等危机之后，人们经过反省和探索，于80年代左右开始探讨并确立的人类发展的一种新思路、新理论。从系统科学的角度来看，可持续的发展就是资源、环境、经济、人、社会等五大子系统相互协调、共同进步的发展。系统的、完整的可持续发展思想包含三方面含义：在人与资源方面，保持资源永续利用；在人与环境方面，建立生态文明；在经济与社会方面，提高生活质量。这三方面互为条件，相互影响，推动整个社会走上生产发展、生活富裕、生态良好的文明发展道路。

(二) 中国如何实现对外贸易的可持续发展

目前，中国对外贸易可持续发展的成本在上升。

第一，环境成本的上升。在我国对外贸易快速发展的同时，大部分出口行业的废水排放量、废气排放量和固体废物产量不断增加，环境污染程度呈上升趋势。另一方面，废物进口也存在一定的规模。据中国媒体公布的统计数字，2003年中国塑料垃圾、废铁、废纸的进口量分别是1990年的125倍、50倍和21倍。虽然目前废物进口量在进口总额中仅占据较小的比重，但是其负面影响很明显，尤其是存在着很多废物进口走私活动。由于环境恶化的代价无法在产品交易的成本中显示，因此外贸增长过程伴随着"外部性"。解决这一问题，需要政府的统筹规划，未来时期内，将环境可持续性融入外贸增长政策之中。

第二，资源成本的上升。目前外贸增长面临着出口高能耗和进口资源依存度急剧上升的双重压力。中国出口产业的发展主要依赖粗放型增长方式。来自商务部的统计，从进口来说，我国对战略资源的对外依赖程度明显提高了。多种战略资源的对外依存度高达40%以上，如对原油、铁矿石、氧化铝的对外依存度分别达到35%、36%和46%，镍和天然橡胶的对外依存度更是高达55%以上。外贸增长面临着国内、国外资源稀缺的双重压力，可能造成两方面的突出问题：一是当前贸易摩擦主要集中在我国出口快速增长的产品上，一旦贸易摩擦全面转移到我国大量进口的资源、能源性产品上，则损害比当前的贸易摩擦更为严重，贸易模式可能发生激变。二是高能耗产品的大量出口，使得国内的资源供给脱节，自给率不断降低，更加突出了对外部资源供给的依赖。据估算，我国45种主要矿产的现有储量，能够保证2010年需要的只有24种，能够保证2020年需要的只有6种。

第三，贸易摩擦成本的上升。近年来，随着我国具有较强比较优势产品快速、大量涌入目标市场，我国也成为贸易摩擦的重灾区。此外，一些国家和地区还利用我国入世法律文件中有关"特保"、"纺织品限制措施"等条款，以及各种技术壁垒限制我国扩大出口，使我国贸易发展环境趋于恶化。我国进入贸易摩擦的高发期，与国际市场竞争激烈、贸易保护主义盛行直接相关，也与我国出口增势强劲、部分企业缺乏自律、实施低价竞争、以量取胜的粗放型经营不无联系。我国具有比较优势产品的低价销售、数量扩张及市场份额急剧扩大，并没有获得经济效益的同步提高。在一定程度上，导致贸易伙伴为减少竞争压力，而对我采取形形色色的限制出口措施。由于对外贸易发展需要交易双方共同营造公平、对等、公正的贸易环境，实现多赢或共赢，因此，积极调整及转变出口增长方式，采取合理的发展策略，才能为世界贸易及我国贸易的持续发展创造有利的贸易环境。

因此，要实现中国对外贸易的可持续发展，应该做到：

（1）统筹协调内需与外需的关系。我国人口众多，能源和重要资源严重不足，从长期发展看，必须力争较多地利用国际资源。为此，必须相应增强对外支付能力，保持出口和资本净流入长期稳定增长，在持续提高出口竞争力的同时培育国外有效需求尤其是发展中国家的支付能力。考虑到我国对外贸易中加工贸易比重达47%左右等因素，我国的实际外贸依存度远不如名义那么高，但国内消费需求不足强化了增长对外需的倚重，形成了经济的对外依赖。因此，在"十一五"乃至更长的时期，要立足于扩大内需，增加消费在最终需求中的比重。但这是一个长期过程。可以预见，"十一五"时期我国外贸依存度仍将上升。但我国高出口依存度加剧了国际摩擦，能源资源硬约束将持续增大对国际市场的依赖，出口对美国市场的过度依赖等都有潜在风险。因此，统筹协调内外需，加快形成"内需主导型"增长机制，是内外统筹的重要内容之一。

（2）统筹协调"引进来"、"本地化"和"走出去"的关系。把"引进来"、"本地化"、"走出去"作为不同阶段的发展重点，处理好有效利用国内资金与合理高效利用国际资本之关系、产业内移与外移之关系、经济安全自主与投资准入准出之关系，是内外统筹的重要内容之一。包括利用外资与提升国内投融资体系效率和产业竞争力，促进技术进步，维护市场竞争秩序，爱护环境以及合理利用能源资源等方面的统筹协调；包括战略性开发利用外部资源与合理开发有效利用国内资源，增加就业机会、减贫、降低过度依赖外部资源的风险等方面的统筹协调；国内资本积累、利用外资与对外投资的统筹协调等。

（3）统筹协调国内发展与参与全球多边、区域合作的关系。这实质上是统筹建立统一的国内大市场与促进区域和全球共同市场的关系。目前美国和欧盟的资本输出约占全球资本输出的80%，其经济和贸易一体化范围扩大必然产生对我国贸易和投资的替代，同时加大我国与这些国家、地区经济联系的交易和制度成本。亚洲经济一体化主要涉及中、日、印等大国间关系以及如何利用小国作为杠杆谋求大国地区政治利益的问题。东亚金融合作、亚洲债券市场等也是区域合作的重要内容。长期看，参与全球规则制定是努力的方向和长远目标。短期内，应积极统筹协调国内统一大市场建设与参与全球多边、区域合作间的关系。

（4）统筹我国产业结构升级与国际产业转移的关系。"十一五"时期，国际产业转移的重心开始由原材料工业转向加工工业、由初级工业转向高附加值工业、由传统工业转向新兴工业、由制造业转向服务业，其中第三产业中的金融、保险、旅游和咨询等服务业和资本技术密集型产业是当前国际产业转移的重点领域。积极有效地承接国际产业转移，包括服务业外包等新形式，进一步密切国内生产与国际生产体系的内在联系，提升我国在国际分工中的地位，同时避免在承接国际产业转移的过程中容易出现的"孤岛"、"飞地"现象，将对加快我国产业结构升级具有重要作用。

（5）统筹经济体制改革与对外开放的关系。统筹协调国内完善社会主义市场经济体制的改革进程与对外开放的制度安排，以全球化的视野来看待世界以及中国的发展，以开放的视角来看待国际通行规则和我国社会主义市场经济体制改革要求。要更加注重营造内资经济与外资经济公平竞争的体制环境，为各类经济主体平等参与市场竞争提供体制上的保障；更加注重完善开放条件下的宏观调控体系，始终坚持把促进发展作为宏观调控的首要任务，建立相应的风险预警和防范机制，不断完善宏观调控的市场体系和微观基础；加快建立内外统一、开放、有序的市场体系，进一步放宽对物流、分销、配送、零售以及同货物流通相关的各类服务的行业准入限制，打破地区封锁和行政壁垒，规范市场秩序，打通国内市场与国际市场之间的有机联系。

（6）建立开放的宏观调控体系。"十一五"时期，国际收支结构应从"双顺差"转为基本平衡。在经常账户中，服务贸易差额和投资收益账户在一定时期内将继续保持逆差，未来经常账户的变化仍主要取决于货物贸易变化。在金融和资本账户中，外商直接投资将在中长期继续保持较大的顺差，短期资本流动则受境内外利差和人民币汇率预期影响，未来不确定性影响将越来越大。面对人民币升值压力应考虑改革出口退税机制，尤其要进一步完善中央和地方分担退税比例的现行办法，缓解人民币升值压力，减轻财政负担。要重新调整现有贸易政策和贸易发展战略，建立汇率体制与贸易政策的协调机制。在开放经济条件下，要合理搭配货币政策与财政政策，实现内外部均衡。

（7）制定应对涉外经济摩擦的对策措施。一是进一步探索建立进口协调机制的可能性，主要是棉花、石油、大豆以及对国内产业形成重大影响的产品。二是进一步探索建立和逐步完善出口协调机制，主要是在国内容易引起贸易报复、贸易摩擦和冲突的产品。三是进一步探索建立和逐步完善多边和双边经贸关系协调机制，尤其是双边协调机制，如相互反倾销，在对待东亚、东北亚周边国家时，应更多通过双边协调机制来处理，而不是硬性反倾销措施。四是在出现重大贸易摩擦并有可能引发争端时，政府部门应快速作出决策，行业组织全力配合，使应对工作的各个环节如搜集情报与数据、总体应对预案策划、多面交涉与游说、媒体宣传报道、司法准备与反击措施等，都要有序而富有效率地进行，最大限度地维护国家利益和产业经济安全。五是提早考虑应对国际摩擦的对策，如设立敏感产品的临时调节税。抑制出口数量过快增长，所征调节税完全用于建立该产品同业企业的创新基金。六是加快行业组织和自律协调机制的改革。

（8）加快转变外贸增长方式。有效突破国外贸易壁垒，减少和化解对外贸易摩擦，实现国民经济和对外贸易稳定发展。加大市场开拓力度，实现市场多元化。在巩固美国、欧盟、日本等发达国家市场份额的基础上，重视开拓发展中国家以及周边国家和地区市场，增强抵御市场风险的能力。增加国内短缺的原材料、关键技术和重大装备进口，推动产业结构调整，限制高耗能、高耗资源的产品出口，走新型工业化的开放型经济发展道路。促进加工贸易转型升级。要重点考虑对国内产业、企业、产品以及产品内部工序的带动、辐射和扩散情况，鼓励这些国内中小民营企业参与加工贸易和全球采购体系，要由外商投资企业为主体逐步向培育国内企业、尤其民营企业为主的结构转型。

第四节　新时期中国对外贸易战略的调整

新时期，在制定中国的对外贸易战略时，必须兼顾中国的大国经济特征以及国际、国内环境的限制，实行一种全方位、多层次、宽领域的可持续发展的综合对外贸易战略。

一、中国的大国经济特征

对于大国的界定有两种方式，一是从经济、政治或综合国力上进行界定，一是从人口数量上进行界定。由于一国的人口数量、国土面积和资源禀赋等对该国的对外贸易规模、结构、战略等影响很大，因此，以人口规模界定大国对研究中国对外贸易战略更为适合。作为发展中大国，中国经济具有独特的大国经济特征，中国对外贸易战略的制定必须综合考虑这些基本国情。

(1) 中国人口众多，国内市场广阔。中国人口已经达到了13亿，这么庞大的人口规模为中国经济的发展提供了充裕的劳动力资源，但是也给中国的经济发展带来了极大的困难。中国的经济发展必须首先要满足人们的生活需要，因此尽管中国对外贸易和经济建设取得了令人瞩目的成就，但是中国的人均国民收入、人均就业水平和数量等都处于较低水平。虽说中国庞大的人口规模可以形成巨大市场规模，可以有效地促进国内经济的发展，但是另一方面巨大的市场也对国外产品冲击国内市场起了刺激作用，增加了保护国内市场的难度。

(2) 中国地域辽阔，资源丰富，工业体系比较完善。这些都是从总量上来说的，如果按人均计算，中国的一些资源并不充裕。中国在建国之初的计划经济体制的条件下，对重工业的优先发展，已经形成了比较完善的工业体系。改革开放之后，中国对工业结构进行了调整，更好地完善了中国的工业体系。但是，中国的工业目前还处于高耗能、高污染、低产出的状况，需要向集约型、环保型和效益型工业转变。

(3) 中国处于转型期，体制因素对经济影响很大。中国正处于深入改革开放的新时期，从原来高度集中的计划经济体制为起点，建设有中国特色的社会主义市场经济，必然会受到原来计划经济体制遗留的阻碍。中国已经认清了市场经济和社会主义的关系，而且党的十六届三中全会也明确了如何进一步完善社会主义市场经济体制，利用市场手段来调节经济发展。这对作为经济体制改革一部分的对外贸易体制改革同样具有重要意义。

(4) 经济迅速发展，资金技术短缺。中国经济的强劲发展势头是有目共睹的，中国每年的国内生产总值的增长率都超过了7%，但是中国的经济发展需要资金的数额巨大，靠国民的储蓄来实现资本积累，不能满足中国经济发展的要求，因此中国每年都引进大量的外资，并且通过以市场换技术的方式实现技术引进，这些措施在一定程度上缓解了中国资金和技术短缺的局面。但是中国经济发展仍需要一些先进的技术，这些技术的引进将有助于中国产业结构的升级和出口产品质量和档次的提高。

(5) 中国区域经济发展不平衡，收入差距大。中国的经济呈现出明显的二元经济特征，城乡经济二元化、东西经济二元化是目前中国经济最大的特点。造成这种经济特征的部分原因就是中国从东到西的梯度开放政策和计划经济年代优先发展工业战略造成的。不仅如此，中国目前城市和农村的收入差距逐年增大，可能会成为中国经济健康稳定发展的不良影响因素。

为了适应国际国内的新的、不断发展变化的经济、政治环境，中国在加入了 WTO 后，在制定对外贸易战略时必须对中国是发展中大国以及其所具有的发展中大国的经济特征和有中国特色社会主义市场经济的特殊性进行全面的考虑，并结合国际环境和国内多领域、多层次、全方位的改革开放格局。

二、新时期中国对外贸易战略的制定

对于中国这样有着特殊国情的发展中大国来说，究竟什么样的战略才适合对外贸易的发展呢？显然，不论是进口替代战略还是出口导向战略，都不适合中国对外贸易的发展。主要是由于进口替代战略背离比较优势原则，拒绝国际贸易利益，而出口导向战略又会造成忽视国内市场和对国内产业过度的冲击，不能保证国内稳定的市场环境，这对中国当前的国有企业改革和完善市场经济体制是很不利的。混合型发展战略试图把进口替代战略和出口导向战略的优点结合起来，但是在实践中却很困难。比较有新意的主张是实现要素融合，而要实现要素融合就要发挥政府的作用进行调控。这首先对政府提出了很高的要求，其次，中国目前完善市场经济体制就是要尽量减少政府干预，这种强调政府参与的对外贸易战略不利于政府从市场中退出来，充分发挥市场自身的调节作用。因此，如何适时、适度地干预是政府面对的难题。内撑外开型战略只是从理论上进行了探讨，提出了对国内市场和国外市场要同等对待的观点，但对中国这样具有特殊国情的发展中大国来说，该如何对待国内和国外市场是值得再思考的问题。

中国在进入 21 世纪后选择对外贸易战略就必须针对当前国内和国际上新的形势和环境。具体来说，就是在制定对外贸易战略时既要考虑外在限制，更要服务于国民经济的发展。对中国的外在限制是指世界经济已经走向相互融合，在制定本国的对外贸易战略时就必须考虑到其他国家。这种限制在中国加入 WTO 后显得更加明显。在加入 WTO 之前，中国在制定对外贸易战略时只需要根据国内经济发展和形势，而不必考虑所制定的战略对其他国家的影响。20 世纪 80 年代，中国在进行对外贸易体制改革时就在未对进口政策进行调整的情况下，采取了鼓励出口的许多措施。这既保护了国内的产业，又赚得了大量的外汇，促进了国内产业的发展。但是，自从 1986 年中国"复关"谈判开始，中国在制定对外贸易的各种政策时就不得不考虑对其他国家的影响。20 世纪 90 年代中国大幅度地降低关税和减少配额等贸易壁垒在一定程度上就是为了配合加入 WTO 的谈判，在外界压力下的行为。

中国在加入 WTO 后在很多方面都受到了限制，主要表现在以下几个方面：
（1）关税和配额等传统贸易保护手段已经不能作为保护国内产业的主要手

段。根据中国与WTO各国达成的协议，中国要在加入后的几年内大幅度削减关税，而且配额也被WTO列为禁止使用的贸易保护措施。根据WTO协定规定，关税降低后就几乎不存在再提高的可能。因此，中国国内幼稚产业的保护已经很难再指望传统贸易保护手段的保护。

(2) 中国为了引进外资解决国内资金和技术短缺的局面，给予了外商超国民待遇，而且为了保护国内产业也制定了针对国内、国外企业不同的政策措施。根据WTO的最惠国待遇原则和国民待遇原则，中国一方面要给予国内和国外企业、产品和服务同样的待遇，另一方面中国对外资的优惠政策在短时间内还不能取消，这对国内的企业不仅引入了强大的竞争而且造成了不公平的竞争环境。

(3) 中国为了适应当前世界经济一体化的趋势，积极地参与了各种双边和多边的贸易协定的谈判，在这些双边和多边贸易协定下，中国的很多政策措施的制定都受到限制。经济主权让渡得越来越多，中国制定对外贸易战略的自由度会越来越小。

作为国民经济发展战略的有机组成部分，中国对外贸易战略的制定在适应外在限制的条件下更重要的是要配合国民经济发展战略，促进国内经济的发展。中国国民经济发展任务在党的十六大和十七大已经确立，贯穿整个国民经济发展战略的精神就是新的科学发展观。因此，中国对外贸易战略的制定也必须由科学发展观来指导。经过20多年的改革开放，中国已经发展成贸易大国，但是，从国民经济的发展大局来看，中国对外贸易存在以下问题：对"三农"问题作用不明显；出口争夺国内资源的矛盾比较突出；对外贸易的快速增长导致一些行业盲目投资；国民经济发展对外依赖大、不可控因素增多，而且一些产品的出口仍以粗放式增长为主，资源浪费、环境恶化的现象依然存在。从对外贸易自身来看，外资企业在出口中的比重越来越高；出口增长仍缺乏多元性，而且核心技术、营销渠道、自主品牌仍很缺乏，出口增长的自主性总体上不强。为了解决这些问题，实现贸易大国向贸易强国的转变，中国在制定对外贸易战略时就要抓住机遇，树立全面、协调、可持续的发展观。

在对外贸易中树立新的科学发展观，首先，要更加注重对外贸易发展的质量和效益。要改变过去以追求数量扩张为主的发展模式，正确处理好模式与结构、速度与效益的关系，鼓励劳动密集型产品出口，发展第三产业，创造更多的就业岗位；大力支持农产品出口，带动农业结构调整；加强行业自律，提高中国优势产品出口的国际交换利益；控制资源性产品和高污染、高能耗产品出口，保护中国战略性资源和环境。其次，要进一步发挥对外贸易对国民经济的优化作用。中国的对外贸易要有利于促进中国经济结构的调整，推动新工业化进程。扩大出口要与全面增强自主创新能力、推动传统产业加快改造相结合，利用外资要与促进国内产业优化升级相结合，实施"走出去"战略要与缓解国内资源短缺相结合。第三，要更加注重内外贸一体化发展。把国内市场和国际市场更紧密地结合起来，利用对外贸易平衡国内市场的供求，促进国民经济协调发展，促进内外贸业务相融合，打破内外贸商品市场分割的局面。第四，就是要注重贸易与投资的良性互动，通过引进外资促进对外贸易，通过对外投资，开拓国际市场，进一步促进出口，实现对外贸易的持续发展。第五，要更加注重开放型经济的区域协调，逐步改变中国南北不平衡、东西不平衡的对外开放格局，在更高层次、更广领域上全面提高对外开放水平。最后，还要进一步深化对外贸易体制的改革，从制度上为外贸的发展提供保障。

在新的科学发展观的指导下，中国对外贸易战略的制定就应该实现对外贸易的可持续发展。中国的对外贸易发展战略已经不再只着眼于贸易和投资，而是要体现国民经济发展的各个方面，因而中国的对外贸易战略应该是全方位、多层次、宽领域的综合的贸易战略。中国对外贸易战略在总体战略上应该是一种比较自由的贸易发展战略，配合以适当的保护。在总体战略的指导下，中国未来还应根据不同产业和发展目标制定具体的对外贸易次级战略。发挥对外贸易总体战略和对外贸易次级战略共同的作用，实现对外贸易的可持续发展。

本 章 总 结

（1）对外贸易战略是一国或地区经济发展战略的对外贸易方面的内容，是根据经济发展的总体要求、针对对外贸易发展的目标及其实现手段所作的战略性决策。对外贸易战略是一国或地区经济发展战略的基本组成部分，是一国或地区对外贸易发展的指导思想的体现。综合考虑各种分类方法之后，可将对外贸易战略分为三种，即进口替代战略、出口导向战略和混合型发展战略。（2）一个国家或地区制定对外贸易战略应综合考虑各种客观因素，使得所制定的对外贸易战略能适应对外贸易和国民经济发展的要求。在中国对外贸易战略的制定过程中要贯彻自由贸易与保护贸易良好结合的原则、进口替代和出口导向良好结合的原则、国内市场和国际市场良好结合的原则。（3）中国对外贸易的次级战略主要有"以质取胜"与"品牌"战略、科技兴贸战略、知识产权兴贸战略、出口市场多元化战略、"走出去"战略、可持续发展战略等。(4) 新时期,在制定中国的对外贸易战略时,必须兼顾中国的大国经济特征以及国际、国内环境的限制,实行一种全方位、多层次、宽领域的可持续发展的综合对外贸易战略。

本章复习思考题

一、怎样理解对外贸易战略的含义、特点与类型?

二、一国在制定对外贸易战略时应考虑哪些因素?为什么?

三、请分析中国对外贸易总体战略的演变所经历的几个阶段。

四、中国对外贸易的次级战略有哪些?请正确表述它们的内涵。

五、目前,中国对外贸易战略的制定要遵循哪些原则?为什么?

六、目前,中国对外贸易总体战略是否需要调整?如何调整?

第五章 中国出口贸易的发展

本章概要 新中国成立以来,中国对外贸易经历了一个前期相对较慢,改革开放后快速发展的过程。本章前两节首先介绍和分析了我国出口贸易的发展历程和特点,然后分析了出口对我国国民经济发展的重要作用。其中特别强调改革开放后所发生的巨大变化,并指出了存在的问题。出口的问题归根结底是一个竞争力的问题。第三节在介绍几个衡量出口竞争力的指标的基础上,对我国传统出口部门——纺织服装业的出口竞争力进行了探讨。最后一节则对我国成为出口强国的必要性、可能性和特殊性进行了初步的分析。

本章学习目标 本章学习目标有四个方面:(1)了解我国出口贸易的几个主要阶段及其成就和特点。(2)理解出口对我国经济的重要作用。(3)掌握本章介绍的几个衡量出口竞争力的指标。(4)在了解中国出口发展的历史背景的基础上,认识和把握我国出口面临的问题和挑战。

第一节 中国出口贸易发展概况及特点

中国社会主义对外贸易发展 50 多年来的历程充分说明:中国社会主义建设取得的主要成就都和对外贸易有着紧密的联系。出口是对外贸易的中心环节。只有扩大出口才能使引进先进技术和设备、吸引外国资本、向国外派遣留学人员等成为可能。只有出口才能使科学技术水平落后的国家实现"资源转换",也就是把国内形成的积累转换成先进的技术和设备,以实现经济的发展。落后国家的对外贸易是否有效率关键就要看实现这种转换的成本的大小。

一、中国出口贸易的发展

50 多年来,我国的出口大致经历了以下几个阶段。

1. 国民经济恢复时期（1951—1952年）

新中国是在经受长期战争创伤、工农业生产遭到严重破坏的历史条件下成立的。为了尽快恢复国民经济，支援抗美援朝、保家卫国的斗争，突破帝国主义的封锁和禁运，必须保证所需物资的进口。当时所需物资的进口是靠出口农副产品和一些原材料来实现的。这些出口品包括大豆、桐油、茶叶、猪鬃、肠衣、蛋制品、厂丝、钨砂、水银和绸缎等。从1951年到1952年，我国的出口由5.48亿美元增加到8.23亿美元。这对取得反封锁、反禁运斗争的胜利，对恢复和发展我国国民经济，提高工农业生产能力，活跃城乡物资交流，改善人民生活及抗美援朝斗争的胜利都起了积极的作用。

2. 第一个五年计划时期（1953—1957年）

我国对外贸易在这一时期迈出了可喜的一步。1953年，我国制定了第一个五年计划，开始了以工业建设为中心的大规模经济建设。从苏联进口的156个大项目和从前东欧社会主义国家进口的68个重要项目，为建立社会主义工业化打下了基础。同时，随着我国外交政策的胜利，也发展了同东南亚和一些西方国家的贸易关系，进口了橡胶等一些重要物资。这一时期，我国的出口贸易，在工农业生产得到恢复和发展的基础上，不论是在出口商品的数量上还是在结构上都发生了比较大的变化。1957年，出口达15.97亿美元，比1950年增长了1.89倍。在出口商品的结构上，到1957年，重工业产品占出口的22.7%，轻工业产品占22.7%，农副产品占53.%。出口的工业品包括：棉纱、棉布、钢材、五金、玻璃、金笔、缝纫机，还有纺织、水泥、造纸、碾米等成套设备。

这一时期出口的迅速发展和出口商品结构的较大变化，对满足国家建设的需要，奠定社会主义工业化的基础起了重要作用。特别值得一提的是，1956年，我国扭转了对外贸易长期逆差的局面，实现了顺差。

3. 第二个五年计划和国民经济调整时期（1958—1965年）

这一时期，我国对外贸易在国内外政治形势的变化中起伏较大，贸易对象发生了重大转移。第二个五年计划所规定的对外贸易的任务是有计划地组织有关物资的出口，以保证国家建设所必需的设备和器材的进口，实现进出口总量的平衡。1958年，在"大跃进"的"左"的指导思想的影响下，对外贸易也同样提出了不切实际的高指标。1959年进出口总额猛增，达43.81亿美元，比1957年增长了42.2%。从1959年开始，我国农业连遭三年自然灾害，加之1960年中苏关系的恶化，国民经济出现了暂时困难，对外贸易也连年下降。1962年的进出口总额只有26.63亿美元，基本上相当于1954年的水平。

在困难之中，中国共产党于1961年召开了八届九中全会，确定了对国民经济实行调整、巩固、充实、提高的方针。我国出口面临的任务是：为改善人民生活，进口粮食和其他农产品，同时，支援农业生产，千方百计增加出口货源；提前偿还对苏联的债款。

这一时期出口市场的特点是：西方资本主义国家成了我们的主要贸易对象。为了适应日本和西欧等国家的市场的需求，出口部门努力改进出口商品的生产工艺，在品质、规格、花色、品种等方面下工夫。轻工业产品一直作为出口的重点。这一时期出口的棉纱、棉布、针绵织品、罐头、缝纫机、自行车等的数量大幅度增长，有的甚至成倍增长。还增加了陶瓷制品、球鞋、皮件、闹钟、洗衣粉、人棉纱布、涤纶布、珠宝首饰等的出口。同时，部分化工产品和拖拉机、工具、小五金、煤炭等的出口也增加了。

到1965年，出口总额已恢复到22.28亿美元，接近新中国成立以来的最高水平。还提前还清了对苏联的全部债务。

4. "文化大革命"与拨乱反正时期（1966—1978年）

"文化大革命"时期，政治动乱使国民经济无法正常运行，对外贸易也受到了很大影响。1969年对外贸易比1966年下降了12.7%。1970年以后，国民经济有所恢复，国际形势也比较有利，这使进出口总额在1975年达到了147.5亿美元，创造了新中国成立以来的最高水平，比1970年增长了2.2倍，年平均增长率高达26.3%。

这一时期的政治动乱使国民经济部门之间的比例严重失调，不得不大量进口工业生产所需要的原材料以协调生产发展。但大量进口必然造成国际收支不平衡。我国从1973年开始出口石油，到1975年，石油成为我国出口创汇最多的商品。

1976年10月，历时十年的"文化大革命"宣告结束。"文化大革命"使中国经济遭到严重破坏。但急于求成的思想又使1977年8月的全国计划会议制定了不切实际的、以进口项目为核心的发展规划。1978年对外签约引进的项目价值达78亿美元，同时还需要相当的国内配套资金。由此而引起的国际收支不平衡使增加出口创汇成了一个必然的要求。

5. 改革开放新时期（1978—2005年）

这一时期我国的进出口总额增长迅速，增长率高于国内生产总值和世界贸易增长率。

在表5—1中，1985年第六个五年计划完成时，我国的出口额是1978年的近3倍。到1990年第七个五年计划完成时，出口总额达620.9亿美元，比1986年的309.4亿美元增长了一倍多。出口总额在1995年第八个五年计划完成时，又翻了一番多。从1996年到2000年的第九个五年计划时期，我国的商品贸易连续五年保持顺差。人民币汇率的贬值无疑对此起到了很大的作用，但大量外资的进入也是主要原因之一。进入第十个五年计划，随着我国加入世界贸易组织，我国的出口增长十分迅猛，到"十五"计划完成时，我国的出口总额达7 620亿美元，是1978年的78倍！这种快速发展是和外贸投资一体化形势下加工贸易的飞速发展紧密相连的。加工贸易出口已经占我国出口的一半以上。

表5-1　　1978—2007年中国进出口贸易额及盈余情况　　　　亿美元

年份	进出口	出口	进口	贸易差额
1978	206.4	97.5	108.9	-11.4
1979	293.3	136.6	156.8	-20.2
1980	378.2	182.7	195.5	-12.8
1981	440.2	220.1	220.2	-0.1
1982	416.1	223.2	192.9	+30.3
1983	436.2	222.3	213.9	+8.4
1984	535.5	261.4	274.1	-12.7
1985	696.0	273.5	422.5	-149
1986	738.5	309.4	429.0	-120
1987	826.5	394.4	423.2	-37
1988	1 027.8	475.2	552.7	-77.5
1989	1 116.8	525.4	591.4	-66
1990	1 154.4	620.9	533.5	+87
1991	1 357.0	719.1	637.9	+81.2
1992	1 655.3	849.4	805.9	+43.5
1993	1 957.0	917.4	1 039.6	-122.2
1994	2 366.2	1 210.1	1 156.2	+53.9
1995	2 908.6	1 487.8	1 320.8	+167
1996	2 898.8	1 510.5	1 388.3	+122.2
1997	3 251.6	1 827.9	1 423.7	+404.2
1998	3 239.5	1 837.1	1 402.4	+434.6
1999	3 606.3	1 949.3	1 657.0	+292.3
2000	4 743.0	2 492.0	2 250.9	+241.1

续表

年份	进出口	出口	进口	贸易差额
2001	5 097.7	2 661.5	2 436.1	+225.4
2002	6 207.9	3 255.7	2 952.2	+303.5
2003	8 512.1	4 383.7	4 128.4	+255.3
2004	11 547.4	5 933.6	5 613.8	+319.8
2005	14 221.2	7 620.0	6 601.2	+1 018.8
2006	17 607	9 691	7 917	1 774.7
2007	21 670	112 210	9 460	2 622

数据来源：中华人民共和国海关统计、《中国服务贸易指南》

二、中国出口贸易的特点

1. 商品、服务贸易长期入超

从 1953 年到 1993 年的 40 年间，我国商品和服务贸易在大多数年份有赤字。如果把我国进出口贸易的数据和我国对外贸易体制改革的进程相对照，就会发现一些重要的改革措施总是发生在外贸赤字相当大的年份。例如，1985 年我国开始对出口产品实行退税政策，当年的贸易赤字达 149 亿美元（见表 5-1），是新中国成立以来赤字最大的年份；1993 年对外贸易赤字达 122.2 亿美元，第二年人民币对美元的汇率被贬值 50%！这些过程都是值得我们认真研究的。

2. 改革开放后出口增长及结构升级速度快

从 1978 年到 2005 年，我国出口的年平均增长率为 17.5%。从 2001 年中国加入世界贸易组织到 2005 年，即第十个五年计划期间，我国出口的平均增长率更高达 23.4%。这意味着每三年我国的出口就翻一番！这是同期国内生产总值平均增长速度的 2.7 倍，大大高于世界贸易的平均增长速度。我国已经成为仅次于德国和美国的第三大出口国。

1950 年，我国出口商品中工业制成品仅占 9.7%。到 1978 年，工业制成品的比例仍未超过一半，属于工业化程度较低的原材料出口国。我国实现主要由初级产品转向制成品出口的历史性转变，是在 1987 年。这一年，机械和电子产品一跃成为我国第一大类出口商品，占出口总额的 29.5%。2002 年，以计算机、通信产品为代表的电子信息技术产品成为经我国海关出口的第一大类商品。

3. 加工贸易的重要作用

2005 年，我国加工贸易出口 4 164.8 亿美元，占出口总额的 55%。而一般贸易只占 41%。经中国海关出口的高新技术产品的 90% 是以加工贸易的方式生产的，其生产主体是外商投资企业。

加工贸易已成为国家外汇储备的一个重要来源。近四年加工贸易的累计顺差就达 3 888.3 亿美元。加工贸易在扩大就业上也起到了重要作用。由于加工贸易的主体是外资企业，由此而引起的外汇储备的增加只是一种"虚胖"，但却给我国的宏观经济管理带来了相当大的困难。事实上，我国的加工贸易仍处于产业价值链的低端，对我国的产业结构调整和升级的作用很有限。而在高新技术产品的出口中，加工贸易占 90% 以上，但我国企业拥有自主知识产权的只占 2%。所以，加工贸易的技术外溢作用不明显。加工贸易还引起了我国和其他国家，特别是西方发达国家的越来越多的贸易摩擦。特别值得一提的是，我国的加工贸易总体上仍是资源高消耗型的，对环境造成的压力也很大。因此，加工贸易的转型成了当务之急。

4. 对外贸易依存度高

对外贸易依存度是指一国进出口总额占国内生产总值的比率。直到 20 世纪 80 年代末我国的对外贸易依存度仍在 20% 左右。1994 年实行汇率并轨，使人民币对美元的汇率一下子由 5.7620 元骤升至 8.6187 元，贬值 50%。和这次贬值相关的一系列理论和实践问题都值得进一步研究。如此大规模的贬值使我国的对外贸易依存度超过 40%。加入世界贸易组织后，中国进出口规模进一步迅速扩张更使 2005 年我国的对外贸易依存度高达 65%。这不仅高于印度（19.5%，2001 年）、巴西（23.2%，2001 年）等第三世界大国，而且远高于美国（19%，2001 年）和日本（18.2%，2001 年）等发达国家。即使只考虑一般贸易和其他贸易的情况，我国的对外贸易依存度仍偏高。这在一定程度上增加了宏观经济运行的风险。人民币汇率的低估，大量出口补贴，国内市场的扭曲（如原材料价格偏低），不明晰的产权制度（导致资源型产品的出口价格不能反映其社会成本）等是造成这一独特现象的内在原因。

5. 政治因素长期困扰中国的对外贸易

按照世界银行经济学家的说法，中国对外贸易具有"外交贸易"（commerce of diplomacy）的特点。也就是说，中国对外贸易的发展受国际关系的影响和制约大，不是一个简单的经济交换过程。作为一个第三世界国家，我国始终以发展各国人民之间的友谊为根本宗旨，一贯奉行独立自主、平等互利的和平外交政策。这是有目共睹的事实。但实事求是地说，我国的主要西方贸易伙伴在和我们的经济交往中，几乎从不把经济上的互利作为第一考虑，而总是使其带有强烈的政治色彩，有时甚至到了蛮横无理的程度。曾同为社会主义阵营的国家，我国为加入世界贸易组织经历了长达 13 年的艰苦谈判并不得不接受近乎苛刻的附加条件，而波兰只用了 3 个月。有些国家极力限制对中国纺织品和服装的进口，常常并不是因为他们要保护本国的产业，而是为了把一部分市场保留给其他与中国竞争的国家。更不用说我国在技术引进中总遇到的种种阻挠和歧视。这一切都充分说明，中国的对外经济往来将不会只是一个单纯的经济过程，而是一个始终带有浓厚政治色彩的实力较量过程。这一点永远也不会因为我们的诚意而改变。我们必须充分认识到这一点，才会始终保持清醒的头脑，始终把困难想得多一点，始终采取一种谨慎的态度。

第二节 出口贸易在中国经济中的地位和作用

一、改革开放前出口贸易在国民经济中的地位和作用

这一时期这种作用主要表现在为建立比较完整的工业化体系提供了外汇保证。一个落后国家要实现现代化，首先必须实现工业化。而工业化的核心是制造业。新中国建立后，国内经济建设的需要成为对外贸易的目的。尽快实现国家工业化的政治意愿和苏联、东欧社会主义国家的友好援助使大规模引进成套设备和技术成为可能。引进的一大批涉及煤炭、电力、石油、冶金、化工、机电、汽车、轻工纺织和一些军工领域的重点项目的建成投产，奠定了我国工业的基础。尽管从苏联和东欧国家获得的贷款是优惠的低息贷款，但偿还贷款最终只能通过出口来完成。

20世纪60年代初，我国在经济困难的情况下，千方百计增加出口货源，提前还清了欠苏联的债务。还和日本和西欧等国家签订了80多项技术和设备合同，对工业发展起到了拾遗补缺、填平补齐的作用。

进入20世纪70年代，我国经历了两次对西方国家技术和设备的大规模引进。1972年，我国在联合国的合法席位被恢复，同以美、日为代表的西方国家的外交关系逐步恢复正常。之后几年，我国先后和西方国家签订了310项新技术和成套设备项目合同，成交金额达58亿美元。这主要包括大型化肥设备、大型化纤设备、石油化工装置、数据处理、轧钢设备、发电设备和采煤机组等。1978年共签订了总额达78亿美元的包括宝山钢铁公司等22个项目，使我国在钢铁、石化、化纤、化肥等行业的骨干企业的技术水平和世界先进水平的差距有了缩小，对我国工业的发展产生了重要的影响。但这些先进设备和技术的引进最终也都是以出口作保证的。在工业制成品的竞争力有限、初级产品的出口仍占一个重要比例的情况下，尽管石油资源有限，我国也不得不从1973年开始大量出口石油，到1975年，石油成为我国出口创汇的第一大产品。

二、改革开放后出口贸易在国民经济中战略地位的初步形成

中国共产党第十一届三中全会把对外开放确定为基本国策。这是总结中国社会主义建设的经验教训，借鉴东南亚新型工业化国家发展外向型经济的经验，适应全球化趋势的结果。回顾30年的改革历程，我们不难发现，我国对外开放战略的实施归根结底是和我国的出口能力的增强密切相关的。我国钢铁和家电等行业的发展，是大规模引进生产技术和设备的结果。事实上，外资的进入在相当的程度上也受出口能力的影响。外资企业每年汇出的上千亿元的利润要靠出口来保证。我国企业"走出去"所取得的成绩和进步也和一般反映出口能力的外汇储备的大小有关。正是从这个意义上说，出口贸易在我国国民经济中具有战略意义。

三、出口贸易在国民经济发展中的战略作用

1. 出口贸易是对外开放的物质保证

实行对外开放，大规模引进先进设备和技术，向国外借款，吸引外国直接投资，鼓励企业到国外去投资，开展对外承包工程，对外援助以及多边与双边经济贸易合作等都需要出口提供所需要的外汇，又称"硬通货"。例如，利用外资，如果是借款，其本息都需要用外汇来偿还。即便是外国直接投资，外国投资者的收益迟早要兑换成外汇。如果一个国家的出口能力有限，外资是不会轻易进入的。所以，只有不断发展出口，成为出口强国，才能为对外开放提供物质保证。

2. 出口贸易对国民经济发展具有动态效应

一个国家通过对外贸易，充分发挥比较优势和竞争优势，并能有效地调整各个社会群体和不同区域之间的利益分配，就能提高全民的福利水平。这叫做贸易的静态效应。传统的贸易理论主要从这个角度来理解国际贸易带来的好处。对一个经济落后、科学技术水平低的国家来说，只有通过增加出口，才能使国内储蓄变成效率更高的投资（可以从国外引进先进技术、设备和科学方法等）以促进经济增长，提升产业结构。否则的话，国内生产在一定程度上只能是一种简单再生产。所以说，发展出口，用出口创汇换回先进的设备和技术、半成品和经济建设急需的原材料等，是机会成本最低的一种选择，因而是一种特定条件下的最优选择。不过，对一个大国来说，特别是对于一个科学技术水平还相当落后的发展中大国来说，这个问题显得比较复杂。这主要是因为大国所进行的大规模出口和进口都可能导致贸易条件的恶化，以至于资源转换的成本愈来愈高，难以持续，甚至危及国家的经济安全。这就要求实行出口导向战略的大国在一定时期内使其国

内产业结构升级，尽快摆脱对进口的过度依赖。在这一基础上，提高出口产品的国际竞争力，也就是进入需求弹性比较大的产品档次，逐步扭转贸易条件可能的恶化。也只有在这种条件下，以出口来促进国民经济发展的出口导向战略才可能走上良性循环，摆脱出口越来越艰难的被动局面，保证国家的经济安全。这是我国对外开放战略当前要解决的主要问题，也是提倡自主创新、建立创新型国家的目的。总之，在体现可持续发展理念的产业政策的指导下，把进口替代和出口导向巧妙结合起来的发展战略是我们应有的选择。

3. 出口贸易有利于提高我国的技术水平和管理水平

发展出口贸易，使国内产品进入国际市场，参与激烈的国际竞争。这要求出口企业不断地更新设备和生产工艺，采用先进的经营管理方法，以提高劳动生产率，提高商品的质量，增加花色品种，实现规模经济效益。所以，一般来说，出口企业的竞争力更强。从理论上讲，加工贸易国内价值链的延伸，对我国产业结构升级也能起到重要的作用。出口企业的辐射和带动作用能完善我国的市场经济体制，促进整个国民经济的技术水平和管理水平。

4. 出口贸易是实现"走出去"战略必不可少的重要环节

除了为"走出去"的企业提供资金保障外，出口贸易对"走出去"战略还有另一层含义，那就是通过出口贸易，去认识世界，认识不同国家和文化背景下的企业和经营者，学习国外的先进技术和经验。事实上，在我国已经"走出去"办厂的企业中，相当一部分经历了先发展出口，在了解国外市场的基础上，再直接投资和办厂的过程。而作为一种出口贸易的旅游业，则不仅仅是以赚取外汇为目的，它还能使世界了解中国，这对增进各国人民之间的了解，消除不同文化之间可能的隔阂具有积极的作用。

第三节 中国出口贸易的国际竞争力

一、衡量出口贸易国际竞争力的几个指标

1. 显示性比较优势指数（RCA）

一国 i 出口的产品 j 占该产品世界总出口的份额与该国出口占世界总出口的份额的比率，用公式表示为：

$$RCA_{i,j} = \theta_j / \phi_i$$

其中：
$$\theta_j = (X_{ij} / \sum_i X_{j,i})$$

$$\phi i = (\sum_j X_{j,i} / \sum_i \sum_j X_{j,i})$$

Xj, i 表示国家 i 出口的产品 j

这一指数被大多数《国际经济学》教科书广泛采用。一般来说,如果 RCAi, j 大于 1,则表示一国在 j 产品上有比较优势,取值越大比较优势越大。相反,则表示在 j 产品上处于比较劣势。需要特别指出的是,"显示性"表示这一指标并不必然能反映一国的"真实"比较优势。出口商品所"显示"的比较优势也可能同时反映了一个国家贸易政策的影响,如出口补贴、货币贬值等因素的影响。

2. 贸易竞争指数(TC)

TC 指数也称为贸易专业化指数(TSC),表示一国进出口差额占进出口贸易总额的比重,其基本公式为:

$$TSC = (出口额 - 进口额) / (出口额 + 进口额)$$

计算这一指数一般采用联合国国际贸易标准分类(SITC),该标准将进出口商品分为 9 大类。TSC 指数也能在一定程度上反映一国某产业的国际竞争力。

3. 国际市场占有率

它是指一国的出口总额占世界出口总额的比例,一般反映一国的整体竞争力。该指标也可以反映一个特定产品或产业的出口总额和相应的世界出口总额,表示产品或产业的竞争力。经验式研究表明,市场占有率对企业的投资报酬率有着很重要的影响。

二、中国出口产品和出口行业的竞争力

(一)国际竞争力的内涵

国际竞争力是一个热门话题。人们关心的是一个国家的企业如何才能提高和保持其国际竞争力。

1. 从企业的角度理解竞争力

企业和行业的竞争力是其在市场上竞争的能力。竞争力由两部分组成:企业生产的产品的相对价格和质量。在市场竞争的情况下,竞争力关乎一个企业的生存和发展。企业竞争力的关键因素是其相对于竞争对手的长期劳动生产率(一般指人均小时产量)。一个劳动者的平均小时产量(出)和下列因素有关:

生产什么；劳动者的积极性、主动性及其技能；企业的技术水平，现用厂房、设备、部件和原材料的状况；生产规模；产品制造的难易程度；生产工艺。

整体经济结构也会影响企业和行业的竞争力。这种结构特征包括基础设施和教育体系。它们构成了一个国家发展企业和行业竞争力的环境条件。

2. 从国家的角度理解竞争力

一个国家从事经济和贸易活动的最终目的是提高其公民的生活水平。实现这一目的的唯一途径是提高其所拥有和利用的资源的生产率。提高生产率是决定一国公民生活水平的主要因素。生产率越高，人均收入就越高，人们可支配的闲暇时间就更多。国民收入的增加也使国家有更多的财政收入以支付公共事业和公共服务。

国际贸易能使一个国家专业化生产那些比外国竞争对手生产率更高的商品和服务，进口那些国内生产率低的商品和服务，使有限的资源通过贸易的渠道从生产率低的利用转化为生产率高的利用，等于在整体上提高了一个国家的劳动生产率水平。出口和进口都是提高劳动生产率所不可缺少的，因为任何一个国家的资源都是有限的。最有效地利用这些资源是发展经济的根本原则。但具有竞争优势的工业部门的出口使其对劳动和资本的需求增加了，这会使国内其他部门的竞争力下降。而且有竞争力的部门的出口增加也可能会使本国货币在外汇市场上升值。这会给其他部门（进口替代部门）的生产带来困难。所以说，即便是总体竞争力很强的国家，像日本，许多部门的竞争力并不强。这是一个开放的国家，特别是一个大国必须解决的问题。

（二）中国纺织服装业的竞争力

1. 中国纺织服装业出口的基本状况

新中国成立 50 多年来，与我国对外贸易的发展进程一样，我国纺织服装业的对外贸易也表现出明显的阶段性特征。从 1950 年到 1972 年，出口量从 2 600 万美元最高达 6.5 亿美元。但在后十几年中始终在 5 亿美元左右徘徊。1973 年到 1985 年，出口额在 50 亿美元左右。从 1986 年到 2001 年的 15 年间，我国纺织品出口快速增长，2001 年的出口额达到 532.80 亿美元。但增长速度最快的是我国加入世界贸易组织后的近 4 年。这一时期出口额增长了一倍多。2005 年，我国的纺织服装出口为 1 150.1 亿美元。其中，服装出口 738 亿美元，纺织物、纱线等出口 411.3 亿美元。

2. 中国纺织服装业出口的竞争优势

中国具有充裕的劳动力供给。服装业是一个典型的劳动密集型产业。因此，服装业是我国具有比较优势的产业。

(1) 从生产要素来看，我国拥有丰富的劳动力资源。从总体来说，我国劳动者心灵手巧，吃苦耐劳，而且在长期的实践中积累了丰富的经验。我国也是世界上最大的产棉国，1990 年至 2000 年间平均年产量为 442.65 吨，占世界总产量的 24%。我国丝产量近年来达世界总产量的 70% 以上。作为世界上麻类资源最丰富的国家，世界上一些主要的麻类作物在我国都有种植，其中苎麻产量占世界总产量的 90% 以上，亚麻产量占世界第三位。

(2) 从需求条件看，我国作为第一人口大国，纺织品和服装消费的规模巨大。从各国有竞争力的产业都可以看出母国在需求条件和竞争格局上的优势。广阔的内需市场会产生规模经济效应，但其更重要的意义在于它能提供发展的动力。

我国纺织品消费处于明显的上升期。2000 年以来，我国国内纤维的消费以每年 7% 的速度增长。2003 年年人均纤维消费达 11 公斤。预计到 2010 年，国内纤维加工总量将超过 3 000 万吨，人均纤维消费量可能达到 15～16 公斤。特别是经过"十五"期间的高度发展，我国纺织行业纤维加工总量 2005 年约达 2 600 万吨，占世界纤维加工总量的 35%。全国规模以上纺织企业户数达 34 973 户，总产值达 30 000 亿元。我国纺织工业的发展依然靠国内消费拉动。2004 年，纺织品服装外销占 30.25%，内销占 69.75%；纤维加工量出口占 24%，内销占 76%。

随着市场经济的形成，我国纺织服装市场也呈现出多样细分的特点。消费群体的消费需求越来越考究。随着收入水平的不断提高，"预期性消费"也会成为一种必然现象。国内市场的这些条件都将为行业的国际竞争力提供需求方面的保证，为企业提供发展、持续投资与创新的动力。

(3) 从相关和支持性产业看，能比其他竞争对手提供更健全的相关和支持性产业，是形成国家竞争优势的第三个关键要素。1998 年以来，我国化纤产量一直位居世界第一位。主要技术装备水平达到世界 20 世纪 90 年代的水平，常规化纤技术已经达到国际平均水平。我国也具备了自主生产常规纤维生产设备的能力。这些进步是大规模引进和自主创新的结果。但我国在高性能、高功能性纤维的开发应用，在机电一体化的先进纺织机械的制造上和国际先进水平还有比较大的差距。这是影响我国纺织服装业出口竞争力的主要问题，是把我国从纺织服装大国转变为强国的主要障碍。

(4) 从竞争力的主体——企业看，我国纺织服装业市场化启动早，政府审批绝大部分已取消，市场具有资源配置的基础地位。如果把国内市场上强有力的竞争对手的存在作为创造和持续产业竞争优势的最大关联因素，作为企业改进和创新的原动力，我国纺织服装行业的竞争格局是完全符合这一要求的。

3. 中国纺织服装业面临的挑战

不论是用贸易竞争指数（TC）还是显示性比较优势指数（RCA），中国在国际贸易分类（SITC）中的第八类商品，即卫生、水道、供热及照明设备、家具及其零件、旅行用品、服装及衣着、鞋靴及科学仪器、摄影器材、钟表、服装、鞋靴、旅行用品、家具等具有世界第一流的竞争力，上述指数长期以来一直在 0.7 和 2.5 以上。

作为名副其实的服装出口大国，2003 年我国出口 520.61 亿美元，占世界出口的 28.1%。根据《中国对外经济贸易年鉴》2003 年版计算，2002 年我国服装出口数量增长了 17.8%，而单价却下降了 5%，与 5 年前相比下降了近 30%。这使服装出口企业的效益大打折扣。

对纺织品来说，我国也是一个出口大国，按上述两指数衡量，也具有较强的国际竞争力。2005 年，我国纺织纱线、织物及制成品出口 411.3 亿美元，占纺织服装出口约 36%。纺织品出口面临的主要问题是：（1）生产规模小。以涤纶生产企业为例，美国企业的规模是我国的 12 倍，日本是 13 倍，韩国是 30 倍，台湾省则达全国总体的 35 倍。（2）中低档产品的比重大。我国的纺织产品结构与国际不对称。低附加值的衣着用纺织品占很大比例，而装饰用、产业用纺织品比例小。我国纺织品的吨纤维制品创汇水平比国际水平低得多。（3）纺织设备和化纤设备比较落后，印染等技术存在明显差距，单位能耗指数是国际先进水平的 3～5 倍。化纤原料的进口依存度高，有些甚至超过了 60%，如碳纤维。（4）行业组织程度低，产品附加值低，利润微薄。我国纺织品行业存在严重的无序竞争情况。许多企业为了争取出口机会，常常竞相压价，甚至出现"不管价格，先抢订单"的怪现象。（5）过度依赖劳动力的低成本。我国纺织业工人的工资虽非常低，但由于劳动生产率低下，工资在总成本中的比例却不断上升。

第四节　中国出口贸易从贸易大国向贸易强国的转变

改革开放以来，特别是加入世界贸易组织以来，我国的进出口总额以惊人的速度增长。2003 年一跃成为世界第四大贸易国，2004 年比 2003 年进出口总额净增 3 037.4 亿美元，成为全球第三大贸易国。2005 年又比 2004 年净增 2 673.8 亿，达 14 221.2 亿美元。中国海关初步统计，2008 年全年进出口总值为 25 616.3 亿美元。其中出口 14 285.5 亿美元。

一、中国成为出口贸易大国

1978年,我国的进出口总额只有206.4亿美元,占世界贸易总额的0.78%,位列世界第34位。远远落后于美国、德国和日本等贸易强国。

我国作为贸易大国的另一个特点是很高的对外贸易开放度。2005年,我国的对外贸易依存度〔〔进口额+出口额〕/国内生产总值〕高达65%。这是印度的3倍多,也是美国和日本等贸易强国的3倍多。即使不考虑以"大进大出"为特征的加工贸易,我国一般贸易的对外依存度仍达41%。如果按照购买力平价法计算的话,中国2003年对外贸易依存度大概在20%以下,和印度、美国、日本等国比较接近。

从2002年到2005年,我国的对外贸易以每年20%的高速增长。而且进出口几乎同步增长。我国进口关税下降幅度非常大。2004年中国平均进口关税是10.1%,制造业产品仅为9.5%,而印度为32%,印度尼西亚为37%。

我国对外贸易的高速增长和外资进入有很大关系。这主要表现为外资企业在加工贸易中占主导地位。外资企业在一般贸易上的比例相对较小。

概括地说,我国在经济实力和科学技术水平相对落后的情况下一跃成为世界贸易大国是一个复杂的经济现象。它反映了我国汇率体系、出口鼓励政策、宏观经济协调及过渡时期市场扭曲和产权不明晰等经济现实。

二、世界贸易强国的特点

1. 经济发达

人均国民生产总值和科学技术水平高。虽不都是自给自足,但农业发达,农业劳动生产率高,农业人口占人口比例小。全民教育程度高,大学入学率一般在50%以上。

2. 具有"拳头"产业及相关的大型跨国经营企业

世界上的贸易强国是全世界主要消费品和资本品的供应者。它们的对外经济贸易活动主导着国际货物贸易和服务贸易。例如,美国在航空和计算机行业,德国在化学、汽车、钢铁和纺织品机械行业,日本在家用电器和汽车行业,荷兰在花卉业,法国在化妆品行业,英国在金融业占有领先地位。正是因为有这样的领先行业,它们的跨国大企业才能在国际市场上独领风骚,几乎触及全球的每一个角落。

3. 市场影响力大

当今世界,一般来说,有了先进的技术,就有了在国际市场上的"话语权"。新的技术含量高的产品可以在产品生命周期进入"成熟期"前获得丰厚的超额利润。贸易强国还竭力通过技术同盟来维持这种统治地位，以形成对技术落后国家和地区的持久的国际"卖方市场"。而它们之间以垄断竞争为特征的行业内贸易使其在国际市场上的地位得到进一步的巩固。相反，欠发达国家由于现代化的需要，不得不接受这种贸易格局，常常不惜人力、物力和资源提供需求弹性很低的低档工业品。贸易强国在贸易条件上的优势还因为其事实上的政治、军事上的强大同盟而得到进一步加强，形成了始终带有资本扩张和殖民烙印的国际经济秩序。

三、实现由贸易大国向贸易强国的转变

1. 中国成为贸易强国的必要性

中国是一个有13亿以上人口的大国。尽管我国幅员辽阔，自然资源拥有量从总体来看相当可观，但人均资源占有量很低，还不到世界平均水平的一半。我国的现代化和可持续发展要求我们利用国内和国外两种资源。

世界资源是有限的，而且自然分布很不平衡。西方国家的殖民扩张和掠夺使其已经控制了相当一部分世界资源。而许多在民族解放运动中获得解放的第三世界国家则由于长期的殖民主义政策而沦为单纯的能源供应国。但西方能源需求大国不能再像殖民时代那样赤裸裸地掠夺和强占别国的资源，而是一方面利用其雄厚的资本实力极力控制国际初级产品市场，时而哄抬，时而打压价格，从中渔利。如果这样还不能满足其控制欲望，它们就蓄意挑拨、破坏资源丰富国家内部民族关系及其与邻国的关系，打着漂亮的政治幌子，不惜以战争的手段控制战略资源。这就是我们面临的严峻的国际形势。但发达国家为了能够维持其"过度消费"的生活方式，用"后工业时代"的剩余资本进行投资，贸易仍是其实现资源转换的唯一途径。所以，不管贸易条件对像中国这样的落后国家多么不利，对外贸易仍是一个必须抓住的"博弈"机会。

2. 中国成为贸易强国的可能性

首先，尽管存在着第三世界其他国家的激烈竞争，我国在劳动密集型产业上仍然具有比较强的比较优势，服装业就是典型一例。2005年我国出口近70亿双鞋。每双鞋的平均价格仅为2.66美元。这个价格只相当于欧洲一些国家出口鞋平均价格的十几分之一。任何质量问题都无法解释这种差异。这说明我国鞋业的潜在竞争力是巨大的。

其次，我国巨大的国内市场应该能够成为我国企业取得国际竞争优势的基础。从竞争优势的角度看，市场的质量比市场需求量更重要。只要我们能够完善国内市场，营造优胜劣汰的竞争环境，就会产生巨大的革新和创新的动力，

同时培养出"内行而挑剔"的消费者,造就出一大批具有国际竞争力的大企业。

最后,我国基本具备了实现技术创新、产业升级的条件。经过几十年的努力,我国已经基本建立起了一个比较完整的工业体系。科学研究和创新能力也有了比较大的提高。只要我们齐心协力,依靠国家整体实力,提高工业制成品的国际竞争力是完全可以实现的。

3. 我国实现贸易强国的特殊性

中国在国际上的特殊地位,使中国的对外经济贸易关系从一开始就带有政治色彩。事实说明,作为中国对外贸易主要对象的发达国家和中国的贸易往来并非仅仅以经济利益作为依据,而是充满了偏见和歧视。这就决定了中国对外贸易的特殊性。只有充分认识到这一点,才能少走弯路,减少成本,实现战略目标。

正是从这个意义上说,中国的对外贸易必须具有宏观的战略的思考。不能只是简单地适应全球化,而必须看全球化由谁主导。不能只讲参与国际分工,必须把国际分工看成一个动态过程,努力的方向是打破任何一种既定的分工模式。

中国对外贸易的特殊性决定了它不是一个简单的、理论上的市场双赢行为,而是一种实力的较量和博弈。国际市场的广阔性为我们提供了建立在平等互利基础上的国际经济往来、反对带有各种歧视的贸易保护主义政策的舞台。

本 章 总 结

(1) 我国出口贸易的发展也可以大致区分为改革开放前后两个阶段。从新中国成立到20世纪60年代初主要与苏联和东欧社会主义国家的贸易;60年代初到改革开放前主要与西方国家的贸易。改革开放后的全方位出口贸易发展经历了以1994年人民币大幅贬值和2001年加入世贸组织为标志的三个不同阶段。(2) 我国出口贸易在1994年以后扭转了商品和服务贸易总体长期入超的被动局面,出口总量和结构发生了巨大变化。但也存在加工贸易占比大,增加值低,溢出效益不明显;出口资源消耗大,环境成本高;外贸依存度高;长期受国际政治因素困扰等问题。(3) 出口在为我国经济的发展提供进口所需的外汇保证和为企业"走出去"提供资金保障的同时,也产生了促进"资源转换"、提高出口企业竞争力的动态效应。(4) 显示性比较优势指数、贸易竞争指数和国际市场占有率是通常用来衡量出口竞争力的指标。出口国际竞争力既可以从企业的角度也可以从行业的角度去理解。分析我国的纺织服装业出口，可以看出这一行业的竞争优势所在。（5）利用国内和国外两种资源是中国实现现代化和可持续发展的必然要求。而利用国外资源就必须具有开拓国外市场的能力，也就是成为一个出口强国。我国劳动力资源丰富，国内市场巨大，又具备一个基本完整的工业体系，这使由出口大国向强国的转变成为一个现实的可能。但我们决不能低估西方国家的歧视、阻挠及其敌对势力仇视、破坏可能带来的各种风险！

本章复习思考题

一、新中国成立后我国出口贸易主要经历了哪几个阶段？

二、我国出口贸易发展的主要特点是什么？

三、出口对国民经济发展的重要作用表现在哪些方面？

四、衡量出口竞争力的主要指标有哪些？

五、我国纺织服装业的出口竞争力表现在哪些方面？

六、如何理解中国对外贸易中的政治因素？

七、中国如何才能成为一个出口强国？

第六章 中国进口贸易的发展

本章概要 本章介绍我国进口贸易的历史与现状，论述我国发展进口贸易的意义以及进口贸易对促进我国对外贸易的持续发展、丰富我国商品的市场结构、增加我国财政收入的积极作用。在此基础上归纳了我国进口贸易的特点，明确了我国对外贸易的发展战略。

本章学习目标 本章学习目标有四个方面：（1）通过对我国进口贸易发展沿革的分析，了解我国进口贸易变化的政策动因。（2）理解中国发展进口贸易的意义。（3）熟悉中国所采取的进口贸易调节措施。（4）了解进口贸易对国民经济健康发展的重要作用，以及中国进口贸易的发展趋势。

长期以来，我国积极稳妥地开展进口贸易，使世界其他国家先进的技术、产品、与提高人民生活水平密切相关的生活用品、我国发展所需的能源、资源等通过正常的贸易手段，源源不断地进入中国市场，使我国及时获得世界范围的产业信息与产品，提升了我国的科研与生产水平，满足了我国民众日益增长的生活消费需要，为我国国民经济奠定了坚实的基础，有力地促进了我国国民经济的全面、快速发展。

第一节 中国发展进口贸易的意义

进口贸易在我国国民经济发展过程中，具有重要作用。和出口贸易一样，是我国对外贸易的重要组成部分，处于重要的地位。特别是从中国改革开放以来进口贸易对国民经济的发展所起到的巨大推动作用来看，积极的进口贸易有效地改变了我国的产业结构，促进了我国产业竞争力的提高和人民生活的改善。

从国民经济发展的需要来看，首先，出口贸易的目的之一就是为了换取外汇，进而从国外购买我国所需要的商品，没有进口贸易，出口贸易的积极意义就会相对减少。其次，进口往往还能带动出口，因为进口本国缺少的技术设备、生产工艺、原材料，可以扩大出口商品的生产，提高出口商品的质量，进而扩大出口商品的竞争能力，增加出口。因此，在扩大出口贸易的同时，适当地增加进口，可以更多地利用国际资源和引进先进技术、关键设备等。同时，我国作为人口大国，粮食与生活用品的消费量巨大，进口贸易也是满足国民生活体系正常运行的重要保障。

长期以来，进口在我国曾被视为经济增长和国内产业发展的减量而备受抑制，没有充分发挥其对国民经济增长的促进和带动作用。事实上，一国的进口状况与其产业发展有着必然的联系，也与全球贸易和经济一体化密切相关。其重要性和必要性主要表现为以下六个方面。

一、进口贸易能够促进国民经济的发展，为改革开放创造条件

进口是满足国民经济增长需要的重要途径。有理论认为，进口耗费国家通过出口积累的外汇储备资金，是国民经济的一个减量因素，实际并非如此。如果除去外汇储备用于金融方面的投资之外，大量的外汇储备既将资产闲置为无用的货币，又存在贬值的经济风险。进口对于国民经济增长具有很强的促进作用，主要表现在：可以获得本国急需或缺少的原材料和技术装备，弥补国内资源不足；可以获得本国虽不紧缺但是在外国相对比较便宜的商品来补充国内市场，降低相关的产品成本；可以通过进口发达国家的先进产品进行研究和进行符合我国需要的改良，推动国内生产、开发过程的创新；有助于提高国内投资效率等。中国近50年来，特别是近30年来进口贸易对国民经济发展所作的巨大贡献已经充分说明了这一点。"十一五"时期，我国要实现人均国内生产总值比2000年翻一番的目标，无论是原材料、技术装备，还是国民生活的市场需求，都必然会对进口提出更大的需求。也就是说，国民经济发展迫切需要我们加强对进口贸易的支持。

进口贸易发展，为中国改革和开放的持续发展创造了基本条件。改革开放以来中国工业特别是制造业设备的更新大大促进了中国生产力的提高，这与对外贸易的杰出贡献密不可分。先进技术、设备的进口不断扩大，为企业进行技术改造和重点工程建设创造了条件。中国主要以成套设备进口，来装备能源、机械、电子、石化、冶金、纺织、邮电、交通等行业，先进技术与国内企业结合促进了产品的更新换代，提高了中国企业参与国际竞争的能力，同时加快了中国产业结构的调整。扩大进口还是实现国内产业结构优化升级的重要手段。

扩大先进技术和设备的进口，可加快提升高新技术产业的技术含量和水平，推动传统产业从国际产业链的低端走向高端，对促进产业结构的调整，增强产业国际竞争力发挥着重要作用。

二、进口贸易能够促进世界经济的发展，推动国际交流

发展进口贸易不仅有利于我国国民经济的迅速发展，还能够有力地促进世界经济的发展。经过几十年的对外贸易，中国的对外贸易在世界贸易中的地位越来越重要。中国的进口贸易已经具有重要的全球意义。这是因为中国已经成为亚洲邻国和其他国家经济增长的重要动力源泉。中国进口需求的增幅，近年来以接近30%的平均增幅攀升。中国在建造现代经济的基础设施过程中，从日本、韩国、德国和台湾等国家和地区采购了大量的大型设备和技术。中国已经成为左右世界工业品市场的重要因素，为世界各国带来了巨大商机。

由于中国经济高速增长，中国进口需求旺盛，为世界各国和地区创造了大量的出口机会，有力地促进了世界共同发展和繁荣。近年来，由于中国从亚洲各国和地区的进口迅速增长，中国日益成为亚洲各国和地区的重要出口目的地，过去以美国和日本为中心的亚洲出口地理结构正在发生变化，中国对亚洲市场的辐射作用进一步增强。

中国的巨额进口还为世界各国创造了大量就业机会。随着中国从美国进口规模不断扩大，为美国创造的就业机会也呈逐年增加之势。中国在投资领域为世界各国提供的商业机会尤其明显。改革开放以来，世界各国和地区共有近40万家企业来华投资，有关资料显示，多数来华投资的外商都获得了较高的投资回报。

三、进口贸易能够促进贸易的持续稳定发展

发展进口贸易是保持贸易平衡的需要，是改善对外贸易环境的客观要求。虽然2007年中国进口已达到9 558亿美元，但贸易顺差高达2 622亿美元，导致外汇储备持续上升，存在巨大的外汇风险，遭受的国际贸易摩擦也急剧增多，人民币升值压力增大。而对出口若采取大规模限制的方式，将严重影响国内经济增长和劳动人口就业。因此，积极扩大进口已成为国家减少顺差、保证贸易平衡的最重要手段之一。贸易平衡是保证对外贸易良性循环的重要因素。进口贸易可以促进出口贸易的发展。在当前国际市场竞争日趋激烈的情况下，出口产品的技术、科技、信息含量高，才能富有竞争力，才能站稳脚跟、扩大销路，才能适应国际市场的需要。而生产具有上述竞争力

的产品，依赖于国内生产技术水平的相应提高。而进口贸易可以为出口产品的生产提供必要的技术、设备、能源、材料等，来为产品提高竞争力打下基础。进口贸易虽然不直接为建立和发展面向出口的产业服务，但通过引进先进适用的技术、设备、原材料，有助于企业提高生产技术管理水平，提高出口产品质量，增加花色品种和改进包装装潢，从而提高制成品和附加值高的深加工产品的出口比重，提高出口产品的国际竞争能力。进口贸易通过贸易平衡杠杆，还能够为我国出口商品开辟新领域、新市场，通过进口贸易带动出口。

近年来，我国外贸进出口规模不断扩大，从进出口贸易总额来看，自2005年开始我国已成为世界第三贸易大国。这些也依赖于我国的进口贸易的带动作用。

进口贸易，对于确保我国急需的重要资源和关键技术装备的稳定供应、确保国家经济安全，保证国民经济健康发展，有着十分重要的意义。

自改革开放以来，我国一直实行的是争创外汇的出口导向型外贸政策。随着出口贸易额持续增长、外汇储备持续上升，2005年我国的外汇储备合计已居世界第一位，比除日本以外其他国家外汇储备的总量还多。我国已总体上摆脱了长期以来外汇缺口的约束，与此同时，大量外汇储备的负面影响开始呈现。所以，我国需要根据形势发展的需要，进一步扩大进口规模，健全进口机制；进一步加强进口管理，全面提高进口贸易的综合效益，实现更大规模的进口与出口贸易的基本平衡。

表6-1　　　　1978—2007年中国进口贸易额及在进出口贸易总额中所占比例表　　　　亿美元

年份	进出口额	进口额	进口额比重%
1978	206	109	52.9
1979	293	157	53.6
1980	378	196	51.9
1981	440	220	50.0
1982	416	193	46.4
1983	436	214	49.1
1984	536	274	51.1
1985	696	423	60.1
1986	739	429	58.1

续表

年份	进出口额	进口额	进口额比重%
1987	827	432	52.2
1988	1 028	553	53.8
1989	1 117	591	52.9
1990	1 154	534	46.2
1991	1 357	638	47.0
1992	1 655	806	48.7
1993	1 957	1 040	53.1
1994	2 366	1 156	48.8
1995	2 809	1 321	47.0
1996	2 899	1 388	47.8
1997	3 252	1 424	43.7
1998	3 240	1 402	43.3
1999	3 606	1 657	46.0
2000	4 743	2 251	47.5
2001	5 097	2 436	47.7
2002	6 208	2 952	47.6
2003	8 512	4 128	48.5
2004	11 547	5 614	48.6
2005	14 221	6 601	46.4
2006	17 607	7 916	45.0
2007	21 738	9 558	44.0

资料来源：1978—1981年来自于外经贸业务统计；1981—2007年来自于海关业务统计。

从上表可以看出，从1990年到2007年的18年间，除1993年进口略大于出口以外，其他15年都保持了出口大于进口的贸易顺差。因此可以说，我国的进口贸易有效地促进了进出口贸易的长期持续稳定发展。

四、进口贸易能够丰富商品结构

在全球经济化的时代，商品开发与制造已经得到了飞速的发展。但是在我国，由于历史上长期存在的外汇短缺、外贸管制等多种原因，进口商品的种类还主要侧重于生产建设急需的设备和生产耗费型原料产品及能源。随着我国出口能力的增强和外汇积累的增加，我国已经有能力适当地进口一些有关日常生活的新产品，来丰富我国的商品结构，丰富我国民众的生活用品市场。

我国虽然是世界的主要商品生产国，但是由于文化观念、开发能力、制造工艺等诸方面因素的影响，还有许多在其他国家已经广泛应用的商品不为国内消费者所知，也没有国内企业开发与生产。同时我国人口众多，国内市场潜力巨大。因此，通过陆续进口一些具有新观念、新工艺的新产品，来丰富我国市场的商品结构，也是进口贸易的任务之一。通过积极的进口贸易，可以将其他国家、地区、民族的先进的消费产品、消费文化引入我国，促进我国类似产品的研制与开发，促进我国市场的同类产品更新换代，更好地改善人民生活。

五、进口贸易有利于增加国家财政收入

国家通过海关税收来调节进口贸易的同时，也通过收取税金来增加财政收入。随着进口贸易的不断发展，海关税收的收入也日益提高，2007年我国进口贸易税收实现7 584亿元。同时进口的设备、原料通过生产，提高了技术和生产率，促进了工农业生产和国民经济的更快发展，从而创造了更大的产值，给国家增加了更多的利税和财政收入。进口的消费型产品通过商业流通领域进入市场，由商业企业向国家交纳税金，也体现了进口贸易对增加财政收入方面的作用。

六、进口贸易有利于降低巨额外汇储备的风险

从2003年开始，我国每年的外汇储备的增加额均超过千亿美元，并在不断增长。2007年我国外汇储备规模突破15 000亿美元，是世界最大的外汇储备国。

目前，我国的外汇储备已经相当丰富，在外汇短缺情况下制定的"重出口轻进口"，追求贸易顺差的对外贸易战略正面临挑战，我们应顺势进行贸易战略调整和贸易制度建设，由关注贸易顺差转向关注贸易平衡，由关注贸易额转向关注提高生产率、促进国际竞争力持续的贸易导向战略转变。

如果我国外汇储备规模增长过快，将不利于我国的资本市场、金融市场和外贸市场的有序稳定发展。如果外汇储备规模短期内出现较大幅度减少，也会冲击我国整体经济环境，导致物价水平和外汇价格的剧烈波动。长期顺差、过

多的外汇储备也会对我国经济产生不利影响：第一，促使人民币发行量增加，从而加重已经出现的通货膨胀；第二，长期贸易顺差加重本已过多的外汇储备，不利于资金充分运用；第三，当储备货币（如美元）发生贬值时，也会使我国蒙受巨大的损失。此外，由此引发的国际关系紧张也不可忽视。

当前，我国外汇储备规模增长相对较快，存在一定的负面影响。一是我国外汇储备中大部分投资于美国国债，虽然这些国债投资风险性很小，但其投资收益率却很低，将导致巨大的国民福利损失，而且巨额的外汇储备同样承担着美元贬值的风险，即人民币如果升值，巨额的外汇储备资产将不得不遭受汇兑损失。二是如果我国外汇储备规模的增长过快，必然导致基础货币被动投放，从而将可能引起市场流动性过剩加剧以及信贷的过快增长，相对又会缩小货币政策的调整空间，降低货币政策的灵活度。三是外汇储备过快增长，将增加市场对人民币升值预期，从而刺激更多热钱流入，进而又造成过度投资，反过来使得外汇储备资产进一步提高，形成恶性循环。四是外汇储备增长过快将会加剧我国与部分国家之间的贸易摩擦。中国已经连续11年成为全球贸易摩擦最多的国家。

所以，适度地扩大进口贸易，有效地释放我国的高外汇储备，有利于减少我国的外汇资本风险。

第二节 中国进口贸易发展概况和特点

一、进口贸易额不断增长

中华人民共和国成立之前，中国处于自给自足的以农业经济为主的时代，进口贸易量很低。由于战争和自然灾害的影响，1948年中国的进口额只有2亿美元。进口商品大多是一些生活用品和食品，生产设备及原料进口较少。

中华人民共和国成立以来，随着国民经济的发展，出口贸易的不断扩大，进口贸易的速度也发展得很快。1982年进口总值比解放初期的1950年的5.8亿美元增长32倍，达到192.8亿美元，占当年国民收入的8.1%。2007年我国进口贸易额达到了9558亿美元，占国民收入的约30%。

中华人民共和国成立以来，中国进口贸易大体上与出口贸易一致平衡发展。中国进口贸易发展大体经历了四个阶段。

第一阶段是20世纪50年代。由于中国经济基础薄弱，工业薄弱加上农业落后，生产力水平低下，因此恢复和发展生产所需要的大量商品都需要进口。

而在50年代初期，以美国为核心的主要资本主义国家对我国实行商品封锁和禁运政策，增加了我国进口商品、恢复和发展生产的困难。由于受到西方国家的封锁和外汇短缺的限制，中国进口额很小，每年只有数亿美元。在这种历史背景下，中国除去和一些中立国家发展贸易，解决一些需求之外，主要立足在发展与苏联和东欧等社会主义国家之间的贸易，从这些国家得到了大批的商品资源。由于及时地组织进口了我国短缺的商品进入国内，工农业生产迅速得到恢复，国民经济也开始得到发展。进口额逐年增长，从1950年的5.8亿美元到1959年达到21.2亿美元，9年间增长3.65倍。这期间的进口总值中，生产资料所占比重高达91.5%，消费资料比重只占8.5%。进口生产资料中，用于生产的成套设备和机电产品占进口总值的51%。此外，还进口了大量的工农业生产、交通运输和国防工业所需要的物资和原材料，如各种机床34 000台，钢材807万吨，有色金属62万吨，橡胶95万吨，化肥838万吨，各种车辆11 330辆，船舶81艘，以及飞机、仪器、石油等能源战略物资。以上各类物资的进口，不仅打破了以美国为首的世界主要资本主义国家的封锁，而且对恢复和发展国民经济，增强和提高我国的生产能力，改善人民生活，稳定市场物价都起到了重要作用。

第二阶段是20世纪60年代到70年代初期。这期间，我国的国民经济出现了严重困难。由于50年代末60年代初的连续三年自然灾害，以及中国和苏联之间的关系破裂，中国对苏联、东欧国家贸易急剧缩减，苏联政府停止了对我国的经济援助，其他社会主义国家与我国的经济往来受苏联的影响也急剧减少，加上当时我国在经济建设指导思想上出现了脱离实际的严重错误，使我国国民经济遇到了前所未有的困难。当时与欧美和亚洲、非洲、拉丁美洲等第三世界国家的贸易渠道尚未开通，我国作出了一系列的政策调整。经过几年的探索，我国对日本、瑞士、瑞典等一些中立国家的贸易得到了发展，进口产品严重不足的情况得到了一定的缓解，国民经济得到了一定的恢复和发展。但是到了1966年，中国开始的"文化大革命"又严重地破坏了刚刚恢复的国民经济秩序，中国的经济再次陷入低谷，对外贸易再一次进入了徘徊的局面，到1969年，进口额只有18.25亿美元。国内市场商品极度匮乏，人民生活水平下降，生产遭到了严重破坏。由于生活用品的急需，中国的消费商品进口开始增加，生产资料的进口比重不断下降，属于生产手段的成套设备和机电产品的进口，也有大幅下降。60年代至70年代初，进口额徘徊在20亿美元上下。1960—1971年间进口额年均增长0.3%。

第三阶段是1972—1978年。这期间，由于国际形势发生的变化和我国对外贸易方针的根本改变，中国与日本、美国相继实现了邦交正常化，中日友好和平条约的签订,以及中国在联合国的合法席位也得到了恢复,促使中国经济开始向好的方向转化。由于中国石油工业的崛起和打开了与西方发达国家及与第三世界国家发展贸易的大门,到1978年我国实现出口达97.5亿美元,7年间每年平均增长20.5%。1972年到1978年,进口高速增长。出口额的增长带动了进口的增长。1978年进口额达108.9亿美元,7年间年平均递增25.6%。由于这期间我国从日本获得了大量的无息贷款和低息贷款援助,使得我国在外汇短缺的状况下得以大量进口急需的工业设备,这期间的我国的进口贸易增长幅度超过了出口贸易的增长幅度。特别是党的十一届三中全会之后,我国的进口贸易进入了一个新时期,进口贸易在1978年首次突破100亿美元。生产资料的进口中,除成套设备及新技术占进口的比重有所增长外,工业生产所需原材料的进口幅度较大,由原来的42%上升到52%。其主要原因是这10年中国民经济各部门之间比例严重失调,只能通过大量进口工业用原材料加以弥补。据1975年的统计,进口钢材400多万吨,比1968年的200多万吨增加了一倍,有色金属44万吨,比进口最高的年份1969年的29万吨增长了50%。这一期间很多原材料的进口量都超过历史的最高水平。

第四阶段是1979年以来中国实行改革开放政策的新时期。我国开始全面进入开创社会主义现代化建设的时期,在这个时期,党中央作出了实行对外开放、对内搞活经济的战略决策,明确了对外贸易工作在国民经济发展中占有的重要地位。这为全面开创社会主义现代化创造了重要的条件。随着新的战略思想的实施和国民经济的调整,我国的进口贸易得到了持续、稳定的发展。进口贸易规模越来越大,1980年突破200亿美元,比1979年增长了22%;1988年突破500亿美元,1993年突破1 000亿美元;1998年进口额达到1 401.7亿美元,比1978年增长了近12倍,年均递增14.5%。这个时期,不仅我国的进口贸易总值连年增长,进口商品结构也不断优化。进入21世纪,我国的进口贸易更是突飞猛进,高速攀升。2001实现进口2 436亿美元,到2005年进口贸易总额达到了6 601亿美元,2007年实现了9 558亿美元。

中国在世界贸易中的地位不断提高,进出口额占世界贸易的比重日益增大,1978年中国在世界贸易排名中居第32位,到1998年上升到第11位,其中出口在世界出口贸易排名中居第9位,进口在世界进口贸易中的排名居第11位。到2005年,我国在世界贸易排名中上升至第3位。

二、进口贸易的商品结构不断改善

中华人民共和国成立以来,进口贸易的商品结构不断改善,特别是进入21

世纪，高新技术产品进口比例在贸易总额中所占比例不断提高。

中国进口商品的结构一直以工业制成品为主，但其结构也在不断地发生变化。20世纪50年代，中国主要进口生产资料，包括设备和原材料，其占进口总额的比重高达92%，这对推动工农业生产起了重大作用。60年代，由于自然灾害影响，农业歉收，中国开始大量进口粮食、棉花和食糖等生活资料。60年代前期，生活资料进口约占进口总额40%左右，对保障供给、解决人民生活需要起了重要补充作用。60年代后期及70年代，生活资料进口比重基本上维持在20%左右。

改革开放使中国经济迅速发展，对原材料和机械设备的需求不断扩大，进口相应增长，工业制成品进口增长尤快。1980年工业制成品进口比重为65.2%，1983年提高到72.8%，1984年后，一直保持在80%以上。1998年工业制成品进口达1 172.1亿美元，占进口总额的比重为83.6%，其中机电产品进口638.7亿美元，比1980年增长近10倍，占进口总额的45.6%。大量机电产品的进口加快了中国企业技术改造的步伐，促进了中国产业结构的升级。

我国的进口贸易中，高新技术产品进口比例在贸易总额中所占比例不断提高，成为我国进口贸易的重要组成部分。根据最新资料统计，2005年，我国高新技术产品累计进出口总额达到4 159.6亿美元，比2004年增长26.9%，其中进口1 977.1亿美元，增长22.5%。其中2005年12月份我国进口206.4亿美元，创历史新高。

高新技术产品的进口增长带动了同类产品出口的增长，使得2005年我国高新技术产品累计出口额占外贸出口总额的比重首次突破28%的水平，达到29.2%，这是继2004年年底达到27.9%之后实现的一个新的突破，标志着我国出口商品结构得到进一步优化。

高新技术产品进口继续保持以电子技术类、计算机技术类、通信技术类产品为主的格局，2005年这三类产品进口额分别为1 008.8亿美元、343.0亿美元、260.5亿美元，分别增长30.7%、20.0%、17.6%，分别占比51.0%、17.3%、13.2%，电子技术类产品全年进口首次突破1 000亿美元。其中，集成电路（含智能卡）继续保持我国最大宗进口高新技术产品地位，全年进口811.8亿美元，增长34.6%，占我国高新技术产品进口额的41.1%，比2004年年底提高3.7个百分点。在"科技兴贸"战略的推动下，我国高新技术产品进出口继续保持高速增长势头，拉动全国外贸进出口大幅增长，进一步优化了外贸进出口结构，贸易规模和结构进入了新的发展阶段，我国开始迈入"科技兴贸"向"科技强贸"转变的关键时期。2007年全年，累计进口高新技术产品3 277亿美元，占进口贸易的34.28%。

目前，我国高新技术产品贸易基本形成了亚洲进口、出口美欧的格局，欧盟、美国、东盟、香港、日本、台湾、韩国是我高新技术产品贸易的七大主要伙伴，合计占比达87.6%。其中，欧盟继续保持我国最大高新技术产品贸易伙伴地位，2005年双边高新技术产品贸易额为693.5亿美元，美国以681.5亿美元紧随其后。

我国高新技术产品进口来源地前四位集中在亚洲的东盟、日本、台湾、韩国，合计占我国高新产品进口额的63.4%。东盟继续保持我国高新技术产品最大进口来源地地位，2005年我国从东盟进口以集成电路为主的高新技术产品达401.3亿美元。我国从日、欧、美进口高新技术产品占比持续下降，2005年分别为15.4%、9.8%、8.1%，比2004年年底分别下降3.1个、1.2个、0.9个百分点；从东盟、韩国进口高新技术产品占比持续上升，分别为20.3%、13.1%，比2004年年底分别提高1.4个百分点、2.0个百分点。亚洲的东盟、台湾、韩国、日本是我国高新技术产品贸易前四大逆差来源地，2005年逆差分别为241.7亿美元、240.7亿美元、188.0亿美元、126.1亿美元，比2004年同期分别增长39.0%、17.4%、62.2%、-10.2%，仅日本出现了负增长。

至此，我国基本建立了稳定的高新技术产品进出口基地，形成了良好的国际加工循环体系。

三、进口贸易市场向多元化发展

建国初期，由于帝国主义对新中国的经济封锁，中国对外贸易主要是与社会主义国家进行，20世纪50年代初与中国开展贸易往来的国家和地区有60多个。随着中国对外经济关系的改善，中国对外贸易伙伴不断增加，到1980年与中国开展贸易往来的国家和地区上升到180个左右。到2007年，中国已与世界238个国家（地区）建立了贸易关系，逐步形成了以日本、香港、欧盟、美国为主，周边国家和地区为辅的贸易市场格局。

目前中国已与大多数国家和地区建立起稳定的经贸关系。1980年，中国对其出口在1亿美元以上的国家和地区有19个，从其进口在1亿美元以上的国家和地区有29个。1989年，分别增加到37个和47个。到1998年分别上升到75个和50个。随着贸易国别的增加，各贸易伙伴的位次也发生了新的变化。2007年中国从其进口额最多的前10位贸易伙伴依次为：日本、欧盟、东盟、韩国、台湾、美国、澳大利亚、俄罗斯、巴西、沙特阿拉伯。这10个国家和地区的进口额合计占我国进口贸易总额的74.5%（见图6-1和表6-2所示）。

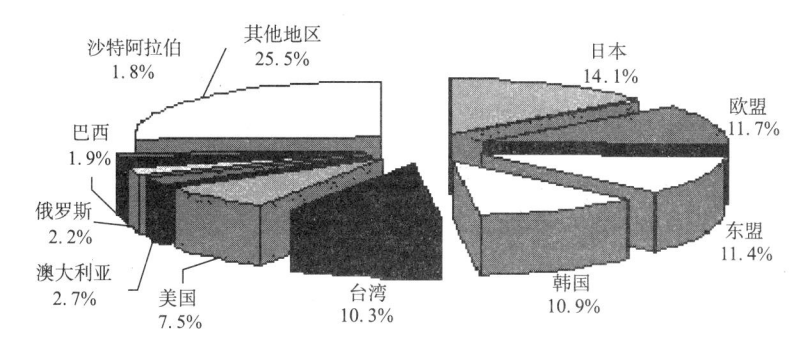

图 6-1 2007 年我国对外贸易前 10 位进口来源地

表 6-2 2007 年我国进口贸易前 10 位进口来源地相关数据 亿美元

排序	国别（地区）	1~12 月	同比（%）	占比（%）	占比变化
	总　值	9 558.2	20.8	100.0	0.0
1	日本	1 339.5	15.8	14.0	-0.6
2	欧盟	1 109.6	22.4	11.6	0.2
3	东盟	1 083.7	21.0	11.3	0.0
4	韩国	1 037.6	15.6	10.9	-0.4
5	台湾	1 010.2	16.0	10.9	-0.4
6	美国	693.8	17.2	7.3	-0.2
7	澳大利亚	258.5	33.8	2.7	0.3
8	俄罗斯	196.8	12.1	2.1	-0.1
9	巴西	183.3	42.0	1.9	0.3
10	沙特阿拉伯	175.6	16.4	1.8	-0.1

资料来源：根据商务部统计数据整理。

四、进口贸易带动了地方经济的发展

过去我国的进口贸易由国家统筹比例较大。随着我国外汇储备的增加和外汇使用管制的放松，进口贸易已经在我国普遍开展，带动地方经济发展，许多省份由于进口了急需的生产设备，促进了地方工业的产业优化以及生产率的提高，让更多的产品质量得到保障，进而增加了产业竞争能力。如 2007 年山西省积极开展煤炭采掘设备的进口工作，使得煤炭生产效率提高的同时，安全生产的隐患大大降低，保证了我国发电用煤的需求，使得山西省能源强省的战略得以顺利实施。山东、河北从国外进口先进的机车牵引设备，并加以技术改造，使得我国跨入世界先进机车制造国家的行列，山东、河北已成为我国新型客运牵引机车及动车制造的骨干省份，产业凝聚力正在这两个省形成。

随着我国地方进口贸易以20%的年平均增长速度的发展，我国的地方经济也会得到更长足的发展。

第三节 中国进口贸易发展战略

中华人民共和国成立以来，我国从一个外汇贫乏的国家发展为世界外汇储备最大的国家，制定了一系列的进口贸易政策和相应的战略措施。

在21世纪前中国经济发展的各个时期，外汇紧缺一直是制约进口原材料、引进国外先进技术和设备及利用外资的不利因素。1979年中国外汇储备仅为8.4亿美元，到1998年为1 449.6亿美元。对外贸易出口收汇能力的不断增强，不仅提高了中国对外债的承受能力，同时增强了中国的综合国力。

但是，20世纪90年代以前，中国实行的是进口替代战略，90年代以后实行的是出口导向战略。这几乎是发展中国家寻求现代化的必由之路。不过，过于强调出口贸易发展战略，没有重视进口贸易发展战略却未必是明智的。尤其是，一方面实行出口导向战略，但同时又实行进口替代战略，则两种战略共同作用的结果就是：放大两种战略的负面影响，抑制国民福利的提高。又一方面，通过经济手段来鼓励出口，国外的消费者固然由此得到了价廉物美的商品，但代价却是由出口国支付的。鼓励和奖励的措施越多，本国国民福利的牺牲代价就越大。另一方面，鼓励出口的政策人为地限制了本国消费者的购买力。所有实行出口导向战略的国家，都必定为了提高本国的出口竞争力而人为地压低本国货币币值，其结果必然是本国居民购买力受到严重制约，生活质量的增长速度低于经济增长速度，甚至出现"有增长无发展"的现象。

新中国成立以后和社会主义建设初期，我国的进口贸易战略主要以合理安排进口，保持适度的速度和规模来制定进口贸易战略。具体方针是：积极引进先进技术和关键设备；组织重点建设物资、农用物资和"以进养出"物资进口；适当组织消费品进口。这些战略的实施，有效地解决了我国的相关产品、技术不足等难题。

但是随着我国经济的迅速增长，对进口的需求越来越大。与客观形势要求相比，目前我国对进口的重视程度还不够，进口的规模、结构和方式与经济发展水平还不相适应。"十一五"时期，形势的发展要求我国把适度扩大进口放在更加突出的位置，进一步完善进口体制、改进进口管理，充分发挥进口在促进国民经济发展中的积极作用。所以，制定进口贸易战略的时候，要从根本上改变进口为出口服务的原有观念。

一、适度扩大进口，制定有效的进口规模战略

要加强对进口工作的战略规划，认真研究我国进口贸易的特点和规律，制定符合我国国情的、与经济社会发展总体规划和产业政策相适应的进口战略。党的十四大已明确指出，适当增加进口，更多地利用国外资源和引进先进技术。但是长期以来，在对外贸易进出口的比例上看，这一方针由于种种原因没有得到全面地实施。

进口的规模和速度与国民经济的增长有着密切的关系。没有相应的规模和速度作保证，国民经济的增长将受到制约。反之，进口规模和速度的增长如果超出了国民经济发展所需要的可能和水平，也会造成社会资源、生产要素的浪费和限制，还会对相关的产业部门形成冲击，制约民族工业的发展。

在加入世界贸易组织后的今天，我们既要正确处理进口与出口、进口与生产、进口与需求、工业与贸易、技术与贸易之间的关系，适度扩大进口贸易，还要在不违反世贸组织原则的基础上，加强进口管理，整顿进口秩序，把握好进口的规模和节奏，推动我国进口贸易从被动限制向主动调控转变，切实防止盲目进口、无序进口、重复进口。要完善进口信息发布制度，建立健全进口对产业损害的预警机制。

二、调整和优化进口贸易结构

1. 要调整进口商品结构

大力增加战略性商品的进口，主要进口我国经济社会发展所急需、国内又无法提供的商品和技术，特别是国内短缺资源、先进技术和关键装备等。这是我国一贯的进口贸易方针，今后也依然要长期贯彻执行，有重点地安排进口，调整和优化进口商品结构。

积极引进先进技术和关键设备。这对于我国完成"十一五"计划、实现建设目标十分重要。要实现整个国民经济的现代化，首先要实现国民经济各部门的生产技术和设备的现代化。目前，我国的科学技术水平和生产力水平还大大落后于世界先进水平，表现在装备水平、设计水平、工业水平都比较低，科研设备条件差和知识老化等方面。因此，积极引进先进技术和关键设备是促进现代化建设的重要途径。

在引进的重点确保上，主要应考虑电子、汽车、信息、航天、生物工程等方面的需要，考虑能源、交通、通信等基础设施的建设。

国家在积极扩大进口的同时，主动对354种国内急需的能源、资源、先进技术设备和日用消费品降低或取消了进口关税，启动政策性进口信贷，取消883个商品的自动进口许可管理。广交会自101届起更名为中国进出口商品交易会，并设立进口展区。加强了大宗商品进出口协调和管理。规范汽车、摩托车出口秩序，建立铁矿石、钾肥进口协调机制。

2. 要调整进口地区结构

要注意增加在出口集中地区的进口，尽可能促进贸易平衡，减少贸易摩擦。例如，由于中国商品大量进入美国市场，2005年美国对中国的贸易赤字达到1 620亿美元，从此，中国也成了美国贸易赤字最大的国家，这势必会加大美国对人民币汇率的施压程度。因此要积极开展我国在类似的出口集中地区的进口业务，保持与各地区贸易间的平衡。

3. 要注意推动重要资源进口方式和来源的多元化，确保进口安全

进入21世纪，我国开始出现的国内部分地区和部分行业能源和原材料短缺、交通运力紧张、环境保护压力加大等现象，这是我国进入重工业化时期的重要特征。发达国家重工业化时期汽车、钢铁、机械等制造业的高速发展，往往伴随着能源工业（如电力、煤炭等）、原材料工业（如矿石等）、基础工业（如交通、通信等）的相应发展。在我国进入"重工业化"之际，出现能源和原材料短缺、交通运力紧张、环境保护压力加大等现象，政府一定要对此高度重视，一方面大力发展国内能源工业、原材料工业、基础工业和环保产业，另一方面进口贸易相关部门与世界上原材料和能源输出国建立良好的合作关系，以弥补国内缺口。我国除从海湾国家进口石油外，近年一直注意开辟从俄罗斯、哈萨克斯坦等国的进口途径。2006年我国开始在非洲的主要产油国开始合作开发油田，以便在更广阔的领域谋求能源的合作。

4. 要调整进口关税结构

通过关税的增减，引导企业更多地进口符合国家产业政策导向和有利于国民经济发展的资源和商品。

三、加强和完善进口管理

我国加入世界贸易组织以来，进口贸易急速增加，需要加强和完善进口管理工作，保证进口贸易在有章可循的状况下进行。

1. 按照国际惯例进行管理

根据国际惯例，发达国家普遍采用如下5种方式进行进口管理：第一是反倾销，不允许以低于生产国自身的市场价格在他国进行销售；第二是反补贴，在科研开发及其他方面，调查生产国政府是否进行了补贴，否则进口该商品的国家予以征收补贴税；第三是紧急进口保障，根据世界贸易组织提供的安全保障措施，如果在很短的时间内进口大量增加，对国内市场造成冲击，世贸组织允许其成员国对进口采取临时性的限制性措施；第四是到世界贸易组织进行调解；第五是互相协商，通过双方谈判，由出口国对出口产品实行"自动出口限制"。

2. 加强进口贸易的法律法规建设

我国要积极对进口贸易的相关法规进行建设，尽快制定和健全相关法律。如制定《反垄断法》、《保障措施法》、《反补贴法》，完善《反不正当竞争法》。

3. 加强进口贸易的价格管理

近年来由于我国经济的迅速发展，我国已经是国际市场上石油、铁矿石、有色金属、大豆等大宗商品的大买家，而且这种大买家的地位在相当长的时间内不会改变。但是由于我们缺乏对这些商品的定价权，大买家经常吃大亏，这种被动状况与我国作为大买家的地位极不相称。要发挥我国作为进口大国的优势，增强我国在国际大宗商品上的定价权和话语权，尽最大可能避免价格风险和经济损失，实现进口成本最小化。

本 章 总 结

进口贸易与出口贸易对于国民经济的发展具有同样重要的作用。我国在获得世界外汇第一储备国的地位之后，如何有效地开展进口贸易，克服制约我国进口贸易发展的障碍，完善进口贸易机制，降低外汇储备的风险，改善我国进口商品的结构，是今后一段时间我国进口贸易的主要课题。

本章复习思考题

一、进口贸易有哪些意义与作用？
二、如何通过积极的进口贸易降低外汇储备的风险？
三、我国进口贸易的主要来源国家和地区有哪些，其特征是什么？
四、如何建立多元化的进口贸易市场？
五、现阶段我国进口贸易的重点应放在哪几个方面？

第七章　中国服务贸易的发展

本章概要　本章对国际服务贸易的基本概念、特征与发展趋势进行了全面细致的分析；分析了服务贸易总协定的基本原则；在了解国际服务贸易基本知识的基础上，分析了中国服务业、服务贸易的发展与现状，分析了中国服务贸易竞争力状况及提高服务贸易竞争力的对策。

本章学习目标　本章学习目标有五个方面：（1）掌握国际服务贸易的特点与发展趋势。（2）了解服务贸易总协定对国际服务贸易的界定，掌握服务贸易总协定的宗旨与基本原则。（3）了解中国服务贸易的发展趋势，掌握中国服务市场开放的原则。（4）学会分析中国服务贸易的竞争力状况。（5）掌握提高中国服务贸易竞争力对策的分析思路。

第一节　国际服务贸易概述

一、国际服务贸易的基本概念

"服务"这个词，人们经常使用，但它并不是一个严格的经济学术语，而是一种日常用语，并在经济学上得到了广泛的使用。在经济学中，服务的含义众说纷纭，至今没有一个统一的定义，但对服务的认识是一个不断深入的过程。第二次世界大战后，特别是 20 世纪 60、70 年代以来，服务经济迅猛发展，从事服务领域理论研究的学者越来越多，对服务概念的理解也越来越多样化。

（一）国际服务贸易的含义

国际服务贸易的含义，各种经济贸易文献里并没有统一的、公认的、确切的解释，比较有代表性的表述有：

1. 统计学家的表述

统计学家从国民收入、国际收支平衡为出发点，以国境为标准，将服务出口解释为将服务出售给其他国家的居民，将服务进口解释为本国居民从其他国家购买服务。"居民"是指按照所在国法律的规定，基于居住期、居所、总机构或管理机构所在地等负有纳税义务的自然人、法人和其他在税收上视同法人的团体；"贸易"是指销售具有价值的东西给居住在另一国家的人；"服务"是指任何不直接生产制成品的经济活动。

2. 联合国贸易与发展会议的表述

联合国贸易与发展会议利用过境来阐述服务贸易，将国际服务贸易解释为货物的加工、装配、维修以及货币、人员、信息等生产要素为非本国居民提供服务并取得收入的活动，是一国与他国进行服务交换的活动。狭义的国际服务贸易是指有形的、发生在不同国家之间、符合服务定义的、直接的服务输出与输入。广义的国际服务贸易是指既包括有形的服务输出与输入，也包括在服务提供者与消费者没有实体接触情况下发生的无形的国际服务交换。除了特定情况下，我们一般所说的服务贸易是指广义的国际服务贸易。

3. 《美国和加拿大自由贸易协定》的表述

《美国和加拿大自由贸易协定》是世界上第一个在国家间贸易协议上正式定义服务贸易的法律文件，它将国际服务贸易解释为由或代表其他缔约方的一个人，在其境内或进入一缔约方提供所指定的一项服务。"缔约方的一个人"是指法人或自然人。"指定的一项服务"包括生产、分销、销售、营销及传递一项所指定的服务及其进行的采购活动；进入或使用国内的分销系统；以商业存在形式为分销、营销、传递或促进一项指定的服务；遵照投资规定，任何为提供指定服务的投资及任何为提供指定服务的相关活动。

4. 《服务贸易总协定》的表述

关税与贸易总协定乌拉圭回合谈判所签订的《服务贸易总协定》（GATS）按照服务的提供方式，将国际服务贸易解释为自一成员领土向任何其他成员领土提供的服务；在一成员领土内向任何其他成员的服务消费者提供的服务；一成员的服务提供者通过在任何其他成员领土内的商业存在提供的服务；一成员的服务提供者通过在任何其他成员领土内的自然人存在提供的服务。《服务贸易总协定》的解释是一个权威性的定义，被普遍接受。

以上代表性的表述都采用说明性、非规范性的方式，说明了国际服务贸易的多样性和复杂性。经济学家和国际经济组织为了分析方便和研究的需要，从不同的角度对国际服务贸易进行划分，至今也未形成一个统一的分类标准。

(二) 国际服务贸易的分类

(1) R. M. 斯特恩按照服务是否在提供者与消费者之间移动，将国际服务贸易划分为4类：分离式服务、消费者所在地服务、提供者所在地服务和流动服务。分离式服务是指服务提供者与消费者在国与国之间不需要移动就可以实现的服务，如国际运输服务；消费者所在地服务是指服务的提供者转移后产生的服务，如国际金融服务；提供者所在地服务是指服务的提供者在本国国内为外籍居民提供的服务，一般要求服务消费者跨国接受服务，如国际旅游服务；流动服务是指服务的提供者和消费者相互移动所提供和接受的服务，要求服务的提供者和消费者存在不同程度的资本和劳动力等生产要素的移动，如设立在法国的美国诊所为英国病人提供服务。

(2) 一些经济学家以服务行业各部门的活动为中心，将国际服务贸易划分为七类：银行和金融服务；保险服务；旅游和旅行服务；空运和港口运输服务；建筑和工程服务；专业服务；信息、计算机与通信服务。

(3) 根据服务与生产过程之间的内在联系，将国际服务贸易划分为3类：生产前服务、生产服务和生产后服务。生产前服务在生产过程开始前完成，涉及市场调研和可行性研究等，对生产规模以及制造过程有着重要影响；生产服务是指在生产或制造过程中为生产过程的顺利进行提供的服务，如企业质量管理、人力资源管理等；生产后服务是联结生产者与消费者之间的服务，如广告、营销、运输服务等。

(4) 按照是否伴随着有形商品贸易的发生，将国际服务贸易划分为2类：国际追加服务和国际核心服务。国际追加服务是指伴随着商品出口而进行的服务贸易；对于消费者而言，商品本身是其购买和消费的核心效用，服务只是提供或满足了某种追加的效用。国际核心服务是指与有形商品的生产和贸易无关，是作为消费者单独购买的、能为消费者提供核心效用的服务。

(5) 根据国际货币基金组织统一规定和使用的国际收支账户形式，国际服务贸易统计分类将国际收支账户中的服务贸易流量分为2类：要素服务贸易流量和非要素服务贸易流量。要素服务贸易流量与国际收支账户中的资本项目相关，即同国际间的资本流动或金融资产流动相关的国际服务贸易流量；非要素服务贸易流量与国际收支账户中的经常项目相关，即同国际间资本流动或金融资产流动无直接关联的国际服务贸易流量。

(6) 《服务贸易总协定》以部门为中心，将国际服务贸易划分为12类：商业性服务；通信服务；建筑服务；销售服务；教育服务；环境服务；金融服务；健康及社会服务；旅游及相关服务；文化、娱乐及体育服务；交通运输服务；其他服务。

综上所述，无论从何种角度来表述国际服务贸易的定义和分类，国际服务贸易都存在着人员、资本、信息以不同的形式跨国移动，或在一定形式下存在于商品的跨国移动中。但国际服务贸易的复杂性以及与商品贸易的差异，使其表现出自身的特性。

(三) 国际服务贸易的特点

1. 服务标的的无形性

国际服务贸易的标的是一种看不见、摸不着的生产和消费在时空上不可分离的活动或行为。这种活动或行为可以由人提供，也可以由物提供，例如医生提供医疗保健服务、自动取款机提供取款服务等；活动或行为的接受对象可以是人的身体，也可以是人的头脑，还可以是有形物或无形物，例如医疗、教育、设备维修、金融服务等。以物为接受对象的服务活动的购买者和最终受益者仍然是物背后的人，包括自然人和法人。作为一种无形产品，大多数的服务产品不能储存、不能运输、不能被包装、不能被反复转让。当然，随着科学技术的进步，一些服务活动已有了自己的物质载体，并使部分服务产品的生产和消费在时空上分离成为可能，使服务产品的储存和运输成为可能，例如电子图书、软盘等已使图书馆提供的服务得以储存和运输，使图书馆服务的提供和消费在时空上分离成为可能，但从总体上来说，服务标的的无形性特性，是国际服务贸易最基本的特性。

2. 交易过程与生产和消费过程的同步性

服务价值的形成和使用价值的创造过程，与服务价值的实现和使用价值的让渡过程，以及服务使用价值的消费过程往往是在同一时间和地点完成的；在服务再生产过程中，服务交易具有决定性意义，服务交易的完成必须两个主体同存于同一时间和同一地点。例如医疗服务，医师提供服务的过程，就是让渡服务产品的过程；没有病人，医师失去服务对象，也就不存在两个主体间的交易，服务就不能存在。

3. 服务贸易主体地位的多重性

由于服务交易过程与生产和消费过程的同步性，服务的卖方往往就是服务的生产者，并作为服务消费过程中的物质要素直接加入服务的消费过程；服务的买方则往往就是服务的消费者，并作为服务生产者的劳动对象直接参与服务产品的生产过程。例如医师在为病人提供医疗服务的过程中，病人不仅作为医疗服务的消费者，同时又是作为医师的直接服务对象和劳动对象参与服务生产过程。

4. 服务贸易市场的高度垄断性

国际服务贸易在发达国家和发展中国家的发展严重不平衡，少数发达国家在国际服务贸易中具有绝对垄断优势。服务市场的开放涉及诸如跨国银行、通信工程、航空运输、教育、自然人跨国界流动等直接关系到输入国主权、安全、伦理道德等敏感领域和问题，全球服务贸易壁垒森严，服务贸易障碍林立，因此，国际服务贸易市场的高度垄断性在短期内不可能消失。

5. 服务贸易保护方式的刚性和隐蔽性

由于服务贸易标的的特性，各国政府对本国服务业的保护只能采取在市场准入方面给予限制或进入市场后不给予国民待遇等非关税壁垒形式，这种以国内立法形式实施的非关税壁垒，难以体现为数量形式，也往往缺乏透明度，使国际服务贸易受到的限制和障碍具有刚性和隐蔽性。

二、国际服务贸易发展的特点与趋势

（一）国际服务贸易发展的特点

在国际服务贸易快速发展的同时，呈现出如下的一些鲜明特点：

（1）服务贸易发展的地理分布不均衡。发达国家与新兴工业化国家和地区在国际服务贸易中占据主导地位，在发达国家中尤其以美国最为突出。在发展中国家和地区中，亚洲服务贸易发展尤为迅速，超过所有发展中国家和地区服务出口的一半。

（2）在服务贸易的行业分布中，新兴服务贸易发展迅速，占据了相当的市场份额，生产性服务成为国际服务贸易中最主要的一大类服务。发展中国家和地区虽然仍然主要依靠旅游、运输等传统服务业，但包括金融服务、通讯服务、知识产权交易等新兴服务业所占比重有所上升。

（3）信息技术在国际服务贸易中的广泛运用，把一系列国家经济命脉、主权、安全的关键领域引入国际市场，这使得各国不得不把以信息流动为主的国际服务贸易作为战略问题加以处理，实行有效监督和管理，服务贸易日渐成为衡量一国国际竞争力的重要指标。

（二）国际服务贸易发展的趋势

世界经济、贸易的稳定增长，跨国投资的继续增加，各国服务市场的进一步开放，都将刺激国际服务贸易的发展。

（1）在服务贸易规模和行业结构方面，2010年国际贸易额可望达到10万亿美元，服务贸易占其比重将会上升到50%，国际服务贸易额将提高到5万亿美元；全球对外直接投资总存量预计达到5万亿美元，继续成为推动生产国际化和全球贸易发展的火车头，与跨国投资和经营活动有关的金融、保险、运输、通讯、信息咨询等服务贸易将会得到迅速发展。

（2）在服务贸易地区分布方面，发达国家将继续保持竞争优势，发达国家间显著不平衡的状况可能会有一定改观，美国在世界服务业的绝对优势不大可能被动摇，德国等服务贸易逆差国在不少领域竞争力会有明显增强。发展中国家和地区整体地位将继续上升，在旅游、运输等传统服务贸易领域和其他新兴服务贸易领域所占份额会有所增加，但在知识产权等服务贸易领域仍将处于比较劣势，并在整体上处于逆差状态。一些新兴工业化国家和地区继续呈强势增长，地位明显提高，将出现一批新的服务贸易大国和地区，加剧发展中国家和地区服务贸易发展不平衡的态势。

第二节　服务贸易总协定

关税与贸易总协定乌拉圭回合达成了《服务贸易总协定》（GATS），GATS首次确立了有关服务贸易规则和原则的多边框架，并通过服务的交易方式和实现方式来解释服务贸易。

一、《服务贸易总协定》对服务贸易的解释

（1）跨境交付。跨境交付是指自一成员领土向任何其他成员领土提供的服务。跨境交付主要集中在银行服务、电信服务、工程咨询服务、建筑设计咨询服务等方面。

（2）境外消费。境外消费是指在一成员领土内向任何其他成员的服务消费者提供的服务。出国留学、出国就医、到国外去旅游，是消费人家的教育、医疗和旅游资源。对境外消费者来说，对其母国是服务的进口，对东道国来说是服务的出口。

（3）商业存在。商业存在是指一成员的服务提供者通过在任何其他成员领土内的商业存在提供的服务。例如，美国的友邦保险公司、苏黎世保险集团、英国的太阳保险公司，在中国设立合资或分支保险机构的时候，它们必须要有商业存在来提供服务。美国的 AT&T、贝尔公司在中国提供电信终端服务，必须在中国相应地设立合营电信公司或者分支电信公司。

（4）自然人流动。自然人流动是指一成员的服务提供者通过在任何其他成员领土内的自然人存在提供的服务。发展中国家劳动力资源比较充分，自然人

流动是发展中国家最为关心的一个问题，发达国家成员利用发展中国家成员表面上的兴趣和利益来推动自然人流动的谈判。实际上发展中国家的劳动力是低文化素养、没有特长的廉价劳动力，基本上都集中在劳动密集型的产业。高级工程师、高级企业管理人员、高级货币经营者、高级机构投资商、高级保险经纪人、高级成熟的建筑工程设计师，没有一个是发展中国家的强项。自然人的流动，主要是为发达国家提供服务者。自然人流动如果真正实现了，发展中国家大量低成本的劳动力可以输出去，但相对发达国家来讲，发展中国家的利益是微乎其微的。

二、《服务贸易总协定》的基本原则

GATS 第二部分和第三部分的 17 个条款，规定了各成员必须遵守的普遍义务与具体承诺义务，其中体现出的基本原则有：

1. 最惠国待遇原则

GATS 规定其每一缔约方给予任何其他缔约方的服务或服务提供者的待遇，应立即无条件地以不低于前述待遇给予其他任何缔约方相同的服务或服务提供者。

2. 透明度原则

GATS 规定其每一缔约方必须将影响本协议实施的有关法律、法规、行政命令及所有的其他决定、规则以及习惯做法，都应最迟在它们生效之前予以公布，而不论这些措施是由中央或是地方政府作出的，还是由非政府有权制定规章的机构作出的。但并不要求任何缔约方提供那些一旦公布就会妨碍其法律实施或对公共利益不利或损害公私企业正当合法商业利益的机密资料。

3. 逐步自由化原则

服务贸易的逐步自由化原则是发展中国家争取的结果，一是将服务贸易谈判与货物贸易谈判分开，形成了独立的服务贸易总协定；二是明确给予发展中国家在承担服务贸易义务上的差别待遇，以促进发展中国家服务贸易的发展；三是作为让步，发展中国家接受"服务贸易逐步自由化"的原则。

4. 发展中国家更多参与原则

GATS 规定，发达国家缔约方可以通过协商承担具体义务，以促进发展中国家缔约方国内服务业的效率和竞争力，改善销售渠道和信息网络，促进具体服务部门的市场准入和服务出口，提供商业和技术方面的服务，给予获得服务技术的各种便利等。这一原则与货物贸易的发展中国家缔约方区别待遇原则相比较，发展中国家在服务贸易中应当享有更多的区别待遇，以尽快提高国际服务贸易的整体水平。

5. 服务贸易的限制和禁止原则

GATS 规定，在由于没有预见到的变化或由于某一具体承诺而使某一服务的进口数量太大以至于对本国的服务提供者造成了严重损害或威胁时，或者在一成员国际收支和金融地位严重恶化的情况下，或者出于维护公共安全、公共卫生、环境、文化、资源等，准许其成员就承诺的服务贸易采取限制性措施，但采取的措施要及时通知各成员。

6. 服务提供申请获准原则

GATS 规定，当已经作出具体承担义务的服务提供者要求批准时，一缔约方有管理权的当局应在接受申请后的合理期限内，根据国内法律及规定全面考虑，并把考虑的结果通知申请人。GATS 还要求各成员建立起司法、仲裁、管理机构和程序，以便对服务消费者和提供者的要求迅速作出反应。

7. 市场准入原则

GATS 规定在其认可的市场准入的提供方式方面，各成员应给予其他成员的服务和服务提供者以不低于其在细目表上已同意提供的待遇。若在一成员的细目表上给出了不止一种的有关服务提供的准入途径，那么其他成员的服务提供者可以自由选择其所愿意的那一种。在承担市场准入义务的部门中原则上不能采取数量限制措施阻碍服务贸易的发展。

8. 国民待遇原则

GATS 规定在不违反其有关规定，而且与其细目表上的条件和要求相一致的条件下，一成员应该在所有影响服务供给的措施中给予别国的服务和服务提供者以不低于其所给予的国内服务或服务提供者的待遇；无论这种待遇形式上相同还是形式上不同。当该成员修改服务的竞争条件以有利于本国的服务和服务提供者时，这种形式相同或不同的待遇应被认为对其他成员的服务和服务提供者不利，可以通过双边或多边的磋商消除这种不利影响。

第三节　中国服务贸易的发展

改革开放前，我国服务贸易规模很小，贸易范围局限在旅游、货运等方面，有关服务贸易的统计资料几乎是一片空白，服务贸易的开展仅是为了满足当时政治和外交的需要。例如，1949 年 12 月开办的华侨服务社，主要是为海外炎黄子孙回国探亲访友、参观游览提供方便；20 世纪 50—60 年代的服务贸易伙伴集中于苏联和东欧国家。70年代与西方发达国家的服务贸易才开始有所发展。

一、我国服务贸易的发展现状

改革开放以后，随着国内服务业的快速发展，我国服务贸易也取得了明显的进步，服务贸易规模在不断扩大，服务贸易结构在不断变化，服务贸易方式也在不断丰富。

（一）服务贸易规模的扩大

我国积极参加国际服务贸易，服务贸易进出口迅速增长。服务贸易出口额从1982年的33.48亿美元增加到1990年的57.48亿美元，年均增长速度为8.96%。服务贸易进口额从1982年的21.91亿美元增加到1990年的41.13亿美元，年均增长速度为10.97%。服务贸易总额从1982年的55.39亿美元增加到1990年的98.61亿美元，年均增长速度约为9.75%。1990年我国服务贸易出口额和进口额分别占世界服务贸易出口额和进口额的0.71%和0.49%，分别居世界服务贸易出口额和进口额排名的第25位和第32位。服务贸易出口额从1991年的68.64亿美元增加到2000年的297亿美元，年均增长速度约为18%；服务贸易进口额从1991年的39.37亿美元增加到2000年的348亿美元，年均增长速度约为24%；服务贸易总额从1991年的108.01亿美元增加到2000年的645亿美元，年均增长速度为21%。2000年我国服务贸易出口额和进口额分别占世界服务贸易出口额和进口额的2.1%和2.5%，分别居世界服务贸易出口额和进口额排名的第12位和第10位。2003年，我国服务贸易进出口总额首次突破1 000亿美元大关，达到1 020亿美元，成为世界第9大服务贸易国。其中，服务贸易出口467亿美元，占世界服务贸易出口的2.7%，成为服务贸易出口最大的发展中国家，居世界服务贸易出口国第9位；服务贸易进口553亿美元，占世界服务贸易进口的3.2%，仍是服务贸易进口最大的发展中国家，居世界服务贸易进口国第8位（参见表7-1）。

表7-1　　1982—2007年中国服务贸易与货物贸易总额统计　　　　亿美元

年份	服务贸易额 出口额	服务贸易额 进口额	服务贸易额 总额	货物贸易总额	服务贸易总额与货物贸易总额的比（%）
1982	33.48	21.91	55.39	416.06	13.31
1983	31.57	19.33	50.90	436.16	11.67
1984	35.40	21.18	56.58	535.49	10.57

续表

年份	服务贸易额			货物贸易总额	服务贸易总额与货物贸易总额的比（%）
	出口额	进口额	总额		
1985	36.07	27.40	63.47	696.02	9.12
1986	38.85	27.86	66.71	738.47	9.03
1987	43.46	30.66	74.12	826.53	8.97
1988	54.42	43.88	98.30	1 027.84	9.56
1989	44.52	35.73	80.25	1 116.80	7.19
1990	57.48	41.13	98.61	1 154.36	8.54
1991	68.64	39.37	108.01	1 357.01	7.96
1992	91.08	92.07	183.15	1 656.25	11.06
1993	109.92	115.63	225.55	1 940.58	11.62
1994	163.54	157.81	321.35	2 367.28	13.57
1995	184.30	246.35	430.65	2 779.10	15.50
1996	205.67	223.69	429.36	2 901.41	14.80
1997	245.16	300.63	545.79	3 250.66	16.79
1998	240.41	287.77	528.18	3 238.94	16.31
1999	266.00	321.00	587.00	3 606.00	16.28
2000	297.00	348.00	645.00	4 743.00	13.60
2001	333.35	392.66	726.01	5 096.50	14.25
2002	397.45	465.28	862.73	6 207.70	13.90
2003	467.34	553.06	1 020.40	8 512.10	11.99
2004	624.34	721.33	1 346	11 548	11.65
2005	739.1	831.7	1 570.8	14 221	11.04
2006	914.2	1 003.3	1 917.5	17 610	10.88
2007	1 216.5	1 292.6	2 509.1	21 000	11.94

资料来源：《中国统计年鉴》、外汇管理局《国际收支平衡表》、《中国图书商报》

（二）服务贸易结构的变化

20世纪80年代，我国服务贸易所涉及的领域在逐步扩大，国际旅游、银行及保险、对外工程承包和劳务合作、技术贸易等都取得了较快的发展，其中国际旅游收入和银行收入在整个服务贸易出口额中所占比重最大。1990年,旅游业外汇收入22.18亿美元,占当年服务贸易出口额的38.6%,出境旅游开始起步,国际旅游支出4.7亿美元;银行业出口额23.5亿美元,占当年服务贸易出口额的40.9%,进口额15.36亿美元,占当年服务贸易进口额的37.3%。20世纪90年代,在服务贸易规模扩大的同时,服务贸易的结构也发生了一些变化,新型服务项目贸易额在上升,但总的来说传统项目依旧占据主要地位。2000年服务贸易出口的主要项目中既有运输、旅游、建筑服务等传统出口项目,通讯服务、保险服务、信息等新型服务项目也在快速成长;在服务进口方面,货运、银行等服务项目所占比重最大。2003年,旅游、其他商业服务和运输仍然是我国服务贸易出口的主要项目,出口额分别为174.06亿美元、150.56亿美元和79.06亿美元,占服务贸易总出口比重分别为37%、32%和17%。除旅游、专有权利使用费和特许费、别处未提及的政府服务外,其余的10个项目均实现了不同程度的增长,其中金融服务、计算机和信息服务、其他商业服务、保险服务增幅最大,反映这些服务领域对外开放的进程正在加快。运输、旅游同时也是我国服务贸易进口的主要项目,运输支出自1997年以来首次超过旅游,成为最大的支出项目,达到182亿美元,这说明了我国货物贸易进口快速增长。除旅游、通讯服务、计算机和信息服务、电影音像支出下降外,其余项目实现不同程度的增长,其中运输、其他商业服务、保险服务、咨询支出规模增长较快。

(三) 服务贸易方式的丰富

伴随着我国服务贸易规模的扩大和服务贸易结构的优化,服务贸易的实现方式也在不断地丰富,国外服务的商业存在方式已经进入了我国的金融、保险、咨询、法律和会计、旅游、交通运输、仓储、建筑、商业等多个服务行业。而我国在境外的服务型企业的经营活动也已经涉及了金融、保险、信息咨询和招商、交通运输、餐饮、文化教育和医疗卫生服务等行业。以自然人流动方式进入我国的外国服务人员和从我国输出的服务人员数量也在逐渐增多。

二、我国服务贸易发展中存在的问题

(一) 服务业结构不合理

我国服务业占GDP的比重不仅远远低于发达国家,而且也低于发展中国家的平均水平。服务业的发展主要集中在旅游、劳务出口、远洋运输等传统的劳动密集型部门和资源禀赋优势部门上,而全球贸易量最大的技术密集和知识密集型的服务行业如金融、保险、咨询、电信等在我国仍处于起步阶段,与其他产业发展的需要很不协调。近年来席卷全球的企业并购浪潮多发生在服务贸易领域,尤其是金融、电信等部门,超大型企业的出现使行业的集中度和竞争都大大增加了。相比之下,我国缺少具有国际竞争力的大企业更是服务业发展中的大问题。尽管在银行、电信领域,我国企业具有一定规模,但在世界大银行、大电信公司不断合并面前,其相对规模正在不断失去优势。

(二) 服务贸易发展不均衡

一是我国新兴服务行业少,生产性服务行业发展不足,服务贸易额仅占世界贸易额的2%左右,这与我国货物贸易在全球贸易中的地位极不匹配。二是部门发展不均衡,海运服务贸易、劳务服务、国际旅游具有较强竞争力,出口均居世界前10位,运输和旅游出口在服务出口中所占比重接近50%。但是,在金融保险、咨询、邮电、航空运输、专业服务等技术密集型、知识密集型、资本密集型服务贸易发展较为落后,缺乏国际竞争力。三是服务市场体系发育程度低,在商业零售业、旅游业、金融、保险业、专业服务、房地产业、近海石油勘探、开发等领域,已对外资加大开放力度,使我国服务进口占国内生产总值的比重不断提高,服务贸易自由化力度不断加大。四是服务业的发展受生产力发展水平和工业化进程的影响而存在着地区间的不平衡,从总体上看,经济较发达的东南沿海地区其服务贸易发展较快,而中西部地区服务出口增长较缓慢,服务贸易较落后。从规模上看,劳动力资源丰富的广东、四川、上海、河南、北京等省市的服务业比较发达。

(三) 服务业法律法规不健全

近年来,服务贸易发展中的法律规范逐步受到重视,先后颁布了一批涉及服务贸易领域的法律法规,对构筑真正适应市场经济和国际通行规则需要的统一开放、竞争有序、管理规范的服务贸易体系起到了重要作用。但是,缺少一部统一的服务贸易基本法,一些重要部门如旅游、电信等领域尚无立法或立法不完备。此外,部分已有的法律法规比较抽象,缺乏可操作性,一些规定与国际规则还存在着一定的差距。

(四) 服务贸易的研究与开发工作未引起高度重视

目前,我国服务业和服务贸易的管理主要由中央和地方的主管部门负责,由于缺乏统一的管理,存在着权力重叠、政出多门的现象。国内对国际服务贸易发展、研究与开发工作未引起高度重视,概念不清,没有健全的统计分析资料。

三、中国服务业的对外开放

(一) 开放服务市场的意义和作用

1. 有利于我国更快、更好地融入国际经济社会

改革开放以来,我国经济日益融入国际经济体系,并得到快速发展,外向型经济比重不断扩大。我国服务市场逐步扩大开放,既是融入世界经济的必由之路,也是实现我国改革开放基本国策的重要组成部分。

2. 有利于加快我国服务业和综合国力的提高

逐步开放我国的服务市场,有序地引进外资、先进技术和管理经验,引进竞争机制,迫使一些在计划经济体制下依靠垄断手段生存的服务部门,改变"皇帝女儿不愁嫁"的心态和作风,转变经营机制,加强管理,提高运营效率和市场竞争力,消除国民经济发展中的服务瓶颈,保证国民经济协调发展。

3. 有利于我国商品与服务的出口

商品的生产与销售,其效率和成本的高低直接与提供的服务,包括运输、电信、金融、保险等有关,服务业的发展既可有力地支持货物贸易的出口,又可改变长期以来我国出口贸易仅靠货物出口的单一结构,促进我国的服务出口,特别是我国的海洋运输、国外工程承包、旅游、卫星发射等有较大的发展潜力的服务出口。

4. 有利于利用外资

扩大开放我国的服务市场,特别是让外资银行、保险、电信、运输等服务业进入我国市场以后,将大大改善我国的投资环境,对外国投资商具有更大的吸引力,将使较大规模的外资制造业和一些高新技术产业进入,有利于我国国民经济的发展和科技水平的提高。

5. 有利于扩大就业

在三大产业中,服务业的增长会提供更多的就业机会。有资料表明,在我国,第三产业就业每增加一个百分点,就意味着可以提供150万个就业机会。因此,加快发展我国的服务业,并通过服务业的发展引进更多的外资企业,来吸收富余劳动力,对社会稳定和经济发展都有很大作用。

(二) 服务市场的开放原则

1. 坚持国家主权自主与遵守国际规则相结合的原则

服务业现代化是一国经济现代化的重要体现,但与农业、制造业相比较而言,它又具有复杂性和特殊性,因此,服务贸易的对外开放必须坚持国家主权自主原则,对可能危害国家安全的服务部门应禁止对外开放。但是,经济生活的国际化及相互依存、依赖关系的加深，各国普遍遵守的、通行的涉及服务贸易方面的通行规则，我们也应该予以接受、遵守，避免发生服务贸易摩擦，影响我国服务贸易、甚至经济贸易的健康发展。

2. 坚持多边与区域经济合作相一致的原则

我国在加入世界贸易组织的议定书中就服务贸易提出了自己的开放清单，同时，在亚太经合组织中，我国也积极努力推进亚太经合组织内部成员间的服务贸易自由化。为了充分维护我国服务贸易的利益，我国在世界贸易组织及亚太经合组织中涉及服务贸易的开放应协调一致。

3. 坚持积极稳妥、逐步自由化原则

我国服务业、服务贸易的总体竞争力较弱，但在一些服务贸易领域已具有一定的竞争力，可以对外开放。因此，我们应该遵守《服务贸易总协定》的原则，实行逐步自由化。

4. 坚持对外开放与对内开放相结合的原则

在积极对外开放服务业，引进外国先进的技术、设备、管理技能及资金，扩大服务出口的同时，也应认识到服务贸易的自身特性，对不涉及国家安全的服务贸易领域，对国内服务业、制造业的企业甚至个人开放，允许其规范经营，增强我国服务出口能力。

5. 坚持适度保护与公平竞争相结合原则

制造业以及商品出口的发展历史及事实表明，任何产业的过度保护只会制约其发展。对服务业中的幼稚服务部门，特别是对具有战略意义的幼稚服务部门要予以适度保护，放慢开放速度。但要采取切实可行的措施，鼓励国内外市场的公平竞争，避免培养利益集团，从而影响政策制定与决策。

6. 坚持产业倾斜与地区均衡发展的原则

服务业对外开放的根本目的不是让出市场，而是发展我国相对落后的服务贸易和服务业，增强其国际竞争力。因此，在服务贸易对外开放中，应该考虑服务贸易领域不同部门的竞争力及战略的差异，重点产业重点倾斜。也应该认识到中西部地区服务贸易发展、服务业竞争力的增强对其经济发展的重要战略意义，要扩大中西部地区服务贸易的对外开放，迅速增强其竞争力，不能按地区采取梯度开放政策，否则既有悖于世界贸易组织全国统一实施一国对外经贸政策的要求，也不利于实行全国统一的产业政策。

7. 坚持试点与推广相结合的原则

对于暂时不能全面对外开放的敏感服务贸易领域，积极采取选择有一定代表性的国内不同地区、不同的外国服务贸易提供者进行试点，对外开放，总结经验后在全国范围内普遍实施。

8. 坚持具体承诺与普遍遵守相结合的原则

《服务贸易总协定》认识到服务贸易的特殊性,服务市场的对外开放采取的是具体承诺与普遍遵守相结合的方式,同时,在普遍遵守的原则中允许各成员作出例外安排,例如最惠国待遇。然而,对无条件最惠国待遇的例外安排也是有时间限制的,对于超过5年期限的最惠国待遇例外要进行严格审议,最长期限的例外不应超过10年。因而,在拟订我国服务贸易开放时应坚持具体承诺与努力创造条件实施无条件最惠国待遇。

(三) 主要服务行业市场准入承诺

在我国加入WTO承诺减让表中,对我国各服务行业的市场准入程度作出了规定,表现出我国的服务市场对外开放由有限范围和领域的开放转变为全方位的开放,由试点为特征的政策主导下的开放转变为法律框架下可预见的开放,由单方面为主的自我开放转变为与世界贸易组织成员间的相互开放。

1. 银行

加入时允许外资银行向所有中国客户提供外汇服务;加入后5年内允许外资银行逐步在全国向所有中国客户提供人民币本币业务;允许外资非银行金融机构提供汽车消费信贷。

2. 保险

加入时允许设立外资比例不超过50%的合资寿险公司;加入后2年内允许设立独资非寿险公司;加入后3年内取消地域限制;加入后4年内取消强制分保要求;加入后5年内允许设立独资保险经纪公司。

3. 证券

加入时允许设立合资证券投资基金管理公司,加入后3年内允许外资比例达到49%;加入后3年内允许设立合资证券公司,外资比例不超过33%,可以从事A股的承销,B股和H股、政府和公司债券的承销与交易基金的发起。

4. 电信

在增值电信和寻呼业务方面,加入后2年内取消地域限制,外资比例不超过50%;在基础电信业务方面,移动话音和数据服务在加入后5年内取消地域限制,其他业务在加入后6年内取消地域限制,外资比例不超过49%。所有国际通信业务必须经由中国电信主管部门批准设立的出入口局进行。

5. 分销

加入后3年内,取消对外资参与佣金代理及批发服务(盐及烟草除外)和零售服务(烟草除外)的地域、股权、数量限制,取消对外资参与特许经营的所有限制;加入后5年内取消对外资参与分销领域的所有限制。但销售多个供货商的不同种类和品牌产品的连锁店,如其分店数量超过 30 家,且销售粮食、棉花、植物油、食糖、图书、报纸、杂志、药品、农药、农膜、成品油、化肥,则不允许外资控股。

6. 海运服务

加入时允许外资从事班轮运输以及散货、不定期和其他国际运输;允许外资设立注册公司,经营悬挂中国国旗的船队,但外资比例不应超过合营企业注册资本金的49%;海运附属服务以及集装箱堆场服务,允许设立合资企业,允许外资控股;船务代理服务允许设立合资企业,但外资比例不应超过49%。

7. 建筑服务

在建筑及相关工程服务方面,加入时允许设立合营企业,允许外资控股;加入后3年内允许设立外商独资企业,但外资企业的业务范围仅限于4种建筑项目。在房地产服务方面,除高档房地产项目(包括高档公寓和高档写字楼,但不包括豪华饭店)不允许外商独资外,没有其他限制。高档房地产项目是指单位建筑比同一城市内平均单位建筑成本高两倍以上的房地产项目。

8. 法律和会计服务

在法律服务方面,外国律师事务所可以在北京、上海、广州、深圳、海口、大连、青岛、宁波、烟台、天津、苏州、厦门、珠海、杭州、福州、武汉、成都、沈阳、昆明设立代表处;每一家外国律师事务所在华只能设立一个代表处;加入后1年内,上述地域限制和数量限制将取消。但对外国律师事务所的业务范围以及外国律师事务所在华代表处的代表身份有所限制。

在会计服务方面,加入时允许获得中国主管部门颁发的中国注册会计师执业许可的人在华设立合伙会计师事务所或有限责任会计公司。

第四节　中国服务贸易竞争力分析

如果将一个产业理解为一个国家或地区范围内某一产业所有企业的整体,那么产业竞争力和企业竞争力在竞争结果的表现上是相似的,也可以从一个国家产业的盈利能力、市场占有率等角度分析产业竞争力。但是,由于一个产业是由不同规模、不同盈利水平、不同产品结构、不同技术水平、不同产品价格和质量的企业所组成,企业间的差别比较大,完全用定量指标来分析产业竞争力,对于某些指标来说可能意义不大。因此,分析产业竞争力需要从产业内企业整体的角度来进行。

无论是从盈利能力的角度还是从市场占有率的角度看,出口状况是反映一国国际竞争力非常重要的指标。一方面出口可以带来外汇收入,提高本国居民的支出能力;另一方面出口增加了本国居民的就业水平和生产能力,形成了新的国际竞争优势,为今后持续取得收入提供了可能。

一、以进出口数据为基础的竞争力指标

(一) 我国服务贸易净出口指标

净出口是出口总额与进口总额之差,反映一国从国际贸易中取得的净收入。一般来说,净出口为正表示该产业具有国际市场的竞争优势,净出口为负表示该产业在国内市场缺乏竞争优势而国外产业在该国国内具有竞争优势。在使用贸易收支指标来判断一个产业的国际竞争力大小时需要审慎,因为从长期来看,如果该产业处于贸易盈余状态,说明其国际市场的竞争力是较强的,这种盈余状态是其购买国外产品实力的一种反映;但就某一时期或时点来看,如果出口增加并不能带来利润反而带来亏损,即该产业出口成本大于销售收入,这种增加的净出口并不表示其国际竞争力的提高,相反这种出口却削弱了其竞争力。

在2003年服务贸易出口额位居世界前10名的国家和地区中,德国、日本、荷兰、中国为服务贸易逆差国;若将其中的欧盟成员国作为一个整体来看的话,只有日本和中国是服务贸易逆差国。而就我国服务贸易净出口指标来说,1992年服务贸易出现贸易逆差后,除1994年略有顺差外,贸易逆差额近年逐步扩大,其中逆差的主要项目是运输、保险、专有权利使用费和特许费;服务贸易顺差的项目主要是旅游和其他商业服务。服务贸易各项目的净出口指标显示出我们的竞争优势集中于资源密集型和劳动密集型的服务行业,资本和技术密集型的服务行业仍处于相对劣势。

(二) 我国服务市场占有率指标

国际市场占有率指标是一国出口总额占世界出口总额的比例,反映一国出口的整体竞争力。一国特定产业的出口总额与世界同类产业的出口总额的比,可以反映该国该产业的出口在世界市场上所占的比例,比例提高说明出口竞争力增强。出口市场占有率反映了一国某一产业国际竞争力或竞争地位的变化。

在使用市场占有率指标时应该注意,某一产业国际市场占有率的下降并不一定意味着竞争力的下降,在有些情况下,它反映的是国家产业结构的调整,如工业化的自然发展趋势是逐渐退出劳动密集型产品生产进入资本密集型产品

领域。在有些情况下，它反映的是在总量增长情况下的相对比例的下降；在另一些情况下，是一国消费结构变化所引起的。因此，在使用产业层次市场占有率变化对国际竞争力影响的分析时，还应该借助于进口份额指标、出口贡献率指标和出口增长优势指数来补充。

一国某一产业进口总额与本国总进口额之比，称为该产业的进口份额，这一指标反映该产业在本国进口中的重要性，其份额增加表示对该产业进口需求的增加。一国某一产业出口总额与本国总出口额之比，称为该产业的出口贡献率，该指标值越大说明该产业的贡献就越大。一国某一产业的出口增长率与本国总的贸易增长率之比，称为该产业出口增长优势指数，这一指数反映该产业出口优势的变化情况，指数越大说明该产业的出口增长越快。

表7-2　　　　中国服务贸易与市场占有率相关的指标

指标 年份	服务业出口 市场占有率（%）	服务贸易 进口份额（%）	服务贸易 出口贡献率（%）	服务贸易出口 增长优势指数
1997	1.85	21.12	13.41	157.38
1998	1.79	20.52	13.09	485.00
1999	1.89	19.37	13.65	94.16
2000	2.06	15.46	11.92	36.98
2001	2.26	16.12	12.53	163.20
2002	2.53	15.76	12.21	88.21
2003	2.70	13.40	10.66	47.39

注：服务业出口市场占有率＝我国服务出口总额/世界服务出口总额

服务贸易进口份额＝我国服务进口总额/我国总进口额

服务贸易出口贡献率＝我国服务出口总额/我国总出口额

服务贸易出口增长优势指数＝我国服务出口增长率/我国总贸易增长率

资料来源：WTO《世界贸易发展年度报告》，《中国统计年鉴》，外汇管理局《中国国际收支平衡表》。

从表7-2可以看出，我国服务业出口市场占有率在逐年提高，但2003年美国、英国、德国、法国、西班牙、意大利、日本、荷兰和中国香港市场占有率分别是16.0%、7.3%、6.3%、5.6%、4.3%、4.1%、4.0%、3.6%和2.5%，与之相比较，我国的市场占有率仍然不大。尤其是我国与日本虽然同为服务贸易逆差国，但市场占有率仍相差1个多百分点。同时，我国服务贸易出口增长优势指数波动频繁，并且波动幅度很大，这说明我国服务贸易受外在因素的影响很大,世界贸易环境的变化、我国货物贸易的发展、跨国公司来华直接投资的增减等都会明显地影响到我国服务贸易的规模及结构。

(三) 我国服务贸易竞争力指数

贸易竞争力指数是某一产业净出口与该产业进出口总额的比例,用来说明该产业的国际竞争力。贸易竞争力指数与净出口指标一样,表示一个国家的某产业是净进口还是净出口,但这个指数的优点是作为一个与贸易总额的相对值,剔除了通货膨胀、经济膨胀等宏观总量方面波动的影响,即无论进出口的绝对量是多少,它均介于±1之间。该指数值为-1,表示该产业只进口不出口;指数值为+1表示该产业只出口不进口。从出口的角度来看,该指数越接近于+1,表明国际竞争力越强。

从贸易竞争力指数来分析(参见表7-3),我国总体服务贸易竞争力指数均呈现出负数状态,这表明我国服务贸易整体上处于比较劣势,服务贸易的国际竞争力较弱。从行业上看,贸易竞争力指数大于零的只有旅游和其他商业服务,旅游服务已经成为我国服务贸易的支柱项目。一向被认为属于劳动密集型的运输服务的贸易竞争力指数却呈负数状态,建筑服务的贸易竞争力指数近两年才稍许改善,实际上,自20世纪80年代以来,随着远洋集装箱运输和国际建筑业BOT方式的盛行,这两项服务越来越偏向于向资本、技术密集型服务方式转变。我国在资本、技术两方面基础较为薄弱,相应的比较劣势也日渐凸显。通讯服务、计算机和信息服务大多时间里呈现出正数状态,其优势的获得主要是靠国家垄断和服务外包的发展。在余下的所有其他项目服务中,贸易竞争力指数多为负数,反映了我国服务贸易的国际竞争力水平相当低下,尤其是在保险、金融、专有权利使用费和特许费等高附加值的服务贸易领域。特别是2003年旅游服务贸易竞争力指数的大幅度下降,直接降低了我国整体的服务贸易竞争力指数,说明我国服务贸易的相对优势过于集中于某个领域,对服务贸易的稳定发展会产生非常不利的影响。

(四) 我国服务贸易显示性优势指数

为了更准确地反映一个国家在进出口贸易中的比较优势,巴拉萨(Balassa,1965,1989)提出了显示性比较优势指数。他认为一个国家某一产业贸易的比较优势可以用该产业在该国出口中所占的份额与世界贸易中该产业占总贸易额的份额之比来显示出来。这个指数反映了一个国家某一产业的出口与世界平均出口水平比较来看的相对优势,剔除了国家总量波动和世界总量波动的影响,较好地反映了该产业的相对优势,自20世纪80年代开始被广泛采用来进行国际竞争力的比较。一般而言,显示性比较优势指数小于1,说明该产业处于比

表 7-3　中国服务贸易竞争力指数

%

项目 年份	总额	运输	旅游	通讯	建筑	保险	金融	计算机及信息	专利特许	咨询	广告宣传	电影音像	其他商业服务	别处未提及的政府服务
1997	-0.10	-0.55	0.09	-0.03	-0.34	-0.71	-0.84	-0.47	-0.82	-0.15	-0.01	-0.63	0.19	-0.58
1998	-0.09	-0.57	0.16	0.60	-0.31	-0.64	-0.72	-0.43	-0.74	-0.19	-0.11	-0.44	0.07	-0.85
1999	-0.09	-0.53	0.13	0.51	-0.22	-0.81	-0.20	0.09	-0.83	-0.30	0.004	-0.67	0.02	-0.76
2000	-0.08	-0.48	0.11	0.70	-0.25	-0.92	-0.11	0.15	-0.88	-0.29	0.05	-0.34	0.07	0.24
2001	-0.08	-0.42	0.12	-0.17	-0.01	-0.85	0.12	0.14	-0.89	-0.26	0.04	-0.21	0.12	0.30
2002	-0.08	-0.41	0.14	0.08	0.13	-0.88	-0.28	-0.30	-0.92	-0.34	-0.03	-0.53	0.28	-0.10
2003	-0.84	-0.40	0.07	0.20	0.04	-0.87	-0.21	0.03	-0.94	-0.22	0.03	-0.35	0.40	-0.12
2004	—	-0.34	0.15	-0.03	0.05	-0.88	-0.2	0.13	-0.9	-0.2	0.1	-0.62	0.31	
2005	—	-0.29	0.15	-0.1	0.23	-0.85	-0.04	0.06	-0.94	-0.07	0.2	-0.06	0.28	
2006	—	-0.24	0.17	-0.02	0.15	-0.88	-0.72	0.26	-0.94	-0.03	0.2	0.08	0.27	

注：差额为约数，各个项目总和与总额略有差异。

资料来源：外汇管理局《国际收支平衡表》、《中国财经》

较劣势；该指数大于1，说明该产业处于比较优势，数值越大比较优势越大。

一个产业内可能既有出口又有进口，而显示性比较优势指数只考虑了一个产业出口所占的相对比例，并没有考虑该产业进口的影响。为了消除进口的影响，沃尔拉斯等（Vollrath and Vo, 1988）设计了一个显示性竞争优势指数，即从出口的比较优势中减去该产业进口的比较优势，从而得到该国该产业的真正竞争优势。

为了反映进口对出口竞争力的影响，巴拉萨（Balassa, 1989）又设计了一个改进的显示性比较优势指数，用一国某一产业出口在总出口中的比例与该国该产业进口在总进口中的比例之差来表示该产业的贸易竞争优势，这一指数称为净出口显示性比较优势指数。指数值大于0表示存在竞争优势，指数值小于0表示存在竞争劣势，指数值等于0表示贸易自我平衡。净出口显示性比较优势指数剔除了产业内贸易或分工的影响，反映了进口和出口两个方面的影响，因此用该指数判断产业国际竞争力要比显示性比较优势指数更加理想。该指数值越高，相对竞争力越强；该指数值越低，相对竞争力越弱。但该指数显示的是贸易过程中的比较优势，是贸易的结果，受贸易障碍的影响，这种比较优势与真实的比较优势可能还有一段距离。

表7-4　　　　　　　中国服务贸易显示性优势指数

指标年份	显示性比较优势指数	显示性竞争优势指数	净出口显示性比较优势指数
1997	0.6705	-0.4095	-0.077
1998	0.6398	-0.3829	-0.074
1999	0.6674	-0.3009	-0.057
2000	0.6079	-0.2052	-0.035
2001	0.6182	-0.2002	-0.036
2002	0.5947	-0.1950	-0.036
2003			-0.027

注：显示性比较优势指数=（我国服务贸易出口额/我国出口总额）/（世界服务出口额/世界出口总额）

显示性竞争优势指数=显示性比较优势指数-［（我国服务贸易进口额/我国进口总额）/（世界服务进口额/世界进口总额）］

净出口显示性比较优势指数=我国服务贸易出口额/我国出口总额-我国服务贸易进口额/我国进口总额

资料来源：《中国统计年鉴》，外汇管理局《国际收支平衡表》，联合国《统计月报》，WTO《新闻简报》和《世界贸易发展年度报告》。

表 7-4 显示我国服务贸易的显示性竞争优势指数和净出口显示性比较优势指数均为负数，与 2003 年世界服务出口前 10 名的国家和地区相比较，我国 2003 年的服务贸易显示性比较优势指数均低于上述国家和地区 1998 年的指数，表明我国的服务贸易处于较大的劣势地位，服务贸易规模的继续扩大后劲不足。

二、四种服务贸易方式下的出口相对优势

相对优势主要受生产要素的影响，生产要素可以分为基本要素和高级要素两类。基本要素是指一国先天拥有或不用付出太大代价就能得到的要素，如自然资源、地理位置、气候、非熟练和熟练劳动力等；高级要素是指通过长期投资或培养才能创造出来的要素，如现代化的基础设施、高质量的人力资源、高新技术等。从以进出口数据为基础的竞争力指标分析中可以看出，我国服务贸易整体竞争力，尤其是金融、保险、电信等现代服务贸易的核心行业竞争力处于较大的劣势，而这些行业都需要高资本投入、长时间积累、高级人才。下面的分析再次证明，我国服务出口的相对优势主要依靠基本要素，在高级要素方面仍然存在很大差距。

（一）跨境交付

在跨境提供模式上，不存在资本、人员和机构的移动，因此一国的比较优势在服务贸易与货物方面是非常相似的。我国的服务提供者跨境向国外提供服务即为服务出口，典型的例子是运输、金融服务、咨询、计算机和信息服务等。从 2003 年我国国际收支平衡表中服务贸易的统计来看（参见表 7-5），出口额超过 10 亿美元的跨境提供服务的部门依次是运输、咨询、建筑服务、计算机和信息服务，而跨境服务出口方面的劣势部门是通讯服务、广告和宣传、保险服务、金融服务、专有权利使用费和特许费、电影和音像。

表 7-5　　　　　　　2003 年中国服务出口统计表　　　　　　千美元

排名	服务部门	出口额
1	旅游	17 406 000
2	其他商业服务	15 055 828
3	运输	7 906 408
4	咨询	1 884 945
5	建筑服务	1 289 655
6	计算机和信息服务	1 102 176
7	通讯服务	638 410

续表

排名	服务部门	出口额
8	广告、宣传	486 261
9	别处未提及的政府服务	358 779
10	保险服务	312 784
11	金融服务	151 955
12	专有权利使用费和特许费	106 979
13	电影、音像	33 443
总计		46 733 622

资料来源：外汇管理局《中国国际收支平衡表，2003年》。

运输服务需要的要素是设备和人员，如船队、飞机、船员、飞行员，运输服务出口的相对优势反映出随着我国制造业的快速发展，我国在造船、设备的拥有以及劳动力方面具有比较优势，同时也反映出我国管理水平的提高。咨询服务包括法律、会计、管理、技术、工程等方面的咨询，需要的要素明显是知识和人才，这说明了我国不仅在人才方面具有相对优势，同时在发达国家具有绝对优势的知识要素上，我国的水平也有很大的提高。我国劳动力的优势在建筑服务出口中得以反映，但是建筑服务不仅包括非技术工人和技术工人，还包括专业人员，如建筑设计师、工程师和结构工程师等，因此建筑服务的出口也说明了我国在知识要素上的积累越来越多。计算机和信息服务同样说明了我国在人才和知识两个要素上的比较优势，一方面我国拥有低成本的软件人才，包括既懂技术又懂管理的软件高级人才、系统分析及设计人员、熟练的程序员，另一方面我国拥有强大的电子信息产品载体和丰富的、多种多样的数据库。上述分析可以看出，我国具有比较优势的三个方面是人才、知识、基础设施和设备，而在资本方面显然缺乏比较优势，这与我国运输服务的贸易竞争力指数呈现负数状态的分析完全吻合。

我国在资本要素上不具有比较优势，这在保险和银行两个部门表现得非常明显，特别是反映在我国的保险公司和银行的资本充足率低。同时，金融保险和电信在历史上存在的垄断造成缺乏同业竞争，无法充分发挥出竞争力。与发达国家相比，在战略、组织结构、经营手段上也相对较弱，这也是我国没有竞争力的重要原因之一。尽管我国的知识要素相对具有优势，但广告和宣传、专有权利使用费和特许费、电影和音像部门的出口反映出我国在这个基本要素方面还不够强，而且技术创新不具有优势，同时知识产权的保护也是一个不能忽视的影响。

可见，在跨境提供服务模式方面，我国应该充分利用人才和设备的比较优势，继续积累和培养知识要素，积极引进外资弥补资本要素的不足。同时要逐步取消服务行业的垄断，扩大市场准入，促进竞争。

（二）境外消费

在境外消费提供模式上，外国消费者到我国来享受商业服务就是我国服务的出口，典型的例子是入境旅游、外国留学生来我国学习以及外国病人来我国就医等。境外消费的出口往往是绝对优势和比较优势并存，如来我国看黄山、到我国来学习中文和中医等，这些服务优势是我国独有的，外国服务提供者与我国不存在竞争。但该模式的比较优势不仅取决于人才、设备、知识、资本等基本要素，更重要的是良好的基础设施和稳定的社会环境。

我国通过境外消费模式出口的重要部门是旅游和教育，这两项统计在旅游和其他商业服务出口中。对于旅游来说，我国地域广阔，山川秀美，民族众多，历史悠久，是世界上旅游资源大国之一。随着我国经济的不断发展，国内的交通设施日益完善，国际航线逐步覆盖世界主要国家和地区；宾馆饭店发展迅速，能够为外国旅客提供足够的、达到国际标准的住宿和餐饮服务；政治经济环境稳定，在世界游客中的形象稳步提高。对于教育来说，外国留学生到我国学习中文和参加汉语考试，外国消费者来我国看中医和学习中医，这都是我国所独有或有独特性的，不与外国服务提供者直接竞争，也不为外国服务提供者所代替。同时，我国国民教育水平的提高和综合国力的提高也提升教育服务出口的比较优势。

（三）商业存在

通过设立商业存在提供服务实质上就是服务业领域的直接投资，我国通过商业存在方式出口服务实质上就是服务业"走出去"，因此要从对外直接投资的角度进行要素分析。

1. 投资的要素分析

对于对外直接投资，其重要的基本要素是资本。除了生产要素要存在比较优势外，还要存在竞争优势，主要是指体制创新、技术创新、管理创新以及政府、企业的其他经济活动对提高竞争力的影响。

（1）所有权优势。服务业所有权优势可以理解为企业得以满足当前或潜在顾客需求的能力。一般有三个重要的评判标准：服务的特征和范围，如服务的构思、舒适度、实用性、可靠性、专业化程度等；服务的价格和成本；有关售前、售中及售后服务。具体来讲，服务业所有权优势主要体现在以下几个方面：

第一，质量。由于服务一般具有不可存储性、异质性等特点，所以保证服务质量对企业尤为重要，特别是随着收入水平的提高和企业之间竞争的加剧，质量日益成为影响消费者服务和生产者服务需求的重要变量，在许多情况下，它是决定服务业竞争力的一个最重要的变量。在一些服务行业中，企业创造和保持一个成功品牌形象的能力，或者在多个地区提供服务时实行质量监控的能力和降低购买者交易成本的能力，是其保持质量形象和占有竞争优势的关键。

第二，范围经济。范围经济是指服务提供者可以满足消费者对产品种类和价格的多种不同需求。在运输、商业等服务行业中，都不同程度地存在范围经济。典型的是零售业，零售商存储商品的范围越宽、数量越大，他们在同供应商交易中的议价能力就越强，就越能通过讨价还价方式以较低价格从供应商处获得商品。同时，供货品种和数量的加大使其有能力降低消费者的交易成本。此外，议价能力的提高使零售商能够加强对其买卖的产品和服务质量的控制，也有助于增大其所有权优势。

第三，规模经济。从本质上讲，规模经济和专业化在制造业与一些服务业企业间并无太大区别，就好比大医院和小医院提供的医疗服务相比，前者能够通过较大的规模有效降低单位成本。大型咨询机构和投资银行等可以在机构内部调动人员、资金和信息，实现管理的专业化，从而可以针对不同的经营环境来调整价格以实现利润最大化。此外，大型服务业公司还往往容易得到优惠的融资条件和折扣等。至于规模经济和范围经济产生的分散风险优势，在保险、再保险和投资银行表现得更为突出，在这三个行业中，规模是成功进行国际直接投资的前提条件。

第四，技术和信息。在服务业中，衡量生产技术和产品知识成分的指标是对信息的把握和处理能力。在许多服务业中，以尽可能低的成本对信息进行收集、加工、储存、监控、解释和分析的能力，是关键的无形资产或核心竞争优势。对于证券、咨询这类以数据处理为主要内容的服务行业，情况更是如此。随着知识经济的出现，知识密集型服务行业的跨国公司数量增多，信息和技术在竞争中的地位日益重要。

第五，企业的信誉和商标名称。服务是典型的"经验产品"，其性能只有在消费之后才能得到评价，而且由于服务的主体是人，其性能还往往呈现出多变性，因此信誉和商标这样的非价格因素往往是服务企业向消费者传递信息的有力手段，也成为企业主要的竞争优势之一。许多成功的服务业跨国公司，其卓越服务和优良品牌的扩散往往成为国际直接投资的先导。

第六，人力资源。服务的提供者和消费者都是人，人力资源素质的提高无疑将使服务的质量和数量大大提升，有利于增大企业的优势。

第七，创新。在许多情况下，创新形成了跨国服务公司的竞争优势，例如国际医疗服务连锁经营把现代管理方式运用到传统上一直缺乏商品敏感度的领域而取得了竞争利益。把商品和服务结合在一起进行创新，也可以得到竞争优势，例如，计算机辅助设计、数据传递、娱乐服务等。不断在生产、经营和管理等方面进行创新，是现代企业保持恒久竞争力的根源。

此外，所有权优势还可以表现在服务企业利用诸如劳动力、自然资源、金融、数据处理和传送设备等投入的机会等方面。

（2）内部化优势。内部化优势是指服务企业为了克服外部市场的不完全性和不确定性，防止外国竞争对手模仿，将其无形资产使用内部化而形成的特定优势。一般而言，与服务业跨国公司特别有关的内部化优势包括以下几个方面：

第一，避免寻找交易对象并与其进行谈判而节约的成本。服务业国际贸易的起始点是跨越国境寻求合适的客户资源，这必然会产生包括寻租成本、协商成本等在内的一系列交易成本。跨国公司通过将外部交易成本内部化时，对外直接投资就是有利可图的，企业也可能因此取得竞争优势。

第二，弱化或消除要素投入在性质和价值等方面的不确定性。由于服务产品的差异性较大，又具有量身制作的特征，信息的不对称性使得买方对产品的了解程度远低于卖方，容易出现服务业的买方出价过低或卖方要价过高的现象。内部化可以克服以上弊端，消除投入方面的不确定因素，对于中间性服务产品尤为重要。

第三，中间产品或最终产品质量的保证。产品质量控制是服务企业对外直接投资的主要动力之一，通过将服务交易内部化，服务企业可以用同一的衡量标准，实现在全球范围内对产品质量的监控，使其所有权优势得以保持和发挥。

第四，避免政府干预。目前，对服务产品跨国交易的严格管制普遍存在，配额、关税、价格管制、税收差异等干预手段层出不穷。相对来讲，外商投资由于其在一国经济发展中所产生的积极影响而易于被东道国所接受。因而通过跨越国境投资设厂可以降低服务业国际交易中的政策性因素干扰，而且能得到东道国的一些优惠性投资待遇，有利于企业在当地市场展开竞争。

（3）区位优势。区位优势与所有权优势和内部化优势不同，它是东道国所有的特定优势，企业无法自行支配，只能适应和利用这种优势。区位优势主要表现在以下几个方面：

第一，东道国不可移动的要素禀赋，包括自然资源丰富、地理位置优越、人口众多等。不同服务行业的国际直接投资对区位优势的要求是不同的，如旅游服务点的选址显然与金融服务大不相同，前者需要考虑气候、自然风光、名胜古迹等，后者则集中在工商业中心。除了区位约束性服务外，跨国公司对东道国的区位选择主要受服务消费者需求支配，因此东道国人口数量、人口素质、习惯性的消费偏好等因素也决定了服务业的国际直接投资行为。除此之外，东道国较大的市场规模、优越的资源质量、较为完整的基础设施以及地理相邻、语言相通、文化相近的地缘优势等因素，也构成了重要的区位优势。

第二，东道国的政治体制和政策法规灵活、优惠而形成的有利条件竞争机会。例如，美国废除了对金融业混业经营的限制，这不仅有利于其境内的金融机构向外大规模发展，也有利于外资金融机构扩大其在美经营范围，从而有利于吸引外国投资。

第三，聚集经济。竞争者集中的地方，会产生新的服务机会，这种服务是针对市场发展需求而产生的，因此聚集经济也是一种区位优势。例如，国际银行在竞争者集中的大金融中心创立了银行间市场，严重依赖专业信息来源和专门技巧的服务商大多会选择同类企业相对集中的领域，保险和银行业常常会选择主要城市和中心商业区。

区位优势的获得与保持往往是服务业国际直接投资的关键，当企业投资的产业选择与东道国的区位特色相融合时，会强化产业比较优势和区位比较优势，促进国际直接投资的发展；反之，则使两者的优势互相抵消、衰减乃至于丧失。当然，区位优势直接影响的是跨国公司国际直接投资的选址及其国际化生产体系的布局，只构成国际直接投资的充分条件。

1993年，索旺（Sauvant）主持的"服务业跨国化"研究对服务业跨国公司进行了综合实证分析，他用包括不同国家11个部门中最大的210个企业在10年间（1976—1986年）的数据进行了回归法检验，以测定影响服务业跨国公司对外直接投资的主要因素，即市场规模、东道国的商业存在、文化差距、政府法规、服务业的竞争优势、全球寡头反应、产业集中度、服务业的可贸易性以及企业规模与增长。

2. 我国的比较优势

根据国际资本输出规律，输出国际直接投资和引进国际直接投资的比例，发达国家平均为166:100，发展中国家平均为18:100，而作为引进外资居首位的国家，我国对外投资占全球投资的比例不到1%，我国对外投资与利用外资的比例仅为1.5:100。由于我国服务部门对外投资的统计十分缺乏，只能根据能获得的统计资料对我国服务业的对外投资做一简单的分析。

我国服务业对外投资整体水平低，但投资比重超过农业和制造业。同时，我国的对外投资企业数量不少，但平均单个项目金额小，服务部门算术平均的对外投资额仅为103万美元。虽然我国没有服务业对外投资国别统计，但从我国对外投资的整体方向来分析，香港特别行政区是首选地区，对香港的投资额占到所有对外投资的近一半水平，远远高于其他国家和地区。

我国通过商业存在出口服务的劣势比较明显，首先是体制上的问题，例如经营主体结构不尽合理，部分企业对外投资存在盲目性；企业经营机制、管理水平不适应国际竞争；国有企业对外投资监管体制不健全等。其次是政策上的限制，例如对资本输出仍然实行一定管制以防止资本外逃等。再次是缺乏既懂管理又精通当地语言的人才。因此，相对于一个陌生的、存在风险的国外市场，开发和占领存在巨大潜力的国内市场仍然是许多国内服务提供者的首选目标。保险市场就是一个很好的例子，相对于发达国家，我国保险密度和深度都要小得多，可开发的市场潜力巨大，国内很多刚刚获得许可证的保险公司都将全部精力放在国内市场的竞争上。但从动态的角度分析，这只能说明我国在商业存在方面存在的劣势是短期的，国内市场的竞争必然能提高国内服务提供者的服务质量和水平，为最终服务贸易"走出去"创造条件。

（四）自然人流动

在当代经济贸易增长中，知识已经成为关键的竞争要素，而掌握了专业知识和技术的人才，正是该要素的具体体现。服务贸易中的专业服务、通讯服务、教育服务、环境服务、金融服务等部门均是国际贸易领域技术发展最快和专业技术要求最高的几个典型部门，在这些部门里，掌握了有关知识和技术的专业人员又是关键中的关键。而在对专业知识要求相对宽松的建筑服务、分销服务和旅游服务等部门，对员工的大量需求仍然是短期内无法改变的事实。因此，自然人流动在国际服务贸易中的地位越来越受到重视。

第五节　中国服务贸易竞争力的提高

从我国服务贸易国际竞争力分析来看，我国服务贸易出口结构是以劳动密集型产业为主，这既是我国的比较优势所在，又是其不足之处。世界服务贸易产业结构变动的趋势是由劳动密集型向知识、技术密集型转变。在服务贸易自由化的大趋势下，尽管有理论证明服务贸易自由化也符合发展中国家利益，但发展中国家能否从中获利在一定程度上取决于自身的政策。因此，必须采取适当措施提高与发展我国服务贸易竞争力，缩小与发达国家的差距，从而最终改变我国在国际服务贸易中的不利地位。从战略意义上看，提升我国服务业的国际竞争力，是维护服务产业安全的重要内容，是保证我国服务业在日益激烈的国际竞争中得以健康发展的根本途径。

一、加快服务业和服务贸易发展

(一) 建设产业国际竞争力调查体系

鉴于我国的发展阶段、外部环境以及基础条件，短期内不可能全面对产业进行评价，在这种情况下，应该首先确定需要政府重点关注的战略性产业和优势产业，针对特定产业逐步建立符合我国国情，并且与国际接轨的竞争力评价指标体系，自主或指导开展重点产业的调查与评价，发布竞争力动态信息，为政府制定经济政策、签订多边或双边协定、评估国际经济发展对国内的影响服务。还要积极探索与国外研究机构建立合作机制，通过"走出去"和"引进来"等方式，在收集和购买国外数据、开展对国外研究理论和方法的培训以及提供专项咨询等方面加强与国外研究机构的合作。产业国际竞争力调查与评价属于公共产品，是政府帮助企业提升竞争力、提高国民福利水平的基础性工作。由于我国产业竞争力评价工作刚刚起步，基础比较薄弱，调查与评价体系尚未建立，政府应该建立专项预算资金，保证调查与评价工作的顺利进行。

(二) 制定合理的产业发展战略

我国在今后的一段较长时间内仍将是人均收入较低的发展中大国，人均拥有资源量很小。人口众多，就业压力随着人口的增加而不断扩大，第二产业的生产率在激烈的竞争中会不断提高，所吸纳的就业人口很难达到很高的水平，需要通过服务业的发展来缓解。我国的教育资源有限，人均受教育程度比较低，劳动力素质很难在短期内大幅度提高，因此与资源禀赋相联系的国际分工会影响我国产业发展战略的合理选择。我国最重要的资源是大量工资水平不高的劳动力，从国际竞争的角度看，我国适合发展劳动密集型和与特定资源有关的服务业。但随着科技进步速度的加快，产业周期和产品周期大大缩短，国际产业结构转换频繁，产业发展战略的制定必须是灵活的、科学的、适度超前的，必须快速适应国际市场的各种变化。处理好传统服务业与新兴服务业的发展关系，以有利于经济的可持续发展，有利于人民生活素质的提高。

(三) 创新服务业发展的制度安排

从产权理论的角度看，服务企业与一般商品企业的主要区别在于其产品产权的完全转让与否。服务产品在售卖的过程中一般只出让使用权，而一般商品在售卖过程中出让附着在商品上的所有权。由于所有权和使用权的分离，很多服务业的外部性十分明显，因此有些服务业不适宜市场化，如国防、基础科学研究、基础设施。然后,有些服务业又只具有部分公共产品的特点,如教育、社会保障、应用科学研究。总的来说,服务业中既有完全市场化的,也有部分市场化的,更有完全的公共部门,许多服务部门的发展受到制度约束的限制,必须处理好市场化和非市场化服务业间的发展关系。一般规律是,在低收入水平国家的发展初期,政府资源有限,市场化服务业居多,政府只提供一小部分的必要服务。随着经济的发展,政府掌握的资源扩大,逐步将外部性较强的部门纳入公营范围内,非市场化的部门将会扩大。

组织行业自律机构,提供规范市场行为的咨询服务,实行自我监督,依靠市场主体在法律框架下协调自己的经济活动,充分发挥市场主体的主观创造力。精简政府机构,减少政府的经济权力,发展非行政性的中介机构,推动规范的市场体系的建立,协调市场经济中的经济活动。组建民间服务贸易促进机构,做好服务贸易经营的协调工作,处理服务贸易中出现的纠纷,维护服务贸易市场秩序,促进服务贸易健康发展。当然,发展中介机构、使之能够有力地协调市场经济活动,这不仅仅是经济问题,而且是涉及制度、政治体制、法制建设的问题。同时,进一步开放市场,打破垄断,引入竞争机制,提高经营性服务业的素质和管理水平,提高生产率。

(四) 建立有实力的大型服务企业

在服务贸易市场上,大型服务企业的优势是明显的。首先是资本雄厚,实力强大。企业的经济基础在资本,资本的数量决定企业的一切。大型企业的规模大,在于资本数量大,能够购置大量的生产资料和劳动力,为市场提供大量的服务产品,因而市场地位高,影响大,甚至能够左右市场。其次是人才集中。大型企业工作环境一般比较优越,可以用较高的生活待遇吸收各种优秀人才来为自己服务。第三是技术水平较高。大型企业不仅可以引进高新技术,而且可以组建自己的研究机构,独立开发、研制有关技术,从而提高自己在生产、流通和管理各个方面的科学技术含量,取得高效率和高效益。与发达国家发展大型服务企业的状况相反,我国服务业组织化程度低,企业规模小,联合、兼并的主动性不足。如我国虽有 15 000 多家信息产业企业,但大多规模小,难以形成市场优势;在外贸货物运输方面,实际有 4 000~5 000 家经营和揽货的企业和个体户,同世界 20 大集装箱船公司相比,船的吨位小,续航能力差,海损、海难多,自然服务水平低下。

在跨国集团控制世界服务市场的情况下,我国必须建立自己的大型服务企业。我国现有的经济实力为各个服务行业建立一二个能跻身国际行列的大企业,是完全做得到的。当然,这样的企业必须是采用先进技术、实行科学管理的现代企业。经济管理体制不顺，是发展现代大型企业的主要障碍。地区分割和部门分割继而形成地区封锁和部门垄断，是我国在服务贸易中不能一致对外的根源。例如，货运业中一拥而上争货源，旅游业中纷纷外出争客源，外商趁火打劫，抢我市场，压我价格，坐收渔利，形成"对外竞争乏力，内部竞争过分，肥水外流"的局面。政府应该进行全局性规划和调配，引导生产要素向大型服务企业集中，从财政、税收、信贷、改革等方面采取倾斜政策，在承认和保障地区和部门既得利益的基础上建立以资产为纽带的联合体，形成一批实力较强、影响较大、有较强竞争力的服务企业集团，并给予发展服务贸易的合理优惠和合法补贴。

（五）实施服务品牌战略

在现代市场上，服务品牌比商品品牌更为重要：一是服务品牌的识别功能更为重要，商品是有形的，市场对商品的识别可以直接根据商品形象的差异，而不一定完全依靠品牌；服务是无形的，市场对服务的识别往往不得不依赖品牌。二是服务品牌的保护功能更为重要，商品除了通过品牌还可以通过专利保护自己；服务通常没有专利，只能通过品牌来保护自己。随着国际服务提供商进入我国市场和国内服务市场结构趋于垄断竞争，国内竞争呈现国际化态势，服务业应该比制造业更加重视品牌的建立和发展，我国需要一批服务品牌与国际服务品牌相抗衡。

服务品牌是指服务机构或其服务部门、服务岗位、服务人员、服务生产线、服务活动、服务环境、服务设施、服务工具、服务对象的名称或其他标识符号，是一个涵盖面很广的概念。服务品牌在商务活动中有利于服务特色的识别和建立，有利于保护服务知识产权和促进服务创新，有利于服务机构的内部管理，有利于服务机构的关系营销，有利于拓展服务渠道和服务市场。

服务品牌是一国服务经济优势所在，是一国服务经济实力的综合反映。服务品牌的创立和发展过程，是一国市场发育成长的过程，是服务业发展壮大的过程，是一国经济实力不断增强的过程。实施服务品牌战略是一项艰巨而复杂的系统工程，涉及市场环境、产业结构、金融投资、贸易往来、法制建设等诸多方面，仅靠企业的努力是远远不够的，必须依靠国家的大力扶持。我国应该借鉴国外的经验，明确服务名牌培植对象，制定合理的、详细的开发规划，在尊重市场经济规律和企业自主权的前提下，对重点服务品牌给予扶持。典型的市场经济的欧美国家，政府不仅通过创造良好的市场环境为品牌发展铺路架桥，而且还通过科技政策、税收政策、对外贸易政策以及一定的"政治营销"手段，大力扶持品牌的发展。

（六）走出去与请进来相结合发展服务贸易

GATS 已经明确了服务贸易的提供方式，一方在本国境内向他方提供服务或在他方境内为当地消费者提供服务，均为服务贸易。从我国服务经济尚欠发达的现实出发，在服务出口方面，宜以在国内向国外消费者提供服务为主。这样做的好处是：第一，服务成本低，不仅劳动力价格低廉，而且相当大一部分工农业产品与服务的价格也是低廉的；成本低，盈利自然较高。第二，带动相关产业发展，外国消费者进入我国，其消费就不是单一的，他们有多种多样的需要、较高水平的要求，必然在生产和服务等方面促进有关行业的发展。第三，促进本国服务资源的开发和利用，如旅游资源、文化资源、科技资源等，都可以在对外国消费者服务时提高利用程度。第四，减缓外国服务企业对我国服务企业的竞争压力，尽管外国服务企业已经进入我国国内服务市场，但目前总是本国服务企业居多数，从而在竞争中处于相对有利地位。第五，服务是离不开国家管理的，在自己国土范围内，国家对服务企业、对外国消费者的管理，都比较方便。如果在国外，则要通过外交途径来保护本国企业和国民的利益。

服务出口也需要有走出去的行业，如劳务出口、对外工程承包、远洋运输以及餐饮、文艺等服务，要直接面对国外的消费者，就必须走出去，在海外开辟自己的市场。我国服务企业参与国际市场上的竞争，在服务质量上和经营管理上不仅要达到国际水平，而且要努力争取进入先进行列。这样，在国际服务市场上的地位才会日趋稳固。

二、扩大服务贸易市场准入

我国在积极发展国内服务业的同时，应不断改善服务贸易市场准入条件，不断扩大国内服务市场开放的范围和程度。一般来说，服务贸易市场准入通常有三种模式可供选择，一国根据本国经济发展和国内服务产业成长等需要来决定服务贸易市场准入的模式。一是高度开放模式，即国家取消市场准入的一切限制和障碍，允许外国机构、自然人和服务产品自由进入国内服务市场，与本国服务企业自由竞争；二是高度保护模式，即国家制定严格的制度，采取各种措施，严格限制一切外国机构、自然人和服务产品进入国内服务市场，避免国内服务市场上的国际竞争，从而保护本国的服务业；三是适度保护模式，即国家根据国内经济发展水平和实力，采用符合国际惯例的经济手段、法律手段和必要的行政手段，在一定时期内对进入不同服务市场的外国机构、自然人和服务产品实行程度不同的限制，使国内服务企业受到一定程度保护的同时，又具有来自外国服务提供者竞争的压力,迫使其提高技术和管理水平,降低成本,增强国际竞争力,促进服务业的发展。

我国的经济发展水平、服务业的承受能力、服务市场的成熟程度等与发达国家和新兴发展中国家和地区相比,存在着一定的差距,选择高度开放的准入模式,国内服务企业很难维持下去,会危及民族服务业的生存和发展。我国又是一个发展中国家,发展国内服务业面临着资金不足、人才短缺、技术和管理水平落后等困难,依靠自己的力量克服这些困难时间长、成本高,同时在普遍实行对等开放市场的情况下,我国的服务业要走向世界,也必须打开本国服务市场的大门,因此也不可能选择高度保护的准入模式。事实上,我国自始至终积极参加乌拉圭回合和多哈回合服务贸易议题的谈判,并递交了承诺开价单,这已经表明了我国服务贸易市场准入模式的选择。

我国服务贸易市场准入的适度保护模式是开放中的保护,开放和保护都是为了增强国家综合国力和国际竞争力,在开放的同时进行有针对性的保护,在保护的基础上提高民族服务业的竞争力,进一步开放国内服务市场。适度保护模式是有差别的保护,保护的对象是具有全局性和超前性的幼稚服务业、战略性服务业、高新技术服务业,比较成熟、有一定竞争力的行业实行低度保护,关系国计民生、竞争力弱的行业给予较高程度的保护。适度保护模式是动态的保护,保护对象、保护期限、保护程度随着服务业的发育、成长逐渐减弱和撤销保护,实行自由竞争。适度保护模式是主动的保护,通过 WTO、国际会议、双边和多边谈判,利用双边规则和多边规则允许的手段和方式进行合理保护。

三、完善国际服务贸易统计体系

(一) 中国国际服务贸易统计现状

我国在国际服务贸易统计方面,已经初步建立了国际收支统计(BOP 统计)体系,而外国附属机构统计(FATS 统计)仍是一个空白,整个统计处于雏形状态。

1. BOP 统计现状

我国 BOP 统计申报制度开始于 1996 年 1 月 1 日,实行的是 BOP 间接申报制度。1997 年年初推出了 4 项直接申报制度:直接投资统计申报制度、汇兑业务统计申报制度、证券统计申报制度、金融机构对境外资产负债及损益申报制度。BOP 统计申报坚持交易主体在解付行申报的原则,采取间接申报与直接申报、逐笔申报与定期申报相结合的办法,从而保证了 BOP 统计申报的准确性、完整性、可操作性。

我国居民与非居民之间发生的一切经济交易均需统计在 BOP 中。居民通过境内金融机构与非居民进行的交易，通过该金融机构向国家外汇管理局或其分支局申报交易内容。境内证券交易商以及证券登记机构进行自营或代理客户进行对外证券的交易，向国家外汇管理局或其分支局申报其自营和代理客户的对外交易及相应的收支和分红派息情况。境内的交易商以期货、期权等方式进行自营或代理客户进行对外的交易，向国家外汇管理局或其分支局申报其自营和代理客户的对外交易及相应的收支情况。境内各类金融机构直接向国家外汇管理局或其分支局申报其自营对外业务情况。境外开立账户的我国非金融机构，直接向国家外汇管理局或其分支局申报其通过境外账户与非居民发生的交易及账户余额。境内外商投资企业、在境外有直接投资的企业以及其他有对外资产或负债的非金融机构，直接向国家外汇管理局或其分支局申报其对外资产负债及其变动情况和相应的利润、股息和利息收支情况。

2. FATS 统计现状

FATS 统计分为内向 FATS 统计和外向 FATS 统计。尽管我国的对外投资已经引起了方方面面的重视，但对外投资领域的统计依旧不成体系，所以客观地来说，我国在国际服务贸易 FATS 统计方面仍旧处于空白状态。如果从具体的统计发展来说，我国在内向 FATS 统计上有一定的尝试，特别是在与 FATS 统计相关的外商直接投资统计（FDI 统计）上已具备了一定的基础，按照 BPM5 所述进行的 FDI 统计已日趋完善。

在我国境内的外商投资企业按照国家外汇管理局统一设计和修改的申报表的要求，由基层单位依据一定的原始记录，按季逐级提供统计资料。除了统计投资情况外，FDI 统计还要分行业和分国别或地区统计，同时统计期末实有企业数以及投产企业数等指标。

3. 服务统计体系不完善

长期以来，我国简单地把第三产业作为服务业的代名词，在行业分类上与国际标准有很大的差距，经济发展的热点行业如计算机信息服务、中介代理等未纳入服务行业统计范围内。服务统计范围的不健全，无法满足分析我国日益变化的国民经济结构的需要，也不能反映服务业发展的全貌。

"统一领导，分级负责"的现行统计管理体制，造成统计部门在经费开支上对各级地方政府依赖性过大，并且同时受到同级地方政府和上级统计部门的双重领导，构成了统计部门履行监督职能的障碍。

服务行业差异较大，统计涉及范围广，服务统计制度建立的时间较短，对基层统计人员缺乏系统的指导和培训,因此,服务业统计科目设计的不合理以及统计人才的匮乏是健全我国国际服务贸易统计的重要障碍。

(二) 健全我国国际服务贸易统计体系的建议

随着我国服务业的进一步开放,无论是在立法还是在对外谈判上,都十分需要相关统计数据的支持。由于我国统计制度的落后,使得服务贸易统计缺乏详尽的统计数据,即使可以得到的宏观统计数据,其可信度和国际可比性也不高。因此,无论是从提高我国服务贸易统计水平的角度,还是从提高我国服务贸易竞争力的角度,建立和完善我国国际服务贸易统计体系都是非常必要的。

1. 充分利用现行的统计制度

我国现行的统计管理体制虽然不能适应市场经济的需要,迫切需要改革,但这并不意味着现行的体制一无是处,对其有利之处应该保留并加以充分利用。我国现行的统计体系经过多年的运行,在统计方法、手段,特别是普查方面已经积累了大量的经验,统计机构的覆盖面广泛,培养了一批统计骨干,对我国服务企业小而多的特点具有很强的针对性,为我国建立和完善国际服务贸易统计体系提供了技术保证。

2. 制定服务贸易分类标准

我国长期将第三产业等同与服务业,服务贸易的定义、统计范围、划分标准与国际惯例不一致,存在着很大的认识上的偏差。在服务贸易统计上,我们没有自己的分类原则,更谈不上按照服务类别采用不同的统计方法。因此,在健全我国国际服务贸易统计制度时,最为紧急的是制定我国服务贸易分类标准,重新界定有关的众多概念,以便更符合国际标准。

BPM5 的分类原则是一个可以借鉴的标准,但其和 GATS 的分类存在着差异。2001 年公布的《国际服务贸易统计手册》协调了与 GATS 中 4 种提供方式的关系,手册的分类将成为国际公认并遵照执行的标准,我们应该以此为标准,从概念和行业上,对服务贸易进行细分,建立符合我国国情的服务贸易分类标准,为我国发展服务贸易打下坚实的基础。

3. 调整服务贸易统计调查方法

我国的统计方法基本上采用自下而上的普查方法,花费了大量的人力和物力。我们可以借鉴发达国家服务贸易统计方法上的经验,采用普查和非全面统计方法相结合的办法。

根据我国国际服务贸易的实际情况和统计承受能力来确定普查的周期,每 5 年或者更长一点时间进行一次普查。可以设立专门的普查机构和人员,对调查单位进行登记。也可以颁发一定格式的调查表，由调查单位根据原始记录和核算资料进行填报。

非全面统计方法包括抽样调查、问卷调查、重点调查等。服务贸易年度统计可以以抽样调查为主，辅以重点调查。服务贸易重点领域的月度统计可以采用多种方式相结合的方法。根据纯随机抽样、等距抽样、类型抽样、整群抽样的特点以及我国国际服务贸易的具体发展情况，可以将调查对象按照某一指标进行分组，采用类型抽样调查的组织方式。鉴于我国服务企业小而多的特点，可以以企业雇员数指标进行分组，然后在各组中按比例抽取一定数目的调查单位构成所需样本。当然，为确保指标的合理性，有必要对服务企业进行全面的摸底调查。

4. 法制化管理服务贸易统计

美国是世界上最为重视国际服务贸易统计的国家之一，为服务贸易统计专门公布了一部专业法律《国际投资和服务贸易调查法》，该法律是世界上第一部关于服务贸易统计的专门法律，对企业的统计调查都须经过法律确认。不仅在调查表上有详细说明，而且设计的表式还要经过试点填报，反复修订，报经美国管理及预算办公室审定后才能下发，这样就确保了服务贸易统计调查的合法性和申报的义务性，有力地保证了统计调查的顺利开展和申报数据的有效性。

我国在服务贸易统计管理上，可以借鉴美国的做法，建立国家统计协调机构，确保全国统计工作的统一性和科学性。同时，加强统计法制建设和执法检查，采取有效措施遏止统计违法行为的发生，将服务贸易统计的实施提高到履行法律义务的高度上来。

本 章 总 结

（1）通过对国际服务贸易特点以及服务贸易总协定等基础知识的分析，我们应该掌握这样的结论：在国际贸易多边体制中，服务贸易与货物贸易的基本原则大致相同，但其中非常重要的国民待遇原则和市场准入原则，对于货物贸易是普遍遵守原则，对于服务贸易是具体承诺原则。（2）中国劳动密集型服务业具有相对优势，而资本和知识密集型服务业竞争力较弱，通过开放国内服务业市场，完善中国服务业发展体制，提高中国服务贸易总体竞争能力。

本章复习思考题

一、如何理解国际服务贸易？
二、分析国际服务贸易的发展趋势。
三、服务贸易总协定的基本原则有哪些？
四、阐述中国服务业市场开放的意义与原则。
五、怎样才能比较全面了解中国服务贸易的竞争力状况？
六、如何提高中国服务贸易竞争力水平？

第八章　中国技术贸易的发展

本章概要　本章对技术的内涵、国际技术贸易的基本概念与特点进行了全面细致的讲述；分析了专利、商标、专有技术的含义与特点；分析了国际技术贸易的方式；描述了中国技术引进发展概况；分析了技术引进的作用，中国技术引进的重点领域，以及中国技术引进的发展方向与基本原则。

本章学习目标　本章学习目标有五个方面：(1) 掌握技术的概念、特征与分类。(2) 掌握国际技术贸易的概念与特点。(3) 掌握专利、商标、专有技术的含义与特点，以及国际技术贸易的方式。(4) 了解中国技术引进发展概况和技术引进的作用。(5) 了解中国技术引进的重点领域、发展方向与基本原则。

第一节　国际技术贸易概述

国际技术贸易（international technology trade / transfer）是指技术跨越国境的转让，即不同国家的企业、经济组织或个人之间，按照一般商业条件，向对方出售或从对方购买技术使用权的一种国际贸易行为。简言之，国际技术贸易是一种国际间的以技术的使用权为主要交易标的的商业行为。

一、技术的内涵
1. 技术的概念

技术一词（technology）源于希腊文"techno"及"logy"。联合国贸易发展组织（UNCTAD）将技术定义为人类制造、提供某种产品，应用某种工艺或提供某种服务的系统知识。具体包括三项内容：(1) 产品的制造方法，即采用的工艺或提供的服务或技能；(2) 技术情报，又称信息技术；(3) 设计、安装、开办、维修或管理工厂或工商业的专门知识或服务等。

2. 技术的特征

（1）技术是人们从事制造产品、应用工艺和生产管理服务等生产活动的知识、经验和技能，而那些非生产性活动中的知识一般不包括在技术的范畴内。

（2）技术是一种无形的知识，技术可以用文字、数据、图表、公式和配方等方式记录下来，经验和技能也可以储存在人的头脑中，技术属于认识论的范畴，有形的物品如生产设备不属于技术。

（3）技术是系统的知识，通常包括从产品设计、生产实施、生产管理乃至市场开拓、经营销售等各个环节的知识、经验和技能，且技术知识是可以传授的，不依附于个人的生理特点而存在。

（4）技术具有商品的属性，技术所有人既可以自己使用这种技术，也可以通过转让的方式传授给他人使用，并获得一定的报酬。因而，技术具有商品的属性，既有使用价值，也具有交换价值。

3. 技术的分类

技术可以从不同角度加以分类，分类的目的是掌握各类技术的特点，以便在国际技术贸易中，对各种类型的技术对象区别对待。

（1）按技术的所有权状况区分，技术可分为公有技术（public technology）和私有技术（private technology）。

公有技术，是指不需要为技术本身支付代价即可获得的技术。例如，超过法律保护期限的技术，专利技术过了法律保护期限，不再受法律保护；泄密的技术，原来处于保密状态下的技术秘密，被外界所知悉；通过非商业渠道可以获得的技术，如通过国际经济技术援助、科技交流、技术考察、技术座谈等。

私有技术，是指必须为技术本身支付代价才能获得的技术。如技术所有者拥有独占实施权的专利技术，技术所有者通过保密措施占有的技术秘密、商业秘密等。因此，只有私有的技术才是技术贸易的对象，而公有技术则不是技术贸易的对象。

（2）按技术的法律状态区分，技术可分为工业产权技术（industrial property technology）和非工业产权技术（non-industrial property technology）。

工业产权技术，是指受工业产权法保护的技术，如专利技术、商标等。

非工业产权技术，是指没有专门法律保护的技术和不受工业产权法保护的技术，如技术秘密、计算机软件、商业秘密和提供服务的一般技术等。

在技术贸易中，有法律保护的对象，必须根据相关的法律，规定当事人的权利和义务。没有专门法律保护的非工业产权技术，就可以由当事人双方协商各自承担的权利与义务，而不必受专门法律的约束。

（3）按技术的表现形态区分，技术可分为软件（software）技术和硬件（hardware）技术。

软件技术，是指表现在纸面上的图纸、公式、配方、图表等，或头脑中体现的技术的核心思想以及经验或技能。

硬件技术，是指作为软件技术实施手段的有形物，如机器设备、测试仪器等。机器设备、测试仪器，这些设备仪器等只有当它们与软件技术结合在一起，作为软件技术的实施条件时，才能称其为硬件技术。

二、国际技术贸易的含义

1. 技术转移（shift of technology）

技术转移，是指技术地理位置的变化，既可以指技术在一个国家境内不同地区的地理位置变化，也可以是技术在不同国家间跨越国境的地理位置变化。技术转移通常是非人为的或主动有意识的行为，将技术转移到异地或异国。

2. 技术转让（technology transfer）

技术转让，是指人们根据不同地区或国家的生产力水平、经济基础、劳动力素质等因素，人为有意识地将技术在不同地区间或国家间进行引进或让与的行为。技术转让可以分为有偿转让（technology transfer with pay）和无偿转让（technology transfer without pay）。

3. 国际技术贸易

国际技术贸易，是指不同国家的当事人之间按一般商业条件进行的技术跨越国境的转让或技术许可行为。至于当事人是否为同国籍的法人或自然人，并不影响国际技术贸易的"国际性"，关键是看交易"标的"是否跨越国境。例如，在我国设立的一家外商独资企业，将技术许可给我国境内的一家国有企业，就应属于国内技术贸易；如其将技术许可给设在另一个国家子公司，即属于国际技术贸易。

三、国际技术贸易的特点

1. 交易标的是无形知识

国际商品贸易的标的是"物质产品"，是看得见、摸得着的有形商品；而技术贸易的交易标的是"知识产品"，主要指专利、商标、专有技术等，是无形的系统知识。尽管技术在很多情况下必须依附于某种有形的物质产品而存在，例如，记录技术资料的稿件、图纸、磁盘以及承载技术的设备等，但是这些有形商品只是作为技术的载体而存在，真正的交易标的是包含于上述物质产品中的无形知识。

2. 交易标的价格的确定方法不同

国际商品贸易中，价格通常由加工成本、合理的费用、利润构成，并结合供求关系来确定；在技术贸易中，技术的价格确定主要考虑技术给受让方带来的潜在经济效益，以及技术的研制开发费用等，若受让方可能获取的经济效益越大，则技术价格越高，而研制开发费用的分摊也会影响价格。

3. 一般只转让技术的使用权，不转让技术的所有权

在国际商品贸易中，商品经过买卖过程，买方占有该商品的所有权和使用权，卖方则同时失去所有权和使用权；在技术贸易中，技术的出让方仍拥有所有权，只是转让使用权，如无特殊约定，技术出让方仍可自己使用或继续转让该技术，而技术的受让方通常不取得技术的所有权，只是取得使用权，因此不能擅自将技术转让给第三方。

4. 技术贸易过程的长期性

在一般商品贸易中，买卖双方在签订合同后办理了交接货物和交付货款后，合同履行完毕，交易双方的关系也就结束，一般时间不会很长。而在技术贸易中，洽谈交易和履行合同的时间较长，这是因为技术知识和经验的传授，对引进技术的吸收和消化，都需要有较长的时间。因此，技术贸易双方一般会建立和保持长期合作的关系。

5. 技术贸易所涉及问题的复杂性

一般商品贸易主要涉及商品的数量、质量、品种等方面问题，而技术贸易除涉及一般商品贸易中的交易问题外，还涉及许多技术问题，如技术项目的选定、工业产权保护、技术风险等，特别是限制与反限制等特殊问题和众多的法律问题，如合同法、专利法、商标法、外国企业所得税法、个人所得税法等。

6. 技术贸易受政府干预程度较大

除受一般商品贸易常见的贸易壁垒限制外，技术贸易往往受政府干预较多，管理较严。如许多发展中国家都在有关技术转让的法律中规定，凡重大的技术引进协议，都必须经政府主管部门审查、批准后才能生效。又如，技术输出的发达国家，为了控制尖端技术的外流和某种政治目的，对输出技术进行严格审查，加以限制。

第二节　国际技术贸易的内容与方式

一、国际技术贸易的内容

(一) 专利

1. 专利的含义

根据世界知识产权组织的定义，专利（Patent）是"由政府机构（或代表几个国家的地区机构）根据申请而发给的一种文件，文件中说明一项发明并给予它一种法律上的地位，即此项得到专利的发明通常只能在专利持有人的授权下，才能予以利用（制造、使用、出售、进口）……"。在这里，专利有三层含义，一是指专利证书这种专利文件；二是指专利机关给发明本身授予的特定法律地位，技术发明获得了这种法律地位就成了专利发明或专利技术；三是指专利权（Patent Right），即授予发明人在一定期限内，对其发明创造所享有的独占权利，这种独占权利称为专利权。专利权包括专有权（所有权）、实施权（包括制造权和使用权）、许可使用权、销售进口权及放弃权。我国于1985年4月1日开始实施专利法。

2. 专利的类型

专利有多种类型，世界各国的分类方法也有一定的差别。我国专利法把创造发明分为三类：发明、实用新型和外观设计。其中发明和实用新型属技术类型，外观设计属装饰类型。

（1）发明。发明（Invention）是指对产品、方法或其改进所提出的新的技术方案。根据这个定义，发明可分为产品发明和方法发明两种类型。产品发明是指人工制造的新的独特的制成品，这种制成品应是一种有形的物品，例如新的设备、装置和用品，新的化工原料和化工产品等。方法发明是指为解决某一个问题而采取的具有独创性的技术手段或措施，这种方法可以是直接用于制造产品的，例如新的机械加工法、化学加工法和生物加工法，也可以是不直接用于制造产品的其他方法，例如新的测试方法、化学分析方法等。

（2）实用新型。实用新型（Utility Model）是指对产品的形状、结构或其结合所提出的适于实用的新的技术方案。从本质上说，实用新型也是一种发明，只是技术水平低一些，所以又称为"小专利"。发明通常是在技术原理上有创新，而实用新型只是在产品的形状、结构的设计上有革新，一般不涉及制造方法和工艺过程的技术原理。

(3) 外观设计。外观设计（Design）是指对产品的形状、图案、色彩或其结合所作出的富有美感并适用于工业应用的新设计。外观设计具有装饰功能，直接用于工业产品上，具有实用价值，不涉及产品制造的技术原理。

在专利申请的审查程序和专利保护期限方面，发明、实用新型和外观设计这三种类型有所区别。我国专利法规定，发明专利的申请必须经过实质性的审查，而实用新型和外观设计专利申请只要经过形式审查；发明专利权的保护期限为20年，实用新型专利权和外观设计专利权的保护期限为10年。

（二）商标

1. 商标的含义

商标（trade mark）是商品生产者或经营者为了使自己的商品同他人的商品相区别而在其商品上所加的一种具有显著性特征的标记。商标通常由文字、图形或文字和图形的组合构成。商标既是一种无形的资产，也是市场竞争的重要工具。我国从1983年3月1日起正式实施商标法。

2. 商标的分类

（1）制造商标：是指生产产品的企业使用的标志，用以表明该产品的生产者。（2）商业商标：是指商品的销售者为销售商品而使用的标志。（3）服务商标：是指服务性行业使用的标志。（4）集体商标：是指以团体、协会或者其他组织名义注册，供该组织成员在商事活动中使用，以表明使用者在该组织中的成员资格的标志。

（三）专有技术

1. 专有技术的含义

专有技术（know-how）的英文原意是"知道如何去做"。在国际上对专有技术尚无一致公认的定义。国际知识产权组织国际局（BIRPI）的定义是："所谓专有技术是指有关制造工艺和工业技术的使用及知识。"国际商会（ICC）的定义为："专有技术是为了达到某种工业生产目的而应用的某种必需的、具有秘密性质的技术知识、经验或其积累。"在国际技术贸易中，人们一般认为专有技术是指为生产某种产品或使用某种工艺所需要的技术知识、经验和技能，它包括设计图纸、资料、工艺流程、材料配方和经营管理等内容，也包括技术人员、工人等所掌握的、不以文字形式记录下来的各种知识、经验和技能。专有技术是秘密的，不为公众所知，也不能轻易得到。

2. 专有技术的特点

专有技术具有技术的一般特征。专有技术是一种无形的系统知识，它具有非物质的属性；它具有使用价值，也具有交换价值。此外，专有技术还具有以下几个特点：

（1）专有技术是工业技术，具有较高的实用价值。专有技术属于工业技术的范畴，它应用于工业生产（包括管理、商业、财务等有助于工业发展的领域），能产生明显的经济效益。

（2）专有技术是一种成熟的、可传授的技术。专有技术是根据工业生产的需要，在实践中研究积累而总结出来的技术成果，它在生产中的应用被证明是有效的，因而它是一种成熟的技术。一些新的发明，如尚未在生产中应用而证明其经济效益，一般不能作为专有技术。专有技术可以通过文字、图形等书面形式或言传身教传授给他人，他人应用这种成熟的技术，可以产生同样的结果。这种可传授性，使专有技术能作为技术贸易的标的转让给他人。

（3）专有技术具有秘密性。专有技术是不公开的，凡是众所周知，或公众容易得知其内容的技术，都不能成为专有技术。专有技术的拥有人千方百计地将技术内容保密，以求最大限度地保存其价值。专有技术的许可贸易合同中，供方一般都要求列入各种保密条款，规定受方对其技术秘密承担保密责任，保证不将技术秘密泄露给第三方。许多专有技术并非不能取得专利权，通常是技术所有人出于自身利益的考虑，不愿在专利申请书上公开其技术秘密，因而不申请专利，或认为技术的寿命较长，他人在一定时期内不易达到其技术水平，而作为专有技术加以保密，以维护其垄断地位。

二、国际技术贸易的方式

1. 许可贸易

许可贸易又称许可证贸易，是指专利权人、商标所有人或专有技术所有人作为技术许可方（出让方），将某项技术的使用权通过许可合同方式转让给被许可方（受让方），允许被许可方使用该项技术，制造和销售依据该项技术生产的产品，而被许可方则支付一定数额的报酬。这种方式是近年来最主要、最常用的国际技术贸易方式。许可贸易可以依据使用技术的地域范围和使用权限大小划分为普通许可、排他许可、独占许可、分许可、交叉许可等5种许可形式。它们的主要区别在于被许可方对技术使用权占用程度的不同，因而所付出的代价也不同。一般说来，独占许可代价最大，排他许可次之，普通许可最低。在国际技术贸易中，双方签订哪种许可合同，主要取决于双方的意图和当时实际情况，采用普通许可和独占许可较为普遍。

2. 技术咨询

技术咨询是指咨询公司（咨询方或服务方）对委托方提出的技术课题，提供建议和解决方案。技术咨询的内容很广泛，有项目的可行性研究，效益分析，工程设计、施工、监督，设备的订购，竣工验收等。一些技术比较落后的国家，由于科技力量不足，或对解决某些技术课题缺少经验，聘请外国工程咨询公司提供咨询服务，可以避免走弯路或浪费资金。因为咨询公司掌握丰富的知识、经验和技术情报，可以帮助委托方选择先进适用的技术，找到可靠的技术出让方，以比较合理的价格购到较好质量的机器设备等。因此，委托方虽然需要支付较高的咨询费用，但由于咨询节约的资金往往超过咨询费，总算下来对委托方有利。

3. 工程承包

工程承包亦称"交钥匙"项目，是指工程所有人委托工程承包人承诺按规定条件包干完成某项工程任务，完工后交付所有人。工程承包的内容广泛复杂，包括工程设计、土建施工、提供机器设备、负责安装、提供原材料、提供技术、培训人员、投产试车、质量管理等全部过程的技术和设备。工程的建设时间长，少则几个月至一两年，多则五六年，甚至十多年。由于工程承包内容广泛复杂，工程建设时间长，往往会遇到经济、政治、自然条件变化的影响，因此双方承担的风险较大。工程承包是一种综合性的国际经济合作方式，其中包括大量的技术转让内容，因此成为国际技术贸易的一种重要形式。

4. 合作生产

合作生产是两个不同国家的企业之间根据双方签订的合同，各自承担相应的责任，共同完成某项或某几项产品的生产。合作生产中通常采用的方式有两种：分别生产不同的部件，由一方或双方组装成最终产品出售；分别按对方要求生产所需的部件，各自组装成最终产品出售。通过合作生产，技术较强的一方将该产品的生产技术传授给另一方，因此，合作的过程也就是转让技术的过程。合作生产一般是双方在生产领域的合作，但在实际中，有时也包括流通领域、科研领域的合作。合作生产中，双方合作关系维系的时间一般较长，仅在个别情况下，合作关系是短期的或一次性的。

5. 技术服务与协助

技术服务与协助是指一方受另一方委托，运用自己掌握的技术和经验，协助另一方完成某项经济、技术任务。一般而言，技术转让不仅包括转让公开的技术，而且包括转让秘密的技术和经验，但这些技术和经验，很多情况下难以用书面资料表达出来，必须用言传、示范等传授方式来实现。因此，技术服务与协助常成为技术转让中必不可少的环节，它可以包括在技术转让合同中，也可以作为特定项目，签订单独的技术服务合同。技术服务与协助的方式主要有两种：一种是技术输入方派出自己的技术人员和工人到技术输出的工厂培训实习;另一种是技术输出方派遣专家或技术人员到技术输入方工厂讲授知识和经验,指导生产。

第三节 中国的技术引进

新中国建立后,我国通过各种方式从其他国家引进先进技术,技术引进包括购买专利、专有技术,技术咨询,引进成套设备及其相关技术,聘请外国专家,外派技术人员培训,引进经营管理方法等多种形式。引进技术的具体方式主要有技术贸易、技术协作和交流、产品贸易、许可证贸易、补偿贸易、技术咨询、技术服务、合作生产和合资经营等。

一、技术引进发展概况

我国技术引进的发展大致分为以下五个阶段:

1. 第一阶段:1950—1959 年

由于受到西方国家对我国经济封锁和禁运的限制,我国主要是向苏联和东欧国家引进技术和成套设备,在此阶段共引进 450 个项目,总金额约 37 亿美元。其中 156 项大型重点项目用于"一五"时期的建设,填补了机械、电力、汽车、能源、电信等部门的技术空白,提高了技术工艺水平和设备制造能力,还为我国的工业发展奠定了人才基础。后来由于苏联单方面撕毁与中国签订的各项技术协议和合同,使我国技术引进工作一度中断,给我国工业建设造成重大损失。

2. 第二阶段:1960—1969 年

这一时期,我国转向日本和英、法、意、德、瑞、荷等西欧国家引进石油、化工、冶金、矿山、电子、精密机械、纺织机械等关键性技术和设备,共签订技术和设备进口合同 84 项,合同总金额 14.5 亿美元。但 1966 年开始的"文化大革命"使引进技术工作再次中断。

3. 第三阶段:1970—1978 年

随着我国在联合国合法席位的恢复,以及相继与日本等国建立了外交关系,为进一步引进西方技术创造了良好条件。在此期间,我国先后与日、德、英、法、荷、美国厂商签订了 310 项新技术和成套设备项目合同,成交金额 58 亿美元。引进项目主要包括大型化肥设备、大型化纤设备、石油化工装置、数据处理、轧钢设备、发电设备、采煤机组等。

4. 第四阶段：1979—1996 年

改革开放以来，我国通过各种方式积极大量引进国外先进技术和设备，改造落后的技术装备，弥补技术空白，还先后设立了经济特区、沿海经济开发区作为引进国外先进技术、设备、科学知识和先进管理方法的窗口。在 1979—1996 年，我国引进技术达 15 591 项，合同金额 731.82 亿美元，分别是改革开放前 30 年总和的 18.45 倍和 6.11 倍。这一时期，技术引进工作发生了深刻的变化，主要表现在：引进模式由新建企业为主转向为现有企业技术改造服务；引进方式由原来成套设备进口为主发展为许可证贸易、补偿贸易、合资经营、合作生产、技术咨询、技术服务、租赁等多种方式；引进工作由中央统一计划安排转变为中央、地方、部门多方面积极安排；引进资金由主要靠国家拨款发展为国家拨款、银行贷款、利用外资、企业筹款等多种渠道；引进的对外工作由少数外贸公司独揽发展为众多外贸公司、工贸公司、自营进出口企业和先进企业集团共同办理；引进国家（地区）由少数主要工业发达国家转变为日、美、西欧、北欧、东欧等许多国家（地区）。

5. 第五阶段：1997 年至今

我国实施科技兴贸战略，发展技术贸易，引进先进技术，促进我国高科技产业的发展和应用高新技术改造传统产业，促进国民经济产业结构升级成为重要战略举措。随着我国成为 WTO 成员，我国的技术引进呈加速发展态势，主要有以下特点：(1) 技术引进的合同数量和合同金额快速增长。(2) 技术引进的国别地区更趋多元化，但主要技术来源仍集中于欧盟、日本和美国等发达国家与地区。(3) 技术引进方式以技术咨询/技术服务，专有技术和成套设备/关键设备/生产线为主，以上三种类型的技术引进金额占比超过的 80%，其中技术咨询/技术服务逐步成为技术引进的最重要的形式，软件、硬件技术引进的比例结构进一步得到优化。(4) 按照国家产业结构升级的需要，加大引进基础工业和高新技术项目的比重，电子信息、能源和电气机械制造业成为我技术引进的主要行业。(5) 外资企业、国有企业是我国技术进口的主体。

二、技术引进的作用

1. 引进技术促进了我国产业结构优化

改革开放 30 年来，通过引进国外的技术和设备，无论是对于传统产业的改造和升级，还是跳跃式地发展新兴产业，都取得了显著的效果。我国三大产业之间的比例关系有了明显的改善，产业结构正向合理化方向变化。第一产业的比重虽有所下降，但农业在主要农产品产量有了大幅度增长，能够基本满足国民经济发展的要求。第二产业在国民经济中的地位逐步上升,国民经济工业化水平的不断提高。第三产业发展迅速,日益成为国民经济的新增长点。

2. 引进技术缩短了我国科技水平与世界水平的差距

据估计,一项较大的基础技术的发明,从研究、设计、试验到技术生产,一般需要 10~15 年时间,而引进国外先进技术,是直接使用现成的科研成果,一般从引进到投产,只需 2~3 年时间,可大大节省自己探索的时间。同时,通过引进先进技术,可以提高我国科技发展水平的起点,迅速缩短我国科技水平与世界水平的差距。

3. 技术引进促进了企业的技术进步,提高了企业的经济效益

技术进步是支撑企业发展的最重要因素,技术引进是企业实现技术进步的有效方式之一。企业通过直接购买国外的技术专刊、技术诀窍以及成套设备、生产线等,可以节省研究开发时间,在短期内提高企业技术装备及加工水平,改变企业技术落后面貌,增强企业的竞争能力,先进技术在生产中的广泛应用不断提高企业的经济效益。

4. 引进技术提高了我国产品的国际竞争力,改善了出口商品结构

改革开放的实践证明,依靠技术引进,促进产业升级、科技水平提高和产品的更新换代,能尽快提高我国在国际市场上的竞争力,促进高新技术产品和技术出口能力,改善了我国的出口商品结构。

三、技术引进的重点领域

2002 年 6 月,国家经贸委等四部门联合颁布《国家产业技术政策》,明确说明我国的技术引进要以我国加入世界贸易组织为契机,政府引导与市场导向相结合;充分利用两个市场、两种资源,按照有所为、有所不为的原则,有选择地发展一批高新技术产业,力争在关系国家经济命脉和安全的重点领域提高自主创新能力,拥有自主知识产权;加快利用高新技术改造传统产业步伐,实现产业技术水平和创新能力的跨越式发展,为培育新的经济增长点和产业结构优化升级提供技术保证。因此,我国的技术引进要以国家产业技术政策为导向,一方面要重点推进高新技术与产业化发展,另一方面要用先进适用技术改造提升传统产业。我国技术引进的重点领域包括:

1. 高新技术及产业化

抓住世界科技革命迅猛发展的机遇,有重点地发展高新技术及产业化,实现局部领域的突破和跨越式发展,逐步形成我国高新技术产业群体优势。要重点发展信息技术、生物工程技术、先进制造技术、新材料技术、航空航天技术、新能源技术、海洋技术等。

2. 提升传统产业技术水平，用高新技术改造传统产业

在农业方面，确保粮食安全，优化农业结构，全面提高农业质量和效益，改善农村生态环境，促进农民收入增加，提高农业的国际竞争力。能源环保、交通运输、原材料等基础产业是国民经济持续健康发展的基础，但是我国基础产业与其他产业相比，技术进步相对滞后，主要是受市场机制作用程度较小，竞争能力较弱，要通过关键技术和设备的引进，提高基础产业的技术水平。强大的制造工业是现代化建设和国家经济安全的保障。我国促进制造业技术进步的重点领域是：机电一体化技术、微电子技术、光电子技术、计算机和软件技术、通信技术和测试传感技术；火电、水电、输变电、冶金、矿山和化工等大型成套技术装备的自主开发、设计和制造；汽车零部件国产化、发动机制造和设计技术自主化。

四、技术引进的发展方向与基本原则

（一）技术引进的发展方向

（1）引进主体从国家为主体向企业为主体转变；从企业单独引进向科研、制造系统联合引进转变。

（2）引进的目的从生产使用与进口替代为主向消化创新及参与国际合作为主转变。

（3）引进方式从单纯进口生产线向更加重视引进软技术和必要的关键设备转变。

（4）引进对象将从以"产品导向"技术为主逐步向产业基础技术、主要技术和高新技术转变。

（5）引进技术的管理体制走上法制化、规范化的轨道。

（6）强化对引进技术的消化、吸收、推广和再开发。

（二）技术引进的基本原则

1. 优化技术引进结构，大力引进软件技术

优化技术引进结构就是由主要引进硬件技术转向主要引进软件技术。这样不仅能够节约外汇，把宝贵的外汇用在"刀刃上"，而且能够提高制造能力和科技水平，使我国的智力资源得到较充分的利用，加速我国经济发展，增强自力更生的能力，还可以极大地增强我国的国际竞争能力，扩大出口创汇。

2. 避免重复引进

所谓重复引进，是指一国或企业在一定时期内多次重复引进功能、规格、标准相同或相似的技术和设备的行为。在我国，有些部门和企业只考虑局部利益，或不考虑国内市场需要，花费大量外汇引进大型成套设备和成套生产线，投产后往往产品没有销路，投资回收还贷困难；或者不顾主客观条件，竞相引进同类项目，致使项目建成后产品雷同，市场竞争加剧，生产能力严重过剩。另外，严重的重复引进也是对国家外汇资源的巨大浪费，因此，避免重复引进是我国技术引进需要解决的重大问题。

3. 引进技术后要消化、吸收、推广、创新

引进的技术只是第一步，在引进先进技术后要老老实实地学，加以消化和运用，才能充分发挥技术引进的效用，而且还要有所提高和创新，从而形成新的生产力。因此，在技术引进中要"一学、二用、三改、四创"，在推广中进行必要的革新和创造，创造出更为先进的新技术。我国是发展中国家，虽然具备了一定的工业和科技发展水平，但引进技术的消化吸收能力不强，表现为引进中重复进口成套设备和关键设备。

4. 引进适用先进技术

适用先进技术的基本要求是充分考虑国情，从本部门、本地区和引进单位的实际技术基础以及承受和消化吸收的能力出发，排除片面强调先进性忽视适用性和片面强调基础与条件忽视先进性这两个倾向。适用先进技术就是在现有的社会经济条件和技术条件下能够为实现经济发展目标作出最大贡献，使经济结构更趋合理，国民经济更快发展的技术。我国在引进国外技术时，必须同时反对两种倾向：一种是忽视国情，片面追求先进性；另一种是忽视先进性，片面强调现有基础。有的技术即使具有先进性，但不具备适用性，如果盲目引进，只能引起不良后果。

本 章 总 结

（1）国际技术贸易是一种国际间的以技术的使用权为主要交易标的的商业行为，国际技术贸易具有交易标的是无形知识等特点。（2）国际技术贸易的内容主要包括专利、商标、专有技术，国际技术贸易的方式主要有许可贸易、技术咨询、工程承包等。（3）中国技术引进快速发展，发挥着重要的积极作用，今后，要在重点领域深化技术引进工作，坚持技术引进的发展方向与基本原则。

本章复习思考题

一、技术的概念与特征是什么？
二、国际技术贸易的概念与特点是什么？
三、国际技术贸易的内容与方式有哪些？
四、中国技术引进的作用和技术引进的重点领域是什么？
五、中国技术引进的发展方向与基本原则是什么？

第九章 中国对外贸易与国际直接投资

本章概要 随着跨国公司的不断扩张,贸易和投资一体化的趋势越来越明显。我国对外贸易20多年来的快速发展是和大量外商直接投资紧密相连的。本章在介绍我国吸收、利用外商直接投资的主要形式和进程的基础上,分析了外商直接投资对我国对外贸易总量及出口结构的影响和作用。并对我国"走出去"战略的内涵,我国实施"走出去"战略的必要性及相关的政策措施进行了探讨。

本章学习目标 本章学习目标有三个方面:(1)了解我国利用外资的主要方式、规模水平及演进过程。(2)掌握外商投资在不同的方面对中国对外贸易所发挥的作用,总量规模,出口结构,特别是加工贸易中外商企业举足轻重的作用。(3)理解"走出去"战略的内涵,发展对外投资的必要性,了解我国对外投资的基本情况及政策措施。

第一节 国际直接投资与对外贸易相互促进

一、中国吸收外商直接投资概况

(一)中国利用外资的主要方式

利用外资的方式及其变化所反映的不仅仅是融资方式的变化,而且是借贷双方各自的特殊国情及其形势的变化。

1. 利用外国间接投资

(1)借用国外贷款。我国借用国外贷款的渠道主要有:国际金融机构贷款,外国政府贷款,外国商业银行贷款等。

国际金融机构贷款:向我国提供贷款的主要是世界银行、国际货币基金组织、亚洲开发银行和国际农业发展基金等。1985年5月世界银行恢复了中国成员国地位和借款权力。在20世纪90年代中期，我国曾一度是世界银行的最大借款国。虽然自1993年以来，由于世界银行贷款政策的变化，中国不再是其下属的国际开发协会（IDA）的成员，因而不能再享受一些长期无息贷款，但我们仍可以获取一定数额的所谓"硬贷款"，即有息贷款。从1986年开始，亚洲开发银行给中国的贷款累计愈百亿美元。这种贷款大部分用于投资周期长、具有长期影响的部门和领域，如农业与农村发展，基础设施建设，教育、卫生、环境保护，扶贫和私人投资不愿介入的公共投资领域。因此，对中国的经济发展起到了一定的积极作用。

外国政府贷款：这是一种政府之间的双边贷款。这种贷款具有援助的性质，但受政治因素的影响比较大。这种优惠贷款一般利率低，还贷期限长，而且常有比较高的赠与成分。但这种贷款也常附有购买贷款国设备的采购条款。自1979年以来，我国已接受20多个国家政府的达数百亿美元的贷款，特别是日本政府的贷款，占我国利用外国政府贷款的2/3。此外，我国还曾从科威特、德国、澳大利亚、英国、西班牙等国获取了一定条件优惠的政府贷款。

外国商业银行贷款：由私人银行提供的商业贷款，也就是按市场利率出借的贷款。在这种借款方式下，借款人可自由运用借款，但借款利率高。这是我国利用国外间接投资的主要方式。

（2）发行境外债券和股票。这是指我国政府、机构或企业在境外向投资者发行的有价证券。这是我国筹集外资的一个重要渠道。中国国际信托投资公司1982年在东京市场发行的100亿日元"武士债券"，标志着我国进入国际资本市场融资的开始。同时，我国一些公司也相继向境外投资者发行B股股票，并在沪、深两地证券交易所上市。

（3）国际金融租赁。外国租赁公司从国外商业银行贷款购买国内企业选定的设备，然后租赁给国内承租人使用。这实际上是一种长期信贷，适用于大型设备，如超级计算机、成套设备、建筑机械、飞机和轮船等的长期租赁。

借用国外贷款的另一种比较流行的方式是出口信贷。

2. 吸收外国直接投资

我国吸收外商直接投资采用最多的方式有中外合资经营，中外合作经营，外商独资经营和合作开发。

（1）中外合资经营企业。中外合资经营企业也叫股权式合营企业。它是由外国公司、企业和其他经济组织或个人同中国的公司、企业或其他经济组织在中国境内共同投资兴办的企业。其特点是合营双方共同投资，共同经营，共担风险，共负盈亏。合营双方可以以货币出资，也可以以建筑物、机器设备、场地使用权、工业产权和专有技术出资。外国合营者的出资比例一般不能低于25%。这种企业的组织形式为有限责任公司，董事会为最高权力机构。中外合资经营企业遍布各行各业，是我国利用外商直接投资各种方式中最早兴办和数量最多的一种，但无疑也是遇到问题最多的一种。

(2) 中外合作经营企业。中外合作经营企业也称为契约式合营企业。它是由外国公司、企业、其他经济组织或个人同中国的公司、企业或其他经济组织在中国境内共同投资或提供合作条件兴办的企业。其特点是：各方的投资一般不折算成比例，风险和利润也不按比例承担和分享。这是一种非股权式合营。各方的权利和义务，包括投资和合作条件、利润或产品分配、风险及亏损的负担、经营管理的方式和合同终止时财产的归属等事项，都在各方签订的合同中确定。我国举办的中外合作企业大多是由外国合作者提供全部或大部分资金，中方则提供土地、厂房、可利用的设备、设施，有时也提供一部分资金。中外合作者在合同中约定合作期满时企业的全部资产归中国合作者所有，外国合作者可以在合作期限内先行收回投资。这一做法，一方面可以解决国内企业缺乏资金的问题，另一方面鼓励急于回收投资的外国投资者进行投资。

(3) 外商独资企业。外商独资企业是指外国的公司、企业、其他经济组织或个人，依照中国法律，设立于中国且全部资本投入由外国投资者提供的企业。按照有关法律规定，从理论上讲，设立外商投资企业必须有利于我国国民经济的发展，并应至少符合下面两个条件之一：采用国际先进技术和设备；产品全部或大部分出口。这类企业的组织形式一般为有限责任公司。也有少数企业采用股份有限责任公司形式。

(4) 合作开发。合作开发是海上和陆地石油合作开发的简称。这是目前国际上在自然资源领域广泛采用的一种经济合作方式。我国分别在 1982 年 1 月和 1993 年 10 月颁布了《中华人民共和国对外合作开采海洋石油资源条例》和《中华人民共和国对外合作开采陆上石油资源条例》，明确规定在维护国家主权和经济利益的前提下，允许外国公司参与合作开采我国的石油资源。我国在石油资源开采领域的对外合作中都采用这种方式。

(5) BOT 投资方式。BOT 是英文 BUILD-OPERATE-TRANSFER 的缩写，即建设—经营—移交。典型的 BOT 形式，是政府同私营部门（在我国为外商）的项目公司签订合同，由项目公司筹资和建设设施项目。项目公司在协议期间内拥有设施，并负责其运营和维护，并通过收取使用费或服务费用，回收投资并取得合理的利润。协议期满后，设施被无偿移交给政府。BOT 方式主要用于发展公路、发电厂、铁路、废水处理和城市地铁等基础设施的建设。

(6) 补偿贸易与对外加工装配。补偿贸易（compensation trade）是指在信贷基础上进行的进口和出口相结合的贸易方式，即进口设备进行生产，然后回销产品和劳务，以分期支付进口设备的价款和利息。补偿贸易大体上可分为三类：① 直接产品补偿。由设备进口方将由该设备直接生产的产品提供给设备供应方，以进行补偿。② 间接产品补偿。若提供的设备本身不生产物质产品，或非对方所需产品时，用回购其他产品来代替。③ 劳动补偿。这种做法常见于同来料加工和来件装配相结合的中小型补偿贸易中。往往由对方为我方购买所需的技术、设备，贷款由对方垫付，我方按对方要求加工生产后，从应收的工缴费中分期扣还所欠款项。在实践中，上述三种做法还可以结合使用，即进行综合补偿。有时也用现汇支付来进行部分补偿。

对外加工装配是来料加工、来件装配的统称。它是由外商提供原辅材料、零部件、元器件和包装材料等，由我方企业按照对方要求加工装配，产品完成后运交给对方，我方收取加工费的对外经济合作方式。

(二) 我国吸收外商投资的进程

1. 改革开放前以间接利用外资为主

20 世纪 50 年代，以美帝国主义为首的西方资本主义国家对新中国实行封锁和禁运，与苏联和东欧社会主义国家的经济合作成了我们唯一的选择。对中国社会主义工业化基础的建立和经济发展起了重要作用的 156 个项目的建设，就是我国政府分别于 1950 年和 1955 年以 1%～3% 的低利息率向苏联贷款 26 亿美元，从苏联进口一大批成套设备，同时从东欧社会主义国家引进 7 个项目的结果。这一举措使我国建立了冶金、机械、汽车、石油、煤炭、电力、电讯等 149 个重点基础项目。我国于 1964 年全部还清了贷款本息。

在这一时期，中国和苏联在 1950 年、1951 年先后建立了中苏（新疆）石油股份公司、中苏（新疆）有色稀有金属股份公司、中国民用航空股份公司和中苏（大连）造船公司等 4 个合资经营企业。这些企业都是双方各占 50% 的股份企业。1954 年年底这 4 个企业的苏方股份被转让给中方，并作为对中国的贷款而结束合营。1951 年中国还与波兰合资开办了中波轮船股份公司，投资金额为 8 000 万卢布。合营期限原定为 12 年，因经营状况良好，经营一直持续到现在。

20 世纪 60 年代，中苏两国政治关系破裂，接着国内又发生了政治动荡。但中国政府仍利用出口信贷和延期付款方式从日本、联邦德国、瑞典、意大利、奥地利等国引进了价值达 3 亿美元的成套设备，还利用中国银行在海外的分支机构吸纳的外汇存款购买了一些远洋船舶。1962年从日本引进的第一套维尼纶生产设备标志着我国从西方引进技术设备的开始。但这一时期利用外资的规模是很有限的。

20世纪70年代，我国经历了两次较大规模从西方国家引进技术的浪潮。

（1）20世纪70年代第一次引进技术高潮。这一时期，国际形势发生了大的变化。我国于1971年恢复了在联合国的合法席位，接着中美关系开始解冻，中日实现了邦交正常化，西方国家对中国的封锁、禁运和歧视开始松动，这使我国从西方经济发达国家大规模引进技术成为可能。

1973年1月，国家计划委员会向国务院提交了《关于增加进口设备，扩大经济交流》的报告，提出了从国外引进价值达51.4美元、包括13套大型化肥生产成套设备、4套大型化纤生产设备、3套石油化工设备、3座大电站、43套综合采煤机组、一米七轧钢机等。随着这些大型设备的建成投产，工业原材料的进口大幅度增加，加之设备进口采用现汇支付和短期融资方式，使我国外汇供应十分紧张，国际收支平衡遇到很大的困难。

（2）20世纪70年代第二次引进技术高潮。历时10年的"文化大革命"结束以后，中国经济面临着许多困难。但1977年11月召开的全国计划工作会议对中国的工业发展提出了很高的目标，甚至提出要在20世纪末赶上以至超过世界发达国家。这里需要特别提到的是当时的国际形势，第一次石油危机和随之而来的"欧洲美元"市场的形成及进入衰退的西方经济给第三世界国家提供了大量借款的可能性。许多第三世界国家就是在这一时期背上十分沉重的外债包袱的。在急于求成、不切实际的思想指导下，我国于1978年对外签约引进项目价值达78亿美元。这大大超过了国家的财力。1979年，党中央及时调整了工业生产的增长速度，停建、缓建了一些项目，其中包括一些引进项目。由于引进项目要用现汇支付，贸易出现逆差，我国的国际收支平衡状况急剧恶化。增加出口创汇能力成为当务之急。改革开放因此成了中国经济发展的迫切要求。

2. 改革开放后，逐步转向以外商直接投资为主

1979—1986年：从利用外资的方式看，这一时期我国共批准外商直接投资项目8 295个，实际利用外资66亿美元。对外借款207亿美元。对外借款仍大大超过外商直接投资。这一时期国际资本市场的特点是以墨西哥"债务危机"为导火线的全球债务危机。西方国家经济因第二次石油危机而陷入了衰退。这种危机对像中国这样的新举债国家反倒是一个"机遇"，因为国际资本市场的流动性大大增加。这也是中国能够很快获得世界银行贷款的主要原因。从外商直接投资的方式看，中外合作经营是主要方式，占项目总数的53%和协议投资额的57%。其次是中外合资经营，分别占39%和25%。合作开发（海洋石油开发）分别占0.5%和15%。外商独资企业只占1.7%和3%。从外资的来源看，香港、澳门占协议总额的66%。从行业分布看，主要是劳动密集的加工贸易项目和宾馆、服务设施的投资。外资主要集中在沿海地区，特别是广东和福建两省。

1987—1991年：这一阶段外商直接投资项目为34 208个，实际使用外资167亿美元。对外借款的实际金额为320亿美元。除了合资经营在项目数和实际金额上超过了合作经营而成为主要投资方式这一点外，其他方面和前一阶段并无太大的区别。

总之，从1979—1991年，我国仍以吸收外商间接投资为主。国家基本上不允许外商在华设立独资企业。实际上，由于对中国的投资环境不够了解，加之我国经济管理体制存在的缺陷，外商也更倾向于合资经营，以减少投资风险。

1992—1996年：外商直接投资出现前所未有的高潮。1992年，外商直接投资额超过了对外借款，成为我国利用外资的首要来源。1992—1995年，我国共批准外商投资项目216 761个，实际吸收外资1 098亿美元。这一阶段利用外资直接投资的一个重要特点就是外商独资企业的大幅度增加。

1997—2001年：这一阶段的主要特点是：中国加入世贸组织前几年，外商投资的增长速度明显放慢，在1999年甚至还出现了实际利用外资金额达11.4亿美元的较大幅度的下降。

2001年以后：从2001年开始，我国利用外国直接投资又出现了快速增长的态势。到2005年年底，我国累计批准外资企业552 942家（到2004年年底有愈22万家企业已停业运营）。实际利用外资额达3 092.72亿美元。其中，外商独资企业（2004年年底）占项目比重的39.85%，占我国实际使用外资金额的42.56%。以德国西门子公司为例，它从20世纪90年代初至今在中国建立了59家企业，其中独资12家，合资45家，还有两个BOT工程。和许多外国大公司一样，西门子表现出强烈的控股意愿。

中国共产党第十六次代表大会提出"进一步吸收外商直接投资，提高利用外资的质量和水平"。之后，中央又先后提出了"统筹国内发展和对外开放"、"树立正确的政绩观"、"树立科学发展观"的要求。温家宝总理在2005年的政府工作报告中第一次把"国际收支保持基本平衡"列为国家经济社会的主要预期目标之一。这些原则都将对我国今后利用外资具有十分重要的指导意义。

表 9-1　　　　　1979—2007 年外商直接投资情况　　　　　亿美元

年度	项目数	合同外资金额	实际使用外资金额
总计	552 942	10 966.09*	6 224.26
1979—1982	920	49.58	17.69
1983	638	19.17	9.16
1984	2 166	28.75	14.19
1985	3 030	63.33	19.56
1986	1 496	33.30	22.44
1987	2 233	37.09	23.14
1988	5 945	52.97	31.94
1989	5 779	56.00	33.93
1990	7 273	65.96	34.87
1991	12 978	119.77	43.66
1992	48 764	581.24	110.08
1993	83 427	1 114.36	275.15
1994	47 549	826.80	337.67
1995	37 011	912.82	375.21
1996	24 556	732.76	417.26
1997	21 001	510.03	452.57
1998	19 799	521.02	454.63
1999	16 918	412.23	403.19
2000	22 347	623.80	407.15
2001	26 140	691.95	468.78
2002	34 171	827.68	527.43
2003	41 081	1 150.70	535.05
2004	43 664	1 534.79	606.30
2005	44 001	—	603.25
2006	—	1 674.65	694.68
2007	—	—	369.31

资料来源：中华人民共和国国家统计局网站、商务部统计数据

*2004 年的数据。

二、外商直接投资对对外贸易的作用

从建国初引进的 156 个大项目,到 20 世纪六七十年代引进的大型成套设备,再到改革开放后大规模引进外商直接投资,外资在弥补我国建设资金的不足、引进先进技术和管理经验、促进产业升级、扩大劳动就业、增加外汇收入和社会主义市场经济体系的完善等方面起到了不可替代的重要作用。外商直接投资对中国对外贸易总量的增加也起到了举足轻重的作用。

1. 我国进出口贸易的迅速扩大和外商投资紧密相关

比较表 9-1 和表 9-2 可以明显看出,随着外商直接投资的逐年增大,我国的对外贸易总量也逐年高速增长。1986 年,外商投资企业的出口占全国出口总额的 1.88%,2005 年上升到 58.3%。究其原因:外商所拥有的国际销售网络能使商品很快进入国际市场,从而扩大出口规模。特别是跨国公司在我国的大规模投资,有助于出口市场多元化,使我国出口的相关商品不再受过于集中的市场结构所引起的种种限制的制约。从经济学的角度讲,总量的大小和效益是两个完全不同的概念。而且,总量的大小并不能告诉我们通过贸易所获得的收益是如何分配的。这就是我们强调建设贸易强国的意义。一个贸易强国必然是一个具有自主创新能力和先进科学技术水平的国度。

2. 外商直接投资使我国出口商品的结构发生了变化

一般来说,一个国家的出口商品结构反映其经济发展水平。落后国家的出口以初级产品居多。初级产品的特点决定了其价格浮动大,受国际政治形势的影响大,而且受国际投机者操纵的可能性也大。所以,出口国家都希望能提高出口商品中工业制成品的比重。我国在改革开放的初期仍以出口石油、煤炭、农产品等原材料和初级产品为主。对一个资源匮乏的国家来说,这实属不得已而为之。改革开放以后,特别是 20 世纪 90 年代以来,我国出口商品的结构在总体上实现了由初级产品向以工业制成品为主的显著变化。

从 9-3 表可以看出,外商投资企业的出口商品结构和我国出口商品的整体结构的变动趋势是一致的。除个别年份,外商投资企业出口商品中初级产品和工业制成品所占比例相对稳定。这反映了外商企业投资主要集中在第二产业的事实。随着 20 世纪 90 年代中叶外资的大量进入,外商投资企业在我国出口中的比重逐年增加,我国出口中初级产品的比例也自然逐年下降。

表9-2　1986—2007年外商投资企业进出口总值

单位：亿美元

年度	进出口 全国	进出口 外商投资企业	进出口 比重(%)	进口 全国	进口 外商投资企业	进口 比重(%)	出口 全国	出口 外商投资企业	出口 比重(%)
1986	738.46	29.85	4.04	429.04	24.04	5.60	309.42	5.82	1.88
1987	826.53	45.84	5.55	432.16	33.74	7.81	394.37	12.10	3.07
1988	1 027.84	83.43	8.12	552.68	58.82	10.64	475.16	24.61	5.18
1989	1 116.78	137.10	12.28	591.40	87.96	14.87	525.38	49.14	9.36
1990	1 154.36	201.15	17.43	533.45	123.02	23.06	620.91	78.13	12.58
1991	1 357.01	289.56	21.34	637.91	169.08	26.51	719.10	120.47	16.75
1992	1 655.25	437.47	26.43	805.85	263.87	32.74	849.40	173.60	20.44
1993	1 957.03	670.70	34.27	1 039.59	418.33	40.24	917.44	252.37	27.51
1994	2 366.21	876.47	37.04	1 156.15	529.34	45.78	1 210.06	347.13	28.69
1995	2 808.48	1 098.19	39.10	1 320.78	629.43	47.66	1 487.70	468.76	31.51
1996	2 899.04	1 371.10	47.29	1 388.38	756.04	54.45	1 510.66	615.06	40.71
1997	3 250.60	1 526.20	46.95	1 423.60	777.20	54.59	1 827.00	749.00	41.00
1998	3 239.23	1 576.20	46.95	1 423.60	767.17	54.73	1 837.57	809.62	44.06
1999	3 606.49	1 745.12	48.39	1 657.18	858.84	51.83	1 949.41	886.28	45.47
2000	4 743.09	2 367.14	49.91	2 250.97	1 172.73	52.10	2 492.12	1 194.41	47.93
2001	5 097.68	2 590.98	50.83	2 436.13	1 258.63	51.67	2 661.55	1 332.36	50.06
2002	6 207.85	3 302.23	53.19	2 952.16	1 602.86	54.29	3 255.69	1 699.37	52.20
2003	8 512.10	4 722.55	55.48	4 128.36	2 319.14	56.18	4 383.74	2 403.41	54.82
2004	11 547.93	6 631.63	57.43	5 614.24	3 245.57	57.81	5 933.68	3 386.06	57.07
2005	14 221.2	8 317.26	58.48	6 601.2	3 875.16	58.70	7 620	4 442.10	58.3
2006	—	1 034.51	58.87	—	4 726.16	59.70	—	5 635.35	58.18
2007	21 738	12 549.28	57.73	5 594.08		58.53	—	6 955.2	57.10

资料来源：《中国统计年鉴》，中华人民共和国国家统计局网站，中国投资网

表 9-3　全国出口商品结构与外商投资企业出口商品结构　　　%

年份	初级产品		工业制成品	
	全国	外资企业	全国	外资企业
1991	22.4	6.5	77.5	93.4
1992	20.0	6.0	79.9	93.9
1993	18.1	7.2	81.8	92.7
1994	16.2	7.5	83.7	92.4
1995	14.4	6.3	85.5	93.6
1996	14.5	7.2	85.5	92.8
1998	11.2	5.8	88.9	94.2
1999	10.2	5.9	89.8	94.1
2001	10	17	90	83
2002	8.8	5.58	91.2	94.4

资料来源：根据中国海关统计和中华人民共和国商务部网站有关统计数据。

3. 加工贸易是外商直接投资对我国对外贸易增量影响最大的一种贸易方式

所谓加工贸易，按照我国政府的比较严格的界定，是指从境外保税进口全部或部分原辅材料、零部件、元器件及包装物料，经境内企业加工或装配后，制成品复出口的经营活动，包括来料加工和进料加工。加工贸易在我国的主要特点是：在收益上主要靠差价或收取加工费；生产要素以境外投入为主；国家施行保税监管。

表 9-4 反映了从 1995 年到 2005 年间我国的出口贸易方式。1995 年是我国对外贸易史上一个重要的年份。这是人民币大幅度贬值后的第一年。从这一年开始，中国对外贸易一致保持顺差。同一时期，我国的一般贸易以每年 14% 的高速度增长，但加工贸易的发展更快，年增长率达到 16%。以 2002 年为例，加工贸易出口占当年出口总额 55%。加工贸易出口中机电产品达 1 170 亿美元，占同年全国机电产品出口的 74.5%。加工贸易中高新技术产品出口为 606 亿美元，占全国的 89.5%。外商投资企业是我国加工贸易的主体，约占加工贸易的 3/4。由于加工贸易的主体是外资，所以很难把它作为反映我国实际出口能力的指标。一般贸易虽然从理论上讲能更好地反映一个国家的出口能力，但由于我国国内市场的扭曲，以购买力计算的人民币汇率的事实上的大幅度贬值[1]，加上产权不明晰和对出口的大量补贴所导致的可能的过度出口，使对我

---

[1] 据英国《经济学家》杂志自 1986 年以来用购买力平价方法计算的"汉堡包指数"，人民币对美元汇率贬值的幅度始终在 50% 以上。

国对外贸易的宏观效益的评价有比较大的困难。

表9-4　　　　　1995—2007年中国出口贸易方式　　　　　亿美元

年份	总值	一般贸易 出口额	比重（%）	加工贸易 出口额	比重（%）	其他 出口额	比重（%）
1995	1 487.90	713.66	48	737.03	49.5	37.11	2.5
1996	1 510.48	628.39	41.6	843.33	55.8	38.76	2.6
1997	1 827.92	780.03	42.6	996.58	54.6	51.31	2.8
1998	1 837.12	741.94	40.4	1 045.53	56.9	49.65	2.7
1999	1 949.31	791.35	40.6	1 108.82	56.9	49.14	2.7
2000	2 492.03	1 051.81	42.2	1 376.52	55.2	63.70	2.6
2001	2 660.98	1 118.81	42	1 474.34	55.4	67.83	2.6
2002	3 255.96	1 361.87	41.8	1 799.27	55.3	94.82	2.9
2003	4 383.71	1 820.34	41.5	2 418.49	55.2	144.88	3.3
2004	5 933.7	2 435.4	41	3 279.9	55.3	217.4	3.7
2005	7 620.0	3 150.9	41.3	4 164.8	54.7	304.3	4
2006	9 690.8	4 163.2	—	5 103.8	5.1	423.8	—
2007	12 180	5 385.8	44.2%	—	—	—	—

资料来源：根据中国海关统计数据计算、2006年中国对外贸易发展。

第二节　"走出去"战略

"走出去"战略思想的形成对全面实施对外开放有着十分重要的意义。深入理解其丰富内涵，认识其必要性，认真总结近年来我国企业"走出去"的经验，在发现问题的基础上提出实施这一战略思想的可行的政策措施是理论界责无旁贷的任务。

一、"走出去"战略的内涵

"走出去"是相对于"引进来"而言的。对外开放作为一个整体包括这两个不可缺少的方面，二者是相辅相成的。狭义的"走出去"是指对外直接投资，以"发挥我国的比较优势"，"更好地利用两个市场，两种资源"。这包括对外投资办厂，境外加工装配，境外资源开发，对外承包工程，对外劳务合作，设立境外研发中心，建立境外咨询服务，开展对外农业合作，进行跨国并购等各种形式。广义的"走出去"则是为了建立一个适应全球化趋势的、可持续发展的国民经济体系，夺取新的战略主动权，以维护国家安全，促进世界和平和稳定的全方位的战略思想。这一战略思想的提出是总结历史经验，特别是我国"引进来"的经验，分析我国综合国力和比较优势，洞察国际局势的结果。

"走出去"的主体应该是企业。这是由国际环境所决定的，也是符合我们的利益的。但企业的依托应该始终是母国，这几乎是所有跨国公司的情况。

二、发展对外投资的必要性

1. "走出去"对外投资是调整经济结构的需要

改革开放以来，我国经济快速增长，取得了举世瞩目的成就。但随着大量外资的进入，加上我国产业政策的某些缺陷，相当一部分制造业部门形成了较大的过剩生产能力，企业之间的竞争非常激烈。但绿色壁垒、技术壁垒、"反倾销"等种种贸易保护主义措施的盛行，给我国的出口贸易造成了很大的威胁。"走出去"，在国外设厂生产、销售，开展境外加工贸易，就可以合法地避开一些国家对工业制成品的关税和非关税壁垒，在保护原有市场的基础上开辟新的市场。同时，带动我国零部件及技术和设备的出口，实现出口的长期稳步增长。

2. 发展对外投资是有效利用国外资源，保证国民经济可持续发展的要求

我国虽是世界上资源总量较丰富、品种比较齐全的国家之一，但由于人口众多，经济发展对资源的需求量很大。我国人均可耕地和人均淡水资源分别只占世界平均值的29%和24%。在我国已探明的45种矿产资源中，到2010年能够保证自给的才21种，到2020年将仅有6种。看似平静的国际初级产品市场，即便是在世界基本稳定的和平形势下，也常受国际投机者和其他势力的干扰和破坏。现行国际经济秩序使发展中国家处于很不利的地位。因此，一个高度依赖进口原材料的国家决不能仅依靠国际市场获取所需资源，而需要一个全方位的资源战略。这一战略的主要任务就是通过对外投资，直接参与战略资源的勘探、开发和储运等。

3. 发展对外投资有利于积极探索一条有中国特色的跨国经营之路

过渡时期的中国经济还存在一系列问题，各行各业还未形成一批真正具有国际竞争能力的大企业。我国的科学技术水平总体来说仍比较落后，经济体制

改革尚未完成，同时又受到了已进入中国市场的外国企业的打压。以垄断竞争为特征的世界经济是以控制国际市场为争夺主线的。国际资本共享巨大中国国内市场的局面并不会使我们"走出去"的进程一帆风顺。也许只有"走出去"的实践才会使我们认真反思中国的改革进程，才能更好地了解世界及其丰富多彩的文化，在实践中造就一大批优秀的跨国经营人才，为我国丰富的人力和人才资源开拓一个施展才华的广阔天地，为建立国际经济新秩序和人类的和平事业作出应有的贡献。

三、对外投资概述

广义的对外投资涉及境外投资、境外资源开发、对外承包工程、对外劳务合作、电信服务业及其他行业。

1. 境外投资

起初，我国境外投资业务主要以贸易活动为主，方式多为设立海外代表处和合作企业。1985年年底，我国境外投资企业共189家。中方投资额为1.97亿美元。到1998年年底，我国境外投资企业总数达2396家，中方协议投资额为25.84亿美元，投资范围也有了扩大。从1999年开始，我国的境外投资进入一个比较快的发展阶段。2005年，经商务部核准和备案的境外中资企业1067家，非金融类对外直接投资69.2亿美元。在地区分布上主要集中在亚洲，占投资总额的60%以上。行业分布以制造业、采矿业和信息传输和计算机服务和软件业为主，占近70%。股本投资和兼并收购各占投资的43.5%和56.5%。

2. 境外资源开发

为了解决国内资源不足的问题，20世纪90年代中后期我国开始参加国际石油开发勘探权市场的竞争。比如在苏丹，中国取得了石油勘探开发权，并取得了很好的效益。

在铁、铜、铝、锌等矿产品的开发和利用上，我国和澳大利亚、蒙古、巴基斯坦等国开展合作开发、直接投资或租赁经营权等方式开发海外矿产资源。宝钢在巴西建立大型钢铁工厂，总投资达15亿美元。中国铝业公司和科瑞公司合作在哈萨克斯坦建设大型电解铝项目，迈出了跨国经营向原料产地靠近的可喜一步。同时，我国也和俄罗斯合作开发俄罗斯的森林资源。安信集团还在巴西购买了1000平方公里的原始森林，成为我国唯一拥有海外林业资源的企业。

3. 对外承包工程

1979年以来，中国企业在国际工程承包领域不断发展，国家竞争力不断提高，对外承包工程取得了前所未有的良好业绩。截至 2004 年年底，我国对外承包工程累计完成营业额 1 140 亿美元，合同额 1 562.9 亿美元。对外工程业务已遍及世界上百个国家和地区，形成了一个多元的市场格局。截至 2004 年年底，我国具有承包工程经营资格的企业达 1 600 多家，分布在建筑、石油化工、水电、交通、冶金和有色金属、铁路、煤炭、林业和航空航天等国民经济的各个行业领域和全国各省、市、自治区。一些行业的龙头企业具备了承揽 EPC、BOT 项目的能力。一些势力较强的企业在欧美发达国家崭露头角。

4. 对外劳务合作

发展对外劳务合作对扩大就业，转移国内大量富裕劳动力，增加国家外汇收入，培养人才和发展对外友好合作都有着重要的意义。我国的劳务合作起步于对第三世界国家援助工程派出的劳务人员。后来根据市场需求的变化，合作方式得到了拓展。从地区分布看，对外劳务合作主要集中在亚洲。外派劳务的主要行业是制造业（主要是纺织业、服装业）和建筑业。

5. 电信服务业

20 世纪 90 年代以来，随着信息网络化的迅猛发展，电信服务业已成为全球增长最快的朝阳产业之一，也成为关系到各国国民经济全局的战略性产业。2004 年中国信息产业销售收入已超过 2 万亿元，成为中国经济的第一支柱产业。有了这样强大的后盾，我国一些运营企业和设备制造企业纷纷加快了国际化运营的步伐。

为了实现"业务延伸、网络延伸、服务延伸"，中国电信在近几年先后成立了中国电信美国公司、欧洲办事处等海外机构，完成了横跨美洲大陆的网络建设，积极建设全球通信网络，确立中国在亚太地区的电信枢纽地位，还积极参与大湄公河次区域通信建设，实现了国际化经营的重要突破。中国网通于 2002 年成功收购了亚洲环球电讯公司（AGC），获得泛亚洲的海缆资产及电信运营牌照。2004 年 2 月，又通过收购获得了亚洲网通的所有控制权，作为其国际化战略的不可分割的一部分。

我国的电信设备制造企业中兴公司和华为公司"走出去"的历史更长，并取得了可喜的成绩，积累了宝贵的经验。他们在引进资金和技术的同时，开始向国外输出通信系统、设备和产品，并通过提供设备成功地进入了国外电信运营市场。中兴公司自 1996 年开始进入国际市场以来，一直坚持从市场、人才和资本等方面全方位推进国际化战略。华为公司 2004 年的海外销售额达到 20 亿美元，其业务也已经拓展到全球 77 个国家，其中 14 家是发达国家，还与全球 50 家顶级运营商的近一半建立了合作关系。2003 年，华为公司在国际市场上赢得了第一个3G商业服务合同——阿拉伯联合酋长国的3G商业合同。

6. 其他行业

中国加入世贸组织后,一些国家著名的物流企业进入中国市场。中国运输服务业经受着前所未有的挑战。中国远洋运输集团自1993年2月成立以来奋力开拓,在几十个国家和地区派驻了航运代表,在德国汉堡成立了中远欧洲公司,汉远技术服务中心。在伦敦成立了独资代理公司。有20家合营企业分布在挪威、荷兰等世界各大港口。形成了一个初级规模的海外航运业务网络。但在国际航运市场竞争日益明显的垄断或寡头垄断竞争的形势下,我国这一重要的服务行业面临着巨大的挑战,这和我国作为贸易大国的地位不相适应。

中国农业的跨国经营,虽有了新天公司在巴西种植水稻,在墨西哥购地1 005公顷,租地250公顷,在水稻和其他经济作物的生产上的成功经验,目前仍处于跨国经营的起步阶段。

我国的医药行业虽有巨大的国内市场作支撑,但由于技术水平和其他原因,我们不仅和发达国家,甚至和某些发展中国家也存在一定差距。

旅游服务业的特点决定了"走出去"实际上是"引进来",也就是吸引更多的外国游客到中国来。所以,组织出境游不是"走出去",这就是为什么在统计上把出境旅游看成是一种"进口"的原因。允许外商在我国成立独资旅游公司是开放市场。旅游业的跨国经营是指我国企业到国外去开拓中国的旅游服务"出口"市场。这是一项远比签署几个备忘录或者建立代表处、办事处更复杂的事情,是一场真正意义上的全方位竞争。旅游行业在成本相对比较低的情况下就可以成为一个绿色行业。我国悠久的历史、灿烂的文化和秀丽的山川是我们发展旅游服务业的绝对优势。旅游资源是公共资源。旅游业也是一个具有很强外部性的行业。发展旅游业和繁荣文化事业一样,其意义远远超出经济意义上的收益的范畴,因为它能起到让世界认识中国和向世界展示中华文化这样一个具有战略意义的作用。

另外一个很重要的服务行业是设计咨询业。和发达国家相比,我国的咨询服务业起步晚,起点低,在规模、人才和技术方面差距较大。虽然我们在国际工程领域有个别基本具备国际先进水平的设计咨询企业,但整体实力远远不够,而且面临着西方公司大规模进入的严峻局面。

四、实施"走出去"战略的政策措施

我国对外投资的实践证明,我国企业对外投资是可行的。但应该看到,我国对外投资尚处于起步阶段。只有把"引进来"和"走出去"结合起来，对外开放才是真正意义上的。然而，对一个经济实力不够强，特别是科学技术水平相对落后的国家来说，"走出去"将不会是一帆风顺的。对不同行业的企业进行专项研究表明，在企业实施"走出去"战略中存在的一些重大问题是市场机制和企业经营管理本身无法解决的，需要中央政府特别是各级政府采取相应的措施。

1. 制定切实可行的对外投资总体战略规划

面对经济全球化快速发展，跨国公司风行于世的发展趋势和竞争格局，各国都在制定应对全球化的发展战略和规划。欧洲各国、美国和日本等发达国家，早在20世纪60年代就已先后开始通过境外投资战略的制定和实施来推动国内成熟产业向国外转移以促进国内产业结构的调整和升级，提高自己的国际竞争力。和发达国家相比，我国的跨国经营起步晚，底子薄，不具有竞争优势。因此，我们必须吸取我国实施"引进来"战略的经验和教训，深入研究"走出去"的经验和教训，深入研究"走出去"的可行性，尽早制定一部符合我国长远利益，有利于维护世界和平，促进人类平等和进步的"走出去"战略规划，作为指导我国企业"走出去"战略的纲领性文件。规划必须明确我国"走出去"战略的近期、中期和远期目标，使我国企业的跨国经营成为一个分阶段的、有序的、自觉的过程。

2. 建立对外投资服务制度

中国政府应借鉴国外的经验，设立独立的对外投资研究及信息咨询中心，为对外投资企业提供咨询服务，提供对外投资企业所需的各种信息，指导制订投资计划及投资合同；对东道国合作者的信誉进行调查，对项目建议书和可行性研究报告进行评估，发挥出口商会和行业协会专业性强、联系面广、信息灵通的优势为"走出去"服务。

3. 建立信贷税收支持制度

在资金支持方面，除继续保留中央外贸发展基金，援外优惠贷款，合资合作项目基金及对境外加工贸易项目的支持外，单独设立国家对外投资基金，用于支持和鼓励对外直接投资项目。由国家指定的有关政策性银行负责上述基金的具体运营。在税收方面，除对出境设备、散件和原材料实行退税外，还应避免双重征税。另外，还应加快以中国银行为主的海外网点的建设，为境外投资企业融资提供便利，为境外加工贸易企业提供流动资金的支持。

4. 完善外汇管理制度

在对对外投资项目实行严格的审批和事后管理的条件下，考虑到我国外汇储备充足的情况，对可行性研究报告评估好的投资项目应适当放宽对外投资用汇的限制。在设立国际收支预警机制，对国家收支状况实施监督，并对用汇总量实行控制的前提下，可适当简化企业自筹资金项目的外汇管理程序。在把对外投资企业国际市场融资统一纳入外债管理的前提下，可以允许有条件的企业通过国际资本市场融资。

5. 建立海外投资保险制度

对外投资比一般投资的风险更大，主要是因为其发生在另一主权国家，因而就有东道国发生内乱、战争，企业征用、没收等政治风险；限制外汇汇兑，拖欠付款，限制进口等经济风险。海外投资保险，只能是一种政府行为，即所谓的国家保证。为了避免道德风险的发生，在保险期限和保险费上应有区别，以积极扶持重点投资，特别是战略性投资。

6. 建立严格的对外投资项目事后管理制度

严格的事后管理制度是使对外投资企业有效地管理和运用对外投资资产，防止国有和民间外汇流失的保证。所以，国家有关权力机构应对对外投资企业提交的报告、资产流动（是否非法转移国内资产）、投资项目许可，第三国投资对项目终结时的财产处理情况等实行严格的监督。要求企业以现金或实物形式回收投资本金、贷款、利润及技术范围费用等。还应建立严格的定期汇报制度，并对违规企业进行及时而严厉的惩罚。

7. 人才培养是"走出去"战略的根本保证

千措施，万措施，归根结底只有一条：培养和造就一批"政治强，业务精，作风好"的跨国经营人才。胡锦涛总书记对理论工作者提出的这个要求对我国的跨国经营人才是完全适用的。对外投资的特殊环境要求管理者除了具备各种专业知识外，还必须在政治上对自己有更高的要求。这样才能保证在境外投资的中国企业，不论企业的性质是什么，都能自觉地按照国家"走出去"战略规划的要求，始终把国家的利益放在第一位。

本 章 总 结

（1）我国利用外资在改革开放以前全是利用外国间接投资，采取的方式有外国政府贷款、国家金融机构贷款、外国商业银行贷款和出口信贷等。其中日本政府和世界银行的贷款占有突出的位置。改革开放以后利用外资逐步转向以利用外商直接投资为主。采用最多的方式有中外合资经营、中外合作经营、外商独资经营和合作开发等。（2）外商直接投资对我国出口量的增加和商品结构的变化起了很重要的作用,加工贸易出口中外资的作用则更明显。(3)"走出去"是对外开放战略不可缺少的一个方面。只有这样才能更好地利用两个市场、两种资源。我国企业在境外资源开发、对外承包工程、对外劳务合作等方面都迈出了可喜的一步。实践证明我国企业"走出去"将不会一帆风顺,需要政府在总体战略规划的基础上,从信贷税收、外汇管理、海外投资保险、投资项目事后管理和人才培养等方面予以大力支持。

本章复习思考题

一、我国利用外商间接投资的主要方式有哪些?

二、我国利用外商直接投资的主要方式有哪些?

三、我国利用外商投资主要经历了哪些阶段?各阶段都有哪些特点?利用外商投资方式变化的原因是什么?

四、外商投资对我国出口的作用主要表现在哪些方面?

五、外资在加工贸易出口中的作用是什么?

六、我国企业"走出去"的现状如何?

七、我国政府在企业"走出去"的过程中应该起到什么作用?

第十章 中国对外贸易体制

本章概要 本章研究和分析我国对外贸易体制的建立、发展与改革。在分析改革开放前中国对外贸易体制特点及历史性作用的基础上，对改革开放后中国对外贸易体制改革的路径与成效进行了重点说明与评估，并进一步阐明了中国对外贸易体制改革的方向。

本章学习目标 本章学习目标有三个方面：（1）了解改革开放前中国对外贸易体制特点及历史性作用。（2）把握改革开放以来对外贸易体制改革的路径与成效。（3）掌握入世后中国对外贸易体制改革的成果与方向。

第一节 改革开放前的中国对外贸易体制

从1949年新中国成立到1978年改革开放前的30年，中国对外贸易体制的主要特征是实行国家统制专营，外贸经营权高度集中。这种外贸体制与计划经济体制相适应，是整个国家经济体制的组成部分和必然结果。然而，这种体制既不能调动地方和企业自主经营对外贸易的积极性，也阻碍了外贸资源的合理配置，不利于中国企业乃至中国经济参与国际分工和国际经济循环。

一、对外贸易体制的含义

对外贸易体制是对外贸易经营管理体制的简称，是指对外贸易的组织形式、机构设置、管理权限、经营分工和利益分配等方面的制度。它是国民经济体制的重要组成部分，与国民经济体制的其他组成部分有着密切关系。

对外贸易体制属于上层建筑的范畴，是根据经济基础的要求建立起来的，在经济条件发生变化以后，就要进行相应的调整和改革。

二、中国对外贸易体制的建立和发展

中国对外贸易体制是在实行对外贸易统制政策下建立起来的。中华人民共和国成立初期，我们面临的国内外环境是：国民经济亟待恢复和重建，美国等西方国家对中国实行封锁禁运。为了集中资源，充分发挥对外贸易对国民经济的促进作用，人民政府通过废除帝国主义在中国的各种特权，没收国民党政府和官僚资本的进出口企业，建立了国营对外贸易企业。同时，在中央人民政府设立了对外贸易部，集中领导和管理全国对外贸易活动。在此基础上建立了由对外贸易部统一领导、统一管理，由国营对外贸易企业统一经营的高度集中的中国对外贸易体制。

1. 高度集中的对外贸易体制的主要内容

这一时期的对外贸易体制的主要内容包括对外贸易计划、财务、经营、管理等方面。

（1）对外贸易计划体制。它是原有对外贸易体制的核心，包括外贸收购、调拨、出口、进口、外汇收支等计划的编制、下达和执行，是一种单一的指令性计划体制。出口计划由外贸行政部门和专业公司分别编制。进口计划以国家计委为主，外贸部门参与编制。各项计划批准下达后，各专业公司严格按计划实施。

（2）对外贸易财务体制。它是原有对外贸易体制赖以维持和运转的基础，其特点是各外贸专业公司将其本公司系统的进出口盈亏一律上报外贸部统一核算，对外贸易公司和生产供货单位不负责进出口盈亏。

（3）对外贸易经营体制。对外实行外贸专业公司统一经营。即进出口经营权授予各种外贸专业总公司及其所属口岸分公司，由他们按经营分工统一负责进出口贸易的业务活动，其他任何机构都无权经营进出口业务。对内实行出口收购制和进口拨交制。

（4）对外贸易管理体制。外贸专业总公司及其分支机构根据对外贸易部下达的货单和通知开展进出口业务活动，行政命令成为国家管理和控制对外贸易的重要手段。

（5）贸易外汇分配和管理制度。国家对进出口贸易的外汇实行集中管理、统一经营，即外贸公司的出口收汇一律上缴国家，所有与进出口有关的外汇业务由国家特许的外汇专业银行——进出口银行统一经营，各地方、各部门和各企业进口所需外汇，根据国家计委进口用汇计划统一拨付。

这种高度集中的对外贸易体制是在一定历史条件下形成的，是同我国当时的经济体制和国际条件相适应的。这种外贸体制在当时有利于使中国避免国际收支逆差,有利于控制中国进出口规模和构成,达到保护民族工业、实现进口替代的目的。

2. 中国对外贸易体制的演变

1957年我国国民经济转入单一计划经济轨道,我国的对外贸易体制随之适应国家经济体制的要求,形成了由政府职能部门领导的国营外贸公司集中经营,国家对外贸公司实行指令性计划管理和统负盈亏,管理和经营趋于一体的高度集中的对外经济贸易体制。这种对外经济贸易体制,在1957年至1974年,保持了相对的稳定。随着我国国民经济的发展,为了适应扩大对外贸易的需要,在1974年至1978年,对上述外贸体制做了一些局部的具体调整。

这些措施对发展对外贸易起到了一定的作用,但这只是在机构、经营等方面局部地进行修修补补,原有的高度集中的外贸体制并没有发生根本改变。

三、改革开放前中国对外贸易体制的弊端

1949—1978年我国的对外贸易体制对我国经济建设起过积极作用,但是,这种体制也有其历史局限性和重大缺陷,主要体现在以下几个方面。

1. 对外贸易由少数国营外贸公司垄断经营

在外贸进出口经营方面,实行国营外贸公司及其所属口岸分公司独家经营,特别是集权于外贸专业总公司,而其他任何机构都无权经营进出口业务。造成贸易渠道和经营形式过分单一,影响了各地区、各生产部门和企业发展对外贸易的主动性和积极性。

2. 产销脱节

在这种体制下,外贸公司的经营实行出口收购制和进口拨交制。外贸公司在对外洽谈出口贸易前,预先向供货部门或生产部门以买断方式购进出口商品,生产单位和国际市场不发生直接关系,对出口商品的适销性、价格、盈亏等不承担责任。外贸公司在执行进口计划的过程中,按照国家计委、对外经济贸易部下达的货单或通知完成订货、承付、托运、验收等对外业务后,调拨给用货部门;用货部门可派人参加技术性谈判,但同外商不发生合同关系,不承担进口质量和效益的责任。收购制和拨交制使外贸公司成为生产企业与国际市场之间的隔离层,使得生产企业和供货部门不了解国际市场的供求状况,不利于生产企业生产适销对路的出口产品,不利于对外竞争能力的提高。

3. 国家统收统支、统包盈亏

外贸财务由国家统收统支、统包盈亏,"吃大锅饭"。不利于外贸企业走上自主经营、自负盈亏、自我发展和自我约束的企业化经营道路,使外贸出口的

作用不能充分发挥，使进口需求过度的倾向长期得不到根本解决。

4. 统得过死、政企不分

由于国家通过指令性计划以及行政包揽和干预，对企业限制过多，忽视经济调节作用，造成政企职责不分，外贸企业自主权很小，难以积极主动地参与国际市场竞争。

进入20世纪70年代末，随着国内外形势的变化和对外开放政策的实施，中国的对外经济贸易往来和经济合作迅速扩大，原有外贸体制的弊端也日益暴露出来，对外经济贸易体制改革势在必行。

第二节　中国对外贸易体制改革

党的十一届三中全会决定对外实行开放、对内搞活的方针政策，国内逐步转向有计划的商品经济，党的十四届三中全会正式确立了走有中国特色的社会主义市场经济道路。在此形势下，原有的对外贸易体制已不适应新的历史时期经济建设和对外贸易发展的要求，随着经济体制改革和对外开放方针的实施，对外贸易体制也逐步进行了改革。

一、1979—1987年中国对外贸易体制改革

在中共中央与国务院的直接领导和部署下，从1978年开始，逐步对外贸体制进行了改革。从1979年至1987年，我国的外贸体制进行了以下探索性的改革。

1. 下放外贸经营权

一是逐步下放外贸进出口总公司的经营权，国务院批准有关部委成立进出口公司，分别经营原由外贸部所属专业公司经营的一些进出口商品。这些公司一般在各地设有经营性分支机构，并在国外设有派驻机构和创办独资、合资企业，扩大了贸易渠道，增强了产销结合。二是中央和国务院对广东和福建两省实行特殊政策，相应扩大其外贸经营权，除极个别产品外，全部由省外贸公司自营出口。三是批准京、津、沪、辽、闽等省市分别成立了外贸总公司，在不同程度上增加了外贸自营业务。同时，陆续批准了一些大中型企业经营本企业产品的出口业务和生产所需的进口业务。

2. 开展工贸结合的试点

针对长期以来工贸分家、产销脱节造成的出口产品不适销对路、质量差、

花色品种陈旧、包装装潢落后等弊病，开展了多种形式的工贸结合试点，设立了各种形式的工贸公司。

（1）外贸公司与工业公司专业对口，实行"四联合，两公开"。即联合办公、联合安排生产、联合对外洽谈、联合派小组出国考察；外贸的出口商品价格对工业部门公开，工业生产成本对外贸部门公开。

（2）工贸、技贸结合公司，即工业企业、科技单位和外贸企业共同出资，直接结合，共同经营。

（3）生产同类产品的企业和企业联合为经营实体的外贸公司，直接对外经营出口业务。

工贸、技贸公司可以做到在进口业务上密切配合、互相合作、合理分工、各有侧重，充分发挥各方面的优势，共同为提高出口商品在国际市场上的竞争力、提高经济效益而努力。

3. 改革外贸计划体制

这一改革的目的是：在国家计划指导下给生产企业和外贸企业以更大的生产经营自主权。1985年外贸计划体制在以下两方面进行了改革：

（1）缩小外贸计划管理的范围。在出口方面，经贸部不再编制和下达出口商品收购计划和调拨计划，国家只下达出口总额指标作为指导性计划，下达属于国家管理的主要商品的出口数量计划作为指令性计划。在进口方面，国家下达进口总额指标作为指导性计划，经贸部下达用中央外汇进口的大宗商品、引进项目等作为指令性计划，并指定外贸专业公司经营。随着外贸经营权下放，规定凡经批准经营进出口业务的单位和企业，都要承担国家出口计划任务。

（2）重视运用经济手段管理进出口贸易。对于一般性的进出口商品，通过税收、价格、信贷、利率、汇率等经济手段进行管理和控制。

4. 试行出口承包经营责任制

1987年外贸部对所属外贸专业总公司试行出口承包经营责任制，承包出口总额、出口商品换汇成本、出口盈亏总额等三项指标，实行超亏不补，减亏留用，增盈对半分成，并按三项指标完成情况兑现出口奖励。

5. 实行政企分开，给企业充分的自主权

外贸企业从原来所属的行政部门独立出来，成为独立的经济实体，承担国家规定的进出口等各项计划任务。各级行政部门不得干预外贸企业的内部事务，给企业以充分的自主权。同时，扩大地方经营权，确定出口商品实行分级管理、分类经营，除一、二类商品在外经贸部所属各外贸专业公司经营或组织协调下，由经营出口的省、市、自治区对外成交，三类出口商品由各地自主经营出口业务。

通过上述外贸体制的初步改革，取得了一些成效，调动了全国各地方、各部门、外贸企业和出口生产企业的积极性，增强了外贸企业自主经营的活力。但从总体上看，外贸体制中的一些带根本性的问题尚未解决，主要是尚未彻底改变统收统支的财务体制，外贸企业尚未真正实行企业化管理，政企职责还未分清，经济调节体系还很薄弱。因此，有必要对旧外贸体制进行进一步改革。

二、1988—1990年中国对外贸易体制改革

针对改革中尚存的问题，1987年10月，党的十三次代表大会的报告中提出了今后一个阶段外贸体制改革的方向："按照有利于促进外贸企业自负盈亏、放开经营、工贸结合、推行代理制，坚决有步骤地改革外贸体制。"1988年2月，国务院发出了《关于加快和深化对外经济贸易体制改革若干问题的规定》，对加快和深化外贸体制改革进行了认真的部署。改革的核心，主要是通过建立和完善以汇率、税收等为主要杠杆的经济调节体系，推动外贸企业实行自负盈亏。这次改革主要有以下几项内容：

1. 全面推行对外贸易承包经营责任制

对外贸易承包经营责任制要求各省、自治区、直辖市、计划单列市人民政府和各外贸专业总公司、各工贸总公司等三个渠道分别向中央承包出口创汇、上缴外汇和经济效益指标，承包指标一定三年不变。

各外贸专业总公司和部分工贸总公司的地方分支机构与总公司财务脱钩，同时与地方财政挂钩，把承包落实到外贸经营企业和出口生产企业，盈亏由各承包单位自负，把责、权、利统一起来。中央直属的外贸企业仍直接对主管部门承包。

2. 开始外贸企业自负盈亏试点改革

在《关于加快和深化对外经济贸易体制改革若干问题的规定》中，提出了建立外贸企业自负盈亏的机制。选择外贸专业总公司系统的轻工、工艺和服装行业进行企业自负盈亏的试点改革。其具体办法是，允许这三个行业中的外贸公司将出口获得的外汇收入大部分留归己用，取消补贴，实行自负盈亏。

3. 进一步改革外汇体制

从1988年起，国家取消了用汇指标的控制，允许地方、部门和企业分得的留成外汇，可以按照国家的规定，自主支配和使用。伴随价格改革的进程，对汇率进行了调整。在各省、自治区、直辖市、计划单列市、经济特区和沿海重要的城市设立了一批外汇调剂市场，企事业单位均可在外汇调剂市场上买卖外汇，调剂价格按照外汇供求状况实行有管理的浮动，这为企业实现自负盈亏

创造了条件。

4. 建立进出口协调服务机制

在对外贸易逐步走向放开经营和政府转变职能的改革中,迫切需要有一个介于政府和企业间的组织,来负责企业间进出口的协调工作。为此,1988年先后建立了食品土畜、纺织服装、轻工工艺、五矿化工、机电、医药保健品等6个进出口商会及若干商品分会。按照会员企业的要求从事咨询服务、信息交流和部分协调管理工作。

5. 进一步改革外贸计划体制

除统一经营、联合经营的21种出口商品外,其他出口商品由各省、自治区、直辖市和计划单列市直接向中央承担计划,大部分由有进出口经营权的企业按国家有关规定自行进出口。

实践证明,实行对外贸易承包经营责任制是可行的,并取得了可喜的成果。首先,打破了长期以来外贸企业吃国家"大锅饭"的局面,为解决责权利不统一的状况迈出了一大步,从而大大调动了各方面特别是地方政府的积极性,有力地促进了外贸发展。其次,有利于解决中国外贸经营管理体制上长期存在的政企不分问题,让企业逐步走向自主经营的道路。再次,促进了工贸结合,有利于增强外贸企业的国际竞争力。与此同时,承包制也暴露出一些弊端:一是外贸企业没有完全实行自负盈亏。保留了中央财政对出口的补贴,不符合国际规则。二是不利于优化产业结构和进口商品结构。承包经营的做法使得经营者盲目地进口或出口,不可能从全局考虑我国的产业结构和产品结构。三是助长了地区和部门间的封闭和壁垒以及造成了地区和企业的不平等竞争。对不同地区的承包企业规定不同的出口补贴标准和不同的外汇留成比例,造成了地区间的不平等竞争,诱发了对内的各种抢购大战和对外削价竞销,造成了地区间的外贸经营秩序混乱。四是萌生了企业的短期行为。只重承包期内任务的完成和超额完成,忽视长期发展战略,导致外向型企业产品长期处于低水平。五是没有考虑国内外经营环境的变化。承包期一定三年不变,不能适应国内外经营环境变化,事实上,遇有重大环境变化,企业往往难以完成承包任务。

三、1991—1993年中国对外贸易体制改革

这个阶段的特点:一是在总结前三年实行外贸承包经营责任制经验的基础上,逐步实现外贸企业自负盈亏为首要目标的改革;二是加快了进口体制改革的步伐。以往的外贸体制改革,偏重在出口体制方面,而对进口体制基本上没

有触动。1991年以后，外贸体制进入了包括出口体制和进口体制的全面改革的阶段。1990年12月，国务院决定从1991年起对外贸体制作进一步的改革和完善，改革的指导思想是：以提高出口商品质量和经济效益为中心，努力扩大出口，调整进出口商品结构，建立外贸企业自负盈亏的机制，使外贸企业逐步走上统一政策、平等竞争、自负盈亏、工贸结合、推行代理制的轨道，持续、稳定、协调地发展对外贸易。

与此同时，中国复关谈判进入到中国议定书有关内容的实质性阶段。1992年10月，中美市场准入谈判初步达成协议，签署了谅解备忘录。1992年以来中国在外贸制度透明化、逐步削减进口限制以及降低关税等方面作出了一系列重大承诺，为使外贸体制符合国际贸易规范而进行了重大改革，特别是加快了进口体制方面的改革。

在这个阶段采取的改革措施主要有：

1. 进一步改革外贸财务体制

取消国家财政对外贸企业出口的财政补贴，各省、自治区、直辖市及计划单列市人民政府和各外贸、工贸专业进出口总公司及其他外贸企业等向国家承包出口总额、出口收汇和上缴中央外汇（包括收购）额度任务。这是向社会主义市场经济体制迈进的一个重要步骤。第一，外贸企业出口完全实行了自负盈亏；第二，强化了企业的经营管理；第三，创造了平等竞争的条件；第四，优化了出口商品结构；第五，推动了外贸企业由价格竞争转向非价格竞争。

2. 进一步改革外汇管理体制

改变按地区实行不同外汇留成比例的办法，实行按大类商品全国统一的外汇留成比例，创造同类外贸企业平等竞争的条件。同时，改革外汇分成办法，对各类企业的商品出口实行全额分成，外贸企业的留成外汇，主要用于外汇调剂和自营进口，以补偿出口成本，实行外贸经营的自负盈亏机制。进一步搞活外汇调剂市场，规定各级行政部门均不得用行政手段干预留成外汇跨地区的横向调剂流通。

3. 进一步改革出口管理体制

大幅度缩减国家管理的出口商品范围，取消原来实行的出口商品分类经营的规定，除少数特别重要的出口商品由国家组织统一联合经营外，其余各类商品基本上由各类外贸企业在自负盈亏的基础上放开经营。

4. 进一步深化外贸企业经营机制

恢复并加强生产企业自营进出口贸易经营权工作。在外经贸部制定的《外经贸企业转换经营机制的实施细则》中，明确提出了转变的十大目标，并采取相应的政策措施推动外贸企业经营机制的转换。

1988年，国家决定赋予生产企业进出口经营权，下放各省、自治区、直辖市审批。由于各地掌握的尺度不同，进度不一，批准的企业有多有少，但普遍反映批得过多过滥，一定程度上扰乱了中国对外贸易经营秩序。在1989年国民经济进行治理整顿时，暂停审批并进行了清理。1993年开始恢复并加强生产企业进出口经营权的工作，当年生产企业自营出口占全国出口总额的3.1%。

5. 进行政府机构改革，转变政府职能

政府对外经贸活动的管理，转向主要运用经济、法律、政策手段，逐步减少对企业运营的行政干预。

6. 进一步改革进口管理体制

大幅度调低进口关税、减少进口许可证商品品种、增强外贸制度的透明度。从1992年1月1日起，中国进口税采用了《国际商品名称和编码协调制度》，并降低了225个税目商品的进口税率。从1992年12月31日起，中国调低了3 371个税目商品的进口税率，占海关进出口税则税目总数的53.6%，使中国关税总水平下降了7.3%。从1992年4月1日起，全部取消了进口调节税，对于个别确需保护的商品适当提高了进口关税税率。1988年，中国实行进口许可证管理的商品有53种，金额约占进口总额的1/3。1992年取消了其中16种进口商品的许可证管理。取消进口替代清单并承诺以后不再制定进口替代清单。为了增强外贸制度的透明度，凡涉及进口管理的规章，都由外经贸部统一对外发布。

虽然基本完善了外贸承包经营责任制，但仍存在一些问题，诸如承包额度缺乏科学性，外贸企业的经营活动仍受地方政府的行政干预，汇率调整还没有到位，按商品大类实行统一外汇留成的做法造成了新的不平等竞争，上缴中央外汇任务的分配不尽合理等。

四、1994—2001年中国对外贸易体制改革

1994年，中国开始了以汇率并轨为核心的综合配套的新一轮外贸体制改革。主要内容如下。

1. 改革外汇管理体制

根据1993年年底发布的《国务院关于进一步改革外汇管理体制的通知》和《中国人民银行关于进一步改革外汇管理体制的公告》，从1994年1月1日起，实现人民币双重汇率并轨，实行以市场供求为基础的、单一的、有管理的人民币浮动汇率制度，建立银行间外汇市场，改进汇率形成机制，保持合理的、相对稳定的人民币汇率；实行外汇收入结汇制，取消现行的各类外汇留

成，取消出口企业外汇上缴和额度管理制度，实行银行售汇制，实行人民币在经常项目下的有条件可兑换。

外汇体制改革为各类出口企业创造了平等竞争的良好环境，有助于提高中国出口商品的竞争力；大大加速外贸企业经营机制的转换，更有效地发挥汇率作为经济杠杆调节对外贸易的功能；有助于中国外贸体制与国际规则接轨。1996年12月1日，中国还宣布接受国际货币基金组织第8条款规定的义务，实现人民币经常项目下可兑换。

2. 完善对外贸易宏观调控体系

首先是加快完善外贸立法，依法管理对外贸易。在1994年《对外贸易法》颁布实施的基础上加快制定并实施各种配套法规，将对外贸易管理纳入法制化轨道。其次是强化经济调控手段。主要运用经济手段，如汇率、关税、税收、利率等调节对外贸易。再次，采取必要的行政手段调节对外贸易。取消所有的外贸指令性计划，对进出口总额出口收汇和进口用汇实行指导性计划；对少数关系到国计民生的、重要的大宗进出口商品实行配额总量控制，协调平衡国内外市场；加快赋予具备条件的国有生产企业、商业物资企业和科研单位外贸经营权。

1996年9月，外经贸部颁布了《关于设立中外合资对外贸易公司试点暂行办法》，规定外国公司、企业可以与中国的公司、企业在上海浦东新区和深圳经济特区试办中外合资外贸公司。外商不仅在生产领域，而且可以在流通领域进行合资合作经营。此外，1996年中国还在5个经济特区进行生产企业外贸经营登记制试点。外贸经营权将根据中国的对外承诺，最终由审批制转向依法登记制。

3. 加快转换外贸企业经营机制

按照现代企业制度改组国有外贸企业。具备条件的外贸企业要逐步改变为规范化的有限责任公司或股份有限公司；要在国有大中型企业设立监事会，对企业国有资产的增值和经营状况进行监督、稽核，防止企业决策失误。通过这些措施使外贸企业成为真正自主经营的经营实体，加强凝聚力。

4. 保持对外贸易政策统一性，增强透明度

这是建立全国统一大市场的宏观要求，也是国际贸易规范之一。为此，要确保我国外贸制度在全国范围内的统一性，统一对外贸易立法和法律实施，统一对外承担国际义务。凡有效实施的对外贸易法规、政策均公开颁布，以增强透明度。

5. 加强外贸经营的协调服务机制

进一步发挥进出口商会等中介机构的协调服务功能，逐步建立和完善外贸行业的律师、会计和审计事务所及咨询服务机制。加大对违法经营者的惩处力度。1996年9月，经贸部成立了"中国国际电子商务中心"，为实现中国对外经贸管理，经营和服务的国际化、现代化提供了一条有效途径。

通过上述改革使我国的外贸体制改革取得了突破性的进展，发生了根本性的重大变化。但是，随着我国国民经济整体体制的进一步全面改革，随着我国经济进一步与国际接轨，外贸体制改革还需要进一步深化，要逐步建立起既符合社会主义市场经济运行机制，又符合国际贸易规范的新型外贸体制。这是我国外贸体制改革的最终目标。

第三节 改革开放与对外贸易体制改革

随着国际分工的深化，经济全球化的加强，各国之间的经济联系日益密切。我国计划经济体制下的对外经济贸易体制已经构成了我国对外进行经济交流的障碍，必须通过制度创新实现对旧体制的变革，以满足我国经济持续发展的需要。

一、经济体制改革与对外贸易体制改革

对外贸易是国民经济的重要组成部分，对外贸易必须在国民经济的宏观背景下发展，因此，中国对外贸易体制改革与中国整个经济体制的改革是密不可分的。经济体制改革的目标取向决定了对外贸易体制改革的方向、目标、基本原则和内容，而对外贸易体制改革又是经济体制改革的重要组成部分。换言之，对外贸易体制改革必须置于经济体制改革的总体框架下，而经济体制改革正是通过包括对外贸易体制改革在内的一系列具体部门体制的变革和相互协调来实现的。

二、对外开放与对外贸易体制改革

中国共产党的十一届三中全会后，我国开始迈上了改革开放的道路，无论是改革，还是开放，其目标都是要解放生产力，发展生产力，要提高经济活动效率，加快经济发展。

1. 对外贸易体制改革是改革与开放的关键环节

中国的经济体制改革是在社会主义宪法制度的基础上、在工业化的背景下进行的市场化改革，是对传统的制约经济发展的经济体制进行变革。中国的对

外开放则是国家改变闭关锁国的状态,顺应生产力发展和国际分工不断深化的客观现实,积极主动地扩大对外经济交往,在更广阔的范围内实现资源的优化配置,加快经济发展。

对外贸易体制改革将推进传统经济体制向以市场为取向的新体制的蜕变,促进对外开放向纵深发展。

2. 对外贸易体制改革是对外开放的基础

我国的对外开放的内容包括对外贸易、引进技术、利用外资、对外援助、对外工程承包等,其中对外贸易是对外经济交流活动的主渠道,也是其他各项经济交流活动的基础。对外贸易的发展决定着对外开放的深度与广度,对外贸易体制改革的成效不仅作用于对外贸易活动本身,而且对其他以贸易为基础、与贸易密切相关的各项对外交流活动势必产生重大影响。

(1) 外贸体制改革对于利用外资的影响。利用外资要以出口创汇为基础,借款的还本付息以及投资利润的兑现,要由出口贸易获取的外汇偿付。无论是借用国外贷款,还是吸收国外直接投资都有赖于改革传统的高保护的外贸体制。扩大利用外资就必须采取一系列措施,消除、纠正原有贸易体制中的不利于进出口的因素。这就要求解除原有计划体制下对外贸行政管理的桎梏,代之以经济调节为主的外贸宏观管理体制。

(2) 外贸体制改革对于引进技术的影响。对外贸易体制改革扩大了出口创汇规模,从而也扩大了引进技术设备的规模。对进口限制的减少,意味着赋予企业较大的引进技术的自主权。随着经济体制逐步向市场体制的转轨,引进技术也越来越受到市场需求的调节,由宏观计划决定的技术引进比例越来越少,等等。通过外国直接投资转移技术显然是伴随着吸收外国直接投资的增加而扩大,一切影响外资规模、产业投向的体制性因素都会对通过直接投资渠道进行的技术转移产生影响。

(3) 外贸体制改革对于对外经济合作的影响。对外经济交流的其他形式往往包含商品贸易或以商品贸易为基础,因而对外贸易体制的变革会对国际援助、对外工程承包等活动产生直接、间接的影响。如对外工程承包包含着建设承包项目所需的设备、材料的出口,国际援助也往往与商品贸易相结合。贸易体制改革在促进商品贸易发展的同时,也带动其他对外经济活动的发展。

3. 改革开放与对外贸易体制改革的目标

党的十一届三中全会确立了实行改革开放的基本方针,提出了要发展商品生产和商品交换,重视价值规律的作用。1984年10月,党的十二届三中全会通过的《中共中央关于经济体制改革的决定》明确指出,商品经济是社会主义经济发展不可逾越的阶段,我国社会主义经济是公有制基础上的有计划商品经济。1987年10月，党的十三大提出社会主义有计划商品经济的体制应该是计划与市场内在统一的体制，提出了"国家调节市场，市场引导企业"的经济运行模式。十三届四中全会后，提出建立适应有计划商品经济发展的计划经济和市场调节相结合的经济体制和运行机制。党的十四大正式提出了建立社会主义市场经济体制是我国经济体制改革的目标，要使市场在国家宏观调控下对资源配置起基础性作用。经过十几年大胆的实践探索和理论总结，中国终于明确了经济体制改革的目标模式是社会主义市场经济。

在经济体制改革从理论到实践不断深化的背景下，对外贸易体制改革的理论和实践也在探索中向前推进。与经济体制改革一样，计划控制还是市场调节，高度集中还是分散经营并不是对外贸易体制改革的目的。在社会主义基本经济制度下，建立高效率的对外贸易活动运行机制才是对外贸易体制改革的目标。下放进出口经营权、实行外汇留成制度、开展工贸结合、实行对外贸易承包制等都是实现这一总体目标的中介和手段。而对于什么是对外贸易活动的"高效率"，对于"高效率"具体体现的理解和把握，则是随着我们对社会主义经济基本属性认识的深化而深化的。

第四节 对外贸易体制改革的进程与效果

中国的对外贸易体制改革基本上是逐步实现贸易自由化的过程，但中国原来对外贸易体制的基础是计划经济体制，对外贸易自由化过程必须在经济体制从计划经济体制向市场经济体制的转变过程中完成，因此，中国对外贸易体制改革就不是一个单纯的贸易自由化问题，而必须顺应总体经济体制改革的进程。

由于中国对外贸易体制改革所处的特殊环境，使对外贸易体制的改革步骤及措施有别于一般发展中国家的改革。中国对外贸易体制改革的起点是中央集权计划经济体制下的对外贸易保护体制。在向市场化的转轨过程中，就贸易措施而言，先逐步减少对外贸易计划，代之以许可证、配额及其他行政控制手段。随着国内市场化改革的深入，市场扭曲的程度逐步减少，对外贸易数量控制也随之减少，对外贸易体制向"中性"演化。

就对外贸易体制改革目标而言，是要通过对外贸易体制改革，发挥比较优势，扩大出口贸易，以解除经济发展中的外汇约束；通过贸易保护，发展新兴产业与特定产业，从而促进经济发展。综合来看，在经济体制转轨过程中，在对外贸易自身经营目标的转换过程中,对外贸易体制改革主要从以下几个方面展开。

一、下放对外贸易经营权

党的十一届三中全会以后,针对计划经济体制下传统的对外贸易体制高度集中所存在的弊端,开始了以放权让利,调动地方、企业、个人积极性为主要内容的对外贸易体制改革。

1979年,以给广东、福建两省灵活经贸政策为起点,对外贸易体制拉开了改革序幕。下放外贸进出口总公司的经营权,扩大地方的对外贸易经营权,同时扩大地方政府对引进技术、进口商品的审批权,给地方政府一定比例的外汇留成等,旨在调动地方发展对外贸易的积极性。

上述改革在一定程度上改变了对外贸易的中央高度集权格局,为加速我国对外贸易的发展注入了活力。但这些政策调整并没有改变政企不分的体制基础,地方政府变为中央政府行使某些对外贸易经营管理权的代表,企业经营行为仍然受地方政府的严控,而没有成为具有独立市场行为能力的市场主体。因此,向地方下放对外贸易经营管理权,也为地方主义的泛滥埋下了隐患,导致对外贸易领域的各地方抬价争购、削价竞销行为。

二、扩大对外贸易经营渠道

在传统计划经济体制下,中国对外贸易几乎全部由国家外贸专业总公司独家垄断经营,对外贸易领域所有制结构呈单一公有制。

改革开放后,中国逐步认识到商品经济是不可逾越的发展阶段,社会主义初级阶段的经济体制只能是商品经济。所谓"商品经济",是一个由众多既互相分离、又密切联系的商品生产者和消费者组成的社会体系,靠一整套市场机制运转。由产品经济向商品经济转变,这就要求要突破单一所有制结构,因为完全意义上的商品交换,应当是发生在不同所有者之间的,市场的形成也是以利益主体的多元化为前提的,它同独家垄断的单一所有制是不相容的。社会主义商品经济是以公有制为主体,多种所有制成分并存的经济。在商品经济条件下,市场的有效运行还要求有足够多的竞争主体(企业),并能自由进入,从而能够形成竞争。

1979年以后的对外贸易体制改革,正是循着以上改革思路,顺应商品经济的要求,引入其他所有制成分,发展各类外贸企业,扩大外贸经营渠道。

一是扩大广东、福建两省的对外贸易经营权,产品除个别品种外,全部由省外贸公司自营出口。同时，两省还可以自主安排和经营本省对外贸易，批准设立产销结合的省属外贸公司。二是各地方经过批准可以成立地方外贸公司。三是批准19个中央有关部委成立进出口公司，如机械设备进出口总公司、船舶进出口公司等，将原来由外贸部所属进出口公司经营的一些进出口商品，分散到有关部门所属的进出口公司经营，拓宽了经营渠道。四是陆续批准一些大中型生产企业经营本企业产品的出口业务和生产所需的进口业务。

对外开放政策的贯彻实施，也大大强化了对外贸易经营渠道的分散化，加速了对外贸易领域不同所有制成分的介入。

1979年以后，经全国人大常委会批准，先后开辟了深圳、珠海、汕头、厦门、海南等5个经济特区，在经济特区实行特殊的经济政策和不同于内地的经济管理体制，特区建设以利用外资为主，特区的所有制结构是社会主义经济主导下的以外国投资企业为主的多种经济成分并存的综合体，特区的经济活动在国家计划指导下，以市场调节为主。

1984年又开放了沿海14个口岸城市，并兴办经济技术开发区。

1985年后又陆续开辟沿海经济开放区。沿海开放城市和沿海经济开放区均对外商投资实行各种优惠政策。于是，随着对外开放地域的扩展、行业的扩大，外国投资企业迅猛发展。

发展各类外贸企业，拓展对外贸易经营渠道，不仅改变了对外贸易领域单一的所有制结构，同时还大大降低了对外贸易的行业集中度，为对外贸易行业打破垄断、形成竞争机制创造了条件。

改革开放前，我国对外贸易业务主要掌握在十几家专业总公司手中，至1987年，全国已设有各类外贸公司2 200多家，到1995年进一步发展到9 000多家，1997年达到1.4万家，1999年达到2.63万家。加上"三资"企业对外贸易业务的发展，我国对外贸易高度垄断的局面有了根本的改变。地方外贸公司和企业以及外商投资企业已成为进出口的主要经营者，尤其是外资企业已占据外贸的半壁江山。

在拓宽外贸经营渠道的同时，中国仍保留了对外贸易经营权的许可、审批制度。在我国企业经营机制尚未完全转换，企业自我约束、自我监督的机制尚不健全的情况下，如果完全放开对外贸易经营者资格的管理可能会引发对外贸易秩序的混乱，因此，继续实行外贸经营权的审批制度，使国家行政部门可在经济体制的转轨过程中，通过对外贸市场准入的控制和赋予经营权与撤销经营权，以调节和维护对外贸易秩序，同时还可体现国家对不同所有制、不同行业、不同经营类型、不同区域的企业的差别待遇。

但外贸经营权的审批制度与国际贸易体制是相冲突的，不符合公平竞争、自由贸易的原则,因而被国际社会认为是中国最为核心的贸易壁垒之一,应在一定的过渡期后,予以取消,向进出口权自动登记制度过渡。根据这一改革精神,我国于1997年对经济特区的生产性企业试行自营进出口权自动登记制度。1999年起,对全国大型工业企业实行进出口权登记备案制,对国有、集体所有制的科研院所和高新技术企业实行自营进出口权登记制,允许有条件的私营企业申请获得进出口经营权,逐步形成多元化外贸经营主体结构。

中国政府承诺,在加入世界贸易组织后的3年内完全实行进出口权自动登记制度。

三、工贸结合

传统对外贸易体制下的出口收购制、进口拨付制,使生产方和消费方被严重隔离开。出口生产企业和进口商品用户都被阻隔在国际市场之外,只有国营对外贸易专业公司可以在国际市场上参与运作。这种严格的分工虽然有利于统一对外,甚至可以形成国营外贸公司的垄断规模经营,但却割断了生产和销售、生产和消费内在的紧密联系。对外贸易联结国内外生产、消费的中介作用被扭曲了,使本应作为国内外市场桥梁、纽带的对外贸易在很大程度上异化为国内外市场的隔离层。这种体制严重阻碍了我国对外贸易,尤其是出口贸易的发展。

1978年以后,中国对外贸易体制改革的举措,主要包括鼓励工(农、技)贸结合,发展多种形式的工贸联营体,包括以大中型生产企业为骨干、以出口产品为龙头、生产和经营一体化的企业集团。对外贸易专业进出口公司也逐步将部分产品的出口收购制改为出口代理制,并开始开展代理进口业务。

工贸多种形式的结合,密切了产销关系,使国内部分生产企业能直接面向国际市场,经受激烈国际竞争的考验,这对提高我国出口商品质量、增强产品的国际市场竞争力具有十分积极的作用。这项措施实际上是在价格体制、汇率体制等配套改革不完善的情况下,对对外贸易企业实现自负盈亏的初步尝试。

四、逐步缩小外贸计划控制范围

计划曾是计划经济体制的核心,计划经济体制是以包罗万象的指令性计划体系来配置社会资源的。在我国经济体制改革过程中,我们对计划的认识在逐渐深化。1984年10月,党的十二届三中全会通过的《中共中央关于经济体制改革的决定》明确了我国社会主义经济是有计划的商品经济。既然是商品经济,就必须发挥市场配置资源的作用,从此,对外贸易指令性计划逐步缩小,让位于指导性计划。

自1985年起，经贸部不再编制和下达原计划体制下进出口的两大核心计划——出口收购计划和进口调拨计划。1988年以后，进一步调整了计划和市场的关系，实行指令性计划、指导性计划和市场调节三种管理形式。到1994年，对外贸易领域全部取消了指令性计划，只有少数极重要商品由指定外贸公司经营。

在计划经济时期，我国对对外贸易的控制几乎是完全通过计划进行的，除了较高的名义关税外，国际上常见的非关税措施如配额、许可证等数量控制手段几乎都没有实行，因为计划的效力远比这些商业性政策的作用大。但计划逐步退出后，市场机制尚不能有效调节出口生产与保护国内市场，因此计划管理退出的部分并不是直接让位于市场调节，而是启用关税及非关税手段，也即国际上通行的商业性政策手段来取代计划。

20世纪80年代开始，随着计划的削减，我国逐步开始采用非关税措施，如许可证、配额、指定经营等措施，这些措施从无到有，从少到多。因此，改革开放以后，我国非关税保护是呈上升趋势的。1992年以后，随着进口体制改革步伐加快，许可证、配额管理范围逐步缩小，到1997年，受配额、许可证控制的进口商品，大约只占进口总税目的5%。

到2000年，进口许可证管理商品从1992年的53种减少到35种。出口许可证管理商品从1992年的138种减少到2000年的50种。同时在出口配额管理中逐步引进了市场化分配机制。加入世贸组织后，按照入世所作的承诺，我国将分阶段大幅度削减配额、许可证等非关税贸易限制。

总之，我国改革开放以来，非关税贸易措施经历了先上升后下降的过程，这正是中国贸易体制经历双重转轨——由计划体制向市场体制转轨和由高保护体制向中性贸易体制转轨——所必须的，贸易体制的中性化必须伴随着贸易调节手段由计划控制向市场化调节机制的逐步转换，商业政策手段正是向市场化体制过渡的一种形式。在完成计划控制向商业政策手段控制后，再按照国际多边贸易体制规范，削减贸易壁垒，向符合市场经济体制、符合国际贸易规范的贸易体制过渡。

五、改革外汇管理体制

在传统计划经济体制时期，汇率与价格一样，只是作为一种记账工具，而不起调节进出口贸易的作用。对外汇实行"统收统支"的外汇管制制度，人民币汇率长期处于高估状态，保持在大约1.5元人民币兑换1美元，国家通过进口盈利来弥补出口亏损。

改革开放后,随着对外贸易经营权的下放,大量"传统对外贸易体制外"企业的出口成本既无法通过进口得到补偿,在取得政府补贴方面也存在障碍,而对外开放的核心内容是发展对外贸易,尤其是出口贸易,以换取外汇,支持进口,如果不解决企业出口的补亏问题,必将制约出口贸易的发展。

从1981年1月1日起,我国试行人民币对美元的贸易内部结算价,2.8元人民币兑换1美元,而非贸易外汇仍按官方价1.5元人民币兑换1美元,形成双重汇率。贸易汇率大幅度贬值,目的是为了跟上全国平均出口换汇成本的上升,解决企业出口亏损问题;保留高估的官方非贸易汇率,则是由于我国基本消费品和劳务价格大大低于西方发达国家,按购买力平价计算,1.5元人民币兑换1美元对于旅游等非贸易外汇交易仍是合理的。贸易内部结算价的实行,对出口企业补偿亏损起了积极作用。然而,从1981—1984年,随着国内商品和劳务价格水平的不断上涨,同时随着官方汇率不断贬值,逼近2.8元人民币/美元的贸易结算价,从1985年1月1日起,官方汇率调至贸易内部结算价的水平,贸易和非贸易汇率得到统一。

1985年,我国取消贸易内部结算价后,外汇留成制度和外汇调剂市场的发展成为企业补偿不断上升的出口换汇成本的重要手段,对减少国家财政补贴压力、扩大出口贸易起着很大的作用。

我国从1983年开始实行外汇留成制度,并开展相应的留成外汇调剂业务,但由于留成外汇数额不大,且国家对调剂价格有严格限制,规定不得超出贸易内部结算价2.8元人民币/美元的10%,因此在1985年前,留成外汇对扩大出口的刺激作用不大。

1985年取消了对外贸易内部结算价,提高了出口外汇留成比例,成立了多个外汇调剂中心,并大大放宽了对外汇调剂价格的控制,使留成外汇在补偿出口成本、取得盈利方面的功能大大加强。1986年,开始允许外国投资企业进入外汇调剂市场,相互之间可调剂外汇供需,进一步扩大了调剂市场容量。1988年,开始全面推行出口承包经营责任制,留成比例尤其是计划外出口留成比例更加有利于企业,促使对外贸易出口大幅度计划外增长,从而留成外汇也大幅度增加,外汇调剂市场交易总额及其在外汇收支总额中的比重都不断上升。

1994年,国家取消官方汇率,形成由市场供求决定的单一汇率。官方汇率自1979年改革以后,一直逐步在贬值,因此官方汇率对人民币价值的高估程度在逐步改善,而且,由于外汇调剂市场外汇所占比重已达到80%,在此背景下,实现官方汇率和市场汇率的并轨,所导致的汇率总体水平的波动预期较小。这就可以取消外汇留成,实行结售汇制度。在新的结售汇制度下,除处理外商投资企业有一定过渡期外（从 1996 年 7 月 1 日起实行结售汇制），所有企业的外汇收入都必须结售给国家指定银行及金融机构，进口用汇则凭进口有效凭证用人民币从银行按当时汇率购买。

六、实行对外贸易承包经营责任制

1979 年至 1987 年的对外贸易体制改革，在下放外贸经营权，拓宽外贸经营渠道，扩大对外贸易方面取得了显著的成效，但中央政府对对外贸易的财政补贴也因此逐年增加，这是因为地方政府只按照国家下达的指令性、指导性计划鼓励外贸公司扩大出口，而出口亏损则由中央财政负担。在价格改革尚未取得实质性进展、汇率高估等经营环境下，出口价格"倒挂"现象仍普遍存在，即出口销售价低于出口收购价，出口亏损严重，国家财政负担沉重。出口亏损全部由中央财政负担，也不利于企业提高经营效率，降低经营成本。实施外贸承包制，中央政府可在冻结出口补贴的同时，通过刺激地方政府扩大出口的积极性，保证出口计划的完成，并可将企业引上自负盈亏、自我约束、自我发展的道路。

对外贸易承包经营责任制于 1987 年开始在部分外贸公司进行试点工作。试行结果是当年的出口额增长 28.5%，出口成本降低了 1.5%，出口单位美元占用资金下降 12.6%。自 1988 年起，进而开始在全国全面实行。由外贸总公司、工贸总公司及地方政府分别向中央政府承包出口收汇、上缴外汇和承包基数内中央定额补贴三项指标，承包指标一定三年不变。承包指标再层层分解到外贸经营企业和出口生产企业，盈亏由各承包单位自负。完成承包指标以内的外汇收入大部分上缴国家，小部分留给地方和企业，其留成比例，由于地区不同、行业不同、商品不同而有所差别。超过承包指标的外汇收入，一般商品的外汇大部分留给地方和企业，其留成比例基本上拉齐，小部分上缴国家。国家特别鼓励出口的商品，出口外汇留成的比例较一般商品高，甚至可全额留成。同时，在轻工、工艺、服装行业进行自负盈亏的试点改革，国家不给予出口补贴，但经营企业可将大部分外汇收入留成，这为外贸改革的下一个逻辑阶段——外贸企业实现自负盈亏做了必要的探索，积累了经验。

实行对外贸易承包经营责任制，旨在保证出口收汇增长的前提下，冻结国家财政补贴，从而从出口增长、人民币亏损补贴相应增加的恶性循环中摆脱出来。在打破对外贸易统包盈亏的大锅饭体制方面迈出了重要而坚实的一步，开始形成"分灶吃饭"，同时也调动了地方政府、企业经营的积极性，促进了对外贸易的快速增长。

在社会主义市场经济体制下，企业应该是独立的市场主体，根据市场供求、价格信息，作出经营决策，并追求企业利润的最大化。而对外贸易承包经营责任制则将企业的经营活动与政府的承包指标捆绑起来，使企业的经营活动不是面向市场，而是面向政府的承包指标，从而强化了政府，尤其是地方政府对外贸企业经营活动的干预，加剧了政企不分和地方主义的蔓延。此外，在这种承包制下，社会主义市场经济的微观基础——企业自主经营、自负盈亏的机制也无法建立。

1991—1993年新一轮外贸承包经营责任制是在官方汇率贬值21.2%的基础上，取消了国家对外贸出口的财政补贴的情况下推行的。官方汇率大幅贬值，在一定程度上纠正了汇率高估带来的反出口倾向。同时辅之以外汇留成办法的改变，由按地区实行不同比例留成改为按大类商品实行统一比例留成。这些改革大大提高了外汇调剂市场汇率在出口外汇结算中的比例，并为各类企业提供了更加公平的竞争平台，改善了企业的经营环境。外贸企业出口实行没有财政补贴的自负盈亏，这是向社会主义市场经济体制迈进的一个重要步骤。

七、改革统包盈亏的对外贸易财务体制

对外贸易财务体制主要指对外贸易财务隶属关系和对外贸易盈利、亏损的分配与消化方式。

1987年以前，中国对外贸易的财务收支一直隶属于中央财政，对外贸易的盈利除很少的比例留给企业及主管部门用于发展生产外，全部上缴中央财政，对外贸易亏损也全部由中央财政消化。统包盈亏的财务体制是计划经济下对外贸易体制的基石。

由于由中央财政统包盈亏，外贸企业才有可能无条件执行国家的对外贸易计划，而无需对经营结果——盈亏负责。也正是由于国家对对外贸易统包盈亏，使政府对企业的经营活动进行干预顺理成章。因此，要使企业从作为计划经济体制下计划的被动执行者转变成为社会主义市场经济体制下自主、独立的商品经营者，就必须打破统包盈亏的财务体制，使企业从过多的政府干预中解放出来，同时也让企业对自身的经营后果负责。

1988年在全国全面推行对外贸易承包经营责任制，将财政补贴封顶，实行超亏不补、结余留用，使企业经营成果与企业、职工的经济利益进一步联系起来。但由于仍存在大量的政府财政补贴，统包盈亏的体制还未从根本上取消。1991年，政府取消了对出口的财政补贴，1994年取消了对进口的财政补贴，并取消了对外贸易的指令性计划，至此，外贸企业基本上能按照市场经济规律

自主经营、自负盈亏。

第五节 加入世界贸易组织与对外贸易体制改革

一、中国加入世界贸易组织的主要承诺

根据中国加入世贸组织谈判中所坚持的权利与义务平衡的原则,《中国加入世界贸易组织议定书》中,对中国加入世贸组织后享有的权利与义务作了规定。

1. 为世界贸易组织成员方提供非歧视待遇

我国承诺在进口货物、关税、国内税等方面,给予外国产品的待遇不低于给予国内同类产品的待遇,并承诺对目前仍在实施的与国民待遇原则不符的做法和政策进行必要的修改和调整。

2. 贸易政策统一实施

承诺在整个中国关境内(包括民族自治地方),借鉴特区、沿海开放城市以及经济技术开发区的做法,统一实施贸易政策。

3. 保持贸易政策透明度

承诺公布所有涉及经贸法律和部门规章,未经公布的不予执行。加入世界贸易组织后将设立"世界贸易组织咨询点",在对外经贸法律、法规及其他措施实施前,提供草案,并允许提出意见。

4. 进行外贸经营权改革

承诺在加入世界贸易组织 3 年内取消外贸经营权的审批制,实施登记制。在中国的所有企业,在登记后都拥有经营除国有贸易产品外的所有产品。

5. 降低关税壁垒

承诺继续分步降低关税税率,到 2005 年,中国关税税率将降到发展中国家的平均水平以下,平均关税税率则降至 10% 左右。同时将全面实施世界贸易组织海关估价协议,促进海关税率征收工作的规范、公正、透明、高效。

6. 削减非关税措施

承诺将现在对 400 多项产品实施的非关税措施在 2005 年 1 月 1 日之前取消,并承诺因除非符合世界贸易组织的规定,否则不再增加或实施任何新的非关税措施。

7. 关于出口补贴

承诺遵守世界贸易组织《补贴与反补贴措施协定》的规定,取消协定禁止

的出口补贴,通知协定允许的其他项目补贴。

8. 实施《与贸易有关的投资措施协定》

承诺加入世界贸易组织后实施《与贸易有关的投资措施协定》,取消贸易和外汇平衡要求、当地含量要求、技术转让要求等与贸易有关的投资措施。承诺在法律、法规和部门规章中不强制规定出口实绩要求与技术转让要求,由投资双方通过谈判议定。

9. 接受过渡性审议机制

接受过渡性审议机制,即在中国加入世界贸易组织8年内,世界贸易组织的有关委员会将对中国履行世界贸易组织义务和实施加入世界贸易组织谈判所做的承诺情况进行年度审议,在第10年终止审议。

10. 接受特殊保障条款

鉴于中国还不是正常的市场经济国家,中国入世之后12年之内,如果中国产品在进口至世贸组织其他成员领土时,增长的数量或所依据的条件对生产同类产品或直接竞争产品的其他世贸组织成员的生产者造成威胁或造成市场扰乱,可以仅针对中国的产品采取保障措施。

11. 反倾销、反补贴条款

有的世贸组织成员对中国的倾销产品采取特殊的程序,该程序在中国入世之后维持15年。该规定也适用于反补贴措施。

12. 关于服务领域的开放

服务业市场开放是中国加入世界贸易组织承诺的主要组成部分,议定书中中国对开放电信、银行、保险、证券、音像、分销等服务业的进程一一做了具体承诺。

二、中国履行入世承诺的情况

1. 对经济贸易体制进行了适应性调整

(1) 清理、修订法律法规,完成法律转换工作。世贸组织多边规则对其成员并不是直接适用的,而是必须转化为国内的法律法规,使成员法律制度与多边规则相一致。根据这一要求,中国进行了大规模的清理、修订法律法规工作。

(2) 保持外贸政策统一性和透明度。各级政府部门对有关对外贸易的法律法规和政策进行了全面清理,凡不符合世贸组织规定和我国承诺的一律进行修订和废止。根据加入世贸组织有关透明度的承诺,各级政府部门所制定的与贸易、投资有关的法规和政策措施,都要在指定刊物上予以公布,不公开的不能执行。

(3) 转变政府职能，深化经济贸易体制改革。各级政府进一步转变职能，一是提高了宏观经济运行的调控、预警和监测水平；二是加快推进行政审批制度改革，增强其透明度和公开性；三是打破地方保护和部门、行业垄断，废除阻碍统一市场形成的各种规定，建立和完善全国统一、公平竞争、规范有序的市场体系。

2. 履行开放市场承诺，规范货物进出口管理办法

(1) 减少关税和非关税措施。根据加入世贸组织承诺，中国进行了较大范围实质性降税；大幅减少和规范非关税措施，取消部分商品进口数量限制，对重要农产品由原来的配额管理改为关税配额管理。

(2) 规范和调整进出口商品管理办法。外经贸主管部门相继出台有关出口配额许可证管理、进口配额许可证管理、出口国营贸易管理、特殊商品出口管理、特定产品进口管理、禁止出口商品管理、禁止进口货物鼓励、出口商品行业协调等方面的具体规定和办法。

(3) 履行开放市场承诺，扩大外资市场准入。修订并颁布了《指导外商投资方向规定》和《外商投资产业指导目录》，加大了对外资的开放程度。还完成了世贸组织知识产权理事会对我国入世以来执行《与贸易有关的知识产权协定》和加入议定书有关承诺的审议工作。

(4) 积极参与世贸组织事务，运用多边规则处理贸易纠纷。入世后，中国较快完成角色转换，积极投身新一轮多边贸易谈判，并行使世贸组织赋予成员的权利，运用多边机制处理各种贸易纠纷，与国际贸易保护主义作斗争，维护了我国的正当权益。

三、对外贸易体制改革的方向

中国对外贸易体制改革的未来方向仍应坚持既符合社会主义市场经济体制的内在要求又符合国际贸易规范的基本原则。

1. 进一步转变政府职能

(1) 建立统一市场与公平竞争机制。世贸组织成员统一国内市场是基本的成员义务，统一市场不仅是成员全面实施世贸组织规则的必要保证，而且可避免因市场分割而产生的不公平竞争。

(2) 依法行政，继续进行法律法规的清理、修订及新法的颁布。为适应中国加入世贸组织的需要，中国还将继续清理、修订现有法律法规，制定新法律法规，完成世贸组织规则与国内法的转换。

（3）运用世贸组织争端机制，争取公平、宽松的国际环境。政府一方面要按照世贸组织规则，为国内外企业提供公平竞争的平台；另一方面，要大力建立有效的符合世贸组织规则的保护和监控措施，化解各种不利因素给我国经济带来的冲击。

2. 继续履行加入世贸组织所作的承诺

（1）在货物贸易方面。继续减少外贸经营权限制，进一步降低关税总水平，降低实行国有贸易管理的商品进出口比例等。

（2）在服务贸易方面。继续开放法律服务、广告服务、速递服务、电信服务、零售服务、银行业、保险业服务等。

本 章 总 结

（1）通过对我国对外贸易体制改革的分析，我们得出这样的结论：外贸体制和其他经济体制一样，属于上层建筑的范畴，是由经济基础决定并为经济基础服务的。因此，我国要根据经济基础的要求，建立相应的对外贸易体制。（2）中国对外贸易体制改革的方向应该坚持既符合社会主义市场经济要求又符合国际贸易规范的基本原则。

本章复习思考题

一、改革开放前，中国对外贸易体制的主要特点是什么？

二、改革开放后，中国为什么要进行对外贸易体制改革？

三、改革开放与对外贸易体制改革是何种关系？

四、中国对外贸易体制改革路径与国际上对外贸易体制改革路径有何不同？

五、入世前中国外贸体制进行了哪些方面的改革？其效果如何？

六、中国加入世贸组织的主要承诺是什么？

七、说明中国入世后履行入世承诺的情况。

第十一章 中国对外贸易法律制度的建设

本章概要 本章主要介绍中国对外贸易法律制度的建设与完善方面的问题。中国对外贸易法律制度的建设开始于新中国成立时期。从新中国成立到改革开放，我国对外贸易法律制度主要以行政管理规定为主。1978年中国改革开放后，逐步确立了对外贸易在国民经济中的战略地位，我国的对外贸易法律制度建设有了重大发展。2004年7月1日正式实施的新的《中华人民共和国对外贸易法》（以下简称《外贸法》）对规范我国今后的对外贸易发展具有更为重要的意义。

本章学习目标 本章学习目标有两个方面：（1）通过对我国对外贸易法律制度的建设与完善方面的问题的学习，了解我国对外贸易法律制度发展变化的因素。（2）理解中国对外贸易法律制度在发展对外贸易方面的重大意义。

第一节 中国对外贸易法律概况

中国对外贸易法律制度的建立始于新中国成立初期。改革开放以后，中国对外贸易法律制度建设进入了迅速发展和不断完善时期，制定和完善了一系列贸易法律、法规。中国加入世贸组织后、根据世贸组织的规则和中国对外贸易发展的需要，中国对外贸易法律、法规建设又进入了一个新的调整和完善时期。

一、中国对外贸易法律制度的发展与完善

中国对外贸易法律制度建设大致可分为以下三个阶段。

（一）第一阶段（1949—1978年）

新中国成立初期，我国政府在宣布废除帝国主义在华特权和各种不平等条约的同时，开始着手制定新中国对外贸易法律法规。这一时期的对外贸易方面

的法律法规主要是根据《中华人民共和国政治协商会议》和1954年《中华人民共和国宪法》制定的。主要包括：《中华人民共和国对外贸易管理暂行条例》、《中华人民共和国暂行海关法》、《中华人民共和国海关进出口税则暂行实施条例》、《进出口贸易厂商登记办法》、《输出输入商品检验暂行条例》、《关于设立对外贸易仲裁委员会的决定》等30多项对外贸易方面的法律法规。初步形成了新中国对外贸易法律法规制度框架。

《中华人民共和国对外贸易管理暂行条例》是这一时期最重要的对外贸易法规，它从5个方面规定了我国对外贸易基本制度：(1) 我国实行对外贸易管制并采用保护贸易政策。(2) 所有公私营商号及外国洋行必须重新申请登记，在重新登记的基础上建立对各类经营进出口企业的审核批准制度。(3) 对出口商品实行分类管理，即准许类、统购统销类、禁止类和特许类。(4) 规定了一般贸易、易货贸易、寄售贸易等不同的贸易方式。(5) 确定了外汇结汇制度。

总之，从新中国成立到改革开放，我国对外贸易法律制度主要以行政管理规定为主。

(二) 第二阶段 (1978—2000年)

1978年中国改革开放后，逐步确立了对外贸易在国民经济中的战略地位。我国的对外贸易法律制度建设有了重大发展，对外贸易法律法规在我国对外贸易管理中的地位不断加强。1979年7月1日，第五届全国人民代表大会第二次会议通过《中华人民共和国中外合资经营企业法》，1980年国务院颁布了《关于出口许可制度暂行办法》，1984年国务院又颁布实施了《关于纺织品出口配额的管理办法》、《关于对外贸易代理制的暂行规定》，1985年第六届全国人大常委会第十次会议通过了《中华人民共和国涉外经济合同法》、国务院颁布了《技术引进合同管理条例》，1986年我国又颁布了《外资企业法》，1987年颁布了《海关法》，1989年颁布了《进出口商品检验法》。

1992年党的十四大召开，我国经济体制改革进一步深化，对外贸易法律制度建设有了很大发展。1994年7月1日颁布实施的《外贸法》结束了我国对外贸易领域没有对外贸易基本法的历史。《外贸法》的实施标志着我国对外贸易法律制度建设进入了一个新的历史时期。《外贸法》是我国对外贸易的根本大法，以此为核心，我国相继出台了一系列的外贸、外资、外经方面的法律法规，逐步建立起适合社会主义市场经济发展需要并与世贸组织规则相吻合的对外贸易法律体制，保障了我国对外贸易的持续、稳定和健康发展。

（三）第三阶段（2001年至今）

2001年12月11日，我国正式加入世贸组织。为与世贸组织规则接轨、加快我国社会主义市场经济体制的建设，我国对对外贸易法律法规进行了全面的清理。自1999年底到2003年年底，国务院近30个部门共清理各种法律法规和部门规章2 300多件；取消行政审批项目1 195项；改变管理方式82项。涉及货物贸易、服务贸易、知识产权保护和投资等多个方面。新制定和修订的法律12项。更为重要的是2004年7月1日正式实施的新的《外贸法》对规范我国今后的对外贸易发展具有更为重要的意义。自此，我国基本上建立起了符合我国社会主义市场经济发展需要又与世贸组织规则相吻合的统一、完整、透明的对外贸易法律制度。

二、中国对外贸易法律制度框架

中国的对外贸易法律制度总括国家公布实施的管理对外货物贸易、服务贸易、技术贸易、知识产权保护、资本国际流动以及其他涉外领域经济活动的法律法规，管辖内容十分广泛。根据不同的标准，可以对中国的对外贸易法律制度进行不同的分类。

（一）按照现行外贸法律法规的类型和出处分类

1. 外贸法

《外贸法》由中国最高立法机构全国人民代表大会审议并通过，这是中国对外贸易法律制度的基本法。它从根本上规范了中国发展对外贸易所涉及的基本问题，是中国外贸行政法规和外贸主管部门各种规章的基础。

2. 外贸行政法规

中国对外贸易中的行政法规是由国务院颁布实施的，涉及中国的货物贸易、服务贸易、技术贸易等与贸易相关的各个方面。

3. 对外贸易规章

中国对外贸易现行的各种规章是由外贸主管部门——商务部根据《外贸法》的基本原则和规定制定的。对外贸易规章同外贸法相比，分类细致、规定具体，管理贸易上有明确的可操作性。现行的外贸规章主要有：《对外贸易经营者备案登记办法》、《重要工业品自动进口许可管理实施细则》、《机电产品进口管理办法》、《出口许可证管理办法》、《出口商品配额管理办法》、《保障措施产业损害调查规定》、《技术进出口合同登记管理办法》、《禁止进口、限制进口技术管理办法》、《禁止出口、限制出口技术管理办法》、《技术进出口合同登记管理办法》等。

(二) 按照外贸法律法规所管辖的领域分类

1. 货物贸易法律法规

货物贸易是中国最早发展的贸易领域，管辖货物贸易的法律法规也是中国对外贸易法律法规中最重要的组成部分。主要有：《货物进出口管理条例》及配套的规章、《进出口商品检验法》及配套法规、《海关法》以及相关的法规、《外汇管理条例》及相应的法规、《反倾销条例》、《反补贴条例》、《保障措施条例》等。

2. 服务贸易法律法规

《外贸法》是中国服务贸易法律法规框架的基础。按其管辖的领域来看，大致有《商业银行法》、《保险法》、《证券法》、《海商法》、《注册会计师法》、《律师法》、《民用航空法》、《广告法》、《建筑法》等。

3. 技术贸易法律法规

改革开放以来，随着中国对外技术交流的发展，中国开始制定技术贸易方面的法律法规。最早的当是1985年的《技术引进合同管理条例》。1988年国家又颁布了《技术引进合同管理条例实行细则》。1990年又颁布了《技术出口管理暂定条例》。应加入世贸组织的要求，2001年12月10日国务院颁布了《技术进出口管理条例》，商务部制定了《禁止进口、限制进口技术管理办法》和《禁止出口、限制出口技术管理办法》等规章。另外，技术贸易的立法还包括知识产权保护的立法，如《商标法》、《专利法》、《著作权法》以及有关知识产权保护的行政法规和部门规章。

三、中国对外贸易法律制度渊源

中国对外贸易的法律制度渊源由国内法律渊源和国际法律渊源两部分组成，国内法主要包括宪法中的相关内容、贸易立法、行政性法规。

(一) 国内法渊源

1. 宪法

宪法是国家的根本大法，在中国法律体系中具有最高的法律效力。国家的立法行为和政府的行政管理行为都要遵循宪法的基本原则。宪法是中国对外贸易法的重要渊源，中国的宪法明确把改革开放基本国策写进了宪法，把改革开放作为基本国策确立下来。宪法规定了对外贸易立法的基本原则、立法依据，同时还明确规定了国务院负责管理对外贸易的权利。

2. 贸易立法

《外贸法》是关于我国对外贸易发展的一项专门立法。它具体规定了我国对外贸易立法的宗旨、适用范围、基本原则和对外贸易法管辖的具体内容。

3. 行政法规

行政法规是指国家最高行政机关即国务院及其所属部委根据宪法、法律制定颁布的条例、规定、实施细则和办法等。中国已初步建立起直接规范政府行为的行政法规体系。如《国务院组织法》、《行政诉讼法》、《国家赔偿法》、《行政处罚法》、《行政复议法》、《行政许可法》、《政府采购法》和《认证认可条例》等。这些法律法规在一定程度上确保了企业对政府的法律诉讼权利，初步确定了企业与政府在法律制度上的对等地位。因此，中国对外贸易管理机关要按照上述行政法规对政府的职责和执法程序的规定管理对外贸易，不断完善我国的对外贸易管理制度。国务院颁布的大量行政法规构成我国对外贸易法律制度的一个重要渊源。

（二）国际法渊源

中国对外贸易法律制度的国际法渊源主要包括世贸组织的规则、中国政府缔结或参加的国际条约或协定、中国政府承认的国际贸易惯例。

1.《世界贸易组织协定》和《中国加入世界贸易组织议定书》

《世界贸易组织协定》及其三个附件《1994年关税与贸易总协定》、《关于争端解决规则与程序的谅解》、《贸易政策审议机制》，是由全体成员作为整体承诺接受的法律文件。包括世贸组织的基本宗旨、基本原则、组织安排等方面的内容。与关贸总协定相比较，其调整范围之广，包括国际货物贸易、国际服务贸易、与贸易相关的知识产权，对成员国家实施贸易规则、管理各成员方的对外贸易，解决成员国之间发生的贸易争端，从而建立一个以贸易自由化为导向的完整的、更有活力的和持久的多边贸易体系，保持多边贸易体制的基本原则和加强该体制的目标。根据世贸组织的"一揽子协定"，一国加入世贸组织全面接受《世界贸易组织协定》。中国于2001年12月11日正式成为世贸组织的成员，《中国加入世界贸易组织议定书》及其附件《工作组报告》全面规定了中国加入世贸组织的权利和义务，是中国对外贸易的重要法律文件。

2. 国际公约

中国自1971年恢复在联合国的合法席位后，参加了100多个国际条约，其中大部分是国际经济与贸易方面的，主要包括各种国际商品协定、联合国国际货物销售合同公约、金融组织及条约、海关组织及条约、保护知识产权组织和公约、国际运输公约、国际商事仲裁和司法协助公约等。

3. 多边或双边的经济贸易协定

目前，中国已同220多个国家和地区建立了贸易关系，同其中的130多个国家和地区签订了有关贸易关系的双边条约和协定，与60多个国家和地区签订了避免双重征税和防止偷税协定，与近70个国家和地区签订了促进和保护投资协定。

4. 国际贸易惯例

国际贸易惯例是长期在国际贸易实践中形成的一些习惯规定和做法。国际贸易惯例来自国际贸易的实践，对国际贸易的发展又起到了规范贸易做法、降低成本、提高效率的作用。国际贸易惯例与一国对外贸易法律的关系有两个方面：一方面是，国际贸易惯例不是一国的对外贸易法律，贸易国不承认该惯例时，该惯例对贸易国没有法律约束力；另一方面是，贸易双方当事人在合同中引用某项国际贸易惯例来规范双方的权利与义务时，该惯例便具有法律的约束力。我国认可的国际贸易惯例有《联合国国际货物销售合同公约》、《国际贸易术语解释通则》、《跟单信用证统一惯例》等。

第二节 《外贸法》概述

对外贸易法是调整对外贸易活动中经济关系的法律、法规、条例的总称。改革开放以来，随着我国对外贸易迅猛发展，我国对外贸易管理体制也在不断变化。由改革开放前的行政命令管理为主，转变成以法律手段和经济手段为主。在新的形势下，我国及时调整了对外贸易活动的基本法——《外贸法》于1994年5月12日第八届人大常委会第七次会议通过，1994年7月1日生效。《外贸法》共8章44条，主要规定了我国对外贸易的基本方针政策、主要的管理体制框架和促进对外贸易发展的各项措施，确立了平等互利的对外贸易原则，表明我国奉行统一的、公平的、自由的对外贸易政策。

一、1994年《外贸法》的制定和实施

《外贸法》的颁布，对于进一步深化我国的外贸体制改革，促进我国对外贸易持续、快速和健康发展，促进我国涉外经济贸易法与国际规则接轨，都具有十分重要的意义。

（一）1994年《外贸法》的基本原则

1. 实行统一的对外贸易制度的原则

《外贸法》第四条规定："国家实行统一的对外贸易制度。"这是指由中央政府统一制定对外贸易方针、政策和法律法规，在全国范围内统一实施，保证

我国各地区、各行业平等竞争，保证我国对外贸易最惠国待遇和国民待遇的实施。

2. 维护公平、自由的对外贸易秩序的原则

《外贸法》第四条规定："国家依法维护公平的、自由的对外贸易秩序。"

3. 实行货物与技术贸易的自由进出口原则

《外贸法》第十五条规定："国家允许货物与技术的自由进出口。"

4. 逐步发展国际服务贸易的原则

《外贸法》第二十二条规定："国家促进国际服务贸易的逐步发展。"即根据我国经济发展的水平逐步开放国内服务市场，促进国际服务贸易的发展。

5. 实行平等互利、互惠对等的多边、双边贸易关系的原则

《外贸法》第五、六、七条对我国政府处理对外贸易关系作出了明确的规定，即平等互利的原则。根据条约和互惠对等原则提供最惠国待遇和国民待遇的原则，反对实施贸易歧视待遇。

(二)《外贸法》的适用范围和管理制度

《外贸法》第二条规定，我国的对外贸易是指货物进出口、技术进出口和服务贸易，这三类贸易对象均受《外贸法》的管辖。

《外贸法》对我国对外贸易管理的基本制度作了以下规定：

1. 对外经营许可制度

《外贸法》规定，从事货物进出口与技术进出口的对外贸易经营须经国务院对外贸易主管部门的许可，并对经营者的条件、权利和义务以及外贸代理制、国际服务贸易企业的设立和经营活动作了原则性的规定。

2. 货物和技术进出口管理制度

对外贸易法在货物和技术进出口方面确立自由进出口原则的同时，明确规定了禁止、限制进出口的项目。对限制进出口的货物，《外贸法》规定采用配额、许可证进行管理，对限制进出口的技术，采取许可证管理。

3. 国际服务贸易的管理制度

在国际服务贸易方面，《外贸法》仅仅规定了一些开展国际服务贸易必须遵循的原则和管理制度。我国将根据所缔结或参加的国际条约、协定，逐步开放我国的服务贸易市场，给予缔约方或参与方以市场准入的机会和国民待遇。此外也规定了禁止和限制进行国际服务贸易的项目。

4. 关于反倾销、反补贴和保障措施的制度

《外贸法》确立了我国反倾销、反补贴和保障措施制度。

5. 促进对外贸易发展的制度

对外贸易法规定促进对外贸易发展的各种措施，包括建立进出口银行、设立外贸发展基金、风险基金、实行出口退税、鼓励外贸咨询服务业务的发展，扶持和促进民族自治地区和经济不发达地区发展对外贸易，成立进出口商会、中国国际贸易促进委员会和中国国际商会等。

二、2004年《外贸法》的修订

(一)《外贸法》修改的必要性

1. 适应中国对外贸易可持续发展的内部要求

自1994年以来，中国对外贸易获得了迅速的发展，对外贸易额从1994年的2 366亿美元上升到2003年的8 512亿美元，成为世界上第四大贸易国。中国的对外贸易环境发生了重大变化，原有的《外贸法》在对外贸易管理、对外贸易促进与对外贸易救济等方面已经不能适应中国发展对外贸易的需要，这是2004年中国对《外贸法》修订的根本原因。

2. 中国加入世贸组织承诺的需要

根据中国加入世贸组织承诺的要求，中国需要做到外贸制度的统一透明、三年内放开对外贸易经营权等。2001年中国加入世贸组织后，虽然有些有关的法律和行政法规作了一些修改，来体现中国加入世贸组织的承诺，但作为中国对外贸易的根本大法《外贸法》没有作出相应的修改来体现这些承诺和义务。这就造成了我国原有的《外贸法》与世贸组织规则和中国加入世贸组织的承诺不相吻合。这也是中国修订《外贸法》的又一个重要原因。

(二)《外贸法》修订的主要内容

新《外贸法》共11章70条，与1994年《外贸法》相比较，新增了3章、26条。修订的主要方面有：

(1) 新增加了对外贸易调查、对外贸易救济与对外贸易有关的知识产权保护等3章。

(2) 适用范围：原《外贸法》适用的"对外贸易"仅包括货物进出口、技术进出口、国际服务贸易。新《外贸法》的适用范围扩大到"与对外贸易有关的知识产权保护"。

(3) 新《外贸法》赋予个人对外贸易的经营权。新《外贸法》第八条规定，对外贸易经营者是指依法办理工商登记或者其他执业手续，依照该法和其他法律、行政法规从事对外贸易经营活动的法人、其他组织或者个人。

(4) 新《外贸法》取消对外贸易审批制度，实行备案登记制。放开了货物贸易和技术贸易的外贸经营权，将授权审批制改为依法登记制，放开了国内企业的进入门槛，消除了外商投资企业权限获得上的"超国民待遇"。符合加入世贸组织后 3 年内取消对外贸易权的审批、放开货物贸易和技术贸易的外贸经营权的承诺。

（5）加强了与贸易相关的知识产权保护。新《外贸法》首次在贸易领域列出知识产权保护相关法律，表明了中国政府对知识产权保护的决心，也是中国按照世贸组织规则完善国内贸易体系的表现。

（6）新《外贸法》增加了对外贸易调查机制，完善了对外贸易救济制度。新《外贸法》规定对 7 种情况实施贸易调查：① 对进出口对国内产业竞争力影响的调查；② 对其他国家禁止、限制措施的反措施调查，包括对其他国家贸易壁垒的调查；③ 贸易救济措施及规避调查；④ 国际贸易涉及国家安全事项调查；⑤ 与贸易有关的知识产权调查；⑥ 反垄断调查；⑦ 反不公平竞争调查。同时，"对外贸易救济"规定，国家根据对外贸易调查的结果，可以采取适当的对外贸易救济措施。贸易调查和贸易救济对维护我国的对外贸易秩序和保护国内市场具有非常积极的作用。

三、2004 年《外贸法》的内容和基本原则

（一）2004 年《外贸法》的主要内容

2004 年《外贸法》共 11 章 70 条。其主要内容包括总则（具体包括立法目的、法律的使用范围、主管部门以及基本原则）、对外贸易经营者、货物进出口与技术进出口、国际服务贸易、与对外贸易有关的知识产权保护、对外贸易秩序、对外贸易调查、对外贸易救济、对外贸易促进、法律责任和附则。

（二）2004 年《外贸法》的基本原则

1. 国家实行统一的对外贸易制度的原则

《外贸法》第四条规定："国家实行统一的对外贸易制度。"即由中央政府统一制定、在全国范围内统一实施的制度。具体包括两个方面：一是国家对外贸易法律、法规的统一；二是国家对外贸易管理制度的统一。

2. 货物与技术贸易自由进出口的原则

《外贸法》第十四条规定："国家准许货物与技术的自由进出口。但是，法律、行政法规另有规定的除外。"《外贸法》所确定的进出口自由的前提是进出口贸易不对国家的各项公共利益产生损害。但当对外贸易出现了某些危害国家利益的倾向时，国家有权对进出口实施必要的限制或禁止。

3. 发展国际服务贸易的原则

《外贸法》第二十四条规定："中华人民共和国在国际服务贸易方面根据所缔结或者参加的国际条约、协定中所作的承诺，给予其他缔约方、参加方市场

准入和国民待遇。"由于中国目前的服务业总体水平很低,根据世贸组织的《服务贸易总协定》有关逐步实现服务贸易自由化的原则,我国《外贸法》中发展国际服务贸易的原则,一方面,规定了给予其他缔约方、参加方市场准入和国民待遇;另一方面,也规定了国家限制和禁止国际服务贸易的范围。

4. 保护与外贸有关的知识产权的原则

2004 年《外贸法》对与贸易有关的知识产权保护共 3 条,规定了 3 个方面的内容。(1) 规定中国在货物贸易方面进一步依法加强知识产权保护,把我国的知识产权保护从技术贸易领域扩大到货物贸易的领域。(2) 中国加强对贸易国滥用知识产权阻碍贸易的限制。(3) 中国同美国、日本一样,不仅要重视在国内的知识产权保护,同时也要在国际环境下寻求对中国知识产权更为有利的保护。

5. 维护对外贸易秩序的原则

对外贸易秩序是指国家运用法律手段对对外贸易行为加以规范,维护国家的经济利益。具体内容有:

(1) 对于垄断和不正当竞争行为的规定:对于对外贸易中存在的垄断行为、不正当竞争行为以及其他扰乱对外贸易秩序的行为,国务院主管部门可以采取禁止进出口等措施消除其危害或影响。在对外贸易经营活动中,不得实施以不正当的低价销售商品、串通投标、发布虚假广告、进行商业贿赂等不正当竞争行为。

(2) 对于对外贸易活动中禁止性行为的规定:伪造、变造进出口货物原产地标记,伪造、编造或者买卖进出口货物原产地证书、进出口许可证、进出口配额证明或者其他进出口证明文件;骗取出口退税;走私;逃避法律、行政法规规定的认证、检验和检疫;违反法律、行政法规等其他行为。

(3) 对于外汇管理的规定:对外贸易经营者在对外贸易活动中应当遵守国家有关外汇管理的规定。

6. 实行公平贸易的原则

公平贸易是世贸组织的一项重要原则。2004 年《外贸法》中的"对外贸易救济"和"对外贸易调查"两章明确规定:外国产品以不公平的方式或价格进入国内市场,对国内同类产业造成损害和构成损害威胁,可以实施贸易救济措施保护国内同类产业;中国产品进入国际市场如遭遇他国的贸易壁垒,可以对国外的贸易壁垒实行贸易调查制度。

7. 对外贸易促进原则

对外贸易促进措施是指一国根据其对外贸易发展的需要,对对外贸易采取的鼓励、支持、推动等措施。根据世贸组织的规则和我国加入世贸组织协议,

《外贸法》对出口促进做了政策措施方面和组织措施方面的规定。第五十一、五十二、五十三、五十四条规定："国家制定对外贸易发展战略,建立和完善对外贸易促进机制。""国家根据对外贸易的发展需要,建立和完善为对外贸易服务的金融机构,设立对外贸易发展基金、风险基金。""国家通过进出口信贷、出口信用保险、出口退税以及其他促进对外贸易的方式,发展对外贸易。""国家建立对外贸易公共信息服务体系,向对外贸易经营者和其他社会公众提供信息服务。"

《外贸法》同时规定："有关协会、商会应当遵守法律、行政法规,按照章程对其成员提供与对外贸易有关的生产、经营、信息、培训等方面的服务,发挥协调和自律作用,依法提出有关对外贸易救济措施的申请,维护成员和行业的利益,向政府有关部门反映成员有关对外贸易方面的建议,开展对外贸易促进活动。"

第三节　中国对外贸易救济措施

贸易救济是指在进口产品倾销、补贴和过激增长等给国内产业带来损害的情况下,进口国贸易管理机构为了维护贸易公平,保护国内产业,依法启用的反倾销、反补贴与保障措施等行政措施,有条件地对进口贸易进行某些限制。其中反倾销与反补贴针对的是价格歧视这种不公平的贸易行为,而保障措施则是针对进口产品激增的情况。贸易救济的宗旨是救济不公平贸易或进口过激增长中受损方的权益。狭义的贸易救济一般指反倾销、反补贴和保障措施。

一、世贸组织与贸易救济措施

根据世贸组织的贸易自由化的宗旨,世贸组织不允许各成员方对其进口贸易进行限制。但是,自由贸易是一把双刃剑,它能积极有效地促进世贸组织各成员方乃至全球经济持续、健康、快速发展。同时,也有可能因不公平贸易和不正当竞争,而给某些成员的民族产业带来巨大的损害,从而破坏其国家利益,并最终影响到全球经济的稳定和发展。因此,为了维护公平贸易和正当竞争的秩序,世贸组织允许各成员在倾销、补贴和过激增长对其国内产业带来损害的情况下启用反倾销、反补贴与保障措施等手段,有条件地对进口贸易进行某种限制。此处反倾销、反补贴与保障措施等,就是我们所说的国际贸易救济。

（一）世贸组织的反倾销措施

反倾销是世贸组织允许采用的一种贸易救济手段，目前，其已成为世贸组织成员国广泛使用的贸易救济措施。世贸组织的反倾销规定主要包括倾销的界定、正常价值的标准、产业损害的确定、反倾销调查和征反倾销税等内容。

1. 倾销成立的条件

（1）出口价格低于正常价值。

（2）生产同类产品的国内产业受到法定损害。

（3）"低于正常价值的销售"与"损害"之间存在因果关系。

2. 正常价值的确定

根据世贸组织《反倾销协议》的规定，作为"正常价值"基础的价格有3种：

（1）出口国国内价格。即以同类产品在出口国用于消费时，在正常贸易过程中的"可比价格"来确定"正常价值"。

（2）向第三国出口的价格。第三国出口价格是指被调查的同类产品出口到第三国市场销售的价格为基本来计算正常价值的方法。

（3）推算价值。所谓"推算价值"指以生产成本、期间费用及利润三者之和推算出来的产品价值。通常也叫"结构价格"。

3. 生产同类产品的国内产业损害的确定

（1）国内产业的界定：国内产业也称进口国产业，包括：① 生产相同产品的国内生产商的总称；② 这些产品的合计总量占其国内总产量大部分的生产商；③ 当上述生产商与出口商或进口商有关系时，或他们就是受指控倾销产品的进口商时，进口国产业应解释为除此以外的其他生产商。

（2）同类产品的界定：同类产品包括被调查产品的相同产品、相似产品。相同产品指外部特征与被指控倾销的产品在各个方面都一样或近似的产品；相似产品指与被控倾销的产品虽然不是在各个方面都一样，但与其特征十分相似的产品。

（3）重大损害的标准：重大损害也被译为"实质性损害"，是指对进口国同类产品的销售产生了重大的影响，从而损害了进口国同类产品生产厂商的利益及其产业发展。重大损害有3个特征：① 受到实质损害的产业是进口国已经建立起来的产业；② 该产业受到的损害是一个已经实际发生了的事实；③ 该产业所受到的损害须达到"重大"的程度。

4. 关于因果关系

1994年《反倾销协议》关于因果关系的规定有：① 采取反倾销措施，必须表明倾销的进口产品正在造成本协议所指的损害。② 对倾销产品与损害之间的因果关系的确定，应该以一切有关的证据为基础。③ 进口国当局应该审查除倾销产品以外的一切同时正在对进口国产业造成损害的已知因素。④ 其他因素造成的损害不应归咎于倾销进口产品损害。

5. 反倾销措施

通常反倾销措施有 3 种可能，即价格承诺、临时反倾销和最终反倾销税。

价格承诺是指出口商承诺以提高其出口价格作为消除倾销幅度或消除进口国工业蒙受的损害的方式对进口国工业进行救济。

临时反倾销指在反倾销调查结束之前，进口国主管机构作出肯定性的初步裁决，有充分的证据表明被调查的产品低价倾销进口及其对进口国国内产业构成法定的损害的事实成立，主管机构可以采取临时反倾销措施，即可以征收临时反倾销税或者要求进口商向海关预存一笔保证金。

初步裁决作出后，主管机构对倾销做进一步的调查，直至作出最终裁决。如果调查机构就倾销及损害作出肯定性的终裁，就会发布反倾销令。对被调查的产品征收最终反倾销税。如果调查机构作出否定性终裁，反倾销调查将立刻停止。

（二）世贸组织的反补贴措施

1. 补贴的概念

根据世贸组织的《补贴与反补贴协议》，下列情况可被视为存在补贴：某一成员政府或某一成员境内的公共机构向某一人提供财政资助或《关税与贸易总协定》1994 年第 16 条意义上的任何形式的收入支持或价格支持，并由此给予某种利益。即补贴存在有两个条件：第一，存在来自政府或公共机构的财政资助；第二，该财政资助使受益人获益。

2. 补贴的种类

《补贴与反补贴协议》原来将补贴分为 3 种，即禁止性补贴、可诉性补贴和不可诉性补贴。不可诉性补贴于 1999 年年底终止使用。

禁止性补贴包括出口补贴和进口替代补贴。出口补贴，指法律上或事实上以出口实绩作为授予补贴的唯一条件或其中一个条件的补贴。进口替代补贴是指以使用国产货而非进口货作为授予补贴的唯一条件或其中一个条件的补贴。

可诉性补贴并不当然被禁止，但如果这种补贴对另一成员的利益造成不利影响，即损害另一成员的国内产业，使其他成员根据《关税与贸易总协定》1994 的文本享有的利益丧失或受到损害，特别是根据《关税与贸易总协定》1994 第 2 条享有的约束性减让的利益丧失或受损害，或严重侵害其他成员的利益，则可以通过多边纪律或者反补贴措施来解决。

3. 反补贴措施

反补贴措施包括临时措施、承诺和征反补贴税。

临时措施：指主管机关作出了补贴存在和补贴进口产品对国内产业造成损害存在的初步裁定后，主管机关认为有必要采取临时措施防止在调查期间内造成损害的，主管机关可以采取临时措施。

承诺：《补贴与反补贴协议》对采用承诺解决反补贴调查作了限制，避免自愿限制协议或假冒承诺的类似措施。只有在进口国的主管机关就补贴造成的损害作出初步肯定的裁决后，才可以寻求或接受承诺。

征反补贴税：反补贴税指进口国为抵消对任何产品的制造、生产或出口给予的直接或间接补贴而征收的一种特别税。进口国主管机关在作出补贴存在的肯定裁决后，可以征收反补贴税。

（三）世贸组织的保障措施

1. 保障措施的含义及性质

保障措施是世贸组织的另外一种贸易救济措施。是进口国针对造成国内产业严重损害的公平进口产品采取的临时性的紧急救济措施。保障措施的目的在于消除进口量增加对国内产业的损害。保障措施在性质上是对国内产业的一种保护措施。与反倾销、反补贴的不同之处在于：保障措施是在出口国正常贸易的情况下，进口商品不涉及不公平贸易的情况下的对国内产业的保护。保障措施可以理解为世贸组织成员国对承担义务的例外。

2. 保障措施实施的条件——进口产品数量增加

《保障措施协议》第2条规定："一成员只有在根据下列规定确定正在进口至其境内的产品数量绝对增加，或与国内相比相对增加，且对生产同类产品或直接竞争产品的国内产业造成严重损害或严重损害威胁，方可对该产品实施保障措施。"

进口产品的增加包括绝对增加和相对增加两种情况：绝对增加是指与前期相比，进口产品数量本身的数量增加。相对增加，则指与进口国的国内生产相比，进口产品的数量增加。即使进口产品在前后两个时期内进口数量不变，但在后一时期，进口国的国内生产萎缩、供给量减少，也可导致进口产品增加。

3. 损害的确定

严重损害被定义为对国内产业状况的重大总体损害。严重损害威胁是对国内产业总体的明显迫近的严重损害。

4. 保障措施的实施方式

保障措施可以采取对调查产品全部或部分中止义务或撤销、修改减让的方式,但不限于关税措施。如果采取数量限制措施,限制水平不能低于最近3个代表年份的实际平均进口水平,除非有明确的正当理由表明为防止或补救损害而有必要采用不同的水平。这一规定表明,世贸组织一方面允许成员国实施贸易救济,但同时又不允许在实施贸易救济时过度保护。

二、中国对外贸易救济措施的实施

(一)反倾销

1. 反倾销立法

长期以来,我国对外贸易中的倾销与反倾销问题主要是围绕国外对我国出口产品实施的反倾销调查和反倾销制裁。而我国对进口产品的倾销管理和反倾销调查相对滞后。1997年3月25日《中华人民共和国反倾销和反补贴条例》的颁布,标志着我国对外贸易中反倾销工作的正式启动。2001年11月26日,国务院颁布了新的《中华人民共和国反倾销条例》,2002年正式实施。这是我国首次对反倾销单独立法,新条例对1997年的条例加以修订和补充,提高了立法的科学性和可操作性。我国最新的反倾销条例是国务院于2004年3月31日新修订的、2004年6月1日正式实施的《中华人民共和国反倾销条例》。

2. 倾销的成立

《反倾销条例》第二、第三条对倾销的定义为:"倾销是指在正常贸易过程中进口产品以低于其正常价值的出口价格进入中华人民共和国市场,并对已经建立的国内产业造成实质损害或者产生实质损害威胁,或者对建立国内产业造成实质阻碍的,依照本条例的规定进行调查,采取反倾销措施。"根据上述规定,中国对进口产品实施反倾销的条件有三:进口产品倾销的存在;国内相关产业损害存在;倾销与损害之间的因果关系。

(1)进口产品倾销的存在

进口产品正常价值的确定:中国《反倾销条例》对正常价值的确定有3种方法:进口产品的同类产品在其本国的可比销售价格;如果进口产品在其本国市场上无法确定可比价格,以该同类产品出口到第三国的可比价格;或者以该同类产品在原产国(地区)的生产成本加合理费用、利润为正常价值,即结构价格。

出口产品出口价格的确定:进口产品如有实际支付或者应当支付的价格的,以该价格为出口价格;进口产品没有出口价格或者其价格不可靠的,以根据该进口产品首次转售给独立购买人的价格推定的价格为出口价格;该进口产品为转售给独立购买人或者未按进口时的状态转售的,可以以商务部根据合理基础推定的价格为出口价格。

倾销幅度的确定：对进口产品的出口价格和正常价值，应当考虑影响价格的各种可比性因素，按照公平、合理的方式进行比较。倾销幅度的确定，应当将加权平均正常价值与全部可比出口交易的加权平均价格进行比较，或者将正常价值与出口价格在逐笔交易的基础上进行比较。出口价格在不同的购买人、地区、时期之间存在很大差异，按照前款规定难以比较的，可以将加权平均正常价值与单一出口交易的价格进行比较。

(2) 国内相关产业损害的存在

根据中国《反倾销条例》的定义，损害包括对中国已经建立的国内同类产业造成损害或者实际损害威胁，或者对建立国内同类产品产业造成实际阻碍。即倾销的"危害"可以简单概括为"实际损害"、"实际损害威胁"、"实际阻碍"三种类型。对"损害"的确定应当审查以下事项：

① 倾销进口产品的数量。包括进口倾销商品的绝对数量或者相对于国内同类产品生产或者消费的数量是否大量增加，或者倾销进口产品大量增加的可能性。

② 倾销进口产品的价格。包括进口倾销产品的价格削减或者对国内同类产品的价格产生大幅度抑制、压低的影响。

③ 倾销进口产品对国内产业的相关经济因素和指标的影响。主要包括对国内产业状况的所有有关经济因素和指标的评估，包括实际或潜在的变化，如产量、销售、市场份额、利润、生产力、投资效益、价格、就业等各个经济指标的影响。

④ 倾销进口产品的出口国（地区）的生产能力、出口能力，被调查产品的库存情况。

⑤ 造成国内产业的其他因素。

(3) 倾销与损害之间的因果关系

中国《反倾销条例》规定，倾销申请书应当附具倾销与损害之间存在因果关系。在确定二者之间的关系时，世界各国的通常采用"一般因果关系"，即只要申请人证明倾销与损害具有因果关系，而不是要求申请人一定要证明倾销是造成损害的唯一原因或"主要"、"重要"原因。实际上，我国在考察倾销与损害的关系时，除了考察有关进口产品的各种影响外，还要综合考虑其他因素，如国内同类产品的市场需求变化和消费模式变化、国外或国内生产者的限制贸易的做法及他们之间的竞争情况、产业管理状况、贸易政策的影响情况、技术发展以及国内产业的出口实绩和生产率的变化情况、不可抗力因素等对国内产业损害的影响。

3. 反倾销调查的基本程序

（1）反倾销调查的申请人：国内产业或者代表国内产业的自然人、法人或者有关组织，可以根据《反倾销条例》的规定向商务部提交反倾销调查的书面申请。

（2）反倾销的受理机构：根据中国《反倾销条例》的规定，中国负责反倾销事务的机构主要有：商务部、海关总署、国务院关税税则委员会。商务部公平贸易局是具体负责反倾销调查的部门，主要负责倾销及倾销幅度的调查。商务部国家产业损害调查局具体负责产业损害、损害幅度的调查。海关总署是中国反倾销措施的具体执行机构。国务院关税税则委员会负责根据商务部的建议作出征收临时反倾销税和最终反倾销税等有关决定。

（3）申请书的内容：

① 申请人的名称、地址及有关情况；

② 对申请调查的进口产品的完整说明，包括产品名称、所涉及的地区或者原产国、已知的出口经营者或者生产者、产品在出口国（地区）或者原产国（地区）国内市场消费时的价格信息、出口价格信息等；

③ 对国内同类产品生产的数量和价值的说明；

④ 申请调查进口产品的数量和价格对国内产业的影响；

⑤ 申请人认为需要说明的其他内容；

⑥ 申请书应附具下列证据：申请调查的进口产品存在倾销，对国内产业的损害，倾销与损害之间存在的因果关系。

（4）初步审查：商务部应当自收到申请人提交的申请书及有关证据之日起60天内，公平贸易局和产业损害调查局将对申请书进行审查，决定是否立案调查。

（5）公告立案：立案调查的决定，由商务部予以公告，并通知申请人、已知的出口经营者和进口经营者、出口国（地区）政府以及其他有利害关系的组织、个人。

（6）反倾销调查：中国《反倾销条例》对反倾销调查的期限规定是，从立案调查决定公告之日起12个月内结束，特殊情况可以延长，但延长期不得超过6个月。调查的内容主要是倾销以及倾销的幅度、损害以及损害的程度。调查的方式有多样，如向利害关系方发放调查问卷、进行抽样调查、听证会、现场核查、向有关利害方提供陈述意见和论据的机会等。

（7）初步裁定和临时反倾销：商务部根据调查的结果，就倾销是否成立作出初步裁决，并予以公告。初裁决定确定倾销、损害存在以及二者之间的因果关系成立的，商务部对倾销及倾销的幅度、损害及损害的程度继续进行调查，并根据调查结果作出终裁决定,予以公告。初裁决定确定倾销成立,并由此对国内产业造成损害的,可以采取临时反倾销措施,即征收临时反倾销税;或者提供保证金、保函或者其他形式的担保。

(8) 价格承诺:在反倾销调查过程中,倾销进口商品的出口经营者在反倾销期间,可以向商务部作出改变价格或者停止以倾销价格出口的价格承诺,只要调查机关确信倾销的损害性影响已经消除,则调查机关可以中止或终止反倾销调查,而不采取临时措施或者征反倾销税。价格承诺的期限是5年。

价格承诺实施起来比较复杂。根据我国的《反倾销条例》,商务部不得强迫出口经营者作出价格承诺,商务部有权不接受倾销进口商品的出口方的价格承诺。在实际操作过程中,确定价格承诺还要考虑诸多因素:如出口方的价格承诺是否足以消除倾销对国内产业造成的损害;在价格承诺期间可能发生的影响价格变动的各种经济因素;价格承诺协议的可行性。

(9) 最终裁决和征收反倾销税:终裁决定确定倾销成立,并由此对国内产业造成损害的,可以征收反倾销税。征反倾销税由商务部提出建议,国务院关税税则委员会根据商务部的建议作出决定,由商务部予以公告。海关自公告规定实施之日起执行。反倾销税的征收不超过5年。但经复审确定终止征收反倾销税有可能导致倾销和损害的继续或者再度发生的,反倾销税的征收期限可以适当延长。

(10) 反倾销税和价格承诺的复议:价格承诺或反倾销税生效后,商务部可以在有正当理由的情况下,决定对继续履行价格承诺或继续征收反倾销税的必要性进行复审。也可以在经过一段合理的时间,应利害关系方的请求并对利害关系方提供的相应证据进行复审后,决定对继续履行价格承诺或继续征收反倾销税的必要性进行复审。

根据复审结果,由商务部依照《反倾销条例》的规定提出保留、修改或者取消反倾销税的建议,或者作出保留、修改或者取消价格承诺的决定,并予以公告。复审期限自决定复审开始之日起,不超过12个月。在复审期间,复审程序不妨碍反倾销措施的实施。

(二) 反补贴

中国对进口产品反补贴的规定最早见于1997年国务院颁布的《中华人民共和国反倾销和反补贴条例》。其中,反补贴的内容简单,缺乏可行性。为适应中国加入世贸组织的需要,国务院对反补贴单独立法,2001年10月制定了《中华人民共和国反补贴条例》。为适应新修订的《外贸法》,国务院于2004年3月31日作出关于修订《反补贴条例》的决定,新修订的《反补贴条例》于

2004年6月1日正式实施。新条例对补贴的界定和反补贴的程序规定如下。

1. 进口产品补贴的成立

包括补贴的界定、损害的确定以及补贴和损害之间因果关系的确定。

（1）补贴的界定：① 补贴是由政府或公共机构提供的。② 政府提供了财政资助以及任何形式的收入或者价格支持，如拨款、贷款、资本注入、政府放弃或者不收缴应收收入等。③ 补贴使行业或企业获得了利益。

（2）损害的确定：受补贴的进口产品对已经建立的国内产业造成实质损害或者产生实质损害威胁，或者对建立国内产业造成实质阻碍。

对损害的确定主要考虑：补贴可能对贸易造成的影响；补贴进口产品的数量；补贴进口产品的价格；补贴进口产品对国内产业的相关经济因素和指标的影响；补贴进口产品、原产国（地区）的生产能力、出口能力，被调查产品的库存情况以及造成国内产业损害的其他因素。

（3）进口补贴和产业损害之间的因果关系：在确定补贴对国内产业造成的损害时，应当根据肯定性证据，不得将造成损害的非补贴因素归因于补贴。

2. 反补贴的程序

包括反补贴的发起、反补贴调查、反补贴措施实施。

（1）反补贴的发起：反补贴发起有两种情况：一是国内产业或国内产业的代表以书面的形式向商务部提出申诉；二是在某些特殊情况下，商务部在掌握了进口补贴和产业损害的因果关系的足够证据时，可以自行发起反补贴调查程序。

（2）反补贴调查：反补贴调查主要是确定补贴主体的存在；补贴采取的形式；被补贴的行业或者企业利益获得的情况；受补贴的产品进入国内市场对国内产业带来的实质损害或实质损害威胁，或者对建立国内产业造成的实质阻碍。

（3）反补贴措施的实施：反补贴措施有3种情况：① 临时反补贴措施：如果商务部初步肯定补贴的存在，并且对进口国国内产业已经造成或严重威胁，为防止在反补贴调查期限继续造成损害，可以采取临时反补贴，即采取临时反补贴税的形式。② 补救承诺：即在反补贴调查期间，出口国政府同意取消补贴或采取其他措施；出口商同意修正出口价格，商务部能确认补贴或造成的损害性影响不再存在，反补贴调查可停止或中止。③ 反补贴税：如果反补贴调查最终裁定补贴和产业损害的关系的存在，便可决定对补贴进口的产品征收反补贴税。反补贴税额不得超过确认存在的补贴额。反补贴税的征收期限不得超过5年。如商务部调查确认符合"充分理由"继续执行的，可以适当延长期限。

（三）保障措施

中国关于保障措施的规定最早见于 2002 年 1 月 1 日开始实施的《中华人民共和国保障措施条例》。《条例》规定，由于进口数量的增加，对生产同类产品或者直接竞争产品的国内产业造成严重损害，或者严重威胁，国内产业可向商务部申请调查和申请采取保护措施。我国现行的《保障措施条例》于 2004 年 6 月 12 日生效。具体内容如下。

1. 保障措施实施的条件

对进口产品实施保障措施的条件有三：

（1）进口产品数量增加。

（2）进口产品数量增加对国内产业造成了损害。确定损害通常考虑：进口产品的绝对和相对增长率和增长量；增加的进口产品在国内市场中所占的份额；进口产品对国内产业在产量、销售水平、市场份额、生产率、利润或亏损、就业等方面的影响。

（3）进口产品数量增加与国内产业的损害之间存在因果关系。

2. 保障措施实施程序

保障措施实施程序包括保障措施的申请、保障措施的立案、保障措施的调查和保障措施的实施。

（1）保障措施的申请：国内产业有关的自然人、法人或者其他组织均可以向商务部提出要求采取保护措施的申请。商务部对申请人的申请进行审查，确定是否立案。

（2）保障措施的立案：立案由商务部决定并予以对外公布，并及时通知世贸组织保障措施委员会。

（3）保障措施的调查：商务部调查的对象是进口产品的数量增加、对国内产业造成的损害、进口产品数量的增加与对国内产业造成的损害之间的因果关系。根据调查结果，作出初裁决定或者终裁决定。

（4）保障措施的实施：① 临时保障措施：有明确证据表明进口产品数量的增加，在不采取临时保障措施将对国内产业造成难以补救的损害的紧急情况下，可以作出初裁决定并采取提高关税的临时保障措施。临时保障措施的实施期限，自临时保障措施决定公告规定实施之日起，不超过 200 天。② 终裁：如果确定进口产品数量的增加，并对国内产业造成损害的，可以采取保障措施。终裁决定的保障措施可以采取提高关税、进口数量限制等措施。保障措施实施的期限不超过 4 年。符合《保障措施条例》的相关规定的，实施期限可以适当延长。但累计期限不得超过 10 年。

本 章 总 结

我国对外贸易法律制度主要以行政管理规定为主。1978年中国改革开放后，逐步确立了对外贸易在国民经济中的战略地位。我国的对外贸易法律制度建设有了重大发展。2004年7月1日正式实施的新的《中华人民共和国对外贸易法》对规范我国今后的对外贸易发展具有更为重要的意义。从此，我国基本上建立起了符合我国社会主义市场经济发展需要又与世贸组织规则相吻合的统一、完整、透明的对外贸易法律制度。

本章复习思考题

一、中国对外贸易法律制度的渊源有哪些方面？
二、2004年《中华人民共和国对外贸易法》的基本原则是什么？
三、贸易救济的内涵是什么？
四、世界贸易组织《反倾销协议》关于正常价值的标准是什么？

第十二章　中国对外贸易经济调控手段

本章概要　本章主要介绍我国对外贸易建立以来尤其是改革开放以来对外贸易的主要经济调控手段。包括价格手段、税收手段、信贷手段和汇率手段等。重点是介绍我国对外贸易的关税措施和近年的汇率调整对我国对外贸易的影响。

本章学习目标　本章学习目标有五个方面：（1）掌握和理解中国对外贸易经济调控的主要手段。（2）不同经济调控手段的特点，实施对外贸易经济调控的必要性。（3）了解国家通过设置不同的税种、税目、税率等方式，体现对外贸行为的鼓励或限制的意图，调节产业和产品结构，实现国家宏观经济调控的目的。（4）汇率对一国进出口贸易的影响。（5）中国进出口信贷的发展概况。

第一节　中国对外贸易经济调控手段概述

经济手段是指政府在自觉依据和运用价值规律的基础上借助于经济杠杆的调节作用，对国民经济进行宏观调控，使之符合于宏观经济的发展目标。经济手段主要包括两方面的内容：一是国家的经济政策体系，如财政政策、货币政策、产业政策和收入分配政策等；二是经济杠杆体系，如价格、税收、信贷、汇率等，是对社会经济活动进行宏观调控的价值形式和价值工具。经济政策体系和经济杠杆体系是国家调节经济活动的主要手段，这些经济政策和经济杠杆体系同社会各方面的经济利益密切相关，经济政策和经济杠杆的任何变动都会引起经济利益关系的变化，对经济活动主体造成有利或不利的影响，从而调节微观经济活动，达到国家宏观调控的目的。

外贸经济手段是指国家通过经济手段和经济杠杆来调节外贸经济变量从而调节市场价格信号或者市场价格信号的形成条件，来影响外贸领域的微观经济行为,并使之符合宏观经济发展目标的一切政策措施的总和。

一、中国对外贸易经济调控手段概述

改革开放以来,中国管理和调控对外贸易的经济手段不断强化。目前采用的经济手段主要有价格手段、税收手段、信贷手段、汇率手段等。

（一）价格杠杆

1. 价格杠杆的含义

价格杠杆在宏观经济调控中具有调节杠杆和核算工具两种作用。价格作为调节杠杆,其作用主要是通过价格的变动,来调节生产和投资的方向,调节商品流通和消费结构,调节国民收入的再分配,以及促使企业加强经济核算,改进生产技术和经营管理,增强适应市场供需变化的竞争能力。价格作为核算工具,其作用主要表现为,它是编制国民经济计划的工具,借助价格可以考核经济效益的高低,可以检验商品生产上的劳动耗费的多少,并可通过价格核算监督企业节约劳动。价格作为调节杠杆和核算杠杆,最终能促使宏观经济良好运行。

2. 价格杠杆对对外贸易的调节作用

对外贸易连接了国际、国内两个市场,是贸易国参与国际分工的重要途径,是贸易国的国别价值向国际价值转化的重要途径。价格杠杆对对外贸易的调节作用体现在:贸易国的价格体系是否与国际市场价格体系接轨,直接关系到微观主体的经济利益,这种利益上的变化又影响到贸易主体的生产经营行为,最终影响到贸易国的宏观经济运行。总之,价格杠杆对整个对外贸易中的生产分工、内外流通、利益分配等经济过程产生重要的调控作用。

中国加入世贸组织后,要不断完善价格杠杆对对外贸易的调节作用。(1)要尽快实现国内、国际两个市场的接轨。目前,中国对外贸易中,市场形成价格机制已基本形成。出口商品的收购价格基本是随行就市,由市场来形成。进口贸易中约95%的商品按市场价格,只有约5%的重要商品（粮食、化肥等）为国家定价。我国对外贸易中的国内外价格体系基本实现接轨。(2)加强对进出口商品价格的管理。防止出口贸易中的低价抢购、恶性竞争。防止进口商品在中国实行倾销,维护国家对外贸易的正常秩序。

（二）税收杠杆

税收杠杆直接影响企业及个人的经济利益和经济活动,最终可以起到调节生产和流通、调节市场供求、调节国民收入分配、调节进出口贸易关系等作用。对外贸易的税收杠杆包括进出口商品的关税和进出口商品的国内调节税。

详细内容见本章第二节。

（三）汇率杠杆

汇率杠杆是世界上通用的一种调节对外贸易的重要手段。其主要功能是政府通过变动本国货币的汇率形成机制和汇率水平来影响贸易主体的经济利益，最终实现政府预期的宏观经济目标。详细内容见本章第三节。

（四）信贷杠杆

信贷杠杆对宏观经济的调控作用一般表现在：通过调节存贷款利率，能够把闲散的资金动员起来加以利用，支持经济的发展；能够控制投资规模，引导投资方向，促进投资结构合理化；能够控制货币流通量，调节社会总需求，保持价格总水平的稳定；能够促使企业提高资金的利用效率，提高经营管理水平。此外，信贷杠杆对对外贸易的调节作用还集中体现于进出口信贷政策对对外贸易的影响。详细内容见本章第四节。

二、经济调控手段的特点和实施对外贸易经济调控的必要性

（一）经济调控手段的特点

一国调控对外贸易的手段一般有经济手段、法律手段和行政手段。同后两者相比较，经济调控手段的最大特点是：

1. 调控的手段是经济手段

一国调控对外贸易的经济手段一般由经济政策和经济杠杆两部分组成。经济政策通常有财政政策、货币政策、产业政策和收入分配政策等。经济杠杆通常有价格、税收、信贷、汇率杠杆等。

2. 经济利益诱导的调控机制

经济手段调控对外贸易的作用机制在于国家通过经济政策和经济杠杆的变动来影响经济主体的经济利益，这种利益上的变动又会影响经济主体的经济行为，从而达到政府的政策目的。同法律和行政手段相比，经济手段是非刚性的，不具有强制性。

3. 经济调控手段的作用具有宏观性

在市场化水平比较高的经济社会中，经济政策具有很高的灵敏性和统一性。这时经济调控手段所产生的作用的宏观性表现得尤为明显。即政府采取经济手段在作用于政策的目标主体的同时，也会影响到非目标主体。经济调控手段在实现政策目标的同时也会带来一些副作用。如一国通过本国货币对外贬值的汇率政策鼓励出口的同时，也限制了该国的进口。而对进口的限制可能不是

政府的政策目标。

4. 经济调控手段具有持久性和稳定性

经济手段的调节作用是通过价值规律和市场机制作用于经济主体，对整个经济运行过程产生内在的影响。同行政手段的结果相比，这种内置化的影响更具有持久性和稳定性。

同时，经济调控手段也存在一些不足：经济调控手段的宏观性决定了其会涉及广泛的社会经济利益，作用范围的广泛有时也会引起社会不同阶层利益的冲突，引起社会不公。另外，经济调控手段发挥作用也有一定的时滞性，不如行政措施来得更直接和快捷。因此，一国在采用经济手段调控对外贸易的同时，也要采取必要的行政手段。

（二）实施对外贸易经济调控的必要性

1. 中国建立社会主义市场经济体制的必然要求

社会主义市场经济就是要在国家的宏观调控下发挥市场配置资源的作用，从而实现要素配置效率的最大化。对对外贸易实施经济调控，就是通过价值规律和市场机制对对外贸易活动进行内在的调节，提高要素的配置效率和经济效率。对对外贸易实行经济调控是建立健全社会主义市场经济体制的必然要求。

2. 中国加入世贸组织的必然要求

世贸组织公平贸易的原则要求成员国之间进行贸易时，要通过产品之间的竞争来实现，不得有企业以外的附加，即禁止贸易国进行补贴和倾销。世贸组织在《补贴与反补贴协议》、《倾销与反倾销协议》中也明确规定，对于违背世贸组织规定的成员国的出口产品，进口国有权征收反补贴和反倾销税。因此，对对外贸易实施经济调控，一方面能体现市场形成价值和贸易国价格的合理性，保证贸易国之间的公平贸易；另一方面，当出口国实施补贴或倾销时，为进口国核定反补贴、反倾销提供了相对客观的标准。

3. 中国实现合理的国际分工的必然要求

国际分工利于一国加快生产要素的流动，提高生产要素的配置效率；利于一国加快经济的发展和增长；利于国民消费福利的提高。但是，要实现国际分工的诸多利益，贸易国国际分工的市场形成机制显得额外重要。因此，对对外贸易实施经济调控，就是把对外贸易活动置于价值规律和市场机制的制约之下，使一国从事国际分工的产业选择、贸易结构、贸易规模等经济行为主要由市场来决定。

4. 中国实现对外贸易持续、稳定、健康发展的必然要求

对外贸易是一国涉外的经济活动，国内外的发展经验表明，对外贸易只有遵循经济规律、对对外贸易实行经济调控，才能赋予对外贸易发展的内在原动力，保证对外贸易持续、稳定、健康发展。

第二节　对外贸易税收

对外贸易税收杠杆是指国家运用税收手段来参与国民收入的分配和再分配，通过对各个经济主体行为发生影响，达到调节经济活动的手段。

一、对外贸易税收概述

（一）对外贸易税收

国家通过设置不同的税种、税目、税率等方式，体现对外贸行为的鼓励或限制的意图，调节产业和产品结构，实现国家宏观经济调控的目的。对外贸易税收主要表现形式是进出口关税、进口征税、出口退税。

（二）关税对对外贸易的影响

关税是指进出口商品经过一国关境时，由政府设置的海关根据国家制定的关税税法、税则对进出口货物征收的一种税。贸易国政府对进口商品征税的主要目的是保护本国产业的建立和发展。由于对出口产品征税不利于扩大出口，目前，大多数国家对绝大多数产品免征出口税。关税在实现贸易国主导政策目标的同时，对贸易国或整个世界带来的更多的是负面影响。主要有以下几个方面：

（1）关税提高了进出口商品价格、降低了产品的国际竞争力、减少了市场份额，即关税对贸易起到了一定的阻碍作用。而贸易国正是通过对进口的限制或阻碍，实现对本国产业保护的政策目标。

（2）关税在一定程度上扭曲了贸易国的国际分工。关税对进出口商品价格的改变，直接影响了贸易主体的经济利益，这种利益的变化又会影响到贸易主体的经济行为，继而影响贸易国的整个经济行为。如关税对价格的影响使得价格偏离价值，扭曲了一国参与国际分工的市场形成机制。因此，一国设置高关税，一方面削弱了进口商品的比较优势；另一方面，通过高关税保护建立和发展的国内产业即使有产品出口，其出口产品也不具备比较优势。

（3）关税阻碍了生产要素在国内外市场上自由流动，降低了要素的配置效率。

(4) 关税对进出口商品价格的提高，直接降低了贸易国双方国民的真实收入，降低了国民的消费福利。

(三) 中国的关税制度和关税政策

1. 改革开放初期

改革开放初期，中国关税制度总的政策是贯彻对外开放、鼓励出口创汇、扩大必需品的进口、保护和促进国民经济的发展。当时，中国关税的基本原则是：对国内不能生产或不能满足需要的必需品（主要指一些先进的技术和设备及生产所必需的物资）免征进口税；原材料的进口税一般低于半制成品或制成品的关税；对国内不能生产或国产质量不高的机械设备和仪器仪表的关税低于整机的进口税；对非国计民生所必需的物品（主要是生活消费品）实行高保护性关税；除少数原材料和重要物资外，对绝大多数商品不征收出口税。

2. 加入世贸组织以后

中国加入世贸组织后，关税制度和政策发生了很大的变化：

(1) 按照加入世贸组织的承诺继续分步降低关税税率。降低关税一方面是履行加入世贸组织的承诺，另一方面可以通过对外贸易增加国民福利，更好地体现出关税在调节进出口、体现我国参与国际分工的比较优势。到2005年，我国的总体关税降到发展中国家平均水平以下，工业品的进口平均关税税率降至10%左右。

(2) 全面实行世贸组织的《海关估价协议》。2001年12月31日，中国海关总署颁布实施了《中华人民共和国海关审定进出口货物完税价格办法》，新的海关完税办法于2002年1月1日起正式实施，同时废止了以前实施的海关完税价格的审定办法。2004年1月1日实施的《中华人民共和国进出口关税条例》对中国的海关估价制度做了进一步的调整和完善。这两部法律法规保证了我国加入世贸组织后全面履行世贸组织的《海关估价协议》。

(3) 按照世贸组织非歧视性的原则在全国实行公平、统一的关税税率。加入世贸组织后，中国的关税税率在逐步降低的基础上，分阶段地调整和清理了减免税政策，完善了纳税争议的申诉和复议制度，基本实现了海关税收征管的规范、公正、透明、高效。

二、进出口关税

(一) 中国的税则制度

中国现行的税则制度是根据2002年的关于关税目录的分类原则和内容的《协调制度》和《海关进出口税则和统计商品目录》实施的。我国将商品分为

22大类，采用8位数编码，把进出口商品分为97章，共8 872个项目。中国的税则制度采用自主协定的复式税则，进出口税则合一，但进出口税率分列。进口税实行复式税则，出口税实行单式税则。

(二) 进口税率

按照《中华人民共和国进出口关税条例》，我国的进口税的种类有最惠国税率、协定税率、特惠税率、普通税率、关税配额税率等。

1. 最惠国税率

最惠国税率适用于原产于共同适用最惠国待遇条款的世贸组织成员国的进口货物，原产于与中华人民共和国签订的双边贸易条约或协定的贸易国的进口货物，以及原产于中华人民共和国境内的进口货物。

2. 协定税率

协定税率适用于中国参加的含有关税优惠条款的区域性贸易协定的有关缔约方的进口货物。2005年，中国对以下国家和地区的部分商品实行协定税率：

(1) 根据《曼谷协定》，对原产于韩国、斯里兰卡、孟加拉国、印度和老挝的917个税目的商品，对原产于巴基斯坦的917个商品提供与《曼谷协定》同等的税率。

(2) 对原产于东盟9国的340个税目的商品实行统一的优惠税率；对262个税目的商品实行不同的税率。

(3) 对原产于泰国和新加坡的194个税目的水果和蔬菜。

(4) 对原产于香港的1 108个税目和原产于澳门的509个税目的商品。

3. 特惠税率

特惠税率适用原产于与中国签订有特殊优惠关税协定的国家或地区的进口货物。2005年中国对以下国家的进口商品实施特惠税：

(1) 对原产于柬埔寨的355个税目的商品、缅甸的133个税目的商品、老挝的239个税目的商品、孟加拉国的20个税目的商品。

(2) 对原产于苏丹等25个非洲最不发达的国家的190个税目的商品实施零关税。

4. 普通税率

普通税率适用于原产于上述国家或地区以外的国家或地区进口的商品。

(三) 2006年中国关税的调整

根据中国加入世贸组织承诺的关税减让义务，2006年中国的税则目录和税率做了相应的调整。调整后税则税目总数为7 605个，比2005年净增55个。

1. 关税的调整

（1）降低"进口税则"中对苯二甲酸等143个税目的最惠国税率，其余税目的最惠国税率维持不变。调整后，2006年关税总水平为9.9%。

（2）对13个非全税目信息技术产品继续实行海关核查管理。

（3）取消豆油、棕榈油、菜籽油关税配额，实行9%的单一进口税率。对小麦等8类45个税目的商品继续实行关税配额管理，关税配额税率维持不变。对配额外进口一定数量的棉花（税号52010000），实行5%~40%的滑准税。其中，加工贸易正在执行的手册在2006年办理内销手续的，适用上述税率。

（4）调整红外或氦氖激光胶片等35个税目的从量税或复合税税率，对其余20个非从价税税目仍按原税率执行。

2. 暂定税率

对格陵兰庸鲽鱼等264项进口商品实行暂定税率。

3. 协定税率

根据相关的贸易或关税优惠协定，对下述国家或地区实施协定税率：

（1）对原产于韩国、印度、斯里兰卡、孟加拉国和老挝5国的部分商品实行"亚太贸易协定"协定税率。

（2）对原产于巴基斯坦的部分商品实施中国—巴基斯坦自由贸易区"早期收获"协定税率。

（3）对原产于文莱、柬埔寨、印度尼西亚、老挝、马来西亚、缅甸、菲律宾、新加坡、泰国和越南的部分商品实施中国—东盟自由贸易区"早期收获"协定税率。

（4）继续对原产于文莱、印度尼西亚、马来西亚、缅甸、新加坡和泰国的部分商品执行自2005年7月20日起实施的中国—东盟自由贸易区协定税率，但协定税率高于最惠国税率的，按最惠国税率执行。

（5）对原产于中国香港，并已完成原产地标准核准的部分商品实施零关税。

（6）对原产于中国澳门，并已完成原产地标准核准的部分商品实施零关税。

4. 特惠税率

根据我国与有关国家或地区签订的贸易或关税优惠协定以及国务院有关决定精神，对下述国家或地区实施特惠税率：

（1）对原产于柬埔寨、缅甸、老挝、孟加拉国的部分商品实施特惠税率。

（2）对原产于苏丹、贝宁、布隆迪、佛得角、中非、科摩罗联盟、刚果、吉布提、厄立特里亚国、埃塞俄比亚联邦民主、几内亚、几内亚比绍、莱索托王国、利比里亚、马达加斯加、马里、毛里塔尼亚伊斯兰、莫桑比克、尼日尔、卢旺达、塞拉利昂、坦桑尼亚联合、多哥、乌干达、赞比亚和赤道几内亚共和国等26个非洲最不发达国家的部分商品实施特惠税率。

5. 普通税率

普通税率维持不变。

（四）出口税率

根据《协调税制》，中国的出口税为单式税则，即一栏税率，适用出口到任何国家或地区的同一产品。根据国际上通行的出口促进做法，中国对大多数出口商品不设置出口税。

1. 2005年出口税情况

2005年，我国的出口税的情况是：出口税则共有37个税目，其中25个税目实施暂定税率，对鳗鱼苗等174项出口商品实行暂定关税。其中：

（1）对148个纺织品项目实行出口暂定税率。

（2）对出口尿素每吨征收260元的暂定关税，征收的期限为2005年1月1日至2005年3月31日。

2. 2006年出口税情况

2006年，中国对部分商品的进出口税做了相应的调整。经国务院批准，《中华人民共和国进出口税则》的税目、税率自2006年1月1日起进行调整，出口关税调整为：

（1）按进口税则列目方式调整出口税则税目，税率维持不变。

（2）对鳗鱼苗等部分出口商品实行暂定税率。其中，对一般贸易和边境小额贸易出口的尿素征收季节性暂定税率：2006年1月1日至9月30日，税率为30%；2006年10月1日至12月31日，税率为15%。对以一般贸易、加工贸易和边境小额贸易方式出口的按重量计含铝量在99.95%以下的非合金铝按5%税率征税。

三、进出口商品国内税

（一）进口商品的国内税

1. 进口商品国内税的种类

中国目前对进口商品的国内税有增值税和消费税。由国家税务局制定政策规定，由海关代征。

2. 征税原则、征税范围和纳税人

中国对进口产品实行与国内产品同等征税的原则，即在增值税和消费税上按相同的税目和税率征税。根据《中华人民共和国增值税条例》的规定，除境内销售货物或提供加工、修理修配业务外，进口货物也属于增值税征收的范围。凡在中国境内销售货物或者提供加工、修理修配以及进口货物的单位和个人，均为增值税的纳税义务人。

3. 税目、税率及征法

进口产品与国内产品在增值税和消费税上按照相同的税目、税率纳税，一方面符合进口征税的"调节国内外产品税收差异"的性质，同时也符合世贸组织的非歧视性原则。进口产品适用的税目和税率，是确定该项产品是否征税、征收何种税、征收多少税的重要标准。

（1）增值税的计收

按照《中华人民共和国增值税条例》的规定，增值税由国家税务机关征收，进口货物的增值税由国家海关代征。纳税人出口货物，税率为零。个人携带或者邮寄进口自用物品的增值税，连同关税一并计征。

增值税税额 = 计税价格 × 增值税税率

计税价格 = 关税的完税价格 + 关税税额 + 消费税税额

（2）消费税的计收

我国实行从价税率办法计算进口商品的消费税，计税价格由进口货物的完税价格（成本加运费）加关税税额组成。中国的消费税采用价内税的计税方法，因此，计税价格中包括消费税税额。

消费税税额 = 计税价格 × 消费税税率

计税价格 =（完税价格 + 关税税额）/（1 - 消费税税率）

（二）出口退税制度

1. 出口退税及目的

出口退税是指将出口货物在国内生产和流通领域过程中缴纳的间接税退还给出口企业。出口退税是国际上通行的出口促进方法，旨在通过降低出口商品的税负来降低出口产品的成本，加强其在国际市场的竞争力，从而起到鼓励出口的做法。出口退税也是不为世贸组织所禁止的出口促进措施。

2. 出口退税原则和退税范围

中国对出口商品实行"征多少，退多少"、"未征不退"、"彻底退税"的原则。

出口退税范围：

（1）出口退税的产品范围。我国出口的产品，凡属于已征或应征增值税、消费税的产品，除国家明确规定不予退税外，均予以退还已征税款或免征应征税款。

（2）出口退税的企业范围。出口产品退税原则上应将所退税款全部退还给主要承担出口经济责任的出口企业。

3. 出口退税税种和税率

我国出口产品应退税种为增值税和消费税。计算出口产品应退增值税税款的税率，应按17%和13%的税率执行；计算出口货物应退消费税税款的税率或单位税额，依《消费税条例》所附《消费税税目、税率（税额）表》执行。

第三节 汇率和汇率制度

汇率作为一种重要的经济手段，已经成为世界各国调控对外贸易的重要经济手段。

一、汇率对对外贸易的调节作用及调节机制

（一）汇率对对外贸易的调节

汇率对对外贸易的调节作用首先表现在对一国进出口商品价格的影响，进而对该国的对外贸易和国际分工产生间接的影响，达到政府利用汇率杠杆调控对外贸易的政策目的。一般说来，汇率对一国进出口贸易的影响是：在其他条件不变的情况下，贸易国本国货币贬值可以促进出口、限制进口。

（二）汇率的调节机制

1. 汇率影响进出口商品的价格

在其他条件不变的情况下，贸易国本币贬值，出口商品用外币表示的价格下降，出口商品的价格竞争力上升，从而增大本国的出口。相反，贸易国本币贬值，进口商品在进口国国内市场上的价格上升，从而竞争力下降。

2. 汇率影响进出口商的利润

汇率变动对进出口商品价格的影响直接关系到进出口商的利润的大小，利润的变化又影响到进出口商的经营行为，从而达到政府调整汇率的政策目的。一般说来，在其他条件不变的情况下，贸易国本币贬值，出口利润增加、进口利润下降；贸易国本币升值，出口利润下降，进口利润增加。

3. 汇率对贸易国的国际分工、生产要素配置及比较优势的发挥产生间接的影响

汇率对进出口价格和进出口利润的影响，直接引起进出口商经营行为的改

变，如进出口商品数量上的变化。这些变化逐步影响到一国的国内生产、要素配置、国际分工角色的变化，从而实现政府的政策目标。这就是汇率调节对外贸易的机制。

二、中国汇率制度的演变

人民币汇率经历了由官定汇率到市场决定，由固定汇率到有管理的浮动汇率制的演变。主要经历三个阶段。

（一）计划经济时期（1949—1978年）

中国国民经济的恢复时期（1949—1952年年底），人民币汇率的制定，基本上与物价挂钩。进入社会主义建设时期至1967年年底，中国的汇率制度的显著特点是汇价与计划固定价格和计划价格管理体制的要求相一致，人民币汇率与物价逐渐脱钩。1968年至1978年期间，为了避免汇率风险，人民币实行对外计价结算，根据这一时期中国对外贸易中经常使用的若干货币在国际市场上的升降幅度，加权计算出人民币汇率。可以这样说，1973年之前，人民币实行钉住英镑的固定汇率制度，1973年之后，实行钉住一篮子货币的固定汇率。

（二）经济转轨时期（1979—1993年）

改革开放以来，中国汇率制度的改革不断推进。1979年8月，国务院决定改革现行的人民币汇率体制，除了继续保留对外公布的牌价适用于非贸易结算外，还决定制定适用于外贸的内部结算价。1980年开始，各地企业多余的外汇可到官办的外汇调剂市场交易，在官方汇率之外，又产生了调剂汇率，形成了官方汇率与外汇调剂市场汇率并存的双轨格局。

1985年，取消内部结算价，两种汇率并轨，重新实行单一汇率，统一实行1美元兑2.8元人民币的官方汇率。之后几年，人民币汇率逐步下调，到1993年年底，人民币官方汇率下调至1美元兑5.8元人民币。

1994年以前，中国先后经历了固定汇率制度和双轨汇率制度。1994年汇率并轨以后，中国实行以市场供求为基础的、有管理的浮动汇率制度。企业和个人按规定向银行买卖外汇，银行进入银行间外汇市场进行交易，形成市场汇率。中央银行设定一定的汇率浮动范围，并通过调控市场保持人民币汇率稳定。实践证明，这一汇率制度符合中国国情，为中国经济的持续快速发展，为维护地区乃至世界经济金融的稳定作出了积极贡献。

（三）社会主义市场经济时期（1994年至今）

1994年，人民币汇率制度的改革迈出一大步。1994年1月，中国政府宣布：执行以市场供求为基础的、单一的、有管理的浮动汇率制度，人民币最终将走向完全可兑换。人民币官方汇率与外汇调剂市场汇率并轨，实行银行结售汇，建立了全国统一的银行间外汇市场。

汇率并轨之初，1美元兑8.7元人民币，此后缓慢升值。到1997年年末，因需应对亚洲金融风暴冲击，中国收窄了汇率浮动区间。到2001年年中，人民币与美元的比值为1美元兑8.28元人民币，直到2005年7月21日人民币汇率贬值。此阶段的汇率可以说是事实上的钉住美元制度。

三、中国汇率制度的进一步完善

（一）1994年以来人民币汇率制度的逐步完善

1994年以来我国进行的汇率制度改革，无论从深度、广度，还是从影响来看，都比以往的改革更为彻底和全面。首先，实行以市场供求为基础的、单一的、有管理的浮动汇率制度，使我国的汇率形成机制发生了重大变化，汇率杠杆调节作用明显加大。其次，实行银行结汇售汇制，取消外汇留成和上缴，为各类外贸企业提供了相对平等的竞争环境，有利于我国出口贸易的发展。第三，取消国际收支经常性交易方面的外汇限制，实行货币的自由兑换，为企业提供了宽松的用汇条件，有利于中国经济与世界经济接轨。第四，建立统一的银行间外汇市场，使我国外汇市场进一步完善，国家运用经济手段调控进出口贸易的能力进一步加强。

（二）2005年完善人民币汇率形成机制的改革

为建立和完善我国社会主义市场经济体制、充分发挥市场在资源配置中的基础性作用，建立健全以市场供求为基础的、有管理的浮动汇率制度，2005年7月21日，中国人民银行经国务院批准，就完善人民币汇率形成机制，发布了以下主要内容的公告。

（1）2005年7月21日起，我国开始实行以市场供求为基础、参考一篮子货币进行调节、有管理的浮动汇率制度。人民币汇率不再钉住单一美元，形成更富弹性的人民币汇率机制。

（2）中国人民银行于每个工作日闭市后公布当日银行间外汇市场美元等交易货币对人民币汇率的收盘价，作为下一个工作日该货币对人民币交易的中间价格。

（3）2005年7月21日19时，美元对人民币交易价格调整为1美元兑8.11元人民币，作为次日银行间外汇市场上外汇指定银行之间交易的中间价，外汇指定银行可自此时起调整对客户的挂牌汇价。

(4) 现阶段，每日银行间外汇市场美元对人民币的交易价仍在人民银行公布的美元交易中间价上下3‰的幅度内浮动，非美元货币对人民币的交易价在人民银行公布的该货币交易中间价上下一定幅度内浮动。

中国人民银行将根据市场发育状况和经济金融形势，适时调整汇率浮动区间。同时，中国人民银行负责根据国内外经济金融形势，以市场供求为基础，参考一篮子货币汇率变动，对人民币汇率进行管理和调节，维护人民币汇率的正常浮动，保持人民币汇率在合理、均衡水平上的基本稳定，促进国际收支基本平衡，维护宏观经济和金融市场的稳定。

这次人民币汇率形成机制改革的内容是，人民币汇率不再钉住单一美元，而是按照我国对外经济发展的实际情况，选择若干种主要货币，赋予相应的权重，组成一个货币篮子。同时，根据国内外经济金融形势，以市场供求为基础，参考一篮子货币计算人民币多边汇率指数的变化，对人民币汇率进行管理和调节，维护人民币汇率在合理均衡水平上的基本稳定。

（三）人民币汇率形成机制改革的原因

（1）完善人民币汇率形成机制改革，是建立和完善社会主义市场经济体制、充分发挥市场在资源配置中的基础性作用的内在要求，也是深化经济金融体制改革、健全宏观调控体系的重要内容，符合党中央和国务院关于建立以市场为基础的有管理的浮动汇率制度、完善人民币汇率形成机制、保持人民币汇率在合理均衡水平上基本稳定的要求，符合我国的长远利益和根本利益，有利于贯彻落实科学发展观，对于促进经济社会全面、协调和可持续发展具有重要意义。

（2）推进人民币汇率形成机制改革，是缓解对外贸易不平衡、扩大内需以及提升企业国际竞争力、提高对外开放水平的需要。近年来，我国经常项目和资本项目双顺差持续扩大，加剧了国际收支失衡。2005年6月末，我国外汇储备达到7 110亿美元。2005年以来，对外贸易顺差迅速扩大，贸易摩擦进一步加剧。适当调整人民币汇率水平，改革汇率形成机制，有利于贯彻以内需为主的经济可持续发展战略，优化资源配置；有利于增强货币政策的独立性，提高金融调控的主动性和有效性；有利于保持进出口基本平衡，改善贸易条件；有利于保持物价稳定，降低企业成本；有利于促使企业转变经营机制，增强自主创新能力，加快转变外贸增长方式，提高国际竞争力和抗风险能力；有利于优化利用外资结构，提高利用外资效果；有利于充分利用"两种资源"和"两个市场"，提高对外开放的水平。

(四) 人民币汇率形成机制改革的主要目标和原则

人民币汇率改革的总体目标是，建立健全以市场供求为基础的、有管理的浮动汇率体制，保持人民币汇率在合理、均衡水平上的基本稳定。

人民币汇率改革必须坚持主动性、可控性和渐进性的原则。主动性，就是主要根据我国自身改革和发展的需要，决定汇率改革的方式、内容和时机；汇率改革要充分考虑对宏观经济稳定、经济增长和就业的影响。可控性，就是人民币汇率的变化要在宏观管理上能够控制得住，既要推进改革，又不能失去控制，避免出现金融市场动荡和经济大的波动。渐进性，就是根据市场变化，充分考虑各方面的承受能力，有步骤地推进改革。

四、人民币汇率升值对进出口贸易的影响

近10多年来，我国人民币汇率有过几次调整，但保持了基本稳定，为进出口持续、平稳增长提供了良好前提。1994年汇率并轨使被高估的人民币回归到一个较合理的水平。此后，人民币汇率实行有管理的浮动，浮动的方向基本是向上。到1995年年中，人民币对美元升值近4.5个百分点。这一阶段我国进出口实现了较快增长，出口开始出现较大顺差。1997年下半年亚洲金融危机以后，由于中国政府承诺人民币不贬值，用贸易加权平均方法计算，人民币对一篮子货币实际升值了至少15%。受金融危机和实际汇率升值双重影响，我国出口增长速度大幅滑坡，顺差减少。此后，人民币长期钉住美元。2002年以后，我国进出口呈现加快增长的态势。纵观这10多年来的情况，我们会发现，每当汇率出现较大幅度的变化，进出口在一定时期都会出现明显增速或减速。但是，我国进出口持续、快速的增长，尤其是近6年来的增长，则主要是内外部市场供求、产业转移与进步、竞争力提升及外经贸政策和体制等因素决定的。

(一) 人民币升值幅度不大的情况下，我国进出口贸易不会有大的波动

人民币升值幅度不大的情况下，我国商品进出口并没有出现大的波动。季度进出口额增长态势平稳（见表12-1）。2006年，我国出口总额增长27.2%，比2005年增长速度回落1.2个百分点；进口总额增长20.0%，比2005年增长速度升高2.4个百分点。出口增速比前两年回落主要是国家对部分资源性商品出口征收资源税、调整出口退税和加工贸易政策造成的，进口增速略有升高在很大程度上是国内投资需求旺盛，进口资源性产品价格升高造成的。

表 12-1　　　人民币升值以来我国进出口季度增长情况　　　亿美元

季度	出口 金额	比上年同期（%）	进口 金额	比上年同期（%）
2005 年 3 季度	2 040.5	29.1	1 753.1	19.6
2005 年 4 季度	2 156.4	21.7	1 821.2	22.2
2006 年 1 季度	1 972.7	26.6	1 739.4	24.8
2006 年 2 季度	2 313.5	24.1	1 933.9	18.4
2006 年 3 季度	2 627.5	28.8	2 140.2	22.1
2006 年 4 季度	2 780.8	29.0	2 103.3	15.5
2007 年 1 季度	2 520.1	27.7	2 056.4	18.2
2007 年 2 季度	2 946.6	27.4	2 285.6	18.2
2007 年 3 季度	3 315.6	26.2	2 583.4	20.7

资料来源：海关统计

（二）人民币继续升值对我国进出口贸易的长期影响

人民币对美元的中间汇率 2008 年 4 月 11 日突破 7 元大关，为 1 美元兑换 6.9920 元人民币。同 2005 年 7 月 21 日人民币升值前的汇率 1:8.27 比较，人民币升值约 15.45%。从中长期看，通过价格的传导和调节，人民币升值会对进出口增长速度和规模、商品结构、贸易方式以及与贸易有关的投资等产生程度不同的影响。

1. 人民币升值将在一定程度上抑制出口过快增长，刺激进口增长

我国出口增长长期快于进口增长，在有力地拉动国民经济增长的同时，也带来经济内外部失衡风险增大、与主要贸易伙伴的摩擦不断增多等诸多问题。就近一两年的国内外市场形势看，我国出口增长速度略微放慢一些，进口增长适当加快一些，总体上有利于缓解这类矛盾和问题，同时也不会对国民经济增长造成较大的负面影响。

2. 人民币升值有利于我国进出口商品结构的优化

人民币升值相当于提升了与出口有关的要素价格，对于主要依赖大量资源要素投入和低成本竞争，附加价值较低的出口商品，将起到比对于高附加值出口商品更大的抑制作用。同时，它又相当于降低了进口要素价格，对于我国更多的利用国外资源、更多地进口国外先进设备、技术是一定程度上的鼓励。中高档消费品进口需求受到成本降低的刺激，也会出现更大程度的扩张。这些均有利于我国的产业技术进步和更好地实现贸易中的比较利益。

3. 人民币升值将刺激我国出口产业更多使用进口料件

由于进口中间产品的成本会降低,来料、进料加工贸易方式实际上继续受到鼓励。我国加工贸易正面临着产业升级和区域转移的双重任务。在东部沿海地区,特别是珠三角和长三角地区,加工贸易已经十分发达,很多地区几乎到了无地发展的饱和状态,需要通过产业和技术升级,提高加工贸易的档次和增值率。中西部地区加工贸易发展则相对滞后,需要扩大加工贸易规模以推动当地经济发展。人民币的适度升值,总体上将呼应和推动加工贸易的升级和区域转移。

4. 对美、欧的贸易不平衡仍会继续,但顺差增长可能减缓

由于存在着需求刚性和结构互补性,即使人民币对美、欧、日三大贸易伙伴货币的汇率出现了5%以上的升值,我国与美、欧贸易的较大顺差和对日、韩等贸易的较大逆差仍然将存在,但是顺(逆)差的增长速度将会放慢。这有利于缓解我国与主要贸易伙伴的争端和摩擦。

5. 对机电产品、五矿化工产品的影响

机电产品是我国第一大类出口商品,也是第一大类进口商品。我国机电产品进出口的主体是外商投资企业,主要贸易方式是加工贸易。机电产品进出口近年来之所以快速增长在很大程度上是由于跨国公司在国际上进行产业链整合,将大量加工环节转移到了中国。人民币渐进和小幅度升值对这部分进出口的影响应当有限。目前转移的仍只是低端部分。随着我国工业化的快速发展和产业结构不断提升,相对于发达国家和新兴工业化国家而言,我国在机电产业方面的综合成本优势发挥仍然有很大潜力,跨国产业链整合和更多向中国的转移仍然会持续相当长时间。所以,人民币升值总体上不会对我国机电产品出口增长造成大的负面影响,对机电产品和成套设备进口有一定的刺激作用。

五矿化工进出口产品中有很大一部分是资源性产品,其供给和需求均具有很大刚性,相对于价格巨幅波动和政策调整的影响而言,人民币升值的影响可以忽略不计。五矿化工产品中的五金建材类产品,大多数属于劳动密集型制成品,近几年增长较快,但是其中良莠不齐,人民币升值将在一定程度上抑制其中加工粗放、附加值低的商品出口,有利于减少企业低价竞销行为,促进出口产品结构的调整和产品档次的提高。

6. 对纺织品等大类商品的影响

纺织品和服装是我国传统出口产品。2004年配额制度取消以后,我国纺织品和服装出口的竞争优势得到释放,出口一度急剧增长。后来中美、中欧达成

纺织品协议，出口增长放慢，但是目前仍然保持两位数的高增长。由于国内纺织品和服装市场竞争激烈，我纺织品和服装出口大多采取定牌加工形式，而很少有自己的品牌和营销，所以出口价格一般压得比较低，企业利润空间一般只有3%左右。如果人民币继续升值，一部分低档次、低附加值产品的出口将面临较大困难。同时，我国沿海地区劳工成本亦在提高，沿海一部分小的服装加工出口企业生存空间将受到挤压。从这个意义上讲，我国纺织品和服装出口增长总体上将会放慢。但是，另一方面，人民币升值并不会根本改变我国纺织和服装业的低价位优势。纺织业中织、染生产的资金和技术密集度高，我国在这方面的竞争力远远超过一些主要竞争对手。此外，我国纺织服装业还具有规模大、集聚度高、配套能力强和劳工素质较好等综合优势，所以，大部分纺织品和服装加工业不会因为人民币升值就转移到国外去。有的可能转移到内地。低价竞销行为将受到一定遏制。这对纺织品和服装出口的平稳增长和附加值提高是有益的。

（三）人民币升值通过进出口可能表现出来的负面效应

1. 由人民币升值产生的商品结构变化将影响部分地区和居民的利益

资源性商品、一部分大宗农产品和低附加值制成品出口增长的放慢甚至下降，短期内对中西部资源依赖程度较高、农业比重较大的地方的经济发展，对一部分以农业为主的农民的收入、一部分低技能劳动者的就业可能会产生一定的不利影响。

2. 人民币升值可能给大型成套设备出口造成一定困难

有一些大型成套设备出口从签约到交付使用需要5—10年，付款时间可能更长。如果人民币长期保持升势，企业难以预测远期汇率水平，而金融机构一般只提供一年左右的外汇对冲工具，所以企业承担的汇率风险以及规避风险的成本将较大。

3. 人民币如果升值过快过猛，将造成出口下滑，影响国民经济平稳增长

如果人民币升值过快和幅度过大，那么它对进出口增长的影响可能就不那么温和了。一是可能造成出口增长速度大幅回落，那样不仅对资源性、低价位和低附加值商品，也会对整个出口加工产业发展以及就业造成较大打击；二是可能刺激一部分商品大量进口，冲击国内市场，甚至引起一定的通货紧缩。

第四节 进出口信贷制度

目前，所有的发达国家和一些发展中国家均给予国外进口商以优惠的出口信贷进口本国的设备，并对出口信贷给予国家担保。

一、进出口信贷的含义、任务及发展概况

1. 进出口信贷的含义

进出口信贷是世界各国为支持和扩大本国大型设备的出口，加强国际竞争能力，由该国的政策性信贷机构向本国出口商或外国进口商或进口方银行提供的优惠贷款；或者通过担保、保险向外国进口方提供用于向本国进口支付的融资。进出口信贷属于国家政策性信贷，信贷的利差与风险完全由国家负担，以利于本国产品出口，增强海外竞争能力。

2. 进出口信贷的任务

中国进出口信贷的基本任务是：按照国家发展社会主义市场经济的要求，遵循改革、开放的方针，根据国家有关政策和批准的信贷计划发放贷款，支持对外贸易的发展；同时发挥信贷的监督和服务作用，监督企业合理地使用信贷资金，协助外资企业加强经济核算，提高经济效益。

3. 中国进出口信贷的发展概况

为了改善中国的出口商品结构，扩大机电、仪器、仪表产品的出口，在国家有关政策的指导下，中国银行于1980年开办了出口卖方信贷业务，即对中国机电产品的出口单位发放政策性低息贷款。1983年曾试办过出口买方信贷，即对购买我国机电产品的国外进口商发放贷款。1994年我国成立了归口办理出口信贷业务的政策性银行——中国进出口银行。中国进出口银行除了办理出口卖方信贷、出口买方信贷业务外，还办理保险担保、中国政府对外优惠贷款、进口买方信贷、转贷外国政府贷款和项目评估审查业务等。中国进出口银行的建立与业务的开展，标志着中国初步形成了一个出口信贷体制。

二、进出口信贷机构——中国进出口银行

1. 中国进出口银行的概况

中国进出口银行、中国银行是我国提供进出口信贷的主渠道。另外，我国一些国有商业银行、区域性商业银行及其他金融机构，经国家外汇管理局批准，也可以对进出口企业发放一定数量的外汇贷款及人民币贷款。

中国进出口银行成立于1994年，是直属国务院领导的、政府全资拥有的国家政策性银行，其国际信用评级与国家主权评级一致。它是我国机电产品、成套设备和高新技术产品出口和对外承包工程及各类境外投资的政策性融资主渠道、外国政府贷款的主要转贷行和中国政府援外优惠贷款的承贷行。它为促

进我国开放型经济的发展发挥着越来越重要的作用。

2. 主要职责

中国进出口银行的主要职责是贯彻执行国家产业政策、外经贸政策、金融政策和外交政策,为扩大我国机电产品、成套设备和高新技术产品出口,推动有比较优势的企业开展对外承包工程和境外投资,促进对外关系发展和国际经贸合作,提供政策性金融支持。

3. 主要业务范围

办理出口信贷(包括出口卖方信贷和出口买方信贷);办理对外承包工程和境外投资类贷款;办理中国政府对外优惠贷款;提供对外担保;转贷外国政府和金融机构提供的贷款;办理本行贷款项下的国际国内结算业务和企业存款业务;在境内外资本市场、货币市场筹集资金;办理国际银行间的贷款,组织或参加国际、国内银团贷款;从事人民币同业拆借和债券回购;从事自营外汇资金交易和经批准的代客外汇资金交易;办理与本行业务相关的资信调查、咨询、评估和见证业务;经批准或受委托的其他业务。

三、进出口信贷政策

(一) 出口卖方信贷

1. 贷款对象

具有法人资格、经国家批准有权经营机电产品出口的进出口公司和生产企业。

2. 贷款范围

凡出口成套设备、船舶及其他机电产品,合同金额在50万美元以上,并采用一年以上延期付款方式的资金需求,均可申请使用。

3. 借款条件

(1) 借款企业经营管理正常,财务信用状况良好,有履行出口合同的能力,有可靠的还款保证并在有关银行开立账户。

(2) 出口产品一定属于机电产品或成套设备类型。

(3) 出口产品在中国制造部分符合我国出口原产地规则的有关规定。

(4) 进口商以现汇即期支付的比例,原则上船舶贸易合同不低于合同总价的20%,机电产品和成套设备贸易合同不低于合同总价的15%。

(5) 出口项目符合国家有关政策和企业法定经营范围,经有关部门审查批准,并持有已生效合同。

(6) 出口项目经营效益好,换汇成本合理,各项配套条件落实。

（7）合同的商务条件在签约前征得中国进出口银行同意。

（8）进口商资信可靠，并能提供中国进出口银行可接受的国外银行付款保证或其他付款保证。

4. 贷款金额

最高不超过合同总价（或出口成本总值）减去定金。

5. 贷款利率

根据中国人民银行有关规定，执行优惠利率。

6. 申请贷款应提供的报表和资料

（1）正式书面申请；（2）填交有关表格和用款、还款计划；（3）借款单位近3年的资产负债表和损益表；（4）有关部门对出口项目的批准书；（5）出口项目可行性报告；（6）出口合同副本；（7）国内供货合同副本；（8）投保出口信用险的意向书或保单；（9）还款担保书或抵押协议。

中国进出口银行受理借款单位申请后，按银行规定的贷款条件进行贷前调查和评审，经过银行的项目评审委员会审批同意后，银行与借款单位即签订书面贷款合同。

（二）出口买方信贷

1. 贷款对象

中国进出口银行认可的国外进口商或进口商的银行。

2. 贷款范围

贷款限于购买中国的成套设备、船舶或其他机电产品。

3. 贷款条件

使用买方信贷的贸易合同，应具备以下条件：

（1）设备贸易合同金额不低于100万美元。

（2）成套设备的中国制造部分不低于70%，船舶不低于50%，否则适当降低贷款金额。

（3）船舶合同进口商以现汇支付的比例不低于贸易合同总价的20%；成套设备合同不低于15%。

（4）贸易合同必须符合双方政府有关政策规定，取得双方政府颁发的进出口许可证及进口国外汇管理部门同意汇出本息及费用证明。

（5）根据中国人民保险公司的规定，办理出口信用保险。

4. 贷款金额

船舶项目不超过贸易合同总价的80%，成套设备项目不超过85%。

5. 贷款期限

自贷款协议签订之日起至还清贷款本息之日止，一般不超过10年。

6. 贷款利率

根据优惠原则，参照经济合作与发展组织出口信贷利率水平确定。

7. 费用

除利息外，并收取管理费与承担费。

(三) 出口卖方信贷与出口买方信贷的比较

出口卖方信贷、出口买方信贷都是促进我国机电、仪器、仪表出口的信贷方式，对我国出口方来讲，究竟选择哪种方式对他们更有利呢？这就有必要分析一下各种方式本身的特点及其利弊。

1. 出口卖方信贷

出口卖方信贷的贷款条件与做法对出口商有利方面是：（1）贷款利率固定，无利率波动风险。（2）贷款利率受有关部门贴补，低于市场利率。（3）由于出口单位与本国发放信贷银行办理手续，情况易于掌握，手续相对简便。

对出口商不利方面是：（1）贷款条件比较严格。（2）由于以延期付款方式出卖设备，故存在汇率波动风险。（3）由于存在着较大金额的应收账款，恶化了资产负债表的状况，不利于出口商的有价证券上市。（4）贸易合同的设备货价与筹资成本混在一起，不利于贸易合同的商务谈判。

2. 出口买方信贷

出口买方信贷对出口商的有利方面是：（1）设备贸易合同的付款条件为即期付款，有利于出口商资产负债表状况的改善，有利于出口商汇率波动风险的减缓。（2）贷款合同与贸易合同分别签订，有利于出口商核算设备货价成本，集中精力执行商务合同。（3）贷款利率参照 OECD 商业参考利率，贷款协议有效期内利率固定，有利于进口商成本核算，进口商乐于接受，从这个角度讲有利于出口商设备市场的开拓。

对出口商不利方面是：（1）发放贷款的起点较大（100 万美元），不利于我国工艺技术水平较低的中小设备项目的出口。（2）出口商要投保出口信用险，保险资费率根据进口商（或银行）所在国家不同，费率高低也不同，从而增加了出口商的成本开支。（3）贷款手续繁琐，牵涉到的当事人多，国际资金融通的法律问题也较复杂。（4）贸易合同能否顺利签订与执行对贷款合同的签订与执行的依赖程度较大。

四、进出口信贷制度的完善

应中国发展对外贸易的需要，中国的进出口信贷制度从产生至今已有了长足的发展。今后，中国的进出口信贷制度仍有待于进一步完善。

1. 积极拓展扶持的领域

（1）加大出口买方信贷业务。在我国出口信贷发展的各个时期，出口卖方信贷即对本国出口商的扶持是出口信贷的主业。随着我国对外贸易发展的实际需要，为配合我国的出口市场多元化战略，支持发展中国家的经济发展，我国应加大出口买方信贷业务。

（2）大力支持中国拥有自主知识产权和自主品牌产品的出口，帮助企业提高培育自主品牌、掌握拥有核心技术的能力，推动企业实现跨越式发展。同时，对生产高污染、高能耗、低附加值产品的出口企业，要坚决退出、不予支持。三要认真做好进口信贷、支持港澳台资企业、"国轮国造"、农产品进出口及农业对外合作项目等试点工作。

2. 加快业务创新

在传统的出口卖方信贷和出口买方信贷的基础上，借鉴国外出口信贷发展创新的特点，加快业务创新，不断满足客户的新需求。一是要积极探索支持中小企业的新途径、新方法和新机制，形成有利于中小企业发展的中小企业融资服务体系。二是要配合"走出去"发展战略，为本国对外投资企业提供融资和信用保险服务。

3. 继续加强出口信贷风险管理

防范金融风险是银行永恒的主题。出口信贷业务扩大、创新的加快，必须加强金融风险的防范。加强风险控制机制建设；抓规章制度的落实；特别注意防范风险向大客户集中的问题，既要防范个别项目的单个风险，也要防范总量上的整体风险；高度重视贷后管理工作，加强对贷款质量的动态分析和预警，增强敏锐性和鉴别力，提高防范和化解风险的主动性和有效性。

本 章 总 结

中国对外贸易经济调控的主要手段有中国特定的经济政治体制下的特点。通过不同的经济调控手段，以实现对对外贸易经济调控的目的。例如，我们根据不同的国别地区政策，制定了不同的税种、税目、税率等方式，体现对外贸行为的鼓励或限制的意图，调节产业和产品结构，实现国家宏观经济调控的目的。

本章复习思考题

一、对外贸易经济调控手段的主要特点是什么?

二、我国进口关税的税率种类有哪些?

三、改革开放以来人民币汇率变化的主要阶段有哪些?

四、分析 2005 年 5 月 21 日人民币升值以来对我国对外贸易的影响。

第十三章 中国对外贸易行政管理

本章概要 本章对中国对外贸易行政管理进行了全面细致的讲述。首先对对外贸易行政管理的含义、对象、特点及其必要性做了基本分析；从对外贸易经营者的资格管理、进出口货物国有贸易管理制度、进出口货物指定经营管理制度等三个方面介绍了中国的对外贸易经营管理；从货物进出口管理的依据、货物进出口管理的主要手段两个方面介绍了中国的货物进出口管理；从进出口商品检验管理、海关管理、外汇管理等三个方面介绍了中国的货物进出口主要环节管理。

本章学习目标 本章学习目标有四个方面：（1）形成对对外贸易行政管理的含义、对象、特点及其必要性的基本认识。（2）从对外贸易经营者的资格管理、进出口货物国有贸易管理制度、进出口货物指定经营管理制度等三个方面了解中国的对外贸易经营管理。（3）从货物进出口管理的依据、货物进出口管理的主要手段两个方面了解中国的货物进出口管理。（4）从进出口商品检验管理、海关管理、外汇管理等三个方面了解中国的货物进出口主要环节管理。

在培育和发展社会主义市场经济中，对外贸易的宏观管理要以经济手段、法律手段和政策手段的间接调控为主，但也要辅之以必要的行政管理手段，并且在管理上要制度化、规范化、科学化，符合国际贸易惯例。

第一节 对外贸易行政管理概述

对外贸易行政管理是指各级政府凭借其职权对外贸活动进行组织、决策、监督和调节。

一、对外贸易行政管理的概念

对外贸易行政管理主要由中国政府对外贸易主管部门（商务部），在海关、商检、国家外汇管理局的配合下，依据国家相关法律、法令和规定，参照中国的相关国际协议承诺予以实施。

二、对外贸易行政管理的对象

1. 对外贸易经营管理

对外贸易经营管理是对对外贸易经营者的资格和经营活动范围进行规范而实施的管理。

2. 货物进出口管理

货物进出口管理是国家对进出口货物本身的管理，也就是国家有关部门对进出境货物的实际管理。

3. 货物进出口环节管理

货物进出口环节管理是指对货物进出口过程中涉及的主要配套环节的管理。如进出口商品检验管理、海关管理与外汇管理。

三、对外贸易行政管理的特点

对外贸易行政管理依托的是国家的行政权力，与对外贸易其他管理手段相比具有其自身的特点：

1. 统一性

对外贸易行政管理的统一性是指被调控的对象在一定的时间、范围内，必须按国家指令、行政措施的统一约束从事外经贸活动。行政管理的这种特点强化了国家对对外贸易的控制，从而更易于达到预定的目标。

2. 速效性

凭借行政组织权力，按照自上而下的组织系统对对外贸易经济活动进行直接调控的行政手段，可以根据不同情况作出及时的反应，具有明显的灵活性和速效性。

3. 强制性

行政管理的强制性主要体现在：行政命令和规章制度等一经颁布，就必须强制执行；在执行的过程中可以对下级组织的行动进行强制性干预。

4. 纵向性

对外贸易行政管理由国家根据一定时期中国对外贸易发展的特殊情况和国民经济发展对对外贸易提出的特定要求，运用行政权力发布命令、指示，依靠行政组织从上到下，逐级下达和贯彻执行，每一级行政机关都对其上一级负责，这就形成了一个层层监控的"树根状"的组织结构，具有纵向性。

5. 规范性

行政管理规范性包含几层含义：政府依法行政；行政管理符合国际规范；行政管理具有公开性和稳定性。

四、对外贸易行政管理的必要性

1. 对外贸易行政管理是市场经济体制下宏观调控必要手段之一

市场经济条件下的宏观调控并不排斥政府必要的直接调控，尤其是由于中国市场发育程度低，市场机制不健全，价格、汇率、税率、利率等经济手段的作用力度与成熟市场相比尚有较大差距，政府的行政直接控制必不可少。

2. 对外贸易行政管理是实施经济手段的保障

市场经济条件下，国家宏观调控的实施实际上是宏观经济调控手段的协调运用过程，例如，经济调节手段的实施过程，是国家经济政策的具体化过程，它往往需要行政手段与其配合。经济手段与行政手段充分的结合与密切协作，既可有效地保证国家对外贸经济的统一领导，维护国家的整体利益，又能保证微观个体的自主权，在经济杠杆的作用下，实现利益最大化。

3. 对外贸易行政管理可促进中国对外贸易持续稳定发展

在外贸运行失衡时，采取必要的行政手段进行干预，往往比其他方法具有更为直接的效力，能迅速克服失调，恢复正常的贸易秩序，提高国家经济效益，保证对外经济贸易稳定持续发展。

4. 对外贸易行政管理的规范化是与国际规则接轨的内在要求

中国作为世界贸易组织成员，有必要加强政府的宏观调控职能，规范对外贸易行政管理，使之遵守世界贸易组织规则，与国际社会接轨。

第二节 对外贸易经营管理

根据《中华人民共和国对外贸易法》及《对外贸易经营者备案登记办法》等法律法规，国家鼓励发挥各个方面的积极性，发展对外贸易，保障对外贸易经营者的自主权，同时，对对外贸易经营者的资格和经营范围进行规范，实行对外贸易经营管理。

中国承诺在加入WTO后的三年内取消外贸经营权的审批制，实行登记制，在中国的所有企业经登记后都有权经营除国有贸易产品外的所有产品。同时还承诺，在同样的期限内，已享有部分进出口权的外资企业将逐步享有完全的贸易权。因此，2004年7月1日实施的新《外贸法》在对外贸易经营者的资格管理方面进行了调整，不再划分外贸流通经营资格和生产企业自营进出口资格，只要依法获得从业手续，并在商务部及其委托机构进行了办理货物进出口或技术进出口的备案登记，任何企业、组织和个人都可从事对外贸易经营活动。

一、对外贸易经营者的资格管理

（一）对外贸易经营资格

《外贸法》第八条规定："本法所称对外贸易经营者，是指依法办理工商登记或者其他执业手续，依照本法和其他有关法律、行政法规的规定从事对外贸易经营活动的法人、其他组织或者个人。"

第九条规定："从事货物进出口或者技术进出口的对外贸易经营者，应当向国务院对外贸易主管部门或者其委托的机构办理备案登记；但是，法律、行政法规和国务院对外贸易主管部门规定不需要备案登记的除外。备案登记的具体办法由国务院对外贸易主管部门规定。对外贸易经营者未按照规定办理备案登记的，海关不予办理进出口货物的报关验放手续。"

第十条规定："从事国际服务贸易，应当遵守本法和其他有关法律、行政法规的规定。""从事对外工程承包或者对外劳务合作的单位，应当具备相应的资质或者资格。具体办法由国务院规定。"

从事进出口经营的资格，是享有对外签订进出口贸易合同的资格。从事货物与技术进出口的对外贸易经营，应当由国务院对外贸易主管部门或者委托的机构办理备案登记手续。没有办理备案登记的，可以委托对外贸易经营者在其经营范围内代为办理对外贸易业务。外商投资企业依照有关外商投资企业的法律、行政法规的规定免于办理。

（二）对外贸易经营范围

对外贸易经营者的经营范围，是国家允许对外贸易经营者从事进出口经营活动的商品类别和经营方式，也是获得对外贸易经营许可的重要条件。因此，对外贸易经营资格与其经营范围是分不开的。按照新《外贸法》的规定，对经营资格不再划分外贸流通经营资格和生产企业自营进出口，只要依法获得从业手续，并在商务部或者其委托机构办理了货物进出口或技术进出口的备案登记，任何企业、组织和个人都可从事对外贸易经营活动。至此，外贸经营权完全变为登记制。按照新《外贸法》的规定，对经营范围的限制主要限于国有贸易货物,实行国有贸易货物的进出口业务只能由经授权的企业经营,但国家也允许部分数量的国有贸易货物的进出口业务由非授权企业经营。

(三) 对外贸易经营者备案登记管理

1. 备案登记管理机关

商务部是全国对外贸易经营者备案登记工作的主管部门。对外贸易经营者备案登记工作实行全国联网和属地化管理。商务部委托符合条件的地方对外贸易主管部门(以下简称"备案登记机关")负责办理本地区对外贸易经营者备案登记手续;受委托的备案登记机关不得自行委托其他机构进行备案登记。对外贸易经营者在本地区备案登记机关办理备案登记。

2. 对外贸易经营者备案登记程序

(1) 领取《对外贸易经营者备案登记表》(以下简称《登记表》)。对外贸易经营者可以通过商务部政府网站(http://www.mofcom.gov.cn)下载,或到所在地备案登记机关领取《登记表》。

(2) 填写《登记表》。对外贸易经营者应按《登记表》要求认真填写所有事项的信息,并确保所填写内容是完整的、准确的和真实的;同时,认真阅读《登记表》背面的条款,并由企业法定代表人或个体工商负责人签字、盖章。

(3) 向备案登记机关提交如下备案登记材料:① 按要求填写的《登记表》;② 营业执照复印件;③ 组织机构代码证书复印件;④ 对外贸易经营者为外商投资企业的,还应提交外商投资企业批准证书复印件;⑤ 依法办理工商登记的个体工商户(独资经营者),须提交合法公证机构出具的财产公证证明;依法办理工商登记的外国(地区)企业,须提交经合法公证机构出具的资金信用证明文件。

3. 其他相关手续

对外贸易经营者应凭加盖备案登记印章的《登记表》在30日内到当地海关、检验检疫、外汇、税务等部门办理开展对外贸易业务所需的有关手续。逾期未办理的,《登记表》自动失效。

2004年7月1日以前已经依法取得货物和技术进出口经营资格、且仅在原核准经营范围内从事进出口经营活动的对外贸易经营者,不再需要办理备案登记手续;对外贸易经营者如超出原核准经营范围从事进出口经营活动,仍需按照上述办法办理备案登记。

二、进出口货物国有贸易管理制度

根据《1994年关贸总协定》第17条和《服务贸易总协定》第8条的规

定，允许各缔约方在国际贸易中建立或维持国有贸易，即对部分领域的货物贸易，授权特定的进出口企业经营，具体经营企业可以为国有企业或者非国有企业。据此，新《外贸法》增加了国家可以对部分货物的进出口实行国有贸易管理的内容。新《外贸法》第十一条规定："国家可以对部分货物的进出口实行国有贸易管理。实行国有贸易管理货物的进出口业务只能由经授权的企业经营；但是，国家允许部分数量的国有贸易管理货物的进出口业务由非授权企业经营的除外。实行国有贸易管理的货物和经授权经营企业的目录，由国务院对外贸易主管部门会同国务院其他有关部门确定、调整并公布。""违反本条第一款规定，擅自进出口实行国有贸易管理的货物的，海关不予放行。"

中国保留原油、成品油、化肥、棉花、食糖、植物油和烟草等 8 大类商品的进口实行国有贸易管理的权利，只限于有限数量的国有贸易公司经营。同时，允许一定比例的进口由非国有贸易公司经营。另外。植物油（豆油、棕榈油和菜子油）的国有贸易管理在 2006 年 1 月 1 日取消。

对于保留由国有贸易公司进口的货物，非国有贸易企业，包括私营企业，仍被允许进口供生产自用的此类货物，并对此类进口给予国民待遇。分配给非国有贸易公司的原油和成品油的进口部分，如未用完，则可转至下一年。此外，每季度公布非国有贸易公司提出的进口要求及所发放的许可证，并应请求提供与此类贸易公司有关的信息。

中国还保留对茶、大米、玉米、大豆、钨及钨制品、煤炭、原油、成品油、丝、棉花等商品的出口实行国有贸易管理的权利。对于丝，已于 2005 年 1 月 1 日完全取消废丝（未梳废丝除外）和非供零售用丝纱线（绢纺纱线除外）的国有贸易。

三、进出口货物指定经营管理制度

2001 年 12 月，外经贸部颁布《货物进口指定经营管理办法》，自 2002 年 1 月 1 日起施行。中国对天然橡胶、木材、胶合板、羊毛、腈纶、钢材实行指定公司经营。对于指定经营的产品，在 3 年的"入世"过渡期内，每年调整和扩大指定经营制度下的企业清单，并最后取消指定经营制度。在 3 年期末，所有在中国的企业及所有外国企业和个人将被允许在中国全部关税领土内进口和出口此类货物。新的《外贸法》没有提到指定经营。商务部公告 2004 年第 88 号公布取消了钢材、天然橡胶、羊毛、腈纶及胶合板的进口指定经营。该文件规定：根据《中国加入世界贸易组织议定书》有关加入后 3 年内放开指定经营的规定，自 2004 年 12 月 11 日起，取消钢材、天然橡胶、羊毛、腈纶及胶合板的进口指定经营（木材进口指定经营已于1999年先行取消），此前发布的《货物进口指定经营管理办法》、《进口指定经营管理货物目录》和《进口指定经营企业名录》以及2001年以后核准的进口指定经营企业名单同时废止。同时，也取消了绿茶、乌龙茶、定尺碳素钢板（对美国）等三种产品的出口指定经营。

第三节 货物进出口管理

依据2004年7月1日实施的新《外贸法》第十四、十六、十七、十八、十九条，中国对货物与技术进出口的管理有以下两方面内容。

一、货物进出口管理的依据

（一）《外贸法》关于货物进出口管理的规定

（1）限制或者禁止货物、技术进出口的原因。具体包括：① 为维护国家安全、社会公共利益或者公共道德，需要限制或者禁止进口或者出口的。② 为保护人的健康或者安全，保护动物、植物的生命或者健康，保护环境，需要限制或者禁止进口或者出口的。③ 为实施与黄金或者白银进出口有关的措施，需要限制或者禁止进口或者出口的。④ 国内供应短缺或者为有效保护可能枯竭的自然资源，需要限制或者禁止进口的。⑤ 输往国家或者地区的市场容量有限，需要限制出口的。⑥ 出口经营秩序出现严重混乱，需要限制出口的。⑦ 为建立或者加快建立国内特定产业，需要限制进口的。⑧ 对任何形式的农业、牧业、渔业产品有必要限制进口的。⑨ 为保障国家国际金融地位和国际收支平衡，需要限制进口的。⑩ 依据法律、行政法规的规定，其他需要限制或者禁止进口或者出口的。⑪ 根据我国缔结或者参加的国际条约、协定的规定，其他需要限制或者禁止进口或者出口的。

（2）限制或者禁止的方法。具体包括：① 对外贸易主管部门会同国务院其他有关部门制定、调整并公布限制或者禁止进出口的货物、技术目录。② 对与裂变、聚变物质或者衍生此类物质的有关的货物、技术进出口，以及与武器、弹药或者其他军用物资有关的进出口，可以采取任何必要的措施，维护国家安全。在战时或者为维护国际和平与安全，国家在货物、技术进出口方面采取必要的措施。③ 经国务院批准，在《外贸法》第十六条和第十七条规定的范围内，可以临时决定限制或者禁止不在目录内的特定货物、技术的进口或者出口。④ 对限制进口或者出口的货物,实行配额、许可证等方式管理;对限制进口或者出口的技术,实行许可证管理;对部分进口货物实行关税配额管理。

(二) 入世时涉及货物进出口行政管理的主要承诺

按照中国入世《议定书》和《工作组报告书》,中国有关贸易行政管理措施的主要承诺包括以下几个方面:

(1) 非关税措施方面。按照《议定书》附件 2A1 "国有贸易产品(进口)"、附件 2A2 "国有贸易产品(出口)"、附件 2B "指定经营产品"、附件 3 "非关税措施取消时间表"约束并逐步取消非关税措施。

(2) 政府采购方面。① 中央和地方各级政府实体,以及专门从事商业活动以外的公共实体,将以透明的方式从事采购,并按照最惠国待遇原则向所有 WTO 成员供应商提供参与采购的平等机会。② 此类采购行为将只适用已公布且公众易于获取的法律、法规和普遍适用的司法决定、行政决定及其程序。③ 中国在加入后即成为 WTO《政府采购协议》的观察员,跟踪其活动,一旦条件具备,即尽快开始加入谈判。

(3) 贸易行政管理措施实施方面。① 地方政府不拥有制定任何影响贸易的非关税措施的权限。② 建立永久性咨询机构,使中外贸易商容易获取已经公布并实施的所有影响贸易的非关税措施的管理信息。③ 建立独立于执行机构的申诉机构,在中外贸易商遭遇不符合 WTO 规则的行政管理措施时能够有效解决争端。

二、货物进出口管理的主要手段

世界贸易组织尽管规定了贸易自由化的原则和消除非关税贸易壁垒的措施,但仍允许对少数商品实行许可证管理和配额限制。进出口许可证和配额是包括发达国家和发展中国家在内的世界贸易组织成员对货物进出口贸易实行管理的最主要手段。

(一) 进出口许可证管理

进出口许可证管理,是国家对外经济贸易宏观管理的重要举措,也是海关对进出口货物实施监管的重要依据。它是根据国家的法律、政策和国内外市场的需求,对进出口经营权、经营范围、贸易国别、进出口货物品种、数量、技术等实行宏观管理、有效监测,其目的是维护货物进出口秩序,促进对外贸易健康发展。

1. 进口许可证管理

进口许可证是国家管理货物进口的法律凭证,适用于《进口许可证管理货物目录》内货物的进口。进口许可证管理是指凡属于进口许可证管理的货物，除国家另有规定外，对外贸易经营者（以下简称"经营者"）应当在进口前按规定向指定的发证机构申领进口许可证，海关凭进口许可证接受申报和验放的制度。

2004年12月9日，商务部通过了新的《货物进口许可证管理办法》，该办法对进口许可证管理体制、申请进口许可证应当提交的文件、进口许可证发证依据、进口许可证的签发、进口许可证的有效期、检查和处罚等作了明确的规定。

（1）进口许可证管理体制。根据中国《货物进口许可证管理办法》（2004年），商务部是全国进口许可证的归口管理部门，负责制定进口许可证管理办法及规章制度，监督、检查进口许可证管理办法的执行情况，处罚违规行为。

商务部授权配额许可证事务局（以下简称"许可证局"）统一管理、指导全国各发证机构的进口许可证签发工作，许可证局对商务部负责。

许可证局及商务部驻各地特派员办事处（以下简称"各特办"）和各省、自治区、直辖市、计划单列市以及商务部授权的其他省会城市商务厅（局）、外经贸委（厅、局）（以下简称"各地方发证机构"）为进口许可证发证机构，在许可证局统一管理下，负责授权范围内的发证工作。

（2）申领进口许可证应当提交的文件。经营者申领进口许可证时，应当认真如实填写进口许可证申请表，并加盖印章，同时提交许可证发证依据所规定的进口批准文件及相关材料等文件。

（3）进口许可证发证依据。各发证机构按照商务部制定的《进口许可证管理货物目录》和《进口许可证管理货物分级发证目录》范围，根据不同货物的相应规定签发进口许可证。比如，对监控化学品，发证机构凭国家履行禁止化学武器公约工作领导小组办公室批准的《监控化学品进口核准单》和进口合同（正本复印件）签发进口许可证。

（4）进口许可证的签发。发证机构应当严格按照商务部发布的年度《进口许可证管理货物目录》和《进口许可证管理货物分级发证目录》的规定，签发相关商品的进口许可证。经营者进口《进口许可证管理货物目录》中的商品，必须到《进口许可证管理货物分级发证目录》指定的发证机构申领进口许可证。

进口许可证管理实行"一证一关"管理。一般情况下进口许可证为"一批一证"，如要实行"非一批一证"，应当同时在进口许可证备注栏内打印"非一批一证"字样。"一证一关"是指进口许可证只能在一个海关报关；"一批一证"是指进口许可证在有效期内一次报关使用；"非一批一证"是指进口许可证在有效期内可多次报关使用，但最多不超过12次，由海关在许可证背面"海关验放签注栏"内逐批签注核减进口数量。

申请符合要求的，发证机构应当自收到申请之日起3个工作日内发放进口许可证。特殊情况下，最多不超过10个工作日。

（5）进口许可证的有效期。进口许可证的有效期为一年。进口许可证应当在进口管理部门批准文件规定的有效期内签发。进口许可证当年有效，特殊情况需要跨年度使用时，有效期最长不得超过次年3月31日。进口许可证只能延长一次，延期最长不超过3个月。

（6）检查和处罚。商务部授权许可证局对各发证机构进行定期检查，对违反《货物进口许可证管理办法》规定的机构和个人依据违规情节程度，给予不同的行政处分或司法处罚。比如，对违反规定的发证机构，商务部将视情节轻重给予其警告、暂停或者取消发证权等处分。

2. 出口许可证管理

出口许可证管理是出口管理的重要手段。为了合理配置资源，规范出口经营秩序，营造公平透明的贸易环境，履行中国加入的国际公约和条约，维护国家经济利益和安全，根据《中华人民共和国对外贸易法》和《中华人民共和国货物进出口管理条例》，商务部通过并颁布了《货物出口许可证管理办法》。

该《办法》就出口许可证管理体制、申领出口许可证应当提交的文件、出口许可证发证依据、出口许可证的签发、例外情况的处理、出口许可证的有效期以及检查和处罚等内容进行了明确的规定。

（1）出口许可证管理体制。商务部是全国出口许可证的归口管理部门，负责制定出口许可证管理办法及规章制度，监督、检查出口许可证管理办法的执行情况，处罚违规行为。

商务部会同海关总署制定、调整和发布年度《出口许可证管理货物目录》。商务部负责制定、调整和发布年度《出口许可证管理货物分级发证目录》。

商务部授权配额许可证事务局（以下简称"许可证局"）统一管理、指导全国各发证机构的出口许可证签发工作，许可证局对商务部负责。

许可证局及商务部驻各地特派员办事处（以下简称"各特办"）和各省、自治区、直辖市、计划单列市以及商务部授权的其他省会城市商务厅（局）、外经贸委（厅、局）（以下简称"各地方发证机构"）为出口许可证发证机构，在许可证局统一管理下，负责授权范围内的发证工作。

（2）申领出口许可证应当提交的文件。经营者申领出口许可证时，应当认真如实填写出口许可证申请表（正本）1份，并加盖印章。实行网上申领的，应当认真如实地在线填写电子申请表并传送给相应的发证机构。经营者申领出口许可证时，应当向发证机构提交有关出口货物配额或者其他有关批准文件。

（3）出口许可证发证依据。各发证机构按照商务部制定的《出口许可证管理货物目录》和《出口许可证管理分级发证目录》范围，依照相关规定签发出口许可证。比如，实行配额许可证管理的出口货物，凭商务部或者各省、自治区、直辖市、计划单列市以及商务部授权的其他省会城市商务厅（局）、外经贸委（厅、局）（以下简称"各地商务主管部门"）下达配额的文件和经营者的出口合同（正本复印件）签发出口许可证。

（4）出口许可证的签发。各发证机构应当严格按照年度《出口许可证管理货物目录》和《出口许可证管理货物分级发证目录》的要求，自收到符合规定的申请之日起3个工作日内签发相关出口货物的出口许可证，不得违反规定发证。经营者出口《出口许可证管理货物目录》中的货物，应当到《出口许可证管理分级发证目录》指定的发证机构申领出口许可证。

出口许可证管理实行"一证一关"制、"一批一证"制和"非一批一证"制。"一证一关"是指出口许可证只能在一个海关报关；"一批一证"是指出口许可证在有效期内一次报关使用；"非一批一证"是指出口许可证在有效期内可多次报关使用，但最多不超过12次，由海关在"海关验放签注栏"内逐批签注出运数。

（5）例外情况的处理。对溢装货物、对外经援项目出口实行出口许可证管理的货物、赴国（境）外参加或者举办展览会运出境外展品、展卖品、小卖品、出口货物样品和文化交流或者技术交流需对外提供属于出口许可证管理货物的货样以及中国政府根据两国政府间的协议或者临时决定，对外提供捐赠品或者中国政府、组织基于友好关系向对方国家政府、组织赠送的物资，涉及出口许可证管理的货物作为例外，发放出口许可证时根据不同情况分别处理。

（6）出口许可证的有效期。出口配额的有效期为当年12月31日前（含12月31日），另有规定者除外，经营者应当在配额有效期内向发证机构申领出口许可证。

各发证机构可自当年12月16日起，根据商务部或者各地方商务主管部门下发的下一年度出口配额签发下一年度的出口许可证。

出口许可证的有效期不得超过6个月。出口许可证需要跨年度使用时，出口许可证有效期的截止日期不得超过次年2月底。

（7）检查和处罚。商务部授权许可证局对各发证机构进行定期检查，对违反《货物出口许可证管理办法》规定的机构和个人依据违规情节程度，给予不同的行政处分或司法处罚。比如，对超配额、无配额和越权越级发证的发证机构，商务部将视情节轻重给予其警告、暂停或者取消发证权等处分。

（二）进出口货物配额管理

根据《外贸法》第十九条规定，中国可对一部分进出口货物的进出口实行配额管理，在此基础上，中国《货物进出口管理条例》明确规定国家对有数量限制的进出口货物实行配额管理。

进出口货物配额管理，是指国家在一定时期内对某些货物的进出口数量或金额直接加以限制的管理措施。配额管理和许可证管理常常结合起来一起使用。中国实行的就是这种方式，即需要配额管理的货物必须申领许可证。

1. 进口货物配额管理

根据国家产业政策和行业发展规划，参照国际惯例，国家对尚需适量进口以调节市场供应，但过量进口会严重损害国内相关工业发展的商品和直接影响进口结构、产业结构调整的商品，以及危及国家外汇收支地位的进口商品，实行配额管理。

（1）进口配额管理体制。商务部和国务院有关经济管理部门按照国务院规定的职责划分，对实行配额管理的限制进出口货物进行管理。进口配额管理部门应当在每年7月31日前公布下一年度进口配额总量。进口配额管理部门可以根据需要对年度配额总量进行调整，并在实施前21天予以公布。

配额申请人应当在每年8月1日至8月31日向进口配额管理部门提出下一年度进口配额的申请。进口配额管理部门应当在每年10月31日前将下一年度的配额分配给配额申请人。按照对所有申请统一办理的方式分配配额的原则，进口配额管理部门应当自规定的申请期限截止之日起60天内作出是否发放配额的决定。

（2）进口配额的分配原则。进口配额管理部门在分配配额时，应当综合考虑配额申请人的情况，决定是否给其分配配额。考虑的因素包括：申请人的进口实绩；以往分配的配额是否得到充分利用；申请人的生产能力、经营规模、销售状况；新的进口经营者的申请状况；申请配额的数量情况等。

2. 出口商品配额管理

为规范出口商品配额管理，保证出口商品配额管理工作符合效益、公正、公开和透明的原则，维护配额管理商品的正常出口，根据《外贸法》和《货物进出口管理条例》的有关规定，原外经贸部（现为商务部）颁布了《出口商品配额管理办法》。该《办法》就出口商品配额管理体制、出口配额商品目录、出口配额总量、出口配额的申请、出口配额的分配、调整和管理、法律责任等进行了详细规定。

（1）出口商品配额管理体制。商务部负责全国出口商品配额管理工作。各省、自治区、直辖市及计划单列市商务厅（局）、外经贸委（厅、局）（以下简称"地方外经贸主管部门"）根据商务部的授权，负责本地区出口商品配额管理工作。

（2）出口配额商品目录。实行配额管理的出口商品目录，由商务部制定、调整并公布。实行配额管理的出口商品目录，应当至少在实施前21天公布；在紧急情况下，应当不迟于实施之日公布。

（3）出口配额总量。商务部确定出口商品配额总量，并于每年10月31日前公布下一年度出口配额总量，可以根据实际需要对本年度出口商品配额总量作出调整，但有关调整应当不晚于当年9月30日完成并公布。在确定出口商品配额总量时，应当考虑以下因素：保障国家经济安全的需要；保护国内有限资源的需要；国家对有关产业的发展规划、目标和政策；国际、国内市场的需求及产销状况。

（4）出口配额的申请。依法享有进出口经营许可或资格，并且近3年内在经济活动中无违法、违规行为的出口企业可以申请出口商品配额。申请配额时，出口企业应当以正式书面方式提出，并按要求提交相关文件和资料。商务部于每年11月1日至11月15日受理各地方外经贸主管部门和中央管理企业提出的下一年度出口商品配额的申请，其他时间申请的，不予受理。

（5）出口配额的分配、调整和管理。商务部将出口商品配额分配给各地方外经贸主管部门和中央管理企业，各地方外经贸主管部门在商务部分配给本地区的配额数量内，按本《办法》及国家关于货物出口经营管理的有关规定，及时将配额分配给本地区提出申请的出口企业。进行配额分配时，应当充分考虑申请企业或地区最近3年内该项商品的出口业绩、配额使用率、经营能力、生产规模、资源状况等。

当国际市场发生重大变化、国内资源状况发生重大变化、各地方或中央管理企业配额使用进度明显不均衡时，商务部可以对已分配给各地方外经贸主管部门或中央管理企业的配额进行增加或减少的调整。

各地方外经贸主管部门应当本着提高配额使用率的原则，定期对本地区出口商品配额执行情况进行核查，对配额使用率达不到规定要求的，应当及时收回已分配的配额并重新分配。地方企业应当及时将其无法使用的年度配额交还地方外经贸主管部门，地方外经贸主管部门可将其在本地区内重新分配或于当年10月31日前上交商务部。

（6）法律责任。对违反《出口商品配额管理办法》的机构和个人，视违规情节轻重，商务部可以给予相应的处罚。比如，出口经营者以伪报商品名称、少报出口数量等方式超出批准、许可的范围或未经批准出口实行配额管理的出口商品的,依照《货物进出口条例》第六十五条规定处罚,并可以取消其已获得的出口商品配额。

同时,对商务部作出的配额分配决定或处罚决定有异议的,可以依照《行政复议法》提起行政复议,也可以依法向人民法院提起诉讼。

第四节 货物进出口主要环节管理

一、进出口商品检验管理

进出口商品检验(Commodity Inspection),是指在国际贸易中对买卖双方达成交易的进出口商品,由法定商检机构依法对其品质、数量、规格、包装、安全、卫生、装运条件等进行检验和鉴定,同时出具商检证书的行为。

进出口商品检验是国家对对外贸易活动实行监督管理的一个重要方面,也是一项国际性业务。它是保证进出口商品质量,维护对外贸易有关各方合法利益,增加本国财政收入,平衡国际收支,维护国家利益和安全,促进对外经济贸易关系顺利发展的重要措施之一。进出口商品检验工作是对外贸易的重要组成部分。为了做好商检工作,中国不仅建立、完善了商品检验的立法体系,而且强化了商品检验的行政管理。

进出口商品检验行政管理是国家商检机关等经济管理部门凭借行政组织权力,采取发布命令、制定指令性计划及实施措施、规定制定程序等形式,按照自上而下的组织系统对商品检验活动进行的直接管理。这种管理方式不仅能够使立法管理落到实处,而且如果使用恰当,还能正面利用行政管理自身的"统一性、速效性、强制性、纵向性和规范性"等特点,从而使商品检验的立法管理和行政管理相互补充,相得益彰。

(一)进出口商品检验体制

国家进出口商品检验体制是指国家管理进出口商品检验工作的组织形式和基本制度,包括商检机构的设置、职责范围的确定和管理职权的划分,是国家进出口商品检验法律法规、方针政策得以贯彻落实的组织保障和制度保障。根据《中华人民共和国进出口商品检验法》的规定,中国进出口商品检验体制由以下三个层次组成。

1. 国家商检部门

它是指国务院设立的主管全国进出口商品检验工作的职能部门,即国家质量监督检验检疫总局。其主要职责是:组织起草与商检相关的法规和规章,拟定商检工作的方针和政策，组织实施进出口商品法定检验和监督管理，审批法定检验商品免验，组织办理进出口商品复验，组织进出口商品认证管理，监督管理进出口商品鉴定和外商投资财产价值鉴定，垂直管理出入境检验检疫机构，审批并监督管理从事进出口商品检验鉴定业务的机构，管理国家认证认可监督管理委员会和国家标准化管理委员会等。

2. 商检机构

它是指国家商检部门在省、自治区、直辖市以及进出口商品口岸、集散地设立的管理所负责地区进出口商品检验工作的行政执法机构，即各地出入境检验检疫局及其分支机构。目前，全国设立了585个商检机构，其主要职责是：贯彻执行进出口商品检验方面的法律、法规及政策规定，实施进出口商品的法定检验和监督管理，负责进出口商品鉴定管理工作，实施外商投资财产鉴定，办理进出口商品复验，实施进出口商品认证工作，实施对进出口食品及其生产企业的卫生注册登记，实施民用商品入境验证工作，管理进出口商品检验证单、标志及签证、标识、封识等。

3. 检验机构

它是指经国家商检部门许可的从事委托进出口商品检验鉴定业务的社会中介服务机构。检验机构可以接受对外贸易关系人或者外国检验机构的委托，办理进出口商品检验鉴定业务。检验机构是社会中介服务机构，经国家商检部门许可才有具备从事委托的进出口商品检验鉴定业务的资格。检验机构从事进出口商品检验鉴定业务属于商业性委托检验。

（二）进出口商品检验工作

中国进出口商品检验工作，主要有四项任务：法定检验、监督管理、公证鉴定以及认证管理。

1. 法定检验

法定检验是指商检机构依据国家法律、行政法规的规定，对进出口商品实施强制性的检验。它不同于其他检验鉴定活动，它是一种行政执法行为，是强制实施的，是国家管理权在进出口商品检验活动中的体现。实施法定检验的商品由《商检机构实施检验的进出口商品种类表》和其他法律法规加以规定。按规定列入目录的进出口商品，商检机构必须按照国家技术规范的强制性要求进行检验，检验的内容包括涉及安全、卫生、健康、环境保护的要求，以及相应的数量、重量、包装等。属于法定检验的出口商品，未经检验合格，不准出口；属于法定检验的进口商品，未经检验者，不准销售、使用。

法定检验主要包括：对列入中国《商检机构实施检验的进出口商品种类

表》内应实施法定检验的进出口商品的检验,其中进口编码商品816个,出口编码商品1577个,将根据对外贸易发展需要由国家质量检验检疫总局不定期调整;对出口食品的卫生检验;对出口危险货物包装容器的性能鉴定和使用鉴定;对装运出口易腐烂变质食品、冷冻品的船舱、集装箱等运载工具的适载检验;对有关国际条约规定需经商检机构检验的进出口商品的检验;对其他法律、行政法规规定需经商检机构检验的进出口商品的检验。

2. 监督管理

监督管理主要是指商检机构通过行政管理手段,对进出口商品有关企业的检验部门和检验人员进行监督管理、对生产企业的质量体系进行评审、对进出口商品进行抽查检验等,是中国商检机构对进出口商品执行检验把关的重要手段。

监督管理的范围主要包括:国家商检局对涉及安全、卫生等重要的进出口商品及生产企业实施进口安全质量许可制度和出口质量许可制度;国家商检局对出口食品及其生产企业实施卫生注册登记制度;商检机构对出口商品生产企业的质量体系进行评审;商检机构根据国家商检局同外国有关机构签订的进口商品质量认证协议或者接受外国有关机构的委托进行进出口商品质量认证工作;商检机构对检验合格的进出口商品加施商检标志;商检机构可以向法定检验的出口商品生产企业派出检验人员,参与产品质量检验、监督和检查工作;国家商检局和商检机构可以认可符合条件的国内外检验机构承担委托的进出口商检或者指定的质量许可和认证商品的检测以及企业的评审工作;商检机构可以认可有关单位的检验人员承担指定的检验、评审任务;外国在中国境内设立进出口商品检验鉴定机构,需经国家商检局审核同意,并接受国家商检局和商检机构的监督管理。

根据《商检法》的规定,国家商检部门对抽查检验实行统一管理,负责确定相应的商品种类加以实施;各地商检机构根据商检部门确定的抽查检验的商品种类,负责抽查检验的具体组织实施工作。国家商检部门可以公布抽查检验结果或者向有关部门通报抽查检验情况,即实施对外公布制度和通报制度。通过对抽查结果的公布及抽查工作情况的通报,可发挥各级政府及社会对进出口商品质量的监督作用,促进广大进出口商品的生产、经营企业提高质量意识,消灭和减少进出口商品中的不合格问题。

3. 公证鉴定

公证鉴定是应国际贸易关系人的申请,外国检验机构的委托,或仲裁、司法机关的指定,商检机构以公证人的身份,办理规定范围内的进出口商品的检验鉴定业务,出具证明,作为当事人办理有关事务的有效凭证。例如,品质、数量证明、残损鉴定和海损鉴定，车、船、飞机和集装箱的运载鉴定等。中国的进出口商品鉴定工作由国家商检局授权中国进出口商品检验总公司及其所辖部分省、自治区、直辖市和经济特区的分公司负责办理。

4. 认证管理

在《中国加入世界贸易组织议定书》中，中国政府承诺，对以往的进口产品质量许可制度和产品安全认证制度实行四个统一，即统一目录，统一标准、规范和合格评定程序，统一标志，统一收费标准。据此，《商检法》第二十四条规定："国家商检部门根据国家统一的认证制度，对有关进出口商品实施认证管理。"

国家统一的认证制度，是指按照统一规划、强化监管、规范市场、提高效能和符合国际通行规则的原则，在国家认证认可监督管理委员会的统一管理、监督和综合协调下建立的全国统一的国家认可制度和强制性认证与自愿性认证相结合的认证制度。

对进出口商品实施认证管理，主要通过强制性产品认证制度来实施。强制性产品认证制度，是各国政府为保护广大消费者人身和动植物生命安全，保护环境，保护国家安全，依照法律法规实施的一种产品合格评定制度，它要求产品必须符合国家标准和技术法规。中国的强制性产品认证，是通过制定强制性产品认证的产品目录和实施强制性产品认证程序，对列入目录中的产品实施强制性的检测和审核。强制性产品认证制度规定，凡列入强制性产品认证目录内的产品，必须经国家许可的认证机构认证合格，取得认证证书，并加施认证标志，即"CCC"标志后，方可出厂销售、进口和在经营性活动中使用。

根据国家统一的认证制度，各地商检机构负责对进出口商品实施认证管理，其主要内容有：考核、认可国内外进出口商品检验，评审机构和认可检验员、评审员注册等管理工作；组织和监督管理有关部门涉及认可检验机构的进出口商品检验和认证工作；根据需要同外国有关机构签订进出口商品质量认证协议；根据协议或者接受外国有关机构的委托进行进出口商品质量认证工作；对认证合格的进出口商品及生产企业颁发认证证书，准许使用进出口商品质量认证标志；根据出口生产企业的申请或外国的要求，对出口商品生产企业的质量体系进行评审；组织签订并执行进出口商品检验方面的国际合作协议，参加有关国际组织和会议。

（三）复验、行政复议、行政诉讼制度

1. 复验

它是指进出口商品的报验人对商检机构作出的检验结论有异议的，可以向原商检机构或者其上级商检机构以至国家商检部门申请复验，由受理复验的商检机构或者国家商检部门及时作出复验结论。实施复验制度是保证报检人的正当权益，正确处理和解决报检人对商检机构检验结果产生异议这一问题的一项重要措施，是法律授予报检人的权利，同时也可以促进商检机构认真依法施检，履行义务，提高检验技术，提高工作质量，保证检验结果的真实性、准确性，加强检验把关和维护对外贸易各方的合法权益。

2. 行政复议

它是指当事人对商检机构、国家商检部门作出的复验结论不服或者对商检机构作出的处罚决定不服的，可以依法向商检部门的上级机关申请行政复议。这样可以保护商检行政管理相对人的合法权益，是行政系统内部对行政权的监督形式。

3. 行政诉讼

它是当事人对商检机构、国家商检部门作出的复验结论不服或者对商检机构作出的处罚决定不服的，可以直接向法院提起诉讼，而不必将申请复议作为法定的前提条件。这是一种司法救济，是行政系统外部对行政权的监督形式，这样可以使当事人的合法权益得到更充分的保护。

二、海关管理

（一）海关的性质和职责

依照《中华人民共和国海关法》（以下简称《海关法》），海关（Custom House）是代表国家在进出境活动中行使监管职能的行政管理和执法机关，肩负着依法对进出关境的运输工具、货物、行李物品、邮递物品和其他物品进行监督管理，征收关税和其他税费，查缉走私，编制海关统计和办理其他海关业务等职责。

（1）监督管理。海关运用国家赋予的权力，通过一系列管理制度与管理程序，依法对进出境运输工具、货物、物品以及相关人员的进出境活动实施行政管理，以保证一切进出境活动符合国家政策和法律规范，维护国家主权和利益。

（2）征收关税和其他税费。关税是国家财政收入的重要来源。海关代表国家，依据《海关法》、《中华人民共和国进出口关税条例》和《中华人民共和国海关进出口税则》等，对进出境的货物、物品征收关税以及在货物进出口环节征收有关税费（目前主要有增值税、消费税等）。虽然关税有进口和出口之分，但是包括中国在内的世界上大多数国家都普遍实施鼓励出口政策，故对绝大多数出口货物不征收关税。

（3）查缉走私。简单来说，走私就是非法运输物资进出关境，以逃避海关监管、牟取暴利的行为。它违反了国家的对外贸易管理、进出口物品管理、外汇管理、关税管理等，对社会造成巨大危害。查缉走私即海关依法在其监管场所和附近的沿海沿边规定地区，发现、制止、打击和综合治理走私违法活动，以维护正常的经济秩序。

（4）编制海关统计。海关统计是以实际进出口货物作为统计和分析的对象，通过搜集、整理进出口货物报关单证或经海关核准的其他申报单证，对进出口货物的品种、数量（或者重量）、价格、国别（或者地区）、经营单位、境内目的地、境内货源地、贸易方式、运输方式、关别等项目进行统计和综合分析，以全面、准确地反映对外贸易的运行态势，及时提供统计信息和咨询，实施有效的统计监督，开展国际贸易统计的交流合作，促进外贸发展。列入海关统计的进出口货物有两大类，一是实际进出口的对外贸易货物，二是能影响国家物资储备增减的进出口货物。中国的海关统计工作严格按照《中华人民共和国海关统计制度》进行，部分工作成果可见于由海关总署编辑并在国内公开发行的《中国海关统计》月刊和《中国海关统计年鉴》。

除了以上四个基本职能外，伴随着当今世界经济一体化和区域经济集团化的发展趋势，各国间的贸易、资金、科技以及人员等方面的合作日益密切，海关职能得以扩展，已经涉及环保、社会安全、知识产权保护、反倾销以及反补贴调查、缉毒等方面。可以预见，改革开放的不断深化、对外贸易的迅速增长将带来海关业务的新变化，进而对海关职能不断提出新的要求。

（二）海关货运监管

1. 货运监管依据与原则

海关依法接受进出境货物、物品和运输工具的申报、审核、查验、征税、核销、结关放行，称为海关货运监管。海关监管的依据是《海关法》和与《海关法》实施有关的其他法律法规。海关监管的基本原则是：（1）对上下客码头仓库的进口货物，海关要求仓库负责人按海关规定予以保管，只准凭盖有海关放行单的提单交付货物。出口货物凭出口报关单交验货物。（2）入境运输工具，在到达至离境的整个期间，海关可以对其一切活动和作业进行监管，包括检查和搜查。运输工具负责人必须凭盖有海关放行章的卸货或装货单卸货或装运。此外，对存入保税仓库和交保税工厂加工的货物及暂时入境的货物和运输工具，均须按海关规定进行监管，直到复运出境或转为结关内销为止。（3）对通运货物、转运货物（转口货物）、转船货物，海关均须进行监管。对保税货物、暂时进口货物、特定减免税货物，除了在进口环节监管以外，还要进行后续管理。受海关监管的货物，未经海关许可，任何单位和个人不得开拆、提取、交付、发运、调运、抵押、转让或更换标记。

2. 对进出境货物的监管

海关监管进出境货物的依据是进出口货物报关单、进出口货物许可证或主管机关批准文件。对法定检验商品、动植物检疫、药物检验、文物鉴定或者其他国家管制物品，还应根据有关主管机关签发的证明文件进行监管。

海关监管程序为：申报──→查验──→征税──→放行。

（1）申报。也就是通常所说的报关或通关，指进出口货物的收、发货人或其代理人向海关申报、交验有关单证，接受海关对货物的查验。

（2）查验。海关在接受申报后，对进口或者出口货物进行实际的核对查验，确定货物的物理或化学性质及货物的数量、规格、包装贸易国别等是否与报关单证所列一致。进出口货物除因特殊原因经海关总署特准免验的以外，都应接受海关的查验。查验一般应当在海关规定的时间和场所进行。在特殊情况下，可以要求海关在海关监管场所以外的地方查验，但应先报经海关同意。海关可派员去收、发货人的仓库查验，并按规定收取查验费。

（3）征税。根据中国《海关法》规定，除海关特准免税的以外，进出口货物在收、发货人缴清税款或提供担保后，才能由海关放行。

（4）放行。放行是指海关对进出境的货物、物品、运输工具，经查后放行，以视海关监管的结束。货物、物品经海关放行后方可从海关监管仓库提出或装运出境，有关运输工具经海关放行后方可驶离海关监管现场。应税的货物、物品和应征吨税的船舶必须经海关征收有关税费或者办理担保手续后，才予以放行。在正常情况下，放行是进出口通关的最后环节，对海关监管工作十分重要。

3. 对进出境物品的监管

中国《海关法》第四十六条规定："个人携带进出境的行李物品、邮递进出境的物品，应当以自用、合理数量为限，并接受海关监管。"

海关对进出境物品监管的程序为：申报──→查验──→征税──→放行。

4. 对进出境运输工具的监管

进出境运输工具包括船舶、列车、航空器、汽车、驮畜及载运客货的人力车、货柜车等。

对进出境运输工具监管的主要任务包括：（1）办理进境的接受申报和审单工作；（2）视具体情况，采取不同的方法检查运输工具工作；（3）监管上下旅客及对货物的监装监卸工作；（4）验放船（车、机）边直装直卸货物；（5）监管运输工具所用物料、燃料、货币等；(6) 监管验放运输工具服务人员和其他人员携带的自用物品；(7) 办理运输工具出境结关工作；(8) 结合监管环节，做好现场调研，防止和打击走私违法活动。

(三) 查缉走私

走私是一种国际性的违法活动，通常是指违反一个国家和地区的法令，非法运输物资进出境的行为。中国《海关法》第八十二条规定：违反本法及有关法律、行政法规，逃避海关监管，偷逃应纳税款，逃避国家有关进出境的禁止性或限制性管理，有下列情形之一的，视为走私行为：(1) 运输、携带、邮寄国家禁止或限制进出境货物、物品或者依法应当缴纳税款的货物、物品进出境的；(2) 未经海关许可并且未缴纳应纳税款、交验有关许可证件，擅自将保税货物、特定减免税货物以及其他海关监管货物、物品、进境的境外运输工具，在境内销售的；(3) 有逃避海关监管，构成走私的其他行为的。

有上述所列行为之一，尚不构成犯罪的，由海关没收走私货物、物品及违法所得，可以并处罚款。专门或者多次用于掩护走私的货物、物品，专门或者多次用于走私的运输工具，予以没收；藏匿走私货物、物品的特制设备，责令拆毁或者没收。有上述所列行为之一，构成犯罪的，依法追究刑事责任。

根据中国《海关法》第八十三条规定："伪造、变造、买卖海关单证，与走私人通谋为走私人提供货款、资金、账号、发票、证明、海关单证，与走私人通谋为走私人提供运输、保管、邮寄或者其他方便，构成犯罪的，依法追究刑事责任；尚不构成犯罪的，由海关没收违法所得，并处罚款。"

有以下行为之一的，都是违法行为，海关可以处以罚款：个人携带、邮寄超过合理数量的自用物品进出境，未向海关申报的；运输工具不经过设立海关的地点进出境的；不将进出境运输工具到达的时间、停留的地点或者更换的地点通知海关的；进出口货物、物品或者过境、转运、通运货物向海关申报不实的；不按照规定接受海关对进出境运输工具、货物、物品进行检查、查验的；进出境运输工具未经海关同意，擅自装卸进出境货物、物品或者上下进出境旅客的；在设立海关地点停留的进出境运输工具未经海关同意，擅自驶离的；进出境运输工具从一个设立海关的地点驶往另一个设立海关的地点，尚未办结海关手续又未经海关批准，中途擅自改驶境外或者境内未设立海关的地点的；进出境运输工具，未经海关同意，擅自兼营或者改营境内运输的；由于不可抗力的原因，进出境船舶和航空器被迫在未设立海关的地点停泊、降落或者在境内抛掷、起卸货物、物品，无正当理由，不向附近海关报告的；未经海关许可，擅自开拆、提取、交付、发运、调换、改装、抵押或者转让海关监管货物的；擅自开启或者损坏海关封志的；经营海关监管货物的运输、储存、加工等业务，有关货物灭失或者有关记录不真实，不能提供正当理由的；有违反海关监管规定的其他行为的。

总之，构成走私行为的基本要素是主观方面出于故意，客观方面构成了违反海关法规、逃避海关监管的行为，后果上破坏了国家对外贸易管理、进出口货物和物品管理或关税管理规定所保障的社会经济秩序和社会管理秩序。

为了加强反走私工作，国家在海关总署设立专门侦察走私犯罪的公安机构，配备专职缉私警察，负责对其管辖的走私犯罪案件的侦察、拘留，执行逮捕、预审。国家实行联合缉私、统一处理、综合治理的缉私体制。海关负责组织、协调、管理查缉走私工作。各有关行政执法部门查获的走私案件，应当给予行政处罚的，移送海关依法处理。涉嫌犯罪的，应当移送海关侦查走私犯罪公安机构、地方公安机关依据案件管辖分工和法定程序办理。

三、外汇管理

外汇管理，是指一国政府或货币管理当局，通过立法和设立市场规则，对外汇的收支、买卖、价格、结算、市场等行为进行组织、协调、制约和控制。与中国对外贸易有关的外汇行政管理主要包括汇率并轨制度、银行结售付汇制及外汇账户管理制度等。

（一）汇率并轨制度

为了适应社会主义市场经济的进一步发展和改革开放逐步深入的需要，同时符合国际货币基金组织和世界贸易组织对成员国和缔约方关于汇兑安排的规定，从1994年1月1日起，中国取消原来的人民币官方汇率和外汇调剂汇率并存的汇率制度，实行汇率并轨，形成了以市场供求为基础的、单一的、有管理的浮动汇率制度。这一汇率制度的特点是：

（1）汇率决定的主要依据是银行间外汇交易市场的供求状况。并轨后，中国人民银行根据前一天银行间外汇市场形成的交易价格，并参照国际金融市场的变动情况，公布人民币对美元等主要货币的汇率。在这里，银行间外汇交易市场不同于原来的外汇调剂市场，其主要职能是为外汇指定银行相互调剂外汇余缺和清算服务，并由中国人民银行通过国家外汇管理局监督管理。各外汇指定银行以中国人民银行公布的汇率为依据，在规定的浮动幅度范围内自行挂牌，对客户买卖外汇。在稳定国内通货的前提下，通过银行间外汇买卖和中国人民银行向外汇交易市场吞吐外汇，保持各银行挂牌汇率的基本一致和相对稳定。

（2）在对资本项目进行管制的前提下，实现了人民币经常项目下的可兑换。1996年4月1日，消除了若干对经常项目中的非贸易非经营性交易的汇兑限制。1996年7月1日，将外商投资企业外汇买卖纳入银行结售汇体系，外商投资企业的外汇账户区分为用于经常项目的外汇结算账户和用于资本项目的外汇专用账户。1996年11月27日，接受《国际货币基金组织协定》第八条规定的义务，实现人民币经常项目下的可兑换。亚洲金融危机以后，外汇管理政策又进行了适时的调整，其主要方向是：积极支持企业涉外经营，逐步放宽了企业开立经常项目账户的标准，允许更多的企业保留一定的经常项目外汇收入，简化进出口收付汇核销手续，放宽企业购汇境外投资的限制，引导和支持企业通过借用国内外汇贷款偿还外债，取消对企业购汇提前偿还外债的限制等。

（3）调控方式从计划转向市场。从1994年1月1日起，取消经常项目下外汇支出的计划审批，对货物贸易的进出口实行进口付汇核销和出口收汇核销的制度。中国人民银行根据宏观经济政策目标，运用经济、法律等手段对外汇市场进行必要的干预，以调节市场供求，保持人民币汇率的稳定，平衡国际收支，维护国家经济安全，促进对外贸易和经济的健康发展。

（二）银行结售付汇制度

现在银行间外汇市场与银行结售汇市场构成国内两个层次的市场。银行间市场生成汇率，结售汇市场执行汇率，银行间市场和结售汇市场通过外汇指定银行平补结售汇周转头寸的活动有机联系在一起。从1994年1月1日起，取消各类外汇留成、上缴和额度管理制度，取消用汇的指令性计划和审批，对境内机构经常项目下的外汇收支实行银行结汇和售汇制度。

（1）银行结汇制度。中国对境内机构经常项目下的贸易外汇收入实施银行结汇制度，即境内机构贸易项下的外汇收入，除国家规定准许保留的外汇可以在外汇指定银行开立外汇账户外，都必须及时调回境内，按市场汇率卖给外汇指定银行。实行结汇制是为了实现人民币经常项目下有条件可兑换，保证充足的外汇来源，满足国家用汇的需要。

（2）银行售汇制度。中国对境内机构经常项目下的贸易外汇支出实施银行售汇制度。售汇制是指外汇使用者使用外汇时，持相关单据和凭证到外汇指定银行由外汇指定银行卖给外汇并根据交易行为发生之日的人民币汇率收取等值人民币的制度。从用汇单位角度来讲，售汇又称为购汇。中国企业在经常项目下产生外汇需求，只要能够提供相应的有效商业单据和凭证，就可以从外汇指定银行购买外汇得到满足。

（3）银行付汇制度。付汇是指经批准经营外汇业务的经营机构，根据有关售汇以及付汇的管理规定，在审核用汇单位提供的规定的有效凭证和商业单据后，从其外汇账户中或将其购买的外汇向境外支付的行为。如从其外汇账户中对外支付，除提交规定的有效凭证和商业单据外，还必须符合外汇账户的收支范围。

（三）外汇账户管理制度

根据中国《外汇账户管理暂行办法》的有关规定，开户企业应向国家外汇管理局提出申请，持国家外汇管理局核发的《外汇账户使用证》到外汇指定银行办理开户。开户企业应当按照国家外汇管理局规定的收支范围办理外汇收付。所谓收支范围是指开户单位申请开户时，外汇管理局在其颁发的《外汇账户使用证》上注明的外汇账户用途、账户币种、收支范围、使用期限及相应的结汇方式等。超出范围的收付，需逐笔报经外汇管理局核准。开户企业从外汇账户对外支付时，开户银行应当根据规定的外汇账户收支范围和《结汇、售汇及付汇管理暂行规定》审核，办理外汇收付。

外汇账户的监管机构是国家外汇管理局及其分局、支局，负责对境内机构外汇账户的开立审批、使用管理、账户的撤销及检查等。

本 章 总 结

（1）对外贸易行政管理主要由中国政府对外贸易主管部门（商务部），在海关、商检、国家外汇管理局的配合下，依据国家相关法律、法令和规定，参照中国的相关国际协议承诺予以实施。（2）对外贸易经营管理是对对外贸易经营者的资格和经营活动范围进行规范而实施的管理。中国的对外贸易经营管理从对外贸易经营者的资格管理、进出口货物国有贸易管理制度、进出口货物指定经营管理制度三个方面做了具体规定。（3）货物进出口管理是国家对进出口货物本身的管理，也就是国家有关部门对进出境货物的实际管理。（4）货物进出口环节管理是指对货物进出口过程中涉及的主要配套环节的管理。中国的货物进出口主要环节管理从进出口商品检验管理、海关管理、外汇管理等三个方面做了具体规定。

本章复习思考题

一、怎样理解对外贸易行政管理的含义、对象与特点？为什么要实施对外贸易行政管理？

二、怎样进行对外贸易经营管理？

三、怎样进行货物进出口管理？

四、怎样进行货物进出口环节管理？

第十四章　中国对外贸易政策

本章概要　本章研究和分析 1949 年新中国成立以来中国对外贸易政策的变化，各时期制定外贸政策的依据，探讨不同时期对外贸易政策出台背景以及对外贸易政策措施的特点和具体内容。

本章学习目标　本章学习目标有三个方面：(1) 了解改革开放前中国对外贸易政策特点及历史性作用。(2) 把握改革开放以来对外贸易政策的变化背景。(3) 掌握入世后中国对外贸易政策变化的脉络与内容。

第一节　改革开放前的中国对外贸易政策

为了达到对外实行统制贸易，采取贸易保护政策，对内节制资本，经济上自力更生等政策目标，中国政府在对外贸易管理上配合以对私营进出口商的使用外汇、经营范围和信贷等进行限制等政策手段，达到了对私营进出口商的限制、利用、改造，并逐步予以替代的目的。这些政策的实行迅速地扭转了新中国成立前对外贸易的长期逆差状态，也为在对外贸易行业全面实行社会主义改造奠定了基础。

一、对外贸易统制政策（1949—1953 年）

从新中国成立到对资本主义工商业完成社会主义改造，直到中国国民经济转入单一计划经济轨道之前，中国对外贸易政策的形成受到这一时期复杂的政治、安全、外交和国内经济形势的影响。

政治上，新中国的建立结束了半殖民地半封建的社会形态。而半殖民地状态中显著特征之一，是鸦片战争后一系列不平等条约使中国丧失了对外贸易管理的自主权——海关大权旁落，政府对关税税率制定不能自主，外国在华自由经商。而且新中国成立前解放区分区割据形成了全国"分区立法，分散管理"状态。面对这种情况，实行对外贸易统制，是新中国政府必然的政治选择。在外交和安全方面，由于朝鲜战争，西方各国联合对中国实行封锁、禁运，发展对外经济贸易的空间过于狭窄。在经济方面，恢复战争创伤，发展生产，支援抗美援朝战争的任务极重。这使得对外贸易政策的出发点和落脚点都必须适应战时经济的特点。当时的对外贸易要着重配合对外斗争。

鉴于上述客观环境，这一时期的对外贸易政策目标是建立高度集中的进出口行政管理体制。为此，中国于 1950 年 12 月颁布了《对外贸易暂行管理条例》，后来又颁布了《暂行海关法》，并对审批登记各类对外贸易企业和外商机构、实行进出口商品分类管理、推行进出口许可制度、管制外汇及审核进出口价格等作了统一规定。这些规定适用于外国在华的 540 多家进出口公司和国内 4 600 余家私营进出口商。

二、进口替代贸易战略下的贸易保护政策（1953—1979 年）

新中国建立后，经过三年经济恢复时期，从 1953 年开始进入了国民经济建设时期。在当时特定的国内外因素影响下，中国开始走上一条以进口替代战略实现工业化的道路。

进口替代战略是由阿根廷经济学家普雷维什于 1950 年提出的。其基本考虑是为了减少进口和依赖，节约外汇，平衡国际收支，保护幼稚工业；其目标是为了改变发达国家与发展中国家的不平等关系，改善贸易条件，改变二元经济结构，建立初步的工业体系进而实现工业化。

一国实施进口替代战略的依据，一是要考虑参与国际分工的类型。发展中国家和发达国家一般属于垂直贸易关系，这就要求发展中国家必须首先致力于改善进口结构，即通过实现原有劣势工业部门的发展，来逐步替代大多数工业制成品的进口。二是要考虑国家的客观条件。进口替代是适于大国工业化的长期战略，从人均贸易额和出口依存度的高低来看，大国经济都是内向型经济。大国人口众多，有广阔的市场，因而具备长期实行进口替代的基本条件。

根据上述条件，我国从 1953 年到改革开放时期长期实行进口替代战略具有客观必然性：首先，中国从 1953 年起试编第一个五年计划，将全部国民经济纳入到单一的计划经济轨道，优先发展重工业的发展战略对科技水平提出了较高的要求。其次，国民经济的迅速恢复，增加了中国领导人更快地发展经济的信心，西方国家对中国的封锁、禁运促使中国领导人下决心坚持在经济建设问题上走自力更生的道路。发展重化工业和支持大中型骨干企业是我国工业现代化的希望所在，当时还必须面向国内市场。最后，实行进口替代战略有利于我国引进和利用外资，因为进口替代是出口替代的基础，这个基础就是工业化整体水平的提高，所以，引进外资的首要任务不是出口导向而是进口替代。

（一）对外贸易政策目标

这一初期，中国政府采取的是保护贸易政策，即通过对对外贸易的管理保护本国的生产，保护本国产品与外国产品的竞争。其基本含义是："在中央对外贸易的方针、政策和法令下，有领导、有计划、有组织地进行对外贸易。"这种统制制度的核心是对外贸的管理，而不是自由放任。

（二）对外贸易政策措施

1. 保护关税政策

对国内生产必需的资本品、中间产品等投入的进口征收低税或减税、免税，以降低进口替代品的生产成本。

2. 进出口计划管理

在计划经济为主的条件下，中国的对外贸易在很大程度上是在国家计划安排下进行。当时，我国的对外贸易要根据国家的计划安排组织货源，以用于国民经济的发展。尽管明确了关税的制定原则，但是所有的商品进口都是在国家计划安排下进行。每年国家都制定年度经济发展计划，根据这个计划如果国内不能生产某种产品或生产资料，再行安排进口。各种产品的进口要根据各部门所报送的进口计划，经审批，再组织货源。进口关税只在允许进口的前提下才能发挥一定的价格调节作用，而在中国经济改革开放以前，这种价格的调节不能真正起作用。因为，无论是企业还是国家，申请或审查进口都是以企业的物质需要为依据的，所以生产成本以及利润不是企业追求的主要目标甚至不是目标。在此情况下，关税及其调节作用则非常有限。总之，在中国经济转向市场化之前，即在非市场经济条件下，关税及其有关的贸易政策难以发挥作用。

3. 进出口经营权管理

在市场经济国家，企业的外贸经营权是通过申请、注册制度获得的。在中国，这种对外贸易的经营权是经过审批制获得的。根据有关规定，一家企业能否经营对外贸易，必须经过国家的审批、认可，否则不能从事对外贸易的经营活动。在计划经济体制下，国家垄断了对外贸易经营的权利，因此任何企业都必须通过国家所属的外贸公司进口或出口商品。改革开放以前，中国对外贸易的经营是典型的国家垄断对外贸易的制度，中国所有的商品进出口都由国家设立的15家国营外贸公司统一经营。

4. 外汇管制与本币升值

我国的外汇管制是比较严格的。在计划经济体制下，外汇的收支要服从于国家经济计划的顺利完成，同时由于外汇短缺，对外汇收支的管理也是我们有效使用有限外汇的重要措施。实行本币升值，以减轻必需品进口造成的外汇压力。

（三）对外贸易政策实施效果

当时中国的对外贸易政策定位是"互通有无，调剂余缺"，对外贸易的功能被简单化。从宏观角度看，对外贸易是按计划平衡两大部类生产的手段之一；从微观角度看，对外贸易的功用是创收外汇，增加支付能力。当时国内主要出口商品实行统购统销，计划调拨；非主要商品也实行按计划价格收购。外贸经营实行高度垄断，国内外市场完全分开。当时中国的对外贸易作用可以归纳为，将一切可能出口的产品出口以换取我们不能生产的产品（重点是生产资料），在互通有无、调剂余缺和获取绝对利益（绝对成本）的贸易理论指导下，中国政府调动了一切行政、计划手段，经过艰苦努力，对外贸易量有了很大增长。但是从经济发展角度来讲，这种外贸政策并不成功。

1. 对外贸易未能对出口生产带来巨大激励

在当时的背景下，对出口商品的生产者来说，数量指标是最重要也是最实际的。生产者提供内销和外销的产品，对其本身利益而言，毫无差别。而国外市场的价格信号已被完全阻断。出口对国内生产者来说不是一件有利可图的事，有时候还是一种负担。没有利益激励，出口商品生产者也就没有积极性。

2. 对外贸易未能达到节约

当时的对外贸易活动只是从宏观上对国民经济的平衡有益。而一旦宏观经济方面的得益被宏观经济战略选择不当导致的高成本所冲抵，集中统一的外贸政策和手段就会带来更高的机会成本。

3. 对外贸易未能使资源优势得到发挥

出于当时发展战略的要求，中国采取了挤出商品出口的贸易政策，出口要求脱离了当时中国生产水平的现实。另一方面，由于20世纪60年代出口偿债的压力，国内消费进一步受到抑制，影响了人民生活水平的提高，进而使得适合当时中国经济特点的农副产品加工业，特别是食品加工业长期得不到发展。过度出口阻碍了商品，特别是农副产品的深加工，其结果是中国出口产品品种长期没有实质性的增加。到20世纪50年代末，主要出口商品仍是大米、大豆、植物油、猪鬃、肠衣、生丝、猪油、羊绒、茶叶、蛋品等传统农副产品。

4. 贸易条件有恶化的倾向

按照中国当时对外贸易的做法，由国家按计划价格收购出口产品，保证了出口产品的适当低价（1952 年，农副产品收购价格指数为上一年的 101.7%，1965 年则为上一年的 99.2%），而出口产品的卖出价格则只能"随行就市"。在整个国际市场初级产品价格下降的大背景下，美国、西欧持续加大对农业产品的国内补贴、出口补贴和市场准入限制，中国受封锁禁运，只能对相对狭小的市场出口农副产品，这加剧了贸易条件的恶化。其后果是从 20 世纪 60 年代后期到 1976 年，外贸增长停滞甚至下降。

从新中国成立到 20 世纪 70 年代中期，中国面对的外部环境没有实质性的改善。因此实际上中国一直在执行一种被动的进口替代政策。这一对外经济政策与国内的发展战略选择是一致的。其成功的一面是中国迅速地建立了一套工业生产体系，摆脱了新中国成立初期的自然经济形态，为经济现代化打下了基础。

为支持这一被动的进口替代政策，在出口方面，中央以出口创汇增加进口支付能力为核心，运用各种行政管理、计划和经济手段支持出口。其中最具特色的是：将计划、行政管理和对外贸易经营三位一体集中在外贸部及其下属的专业出口公司身上；用计划指令取代进出口管理许可证；贸易政策的贯彻执行部门与进出口管理部门（海关）合并；进出口税收与外贸经营利润合并入库；在经济手段方面则支持以相对充裕的计划资金（长期以来，外贸收购资金占全国企业流动资金的 5%）和人为压低了的利率；高估的人民币汇率（高估汇率加上外汇的计划管制具有双向功能，同时具有有效鼓励出口和限制进口的作用）。

这一政策手段的成本很高，在内外市场隔绝的情况下，提供出口商品的生产者缺乏激励，行政手段促进出口的效果难以长期为继，外贸出口不堪重负。

第二节　改革开放后的中国对外贸易政策

1979 年，中国开始按照对外开放、对内改革的方针，实行了进口替代与出口导向相结合的战略，即在中国具有比较优势的劳动密集型产业内，通过引进外资等一系列增强竞争力的措施，采取鼓励出口的政策；而在不具比较优势的资本技术密集型产业，则继续实行进口替代的战略。相应的，我国的对外贸易政策措施也有所调整。

一、对外贸易政策目标

改革开放后，我国对外贸易政策的具体目标是：通过对外贸易政策体现我国对外开放的方针,促进出口、限制进口,保护与促进国民经济发展,保证国家关税收入。可见,改革开放以后,我国的对外贸易政策目标发生了巨大变化。

第一,对外贸易政策的目标由实施保护到体现开放。古今中外许多国家经济建设的实践证明,开放优于封闭,发挥比较优势优于违背比较优势。只有对外开放,才有利于中国经济的发展。

第二,奖励出口,限制进口。保持贸易收支平衡。

第三,保护和促进国民经济发展。发展中国家的贸易政策最根本的追求就是保护和发展本国经济。问题是保护的程度和保护的方式。当各国经济走向国际化以后,对外部经济依赖性的加强将使各国倾向于遵从于国际规范,以换取本国经济发展的良好外部条件。

第四,保证国家关税收入。对一个发展中国家而言,进口关税及相应的关税收入是政府所得的重要来源。

总之,中国对外贸易政策的总体目标反映了中国经济体制的过渡性特征,对外贸易政策带有计划经济和借助市场力量发展本国经济的双重思路。随着我国经济体制的转变,我们的对外贸易政策目标也需要更具有针对性和精确性。

二、对外贸易政策调整的主要特点

(一) 单纯保护转变为"奖出限入"保护

改革开放前,中国寻求的是"独立自主,自力更生"建设方针。同时受"外围—中心"理论的影响,中国把国际分工看做是强国控制弱国的工具,因而对发展对外贸易的必要性认识不足。实行改革开放后,人们开始认识到对外贸易提高本国生产率、促进经济增长的作用,中国经济建设方针转变为"利用两种资源,打开两个市场,发展本国经济",出口开始受到鼓励,贸易政策转变为"奖出限入"。

(二) 从隐形保护转变为规范性显性保护

主要体现在贸易政策手段由原先的行政手段转变为以经济手段为主。改革开放前,政策手段虽然有,但作用不大,调控对外贸易活动主要是依靠行政手段——计划贸易。计划贸易对中国经济的影响由于很难估算,因此我们说它是一种隐形保护。改革开放以后,随着计划经济的作用逐渐减退,隐形的保护贸易难以为继,而又不可能取消贸易保护,因而只有加强关税及非关税壁垒等经济手段在进出口中的调控作用。同时在逐步与国际接轨过程中,政策手段日趋规范化。由于关税及非关税壁垒对一国国内经济影响可以大体上进行估算,这样原先隐形的保护贸易做法便转变为规范性显性保护贸易做法。

(三) 政策调整从微观领域向宏观领域延伸

中国对外贸易政策演变大体经过三个重要阶段。第一阶段(1978—1987年),重点是改革微观经营机制,通过放权,实行外汇留成等激励外贸企业出口积极性;第二阶段(1988—1993年),重点是改革外汇资源配置制度,实行汇率双轨制,取消出口补贴;第三阶段(1994年以来),重点是改革宏观政策环境里的汇率,取消汇率双轨制,实行以市场为基础的有管理的浮动汇率制度。

贸易政策的调整先从微观领域里经营机制环节入手是有其合理性的。微观经营机制方面的放权让利可以使改革所涉及的经济集团得益,同时又不会损害其他经济集团的利益,因此它具有"帕累托累进"的性质。

(四) 政策目标由"调剂余缺"转变为"推动经济增长"

改革开放前,由于对外贸作用的片面认识,贸易政策追求"调剂余缺,互通有无"目标。改革开放后,中国对外开放十几年的经验以及东南亚一些国家,特别是亚洲"四小龙"的贸易实践表明,越是开放的地区,其经济发展得越快。随着中国对外贸作用认识的不断深入,20世纪90年代中国转向追求贸易政策"推动经济增长"目标。

(五) 以"扩大出口"为基本方针

中国对外贸易政策的第一次重大突破,即打破国家垄断对外贸易局面,赋予更多企业外贸经营权。尔后的每一次重大调整亦都是在原先政策中存在着不利于出口扩大因素的情况下进行的,因而"扩大出口"成为外贸政策调整的基本方针。

(六) 从最初无意识到最终有意识地实现贸易自由化

20世纪80年代,中国出台鼓励出口措施,其初衷只是为了鼓励企业多出口,并不是为最终实现贸易自由化,但它实际上是在无意识地为中国实现贸易自由化铺设道路。"奖出限入"政策使中国出口迅猛发展,这其中绝大多数是劳动密集型产品,表明中国对外贸易活动向比较优势回归。国际贸易理论认为,只有在自由贸易条件下,一国出口才能真实地反映出本国的比较优势。因而,"奖出限入"政策与自由贸易政策是殊途同归。90年代中期,中国向世界郑重承诺,到2020年中国实现贸易与投资的自由化。中国从最初无意识到最终有意识地实现贸易自由化,表明贸易政策调整具有渐进性。

在改革的速度方面,最优的政策就是渐进式改革。改革之初,中国国内存在一种体制性扭曲。此外，中国还面临着工业劣势、市场劣势和企业规模劣势等。所有这些因素都决定了中国对外贸易政策调整只能是渐进式的，而不能直接采取一步到位式的自由贸易政策。

三、对外贸易政策措施

（一）关税政策

改革开放以后，我国的对外贸易政策进行了适当调整。1979年，我国的经济体制开始进行全面改革，主要表现为从计划经济向市场经济转变，市场调节逐步成为政府调控经济的主要形式和主要渠道。对外开放经济，对外贸易政策特别是关税政策开始充分发挥作用。1980年1月1日起，国家恢复了对国营外贸专业公司的进出口货物全面征收关税的制度。基本原则是降低了国内不能生产的先进设备和供应不足的原材料，以及机器、仪器的零部件的税率，提高了某些耐用消费品和国内已经能够生产供应的机器设备的关税。1984年国务院批准了修改关税税则领导小组提出的《进出口税则》和《暂行实施条例》。《税则》和《条例》指出，关税政策要"体现国家的对外开放政策，贯彻奖出限入，保护与促进国民经济的发展和保证国家关税收入"，在此基础上提出了制定关税的新的六项原则：（1）对进口国家建设和人民生活所必需的而且国内不能生产或供应不足的动植物良种、肥料、饲料、药剂、精密仪器、仪表、关键机械设备和粮食等予以免税或低税。（2）对原材料的进口税率，一般比半成品、制成品要低，特别是受自然条件制约、国内生产短缺不能迅速发展的原料，其税率更低。（3）国内不能生产的机械设备、仪器、仪表的零部件，其税率应比整机要低。（4）对国内已能生产的非国计民生必需的物品，应制定较高的税率。（5）对国内需要保护的产品制定更高的关税率。（6）为鼓励出口，对绝大多数出口商品，不征出口税，但对国际市场上容量有限，而竞争性强的商品，以及需要限制出口的极少数原料、材料和半成品，必要时可征收适当的出口关税。在这些原则指导下，中国对进口关税水平进行调整，此时的关税率已经从平均52.9%下降到38%，其中农产品平均关税率为43.6%，工业品的平均关税率为36.9%。

1987年2月13日，在我国政府向当时的多边贸易组织《关税与贸易总协定》提交的备忘录中又进一步明确"促进改革开放，保护民族工业贯彻产业政策，反对贸易歧视"的关税政策制定原则。1987年9月12日国务院又修订了《进出口税则》，进一步调整了关税水平，1992年3月18日，国务院对《进出口税则》进行了第二次修订。1992年，我们开始实行以各国海关《协调制度》目录为基础的新税则。调整后的进口关税率为43.1%。自1992年，中国为了重返关税与贸易总协定、加入世界贸易组织，先后5次调整了关税的税率。

改革开放以后，中国的关税政策逐步起到了调节进口商品供求的作用，替代了计划经济条件下的国家计划。中国的进口关税水平也经历了一个由较高水平的进口关税向较低水平的进口关税的转变的过程。尽管进口关税的总水平在下降，但是它仍然高于世界平均水平，也高于发展中国家的平均水平。

（二）非关税壁垒政策

1. 进口许可制度

进口许可制度是国际上普遍实行的产业保护的一种政策，即对部分重要和敏感性的产品进口，进口商必须提前申领进口许可证，海关凭许可证查验放行。有一些许可证是与进口配额配套实施的，叫做配额许可制度；还有一些许可证单独实施，与配额没有关系，叫做一般许可证。

我国自1980年恢复了进口许可证管理。其目的是通过对进口贸易的管理和对进口经营单位、进口经营商品的控制，保证进口贸易有秩序地进行，保证外汇的合理使用和外汇收支平衡，调整进口商品结构，提高进口贸易的经济效益，促进和适度保护国内生产的发展。我国的进口许可证根据商品的重要程度实行分级管理。1992年以前，进口许可证管理的商品大约占所有进口商品的50%以上，涉及1 000多种商品。1992年中美贸易《市场准入备忘录》中，中国明确制定了减少进口许可证管理范围的时间表。据此，到1997年年底，中国将其进口许可证减少2/3，约束的商品种类为385种。

2. 进口配额制度

配额管理是中国对进口商品实行管理的另一个重要措施。经中央和有关地方协商，国家要根据每年对某些商品的需要量确定需限制的进口量。中央政府再将其分配给有关用户，并由派驻各口岸的机构加以落实和管理。中国政府为了有效保护国内弱势产业，面对改革开放以后进口产品数量的激增，对部分农产品、机电产品，特别是汽车、钢铁、粮食、棉花、家用电器等实行进口配额制度，由中央政府制定这些产品的进口数量或金额的最高限制，进口企业如需要进口这些产品，必须向政府有关部门（即中国商务部配额及许可证事物管理局）申请进口配额，并办理相关的进口许可证，海关才能进口放行。我国的工业品主要是绝对配额，即超过配额完全禁止进口；而农产品则主要是关税配额，国家并不是绝对限制进口，只是配额内较低关税，配额外就要征收较高的关税。小麦、玉米、大米、棉花、植物油等在规定的配额内进口关税只有1%~4%，而配额以外的进口就要征收70%~80%的高额进口关税。

3. 进出口经营权管理

对进出口经营权的限制是中国非关税措施的另一个重要形式。在市场经济国家，企业的外贸经营权是通过注册制获得的。在中国，对外贸易的经营权是经过审批制获得的。根据有关规定，一家企业能否经营对外贸易，必须经过国家的审批、认可，否则不能从事对外贸易的经营活动。在计划经济体制下，国家垄断了对外贸易经营的权利，因此任何企业都必须通过国家所属的外贸公司进口或出口商品。改革开放以后，中国对外贸易的经营权逐步下放。但是，其经营权的审批制度尚未取消。客观上仍然属于非关税壁垒的限制措施。

4. 进口替代产业政策

进口替代政策是对市场经济平等竞争原则的违背，是一种歧视性的产业保护政策。1980年以后，为发展中国的重要产业，中国制定了一系列产业或产品的进口替代规定。对进口替代工业在资本、劳动力、技术、价格、收益等方面给予优惠，使它们不被外国产品挤垮。通过这些保护措施扶植幼稚的进口替代工业逐步成长、成熟。特别是在中外合资企业的合作协议中要有关于国产化的某些承诺。从我国利益角度看，这是发展本国重要产业的便利措施，但客观上却形成了对进口同类产品的逐步排斥。到1992年，在《中美贸易关系备忘录》中，中国承诺取消所有进口替代的规定，但是在某些特殊商品（如汽车生产上）还有进口替代要求。

5. 进出口商品检验制度

根据《中华人民共和国进出口商品检验条例》的规定，"一切进出口商品都必须经过检验，未经检验的，不准安装投产，不准销售，不准使用"。从名义上看，这是提高我国进出口商品质量，保证我国的生产者和消费者权益的重要手段和环节。这些措施的确在控制进出口商品的质量方面发挥过重要作用。然而，像其他国家一样，我们的商品检验在客观上也会起到限制商品进口的作用。

6. 进口产品的技术标准

中国对进口商品制定明确的技术标准是维护自身利益的客观需要。但是由于科学技术的发展，商品的新种类不断出现，原有的标准难以跟上这种技术的进步，因此中国规定，在那些中国没有制定自己的技术标准的商品将使用原产地的标准。因而如果其他国家的进口商品在技术标准的规定上不一致，中国对同类新产品的技术标准就有两个甚至更多的标准。

7. 政府采购

同其他国家类似，我国的政府采购也是一种实际上的非关税壁垒措施。我国实行两种不同的采购制度。一是由世界银行或其他世界组织贷款的采购；二是中国政府的采购。对于国际组织贷款的采购，一般由我国国营贸易公司的分支机构或国务院所属的机电设备招投标中心来管理。而中国政府自己的采购要求优先对待国内的产品和服务。

8. 外汇管制

世界上大多数国家都在实行不同程度和不同形式的外汇管制，但是中国长期以来实行的外汇管制政策逐步由金融政策演变为一种限制外国产品进口与保护国内产业的非关税壁垒，这样就违背了 WTO 的国际竞争规则。

改革开放以后，外汇管理的基本原则没有根本性的变化，但是外汇管制的程度明显减弱了。我国的外汇管理主要包括对国内企事业单位的外汇管理，对个人的外汇管理，对三资企业的外汇管理（实际上，1979 年，我们开始引进外资以后，对三资企业的外汇管理已经开始了）和对借用外债的管理。外汇的经营权也由国家垄断。规定除经国家外汇管理总局批准，国内各部门和企业事业单位不得私自保存外汇，不得私自买卖外汇；国内的私人可以存有外汇，也可以卖给银行，但不能私自买卖。1996 年以后，政府规定，允许经常项目外汇的自由兑换，同时公民因私出国可以按照市场价格兑换一定数额的外汇。在客观上，这种外汇管制，限制了商品的进口，特别是在便利性方面，外汇管制的突出问题不仅在于人为制造了商品进口的外汇兑换成本，也带来了比较繁杂的进口程序。特别是当企业的进口增加与政府平衡国际收支或贸易收支的安排相矛盾时，企业所面临的外汇使用问题就非常突出了。我国经常项目实行外汇自由兑换有利于改善我们的商品进口条件，在便利进口方面有了明显的进步。

9. 指令性计划进口

严格的国家垄断对外贸易政策不利于调动地方和企业从事对外贸易的积极性。20 世纪 70 年代中期以后这种政策有所松动，一些地方对外贸易企业可以从事进出口业务了，但是国家为了保护有关国计民生的一些重要产业，防止外国同类产品进口过多而冲击民族工业，对许多敏感性重要产品实行指令性计划进口。所谓指令性是与指导性相对应的，指令性是强制性的政府命令，谁也不能违反，这些计划内的产品只能在国家制定的指标内进口，不许越雷池一步。而指导性则仅仅是政府的参考意见，并不要求强制性执行。指令性进口计划主要是粮食、棉花、油料、钢铁、汽车、机械、化工、家用电器等产品，这也是计划经济时期违背市场经济规则的严格的产业保护手段。

四、对外贸易政策调整的效果

（一）提高了国内资源配置效率

国际贸易理论认为，只有当一国进出口真实地反映出本国的资源禀赋状况时，本国资源方得到最佳配置。中国是一个劳动力丰富而资本、原料匮乏的国家，因此应出口劳动密集型产品，进口资本密集型产品。20世纪80年中期以前，在中国出口产品中，初级产品占全部出口50%以上，其中资源密集型的石油是中国出口主导产品。在出口的工业制成品中，低加工的纺织、织物、制成品及有关产品占有很大比重。说明中国仅仅是利用了自己的资源而已，并未发挥出劳动力的比较优势。到2000年，在中国出口产品中，劳动密集型的纺织产品及出口加工贸易占有重要地位，分别为出口总额的23%和48.5%。我国劳动力的比较优势得到充分发挥。在中国总进口中，机械设备（占总进口的51%）、原料及燃料（占12%）是最大的两类进口。从此，中国进出口与本国资源禀赋状况趋于一致，国内资源配置效率得到提高。

（二）减少了国内价格扭曲

对外贸易政策的演变减少了国内产品价格扭曲，我国越来越多的产品价格与世界价格逐步接近。在计划经济时代，我国国内价格同国际价格是完全脱钩的，国内在生产、消费领域里都存在着扭曲。因而，国内价格与国际价格实现接轨是国内扭曲不断消除的重要标志。

（三）促进了国内经济体制改革

20世纪90年代，中国确立了对外贸易"推动经济增长"目标。国际经验表明，越是充分利用比较优势的国家，其经济增长就越快，而要充分发挥本国比较优势，就需建立一个完善的市场机制以及实现贸易自由化。为此，从90年代中期起，中国加快贸易自由化脚步，大幅度降低贸易壁垒，并不断完善市场机制。这些都对国内经济体制及企业经营管理产生了转换机制的压力，加快了经济体制改革步伐。

（四）加速了国内产业升级

为了说明这一问题，下面我们使用了中国出口主导产品这一指标，因为一国的出口反映了本国的产业结构。1985年以前，中国出口主导产品是资源密集型的石油。1986年纺织服装取代石油成为第一大出口产品，中国进入一个以劳动密集型制成品为主导的时代。1995年中国出口产品结构再一次出现大的跨越，机电产品取代纺织服装成为第一大出口产品。近几年，高新技术产品出口在总出口中的比重不断上升，从1991年的3.1%上升到2006年的29%，中国出口产品具有明显的动态升级特征。当然,中国产业升级的加速首先是经济体制改革的成果,但无数实证证明,在中国,那些开放较早、保护程度较低的产业,贸易政策对其升级起到促进的作用要大(比如家电产业);而对于那些开放较晚、保护程度较高的产业,上述作用不大(比如汽车产业)。

(五)推进了对外贸易发展

改革开放后,在鼓励出口政策的刺激下,中国对外贸易规模迅猛扩张。1978年中国进出口总值为206亿美元,2000年上升到4 743.1.亿美元。22年间增长了23倍,年均增长率为14.8%,高于同期中国国民经济的增长速度。与此同时,中国在世界贸易中的地位也迅速上升。1978年中国出口贸易额占世界出口贸易总额的0.75%,排在第32位;2000年这两个数字分别上升到3.9%和第7位,被国际社会称为"中国出口增长奇迹"。

第三节 加入世界贸易组织后中国对外贸易政策的调整

从中国对外贸易政策演变历程回顾的分析中可以看出,中国对外贸易政策的制定与调整,一直是在统筹国内发展与国际形势的基础上慎重考虑的。以加入世界贸易组织为标志,中国的对外开放进入了一个崭新阶段。中国加入世界贸易组织后,面临更加严格的国际约束。这意味着,从原则上看,中国的对外贸易政策措施的制定和执行,要严格按照WTO的要求去做。从根本上说,在中国加入世界贸易组织后,我们的对外贸易政策及其实施必须顾及国际社会或世界贸易组织给我们提供的空间和时间。

一、对外贸易政策的调整背景

中国于2001年加入了世界贸易组织,在入世议定书中,中国不仅就市场开放作出重大承诺,更重要的是,中国还承诺按照世界贸易组织规则改革涉外经济体制,建立一套符合国际惯例的涉外经济管理体制。在加入WTO的第一年,中国政府就按照规则和自身承诺,清理了大批法律法规,制定了适应加入WTO要求的新法规。这就意味着,中国不仅将彻底消除计划经济在涉外经济体制中的影响,而且将放弃"进口替代战略"或"出口导向战略"中不符合WTO规定的政策手段。这实际上表明,中国将实行一种全新的开放式的经济发展模式。中国是在现行的国际贸易规模框架下崛起的,不管中国在国际贸易体系中的地位提高多少,都不会去挑战现有规则,相反,其在国际贸易体系中的地位越高，维护现行规则越符合中国自身的利益，从而使中国成为现行自由贸易体系的一个稳定因素。

二、对外贸易总政策

中国对外贸易的总政策是，以积极的对外贸易政策为方向，以多样的政策措施为手段，借助对外贸易推动产业结构的升级和经济的工业化，实现中国经济的可持续发展。

对外贸易的总政策是指导一个国家对外贸易发展的态度和总方针。在现代经济条件下，一国对外贸易不能没有总政策指导，或者说不应该在对外贸易方面没有一个明确的原则。如果对外贸易能够对该国的经济发展或经济增长起到积极的作用，该国对对外贸易的态度相应也是积极支持的。相反，如果对外贸易在对该国的经济发展或经济增长有消极的作用，该国对对外贸易的态度可能是消极的。

对外贸易总方针包括对外贸易政策的基本方向、对外贸易政策基本手段和目标。在对外贸易政策的基本方向方面，传统的贸易政策被划分为两大类，一类是保护贸易，另一类是自由贸易。自由贸易的政策方向是指一国政府对对外贸易不加干预，允许外国商品在本国市场上自由竞争。而保护贸易的政策方向则是指，一国政府对对外贸易加以干预，限制外国商品在本国市场上自由竞争。

中国对外贸易政策的总方向应该是走向贸易自由化。为了保证中国经济发展的利益，保证我们借助开放条件下的经济运行，我们应该对对外贸易持积极参与的态度。同时结合我们的经济发展采取积极干预的对外贸易政策。这种干预有四个方面的含义：（1）积极干预的对外贸易政策是一种选择性的贸易保护政策，即对那些尚不具备国际竞争力的产业实施一定程度、一定时期的保护贸易政策；（2）对那些具有一定国际市场份额的企业或产业实施战略性贸易政策；（3）对那些战略性的产业部门实施战略性进口或以进口保护促进出口的贸易政策；（4）对有国际竞争力的部门或企业实施自由贸易政策。积极的贸易政策的基本方向就是以本国利益为导向、以贸易自由化为方向的多层次的对外贸易政策。

中国对外贸易总政策是根据我国在当今贸易环境下的经济利益所制定的。它是以积极干预对外贸易为政策方向，通过选择性的贸易政策措施，保证企业和国家获得最大限度的利益，实现中国经济发展的目标。

中国对外贸易总政策也不会长久地保持不变，它将随着中国经济结构和竞争优势的变化而调整。

中国对外贸易总政策在选定了方向之后，要有一套严密合理的政策措施。这些措施既要符合我们在国际上所承担的义务，也应该是积极有效的贸易干预政策。

三、市场准入的管理政策与措施

（一）进口关税政策

进口关税是一种有效的贸易保护措施。这种政策的特点是，可以直接作用于有关的贸易商品，起到限制或鼓励商品进口的作用。

WTO严令禁止高关税，要求成员方逐步降低关税水平，走向贸易自由化。目前中国的进口关税平均水平已经低于发展中国家的平均水平，使中国的市场准入程度大大提高。尽管我们在加入世界贸易组织的双边协议中明确承诺，逐步降低总体关税水平，但是，我们仍然可以借鉴有效保护关税理论设计阶梯性的关税结构。同时对那些在世界市场上的进口中占一定比重的产业，可以采取相对较高的关税水平从外国垄断厂商手中获得一部分垄断租金。

因此，我们要将进口关税水平设置在 WTO 所允许的，并有利于我国产业发展和福利水平最佳的水平。在产业保护类的关税设置上，对敏感产业的关税也应该在 WTO 允许保留的期间内设置在有一定竞争压力的水平上。

（二）进口的非关税壁垒措施

在当今国际贸易领域，积极干预对外贸易的政策措施更多地表现为非关税壁垒。非关税壁垒主要有两大类，一类是传统的非关税壁垒措施，另一类是新非关税壁垒措施。随着国际约束的日趋严格化，新非关税壁垒措施逐步代替了传统的非关税壁垒措施，比较隐蔽的非关税壁垒措施逐步代替显性的非关税壁垒措施。就中国而言，也应该顺应历史的要求或国际环境的变化，有效地运用非关税壁垒措施。

中国在加入世界贸易组织以后，可以使用的非关税壁垒措施包括：

1. 对限定产品进口实施数量限制

根据中国加入世界贸易组织的要求和承诺，中国要在加入世界贸易组织5年以内将绝大部分产品的数量限制取消，但是对某些特殊商品，如农产品、石油等的进口可以保持一个递减的配额。因此，中国可以在这个领域根据本国发展需要继续设置有关数量限制。

2. 要求有关国家对其产品出口采取"自愿出口限制"

"自愿出口限制"是贸易强国时常使用的限制进口规模的措施。作为发展中的贸易大国，中国在控制市场或影响别国企业出口方面的实力还欠缺，因此在多数产品上，很难采取"自愿出口限制"措施。但是如果我们的需求规模达到足够大的程度，以致可能对某种商品的世界市场价格造成影响时，我们也应该采取这类限制进口的措施。就目前而言，我国某些钢铁产品的进口，以及一些大宗产品的进口已经在国际市场上有一定价格影响力，因而我们可以根据保护本国相应产业的需要在一定时期内采取"自愿出口限制"措施。

3. 以 WTO 认可的规模和形式实行政府采购

在政府采购问题上，WTO 明确规定，一旦政府对某种产品（除与国家安全保障等有关而特别指出的产品外）的采购量超过 15 万特别提款权就需要公开招标，而不能对外国供应商构成歧视。到目前为止，各国通过采取化小批量采购的方式规避这一约束，因而对本国同类产品生产的支持仍然是强有力的。中国也应该充分利用有关措施以比较隐蔽的方式继续对企业或产业加以支持。

4. 对进口产品实施反倾销

反倾销是目前国际上特别盛行的非关税壁垒措施。许多国家都通过反倾销或反补贴措施限制进口商品。对进口国而言，反倾销措施有两点便利之处。首先，反倾销如果能够立案并实际构成倾销，政府可以通过反倾销措施沉重地打击进口商品，将有关商品挤出本国市场。其次，即使倾销在立案调查后不成立，也会影响外国厂商在进口国市场的占有率，甚至被挤出市场。因为一旦某种产品被列入进口国的反倾销调查，进口国的厂商很难继续维持它与被调查企业进一步的供货关系。谁也不愿意与一个处在危难之中的厂商建立供销合作关系。所以即使倾销立案可能被世界贸易组织的争端解决机构裁定不成立，单纯由于这种调查本身就已经达到了将该产品挤出进口国市场的根本目的。因此中国在加入世界贸易组织以后应该在本国有关法律的基础上，有理有节地采用反倾销措施，以便保护本国比较敏感的产业。

5. 技术性贸易壁垒措施

自 20 世纪 70 年代以来，特别是 90 年代以来，一种新的非关税壁垒——技术性贸易壁垒措施正在逐步取代其他措施而成为限制进口商品在本国市场上竞争的主要手段。技术性贸易壁垒措施的最大特点在于，它是合理的产品技术规定或标准的过度使用或滥用，以致对外国商品的进入构成障碍。在过去 20 多年的对外贸易中，中国也充分利用了有关技术性贸易壁垒措施限制商品的进口，但是这些措施的使用不规范，主要表现在既不能做到表面上公平，也难以在技术上或科学实验上提供有力支持。

中国已加入世界贸易组织，应该按照该组织《技术性贸易壁垒协议》和《商品检疫和检验协议》的有关规定实施技术性贸易约束。

（三）汇率措施

1994年以后，中国经济的市场化进程加快，我国经济中市场因素或价格杠杆对经济的调节作用逐步提高，相应的，我国汇率制度改革的基本方向也逐步向人民币自由兑换转变，以便充分利用市场上的货币供求调整我们的国际收支或外贸收支。东南亚金融危机以后，中国比较慎重地对待人民币的自由兑换，同时利用汇率机制调整贸易收支的政策措施也成为较大的禁忌。应该说这种政策选择是比较明智的。首先，我们大量的外汇储备不允许我们通过调低人民币汇率促进出口，并限制进口。其次，东南亚以及南亚一些国家的出口产品结构与我们有较大的重叠，因此在国际市场有限的情况下可能导致出口规模在这些国家间的此消彼长。中国作为发展中大国现在所面临的问题不仅是它自身的对外贸易调整机制的问题，还面临着它与自己有一定贸易关系的发展中国家之间的相互影响问题。这种影响意味着，在我们自己启动了通过货币贬值限制进口、促进出口机制的同时，也启动了我们出口受阻的威胁。

（四）特殊商品的进口限制措施

根据中国1994年7月1日正式颁布实施的《外贸法》，中国规定对特殊商品的进口采取限制措施。在《外贸法》中明确规定：（1）为维护国家安全或者社会公共利益，需要限制某些商品的进口；（2）国内供应短缺或者为有效保护可能用竭的国内资源需要限制商品的进口；（3）为建立或加快建立国内特定产业，需要限制商品的进口。但是这些规定在中国加入世界贸易组织后应该与世界贸易组织的有关原则相一致。

四、中国出口促进政策与措施

改革开放30年来我国出口贸易规模的增长令世界瞩目，取得了巨大的成绩，但是也付出了一定的代价。面对国际贸易保护主义抬头，双边贸易摩擦增多，以及国内资源与环境恶化的趋势，如何使我国出口贸易增长方式向集约型、质量型、效益型转变，是新世纪我国对外贸易发展所面临的重大课题。要完成历史赋予出口贸易的重任，进一步提高我国产品和企业的国际竞争力，努力实现从"贸易大国"向"贸易强国"的转变，就必须建立与完善出口促进体系建设。

（一）建立与完善出口促进体系的必要性

1. 有利于建立一个稳定公平的出口发展环境

当前国内外贸领域行政调控与管理效率不高，出口经营秩序混乱，少数地区违法骗税行为猖獗的现象还比较严重。建立和完善我国出口促进体系，有利于提高行政效率，规范经营秩序，打击各种违法违规行为，也有利于与国际贸易保护主义进行斗争。

2. 可以创造更多的出口贸易机会

建立与完善我国出口促进体系，特别是适当的财政支持，在 WTO 规则允许的框架下按各国通行做法为我国企业和产品走向国际市场提供适当资助，将有利于提高对出口企业的信息服务水平，解决目前国内政策法规信息流动不畅，国际市场信息匮乏，企业开拓国际市场能力不足等问题。

3. 有利于最大限度地化解出口经营风险

建立与完善我国出口促进体系，势必要针对出口经营风险较高、企业融资困难、开拓国际市场动力不足等问题，采取包括提供出口保险、出口信贷、出口融资担保等支持措施。

（二）建立与完善出口促进体系的措施

1. 制定出口促进发展战略，提高政府办事效率

出口促进作为国家外贸工作的一项重要内容，应当常抓不懈，制定全面、细致、科学、实效的出口促进发展战略意义重大且时间紧迫。优势产业扶持政策、出口退税措施、出口商品质量标准、鼓励出口的经济或非经济手段等应作为发展战略的主要内容详细谋划。必须从实践"三个代表"的高度重视发展战略的制定工作，只有这样，才是真正用改革的思路妥善解决国民经济运行中的矛盾和问题，才是从根本上满足先进生产力发展的内在要求。

与出口相关的政府部门的办事效率必须提高。办事人员要彻底转变不适合市场经济要求的传统工作作风，树立人民公仆意识，端正态度，把为企业全心全意服务作为工作的宗旨。必须及时向企业清还应退税款，做到该退的按时足额全退，全面认真贯彻出口退税新机制。

2. 强化政府的政策信息服务功能，积极开展面向企业的咨询活动

各种政策和信息是出口企业经营不可或缺的资源。为使企业能够及时充分的掌握这些资源，政府应努力强化政策信息的服务功能。在快速传达国家最新外贸政策的同时，努力搭建信息服务平台，向企业提供国际市场供求信息、世界各国和各行业的贸易环境信息、国际通行产品标准和市场准入认证信息、国际货币市场趋势信息、产品预警信息等多方面服务，为企业释疑解惑。

3. 改进出口促进的金融扶持措施，扩充和完善金融工具的服务功能

继续加强进出口银行和出口信用保险公司的出口促进作用，逐步扩大贷款额度和保险门类,降低贷款和保险的准入门槛,特别对中小型出口企业给予一定扶持。对于政局不稳或汇率变动较为频繁的出口对象国及某些特殊出口商品更要加强贷款和投保力度,以确保出口企业的利益。

4. 深化各类商会、协会的组织和制度建设

充分发挥其在出口促进方面的积极作用。商会、协会是企业的联合组织,应代表企业利益,替企业说话。不能继续维持现在的商会、协会半官方、半民间的组织性质,恢复其企业联合体的本质。只有从根本上明确商会、协会的组织特征,才能促使其认真履行企业代言人的职能,在制度允许的范围内最大程度地维护企业利益,增强其在出口促进方面的集群效应和服务功能。另外,商会、协会应加强内部管理,建立行业自律机制,避免企业间的恶性竞争。

5. 政府和社会共同为出口企业提供业务培训和人才

一要进行外贸业务培训,特别是外贸操作实务的培训;二要进行外贸风险防范培训,力争让全部外贸从业人员牢固树立风险防范意识,适应国际市场纷繁变化的复杂形势;三要进行外贸政策培训。此外,为出口企业提供充足的人才支撑也很重要。这一方面需要社会各级各类教育机构培养企业所需的各种人才;另一方面需要国家构建合理制度,便于外贸人才的合理配置。

本 章 总 结

(1) 我国各历史时期实施何种类型的外贸政策取决于经济基础和国际经贸大环境。(2) 从新中国成立到对资本主义工商业完成社会主义改造,直到中国国民经济转入单一计划经济轨道之前,中国实行对外贸易统制政策。(3) 改革开放后,我国对外贸易政策目标发生了巨大变化,中国开始按照对外开放、对内改革的方针,实行了进口替代与出口导向相结合的战略,我国对外贸易政策措施也相应有所调整,体现出促进出口、限制进口,保护与促进国民经济发展,保证国家关税收入等特色。(4) 加入世界贸易组织后,中国的外贸政策面临更加严格的国际约束,对外贸易政策及其实施必须顾及国际社会或世界贸易组织给我们提供的空间和时间。

本章复习思考题

一、一国对外贸易政策的制定受制于哪些因素?

二、何谓进口替代战略?

三、实施进口替代战略的国家应具备哪些条件?

四、改革开放以后中国对外贸易政策有哪些特点?

五、入世后中国的对外贸易政策有何变化?

第十五章　中国对外经济贸易关系

本章概要　本章主要介绍我国与世界上主要国家、地区的经济贸易关系，研究我国同这些国家和地区在发展经济贸易关系方面存在的问题，探讨我国已经或正在筹建的自由贸易区情况以及同世界贸易组织的关系等。

本章学习目标　本章学习目标有三个方面：（1）明确我国对外经济贸易关系的基本政策和原则。（2）了解我国同世界上主要国家和地区经济贸易关系的发展特点。（3）把握我国与主要贸易伙伴之间存在的主要问题，研究并制定相应的解决方案。

第一节　中国对外经济贸易关系概述

新中国成立以来，中国对外经济贸易关系历经了曲折发展的过程。20世纪50年代，以美国为首的西方国家对我国实施封锁禁运，我国主要同前苏联和东欧国家发展经济贸易关系，60年代主要同亚非拉国家发展经济贸易关系，70年代对日双边经济贸易关系开创了新局面，80年代主要发展了同日本、美国、欧洲共同体的双边和多边经济贸易关系，同时逐步恢复了与苏联和东欧国家的经贸关系，90年代以来，我国已经初步形成全方位的对外开放格局。

一、中国对外经济贸易关系的建立和发展

（一）1950—1960年

新中国成立以后，我国首先大力发展了同前苏联和东欧国家的经济贸易关系；在同以美国为首的主要资本主义国家的封锁禁运进行针锋相对斗争的同时，积极发展了同亚非拉国家的经贸合作，并打开了同一些西方国家的贸易渠道。这一时期，同我国有贸易往来的国家和地区由1950年的46个增加到1960年的118个。

(二) 1961—1970 年

进入 60 年代以后,我国同前苏联关系恶化,苏联终止了同我国的经济合作,停止了对我国的经济援助;东欧一些国家也追随前苏联疏远了同我国的关系。这一时期,我国与前苏联和东欧国家的贸易额大幅度下降,对外经济贸易逐步转向第三世界国家,同时也发展了同日本、西欧等资本主义国家的经济贸易关系,到 1970 年,同我国有经济贸易关系的国家和地区发展到 130 个。

(三) 1971—1980 年

进入 70 年代以后,我国外交关系获得了突破性的进展。1971 年 10 月,联合国大会通过决议,恢复了我国在联合国的合法席位。1972 年 2 月,美国总统尼克松访华,中美发表联合公报;同年 4 月,中日实现邦交正常化;1979 年 1 月,中美两国正式建立外交关系。所有这些,大大推动了我国对外经济贸易关系的发展,到 1980 年,同我国有经济贸易关系的国家和地区增至 174 个。

(四) 1981—2004 年

进入 80 年代以后,在改革开放总方针指引下,我国对外经济贸易采取了全方位协调发展的国别地区政策,使我国同世界各国和地区的经济贸易关系有了突飞猛进的发展,整个对外经贸格局也发生了显著的变化。我国继续巩固和发展了同港澳、日本和美国的经济贸易关系;进一步开拓了欧洲共同体等西方发达国家市场;积极恢复和发展了与前苏联、东欧国家的经济贸易关系;与广大第三世界国家的经济贸易关系也有了长足的发展。我国已参加了包括世界银行、国际货币基金组织、亚太经济合作组织在内的许多多边国际经济组织。多边、双边经济贸易关系的发展,特别是 2001 年年底我国加入世界贸易组织,为我国的改革开放和现代化建设提供了良好的外部环境。

二、中国对外经济贸易关系的基本政策

我国对外经济贸易的基本政策是:在改革开放总方针指引下,实行全方位协调发展的政策,即坚持平等互利原则,致力于同世界上所有国家和地区发展多种形式的多边、双边经济贸易关系。这为我国积极参与国际分工和国际竞争,扩大国内经济与世界经济的联系,使内经济与国际经济实现互接互补,促进国民经济发展创造了良好的条件。

三、中国对外经济贸易关系的主要原则

我国在贯彻对外经济贸易政策,积极发展同世界各国和地区经济贸易关系

的过程中，遵循下列主要原则。

（一）独立自主原则

独立自主原则是我国长期坚持的建国方针，也是我国发展对外经济贸易关系必须遵循的主要原则之一。其基本含义是：一国可以自主地解决和处理本国事务而不受别国的控制和干涉。

历史经验告诉我们，没有政治上的独立，就谈不上经济上的独立；而没有经济上的独立，政治上的独立也是不完全、不巩固的。只有自力更生发展经济，赢得了经济上的独立，政治上的独立才能得到巩固。但是，这绝不是说我们拒绝对外开放和国际经济合作，排斥国外市场、资源、先进技术和经验，闭关自守。

（二）平等互利原则

平等互利原则的基本含义是：所谓平等，即国家不分大小强弱，不论政治制度和经济发展水平如何，在相互经济贸易关系中都应当尊重对方的主权和愿望，不应当要求任何特权；所谓互利，即在相互的经济贸易关系中，要根据对方的需要和可能，互通有无，以促进彼此经济的发展，反对把对外经济贸易作为控制和掠夺别国的工具。

（三）互惠、对等原则

互惠、对等原则是世界贸易组织的基本原则之一。互惠是指利益或特权的相互或相应让与，它是两国之间建立和发展经济贸易关系的基础。在国际经济贸易中，国家之间相互给予最惠国待遇、国民待遇通常都是以互惠为前提的。对等是指经贸双方相互给予对方同等待遇：一是对等地给予同样的优惠待遇，二是对等地就对方给予自己的不平等或者歧视待遇，采取相应的报复措施。

（四）外贸、外交互相配合的原则

外贸是外交工作的基础之一，对外交活动起着相当大的影响，外交为外贸服务是理所当然的。但政治是经济的集中表现，外经贸又不能代表整个经济基础，为了整个国家的政治利益，外贸又要为外交服务。因此，外贸与外交二者是相互影响、相互作用又相互配合的。

国际经济关系是国家之间关系的最重要方面，因此，也是各国外交的主要工作之一。在许多情况下，由于经济贸易关系的发展，改善了国家之间的关系，促进了外交关系的建立。在外交关系建立以后，又要靠发展两国的经济贸易关系来巩固和发展国家关系。

第二节 中国的双边经济贸易关系

一、中国与美国的经济贸易关系

中国是世界最大的发展中国家，美国是世界最大的发达国家，发展中美经贸关系不仅对中美两国经济发展具有重要的作用，而且也是世界和平与稳定的重要因素。

(一) 中美经贸关系发展概况

中美经贸关系源远流长。可追溯到美国建国之初，1784年8月28日美国商船"中国皇后号"从波士顿首航广州，两国间的贸易从此开始。1946年两国贸易额达4.2亿美元，占当年中国外贸的53%。新中国成立前的中美贸易是不平等的，中国是美国的重要出口市场、原料供应地和投资场所。新中国成立之初，中美两国继续保护着贸易关系。1950年6月，美国发动侵朝战争，同时也对中国实行"禁运"，致使两国贸易关系完全中断。1972年，美国总统尼克松访华，联合发表《上海公报》，公报指出："双方把双边贸易看做是另一个可以带来互利的领域，并一致认为平等互利的经济关系是符合两国人民利益的。"《上海公报》宣告了中美长达22年相互隔离的结束，也为中美经贸关系的恢复与发展奠定了基础。从此，开辟了中美关系的前景。1979年1月，中美两国正式建交，随后两国陆续签署了《中美贸易关系协定》等一系列经贸合作协议，建立了中美商贸联委会、经济联委会和科技联委会的双边磋商机制，有力地促进了两国经贸合作的发展。

综观建交后中美经贸关系的发展，具有如下特点：

1. 中美贸易额持续增长

1972年中美贸易几乎从零开始，到1979年两国建交时只有24亿美元，随着中美贸易额的迅速扩大，中美贸易在两国贸易中的地位不断上升。按中方统计，从1996年起，美国一直保持中国第二大贸易伙伴的地位。2004年，中美贸易迅速发展，双边贸易额已达2 116.30亿美元。按美方统计，从1996年至2003年，中国也一直保持位于加拿大、墨西哥和日本之后的美国第四大贸易伙伴的地位。美国还是中国最大的出口市场，2004年中国对美国出口1 629.0亿美元，远远超过对日本的出口。2007年中美贸易总额突破3 000亿美元，中国成为美国第三大出口对象国。

2. 中美贸易结构向多元化发展

中国对美国出口商品结构近年来发生了积极的变化。中国对美出口产品在传统的纺织品、服装、鞋类、玩具的基础上，不断增加自动数据处理设备、机械设备、电器电子产品等机电产品和高新技术产品。在进口方面，过去中国从美国进口的农产品、化工原料和木材等原料性商品一直占很大比重，但近年来，为了适应我国工业现代化需要，从美国进口的机、电、仪等技术产品的比重迅速增加。中国已成为美国飞机、机电设备、纸及纸制品、化肥、谷物、化工产品、石油设备等的主要购买者之一。美国出口到中国的农产品近年来也大幅增加，美国已经成为中国农产品进口的最大来源地。

3. 中美两国在投资领域的合作不断加强，但规模相对较小

美对华投资领域涉及机械制造、运输车辆、电子、电力、石油、化工、信息咨询、纺织服装、食品、医药、房地产、金融、保险、外贸、会计和运输等多个行业。美国500强企业中，已有400多家进入中国。在从美国引进资本的同时，中国在美国投资兴办的贸易型和非贸易型公司也呈增长趋势，但中国对美国的投资还处于起步阶段。

（二）中美经贸关系的主要纠纷和障碍

中美经贸关系的迅速发展促进了两国经济的发展和繁荣，但这种发展并非一帆风顺，在中美两国关系中一直存在着许多纠纷与障碍，必须妥善处理和解决。

1. 关于台湾问题

台湾问题始终是中美关系中最敏感、最重要的核心问题。台湾是我国神圣领土不可分割的组成部分。1950年美国命令第七舰队进入台湾海峡，后来又与台湾当局缔结"共同防御条约"，把对我国内政的干涉升级为用武力阻挠中国统一。虽然1972年《上海公报》中，美国认识到台湾是中国的一部分；1979年中美建交时，美国也"承认中国的立场，即只有一个中国，台湾是中国的一部分"，但建交后不到100天，美国国会就通过了《与台湾关系法》。这是对中国主权的侵犯，对中国内政的干涉，对中国民族感情的伤害。美国还据此向台湾出售武器。这事关中国内政和国家主权，我国政府和人民绝不让步。只有逐步消除台湾问题这个障碍，中美关系才能稳定持久地向前发展。政治和经济是不能截然分开的，也只有这样，才能为中美经贸关系的进一步发展铺平道路。

2. 贸易不平衡问题

据中方统计，美国对华贸易逆差始于1993年，为63亿美元。而据美方统计，其对华逆差始于1983年，为3亿美元。在2000年时，中国就取代日本成

为美国最大的逆差国。

据美国商务部2008年10月的统计显示，2008年6月中美贸易逆差升至214亿美元，为2007年10月份以来的单月最高。

在中美贸易中，中方顺差、美方逆差的问题一直是困扰中美关系的一个问题。前几年，美方总是指责中方限制美国农产品进口，致使贸易不平衡问题更加突出。但是，这一问题在中国加入世界贸易组织后已经解决。至于贸易不平衡问题，中美双方主要在美方逆差的统计方法上有分歧。中方认为，美方按照传统的以原产地为标准的贸易统计，从数据上扩大了美国的贸易逆差。解决中美贸易不平衡问题需要双方共同努力。对于美方来说，关键是要减少美国高新技术及其产品对中国出口的限制，恢复和扩大有关贸易促进措施。

3. 关于美国限制进口中国商品的问题

美国一贯对我国输美的所谓敏感性商品采取进口限制政策，其中对我国对美重点出口商品——纺织品的限制尤为突出，建交不到半年，美国于1979年5月31日就单方面对中国5种纺织品实行限额。从1980年至2003年，中美先后签署了5个纺织品贸易协定，使中国对美国出口纺织品受到日益严格的限制。限额品种不断增加。从第三个纺织品贸易协定开始，还规定增设分组限额，使我国对美纺织品出口不仅要受分品种的特定限额限制，而且非配额品种也要受到分组总额限制。这样，使我国对美出口纺织品90%以上的种类要受到严格限制。

我国加入世界贸易组织后，按照世贸组织《纺织品与服装协议》的规定和我国加入世贸组织议定书的有关条款，我国应享受在纺织品与服装领域的一体化待遇，其中包括设限国家和地区分别对我国出口的部分类别的产品取消配额限制。对此，外经贸部于2001年12月4日公布了《关于对部分产品取消纺织品被动配额限制有关问题的公告》，并同时公布了取消配额限制的类别清单和取消时间。但是，新的贸易保护又开始阻碍纺织品与服装出口。2003年6月，美国商务部纺织品协议执行委员会（CITA）宣布启动对从中国进口纺织品采取防卫措施施行程序。根据该程序，美国国内符合条件的纺织品及服装生产商或其代表可以提请对从中国进口的纺织品及服装实施限制措施。对华纺织品限制措施程序的颁布，为美国对华纺织品重新设限铺垫了道路，这意味着中国输美纺织品面临着一个随意性很大的壁垒限制。

4. 关于美国出口限制问题

美国的出口管制是实行贸易歧视政策的手段。长期以来，美国通过出口许可证、采用管制货单和输往国别分组管制表的办法对我国出口所谓的"战略性物资"和敏感性商品进行了十分严格的限制。1994年4月巴黎统筹委员会宣布解散后，美国政府对于高新技术产品的出口管理体制进行了二战后以来最大的调整，如缩小高新技术产品出口许可证管理的范围，简化出口证申请和审评程序等。这些措施的实施部分地放宽了军民两用的高技术和高技术产品对中国的出口，但是对于用于军事目的和有损于美国"国家安全"的高、精、尖技术和产品仍严加限制。

近年来，美国还通过取消贸易促进措施来限制对中国的出口。美国进出口银行的信贷支持、贸易开发署对可行性研究的资助、海外私人投资公司的保险项目都曾对双边贸易的发展发挥了巨大的促进作用。然而20世纪90年代以后，这些措施却被中止使用。这严重影响了美国公司参与中国市场竞争的机会。

5. 反倾销和"非市场经济国家"问题

美国对中国输美产品频繁实施反倾销措施。1980年，美国首次发起对中国产品的反倾销，至今为止，美国是仅次于欧盟的对华反倾销最为频繁的国家之一。美国反倾销中对中国商品的不公正性主要表现在仍视中国为"非市场经济国家"，继续采取"替代国"政策。用替代国数据指控中国产品存在倾销是不公平的，中国经过20多年的改革开放，经济的市场化程度已经远高于许多世界贸易组织成员。

6. 关于知识产权问题

中美知识产权纠纷是近年来中美经贸关系中的焦点问题，直接影响到中美经贸关系的发展。20世纪80年代以来，美国一直把加强知识产权的国际保护作为其贸易保护主义的手段之一。在这方面采取的主要措施是1988年8月美国国会通过的《美国综合贸易和竞争法案》，其中的"特殊301条款"规定，美国贸易代表有权将没有对美国知识产权给予充分有效保护的国家，列为侵权的"重点国家名单"，如果经过6个月的谈判，双方达不成协议，美国则实施贸易报复。

自该条款生效以后，美国无视我国在知识产权保护方面所取得的显著成绩，对我国的压力不断升级，以贸易报复相威胁。美国曾于1989年5月和1990年4月两次将我国列入"重点观察国家名单"，后又于1991年4月、1994年6月和1996年4月三次将我国列入"重点国家名单"，而且每次都单方面宣布对我国进行制裁的报复清单，涉及金额依次为15亿美元、28亿美元和30亿美元。虽然争端发生后，经双方共同磋商都能在最后达成协议，避免了一次又一次的双方都要付出巨大代价的贸易战，但是由于美国贸易保护主义日盛，"特别301条款"的调查又是每年举行一次，再加上中美两国政治、经济、文化和历史背景的不同，中美贸易摩擦会不可避免地不断出现。因此，中美知识产权问题难免会再现分歧。

(三) 中美经济贸易关系的前景

正确对待中美经贸合作中存在的问题关系到两国经贸发展的大局。对于这一点两国在 1997 年 10 月江泽民主席访美期间发表的《联合声明》中已达成一致共识："中美之间既有共同点，也有分歧；双方有重大的共同利益，决心共同本着合作和坦诚的精神，抓住机遇，迎接挑战，以取得具体进展。"双方还认为："健康、稳定的中美关系不仅符合中美两国人民的根本利益，而且对于共同承担责任，努力实现二十一世纪的和平与繁荣是重要的。"因此，"两国将共同致力于建立中美建设性战略伙伴关系。"毫无疑问，这为积极地、客观地处理中美贸易中存在的问题与纠纷指明了方向。中国和美国在资源结构、产业结构、消费水平等方面的差异决定了两国经济具有很强的互补性，发展中美贸易和经贸合作具有得天独厚的优越条件和广阔前景。只要中美双方从两国乃至世界经济发展的大局出发，妥善处理出现的问题和纠纷，就一定能推动双边经贸关系健康、稳步地向前发展。

二、中国与日本的经济贸易关系

中日两国是一衣带水的邻邦，贸易往来历史悠久。新中国成立后，中日贸易是以民间贸易为基础逐步发展起来的。它经历了 20 世纪 50 年代的民间协定贸易时期，60 年代的友好贸易和备忘录贸易时期。在此期间，由于受两国关系非正常化的影响，双边贸易规模很小，到复交前的 1971 年只有 8.7 亿美元；交换的商品种类也很有限，主要是肉类、农副产品、化工产品、冶金产品等。自 1972 年中日邦交正常化后，特别是 1979 年我国实行对外开放政策以来，由于具备良好的外交关系基础，中日经贸合作也有了突飞猛进的发展。

(一) 中日经贸关系发展的特点

1. 双边贸易额大幅度增长

中日贸易额呈跳跃式增长，1972 年突破 10 亿美元，1981 年突破 100 亿美元，1991 年突破 220 亿美元，1996 年再创新水平，达 601 亿美元。2002 年中日贸易额首次突破 1 000 亿美元大关，达到 1 019.1 亿美元，与 30 年前相比增加了 100 倍。自 1993 年到 2003 年，日本连续 10 年成为我国的第一大贸易伙伴，但 2004 年日本降为我国第三大贸易伙伴，在我国对外贸易中占 14.5%。中国也连续 8 年成为日本的第二大贸易对象国。中新社东京 2008 年 11 月 28 日发布的信息：我国商务部副部长蒋耀平 28 日在东京表示，在国际金融危机给世界各国经济发展带来严重影响的情况下，日本企业对华投资热情依旧。2008 年两国双边贸易额有望达到 2 800 亿美元。

长期以来，中日贸易属于"垂直分工"下的产业间贸易，即中国对日出口以初级产品为主，自日进口以工业制成品为主。20世纪80年代中期以后，我国对日出口商品结构发生了巨大变化，纺织品、服装、家电等制成品出口迅速增加，原材料、矿物性燃料比重下降。进入90年代以后，制成品比重已超过70%。其中，机电类商品已成为我国对日出口的第二大类商品。与此同时，对日进口商品也发生很大变化，增加了用于生产的机械类产品的进口，压缩了家电、小汽车等高档消费品的进口。这表明中日贸易正由"垂直分工"下的产业间贸易逐渐向一定程度的"水平分工"下的产业内贸易发展。

2. 经贸联系不断扩大，形式更加多样化

从20世纪80年代起，两国的经贸关系已从单纯的货物贸易扩大到包括货物贸易、技术贸易、相互投资、政府资金合作的全面经济合作，如加工贸易，综合性的长期补偿贸易，石油、煤炭等领域里的合作开发。这些新的合作方式，有力地促进了中日贸易的发展。日本不仅是中国的重要贸易伙伴，而且是中国吸收外资、引进技术的主要来源国之一；也是向中国提供政府贷款和无偿援助最多的国家。

3. "官民并举"，稳步发展

中日复交前，两国贸易主要是在民间进行。复交后的重大变化是，双方缔结了一系列政府间贸易协定，两国政府成为双方发展贸易的强大后盾。1974年两国政府签订了贸易协定，相互给予最惠国待遇。1978年2月签订了《中日长期贸易协议》，在历时13年期满后，又于1990年12月在东京续签，为期10年。2000年12月，双方又再次续签，有效期为5年，自2001年起至2005年止。根据该协议，作为中日两国贸易的一部分，中国向日本出口原油和煤炭，日本向中国出口技术、成套设备和建设器材。此外，还签订了海运、航空、渔业、商标保护、科技合作、投资保护等有关协定。

（二）中日经贸关系的基本原则

自1972年中日邦交正常化以来，两国政府都十分重视发展睦邻友好关系和经济合作关系。1978年在中日联合声明基础上缔结了《中日和平友好条约》，用法律形式巩固了两国关系的政治基础。1983年两国政府首脑互访，确立了两国关系的基本原则，即和平友好、平等互利、相互依赖、长期稳定。和平友好，是以《中日和平友好条约》作保证，这深得两国人心；平等互利，是发展两国经贸关系的准则；相互依赖，是引导两个不同社会制度国家携手通往21世纪和世世代代友好下去的指导思想；长期稳定，一方面指不管世界上出现什么风云变幻，中日关系都可长期稳定，另一方面指在经济合作上，两国存在着相互补充的必要性和可能性。

(三) 中日经贸关系中存在的主要问题

自 1972 年中日邦交正常化以来，两国经贸关系获得了令人瞩目的发展，但中日经贸关系中还存在着不少问题。

1. 日本对中国产品实施严格的技术性贸易壁垒

日本的《食品卫生法》、《植物防疫法》、《家畜传染病预防法》等对来自境外的农产品、畜产品及食品实行严格的检疫、防疫制度。复杂的检验手续和防疫措施大大增加了进口商和出口国的成本，成为阻碍我国农产品等进入日本市场的又一道不低的门槛。应该指出的是，日本的技术性贸易壁垒对中国产品不仅严格，而且具有很大的歧视性，例如，无论从商品范围还是从检验项目来讲，对待中国产品、其他国家产品和日本本国产品，均采取了不同的标准。特别是对在日本市场占有较大份额的中国农产品实行更加严格的检验和检疫。日本运用技术性贸易壁垒阻碍中国产品进口，已经偏离了保护消费者利益的目标，具有明显的贸易保护色彩，违背了世界贸易组织的有关原则。这将有碍于中日两国贸易的健康发展。

2. 日本对华技术出口限制较严

长期以来，日本政府严格执行"巴统"禁运规定，特别是 1987 年发生"东芝机械事件"之后，日本政府通过修改《出口贸易管理法》，对违反所谓"禁运"规定的日本企业实行更为严厉的惩罚条例，以及在技术产品方面采取强化出口审批和限制政策，给中日贸易投下巨大阴影。它不仅使我国同东芝机械公司签订的 25 个合同不能履行，给我国带来巨大的经济损失，而且大大限制了日本对华技术产品的出口，造成中日技术贸易连续 4 年下降的局面。从 1991 年起，中日技术贸易虽然回升，但发展很不稳定。从我国经济建设的需要看，在相当一段时间内，引进外国的先进技术和设备将是外贸进口的重点，因此，中日技术贸易滞后的状况如不尽快改变，必然影响中日贸易，特别是自日本进口的发展。

3. 贸易摩擦增多，摩擦范围扩大

摩擦的范围已不限于农产品领域，我国生产的部分纺织品、轻工业品、钢材等都已成为日本以各种理由限制进口的产品。例如，1995 年，日本根据世贸组织《农业协议》第 5 条特殊保障条款对从中国进口的大蒜和生姜发难，经过双方协商，最终以中国实施出口配额管理和日本实行进口商申报管理而解决。又如，1995 年和 1996 年，日本曾两次对中国纺织品及服装实施紧急设限调查，由于双方互谅互让，最终都以日本放弃限制而告终。中国也从日本的要求和规范出口秩序考虑，建立了一系列新的出口管理办法。再如，2001年4月，日本又对我国出口的大葱、鲜香菇、蔺草席实施"临时紧急进口限制"，为期200天。最后经过艰苦的谈判、磋商，双方终于取得共识，避免了贸易战升级。不仅如此，两国之间的贸易在地域上已延伸至第三国市场。如2000年1—8月，中国出口至印尼的电单车超过了50万辆，这使日本厂商感到焦虑不安，他们以中国企业在电单车上使用的降压器"违反专利权"为名，无理要求印尼进口商停止进口中国的电单车，结果遭到印尼进口商的拒绝。从以上中日贸易摩擦的解决可以看出，最基本的经验在于双方都要遵循世贸组织的基本原则，构筑公平竞争环境，尽量避免采取限制措施。

4. 双边贸易不平衡问题

贸易不平衡问题是多年来困扰中日贸易关系的一个主要问题。根据中国统计，20世纪80年代各年度基本上是逆差，10年累计逆差313亿美元，相当于同期累计贸易额的21.4%。90年代中期至2001年基本为顺差，说明中日贸易平衡在90年代得到了明显改善。2002—2005年再次转为逆差，分别为51亿美元、147亿美元、208.6亿美元和164.6亿美元。根据日本统计却有不同的结果，日本从1988—2004年日本全部处于逆差地位。目前日本对中国的逆差，与20世纪80年代中国对日本的逆差内涵是不同的，现在日本对中国的贸易逆差多是日本在中国的三资企业创造的，获得利益的是日方企业。

三、中国与欧盟的经济贸易关系

欧盟由原来的欧共体根据《马斯特里赫特条约》于1993年11月1日正式改为现名，由27个国家组成。欧盟是一个发育成熟的统一大市场，商品、科技、金融、劳务和服务都非常发达，其整体实力在世界经济中占有重要地位。国内生产总值超过美国居世界第一，贸易额占世界贸易总额的40%，是世界第一大经济和贸易集团。

（一）欧盟与中国经贸关系的发展

欧盟成员国多数是我国的传统贸易对象，贸易历史悠久。1975年，中国和欧共体正式建立外交关系，为发展双边的贸易往来和经济合作奠定了基础。中国一贯主张积极发展同欧盟的经贸关系，欧盟也把中国视为潜在的巨大市场，在发展对华贸易上采取了一系列措施和行动。经过双方的共同努力，中国与欧盟的经贸合作关系取得了良好的进展。欧盟作为世界经济格局中的重要一极，在中国对外经贸关系中占有重要地位，是中国第一大贸易伙伴、第一大技术来源地和第四大外商直接投资来源地。

1. 中国与欧盟贸易总量分析

在双方正式建交前，我国与欧共体国家的贸易规模较小。1975年以后，尤其是我国与欧共体于1978年签订双边贸易协定以及1980年欧方给予我国普惠制待遇以后，中欧贸易有了较大发展。1975年双边贸易额为24美元，1980年发展到49.4亿美元。1996年进一步增长为397亿美元，占我国当年外贸总额的13%以上，位于日本、美国、香港之后，居第四位。2004年中国与欧盟的贸易额增至1 772.9亿美元，比上年增加41.6%，欧盟首次成为我国第一大贸易伙伴，而中国也是欧盟的第四大贸易伙伴，位居美国、瑞士、日本之后。

中国与欧盟国家贸易分布情况：德国、英国、荷兰、意大利和法国是中国在欧盟内的主要贸易伙伴，中国同这5个国家的贸易额占中欧双边贸易总额的近80%。其中德国是中国与欧盟进出口贸易的最大伙伴国。从进出口的对比关系上看，以1997年为界可以分成两个阶段，之前我国对欧盟的贸易表现为逆差，之后我国对欧盟贸易长期入超现象得以改变，顺差逐年增加。

2. 中国与欧盟贸易的商品结构分析

中欧双边贸易的商品结构不断优化，并具有较强的互补性。总的来看，中国向欧盟出口的主要是低附加值的轻纺和机电产品，进口的则主要是高科技含量产品及一些工业原料。

3. 中欧技术贸易领先于日美

我国与欧盟贸易结构的一个突出特点是，欧盟对我国技术设备出口在我国引进技术、成套设备的合同金额中占60%以上的比重。欧盟是中国引进先进技术、设备的最大供应者。截至2003年年底，中国从欧盟引进技术16 599项，合同总金额752.5亿美元，占我国引进技术总额的近一半。

4. 其他领域的合作与贸易相互促进

欧盟也是中国利用外国政府贷款比较集中的地区。根据中国的统计资料，截至1999年年底，欧盟成员国及官方金融组织累计向中国提供政府贷款协议金额为161.58亿美元，占外国政府和官方金融组织向中国提供贷款总额的44%。自1993年以来，中国共接受欧委会及其成员国的无偿援助约计4亿美元。欧盟计划在2002—2006年期间用2.5亿欧元支持中国，预算资金的50%用于支持中国的社会和经济改革，帮助中国建立社会保障体系，尽可能减少中国改革过程中的负效应等。2002—2005年期间，指定0.15亿欧元支持信息社会项目、0.20亿欧元支持社会保障项目、0.15亿欧元支持世贸组织第二阶段合作项目；2003—2005年期间，指定0.25亿欧元支持中国欧盟人力资源发展规划项目。

（二）中国与欧盟经贸关系中存在的主要问题

我国与欧盟经贸关系的发展，虽然取得了很大成绩，但也存在一些问题。

1. 中国的市场经济地位问题

欧盟至今未能给予中国"完全市场经济地位"。这就意味着中欧经贸合作还存在着"瓶颈"。中国已经是WTO的成员，而市场经济是WTO对成员资格的起码要求。欧盟直到现在还不给予中国这项承认是不正常的，已影响到中欧经贸关系的健康发展。如，中国公司因欧盟不认为中国是市场经济国家而在欧洲遇到了大量的反倾销指控。

2. 欧盟对中国产品反倾销问题

欧盟对中国实行的歧视性政策还主要表现在"反倾销"的运用上。欧盟是西方发达国家中首先对中国实施反倾销立案的，也是外国对我国实施反倾销案诉讼最多的国家。自1978—2001年，共有29个国家和地区对我国出口产品发起了422起反倾销调查，其中欧盟占90起，排名第一。而且，在被反倾销的中国产品中，只有少数取得无税结案的胜诉，其中大多数都受到反倾销措施的严重打击。

欧盟对中国产品采取的带有歧视性的反倾销已构成一种非关税壁垒，阻碍了中欧贸易的正常开展。1998年以前，欧盟一直视中国为"非市场经济国家"，认为中国产品的价格是计划经济的产物，不是企业根据市场供求所作出的选择，因而选取第三国作为替代国。更为不合理的是，欧盟在将中国作为"非市场经济"国家的前提下，拒绝按涉案出口商各自不同的倾销幅度分别进行调查和裁定，而是按确定的某一家出口商的倾销幅度，对该行业或该产品征收统一的反倾销税，由此造成一家被裁定倾销，全行业受损的严重后果。1998年欧盟理事会虽然通过了将中国从其反倾销政策中的"非市场经济"国家名单中删除的议案，但仍然认为中国市场经济有待进一步完善。

3. 欧盟对中国出口产品单方面数量限制问题

欧盟对中国商品仍存在不少的人为的歧视性措施，而单方面配额设限就是其采用的主要手段之一。为此，我国曾与欧盟及其成员国多次谈判磋商，要求放宽对我国商品出口的配额限制，欧盟对此也采取了一些措施，取消了部分限额类别，增加了限额数量，但至今并无实质性的改善，对我国一些产品进入欧盟市场仍是一个较大的障碍。

4. 欧盟新普惠制对中国出口产生消极影响

中国从1980年起开始享受欧盟提供的普惠制待遇。在给惠产品中有94种免税，226种按正常税率的40%左右征税；工业品519个税号中除1个税号外全部享受普惠制下免税待遇。上述种种优惠中虽然也设置了许多限制，但仍使中国出口获益匪浅。1995 年开始，欧盟分三个阶段实施为期 10 年的新普惠制度，推行这一制度的目的，旨在限制竞争力强的国家和地区享受免税待遇，而将这一待遇只提供给最穷的发展中国家。我国被列入第二类受惠国，属于竞争力较强的国家，是欧盟"毕业制度"的首选国，不再享受普惠制待遇，我国的部分产品已经在第一个阶段（1995—1998 年）中毕业，其余产品也在 2004 年上半年毕业。这意味着大量的中国产品进入欧盟市场的关税的大幅度提高，必将影响中国产品在欧盟市场的竞争力。

5. 中国出口商品对欧盟市场的适应性不强

首先，中国出口商品结构不适应欧盟进口结构的变化。近年来，在欧盟从区外进口总额中，食品、饮料及原料所占比重大幅度减少，机器与运输设备、能源及化工产品的比重在不断上升。可见，欧盟进口商品构成比例正在下降的商品，正是我国目前和今后一段时间内具有优势的出口商品，而欧盟进口比重上升的商品，则是我国现阶段生产的技术较为落后，很难打入欧盟的商品。其次，中国对欧盟出口商品大都属于中低档商品，不适应欧盟高消费市场的需求。特别是有些传统出口商品，因质量明显下降，而被欧盟禁止进口。

6. 欧盟对中国产品有技术性贸易壁垒限制

在我国向欧盟出口的部分农畜产品中，由于欧盟增加了检验项目，加强了检验，影响了这些产品对欧盟的出口。例如，欧盟对中国茶叶的检验项目已从过去的 6 种农药残留检验增加到目前的 62 种，这就增加了中国茶叶向欧盟出口的难度。

（三）中国与欧盟经贸关系发展前景

中欧双方都是对方的重要贸易伙伴。发展中欧经贸关系有着广阔的前景，这是因为：

第一，中欧双方的重视。这是中欧关系发展的基本前提。1998 年 4 月和 10 月，中国政府总理朱镕基和欧盟委员会主席桑特进行了互访，双方强调要进一步发展中欧关系。1998 年 3 月 25 日，欧盟委员会通过了一份题为《与中国建立全面伙伴关系》的文件。该文件根据中欧关系情况的变化，对欧盟 1995 年制定的对华长期政策文件作了修改和补充，强调欧洲应着眼长远，与中国建立新的全面的伙伴关系，提高其档次，其中包括提高政治对话级别，定期举行中欧首脑会谈，更多地向中国投资等。所有这一切，都为中欧关系，特别是中欧经贸关系的进一步发展创造了良好的条件。

第二，中国加入世界贸易组织有利于中欧经贸关系的进一步发展。中国加入世贸组织后，对中欧经贸关系将产生四大好处：（1）为中欧双边贸易的增长创造更为有利的条件；（2）中国将加快在保险、证券、电信、商业、旅游等服务领域的开放步伐，有利于欧洲在以上优势领域进入中国市场；（3）中国实行公开透明平等的竞争，遵守世贸组织规则，将创造更好的投资环境，使欧洲投资者在华投资更有信心和稳定感；（4）双方解决贸易争端有了世贸组织原则作为基础。中欧双方逐步向对方开放市场，双方各自发挥比较优势，享受到规模经济的好处。

第三，欧元为中欧双方提供了新的商机。欧元的使用将减少中国与欧盟结算的多样性和复杂性，降低出口的成本和风险。随着欧元成员国市场容量的扩大，使得我国出口市场的广度和深度得到巨大的扩展。此外，欧元的启动还有利于改善中国的外汇储备结构，实行储备资产的多元化，降低风险，避免损失。

四、中国与俄罗斯的经济贸易关系

中俄两国是山水相连的友好邻邦，两国经济互补性强，合作潜力巨大。十多年来，中俄关系经历了从相互视为友好国家、建立建设性伙伴关系直至确立战略协作伙伴关系的历史进程，两国通过共同努力，政治互信日益加深，经贸合作逐渐扩大。

（一）中俄经贸关系发展概况

1. 双边贸易额稳步增长

中俄建交以后的前几年，双边贸易发展迅速，1993年就达到76.8亿美元，超过了中国和前苏联的贸易规模。以后由于各种原因，经历了数年的滑坡和徘徊阶段，1999年开始恢复，2000年上升至80亿美元。2001年突破100亿美元大关，达到106.7亿美元。2005年双边贸易额又较上年上升37.1%，达到291亿美元。

2. 相互投资

中俄两国在投资领域的合作还处于较低水平，根据中国商务部公布的资料，截至2003年年底，经中国商务部批准或备案，中国在俄罗斯设立的企业为523家，中方协议投资54 622.84万美元，其中，服务贸易类企业277家，生产加工类企业180家，资源开发类企业25家，农业类企业39家，分布在莫斯科、圣彼得堡及西伯利亚和远东地区，主要从事贸易、餐饮业、通信、服装加工、家电组装、木材加工和农业种植等。

另据商务部公布的资料，截至 2003 年年底，经中国商务部批准或备案，俄罗斯在华投资项目 1 542 个，投资合同金额 88 284 万美元，实际使用金额 33 266 万美元。分布在东北三省、内蒙古自治区、山东省和天津市。

除进出口贸易、相互投资外，中俄双方还有经济技术合作，劳务合作，建筑工程承包、林业采伐和农业劳务合作等。

（二）中俄经贸关系中存在的主要问题

中俄是世界上最大的邻国，得天独厚的地缘优势使中俄一直互为贸易伙伴。目前，俄罗斯已成为中国的第八大贸易伙伴和在欧洲的第二大贸易伙伴，中国也成了俄罗斯的第四大贸易伙伴和其在亚太地区的第一大贸易伙伴。中俄双方虽然都进入了对方的前十大贸易伙伴的名单，但具体数字揭示了以下几方面的问题：

1. 双边贸易结构不均衡

我对俄出口商品仍以纺织品、鞋类为主，机电产品所占比重逐步扩大，贸易结构有小幅改善。自俄进口中，受国内市场需求影响，资源和原材料等初级产品比重进一步上升，我自俄军品进口减少，民用机电产品规模较小。2004 年，中国向俄罗斯出口的主要商品为纺织原料及纺织制品（23.76 亿美元）、革及毛皮制品（23.14 亿美元）、机电设备及零件（13.76 亿美元）、鞋靴制品（8.34 亿美元）和玩具家具等杂项制品（3.27 亿美元），占出口总额的 79%。俄罗斯向中国出口的主要商品为矿产品（44.75 亿美元）、钢铁及贱金属制品（20.75 亿美元）、化工产品（16.68 亿美元）、木及木制品（14.37 亿美元）和动物产品（7.83 亿美元），占出口总额的 86%。

2. 双方经贸合作的方式和水平还滞后

主要贸易方式还是一般贸易，几乎没有加工贸易，相互投资不仅总体规模不大，而且不能带动双边贸易的发展，尚处萌芽状态。例如，俄对中国的木材出口已成为俄远东及西伯利亚地区财政收入的重要来源。但是，俄方希望提高木材成品出口的比例，而俄林区的木材加工企业少，加工能力低，而且品种单一。

目前，中俄相互投资不仅规模小，而且没有推进生产合作、来料加工等现代合作方式，相互投资不能对双边贸易起到更有效的带动作用。

3. 中国国有企业仍是从俄罗斯进口的主体

中国从俄罗斯的进口 55% 都是由国企承担的。在对俄出口中，中国民营企业占 2/3 以上，据非官方统计，2003 年，双边民间贸易额已超过 100 亿美元。虽然民营企业有开拓精神和灵活的经营机制，但其资金实力还薄弱，深度开发能力不足，生产经营基本处于单打独斗阶段，这是中俄双方贸易结构比较单一，且附加值较低的主要原因之一。

(三) 中俄经贸关系发展前景

尽管目前中俄经贸合作的水平离两国经济发展和国际规范的要求还有较大的差距，但这正说明两国经贸关系的发展还有很大潜力。展望未来，中俄经贸合作具有广阔的发展前景。

1. 中俄经贸合作具有良好的政治环境

中国与俄罗斯具有良好的外交关系，双方政府具有进一步开展经贸合作的积极性。经过十多年的努力，双方已经建立了较为完善的合作机制，两国签署的条约和联合声明，为两国经贸关系持续稳定发展奠定了基础。

2. 中俄两国具有较强的经济互补性

中俄两国在商品、技术、劳动力、资源、产业结构诸方面有很大互补性，俄重工业、军事工业发达，但轻工业、农业落后，日用品、食品、蔬菜、肉制品自给率在48%以下。1992年以后，中国某些日用消费品的生产能力已经达到国际先进水平，如电子产品技术属世界一流，急于打开国际市场。俄属于对外贸易依存度较高的国家，出口在国内生产总值中的比重高达40%。俄罗斯是一个资源丰富的国家，人口虽占世界的3%，却拥有极大丰富的自然资源和战略资源。例如，天然气开采量占世界的30%，石油占12%，煤占16%。中国拥有大量的劳动力资源和闲置的加工生产设备，具备利用自然资源合作生产的条件和优势。

3. 中俄两国经济快速增长，为扩大两国经贸合作创造了良好条件

改革开放以后，中国经济快速增长，对外经济合作不断扩大，投资潜力迅速上升，中国成为世界上最大的潜在市场，这是中俄经贸合作发展的重要基础。2004年以来，中国国内外经济环境进一步好转，我国外贸进出口总额突破10 000亿美元，吸收外资超过600亿美元。2005年，国内经济仍持续快速增长，推动外经贸发展的诸多有利因素将继续发挥作用，我国对外经济贸易也将实现较快增长。自1999年起，俄罗斯经济长期持续下降的局面得到抑制，进入复苏期。至2005年，俄连续6年实现了经济增长。据俄罗斯统计委员会和俄罗斯银行统计，近五年，按照现行汇率，以美元计算的俄罗斯GDP增加2倍，从1999年约1 900亿美元增长到2004年的5 700亿美元。据世界银行统计，就经济规模来说，俄罗斯已居世界第十位。位居美国、中国、日本、印度、德国、法国、英国、意大利、巴西之后。2003年，俄罗斯居民收入已超过危机前的水平，达到年人均收入4 000美元，并将继续增长。

第三节　中国的区域经济贸易关系

一、中国与东盟10国的经济贸易关系

(一) 中国与东盟10国的贸易状况

东南亚国家联盟（简称东盟）由泰国、印度尼西亚、马来西亚、菲律宾、新加坡、文莱、越南、老挝、柬埔寨、缅甸等10国组成，是我国的近邻，曾同我国有过密切的通商关系。新中国成立后，由于种种原因，相互经贸关系发展十分缓慢。20世纪70年代以后，随着我国同东盟国家的陆续建交，以及我国实行对外开放政策，双方的经贸关系有了令人瞩目的发展，双边的贸易呈现出一些明显特点。

1. 贸易发展迅速

2005年，中国与东盟实现双边贸易额1 303.7亿美元，同比增长23%。东盟多年来保持了中国的第五大贸易伙伴的地位，仅次于欧盟、美国、日本和中国香港地区，中国成为东盟的第六大贸易伙伴。

2. 我国逆差规模扩大

1990—1992年，中国对东盟保持了一定的顺差，而从1993年开始，中国对东盟的贸易开始出现逆差，当年逆差为13.13亿美元。到2004年，中国对东盟逆差高达200.8亿美元。2005年虽然有所下降，但中方仍然有196.3亿美元的逆差。

(二) 中国—东盟自由贸易区

1. 建立背景

中国—东盟自由贸易区的构想始于1999年在马尼拉召开的第三次中国和东盟国家领导人会议。当时，东盟各国刚从亚洲金融危机中恢复过来，急需通过地区经济整合来抵御外来风险。而中国在亚洲金融危机中坚持人民币不贬值，不仅减弱了金融危机的冲击，而且树立起了一个负责任大国的国际形象。东盟国家普遍希望中国在地区经济合作中发挥更大的作用，中国领导人也提出愿加强与东盟自由贸易区的联系，于是，中国与东盟加强经济合作的想法得到了双方的一致赞同。

此后，经过几个回合的磋商与谈判。2000年11月4日，中国总理朱镕基

与东盟 10 国领导人共同签署了《中国—东盟经济合作框架协议》，标志着中国与东盟的经贸合作进入了崭新的历史阶段。根据《中国—东盟经济合作框架协议》，中国—东盟自由贸易区将包括货物贸易、服务贸易、投资和经济合作等内容。中国—东盟自由贸易区建成时间为 2010 年，此时间框架仅包含中国与东盟 6 国（泰国、印度尼西亚、马来西亚、菲律宾、新加坡和文莱，以下简称"东盟 6 国"）。东盟的 4 个新成员越南、老挝、柬埔寨和缅甸有 5 年的宽限期，即到 2015 年。届时中国与东盟的绝大多数产品将实行零关税，取消非关税壁垒，实现双方贸易自由化。

2. 中国—东盟自由贸易区对双方经贸合作的影响

（1）中国与东盟将互相提供巨大市场。中国约 13 亿人口，是一个巨大的消费市场，东盟 10 国约 5 亿人口，市场也不小。到 2015 年，中国与东盟的绝大多数产品将实行零关税，并取消非关税壁垒，实现双方贸易自由化。这必将极大地促进双方之间的贸易的扩大，使自由贸易的福利效果达到最大化。根据中国东盟经济合作专家组的预测，中国与东盟建成自由贸易区后，东盟对中国的出口将增加 48%，中国对东盟的出口将增加 55.1%。东盟的 GDP 增加 0.9%，达到 54 亿美元，中国的 GDP 增加 0.3%，达到 22 亿美元。双方都会从中受益。

（2）中国与东盟国家的相互投资将会增加。随着《货物贸易协议》和《服务贸易协议》的执行，双方投资会有新的发展，尤其是中国在东南亚的投资将有大幅度的增加，中国政府将支持中国企业在东盟的投资。

（3）有利于中国与东盟减少对欧美市场的依赖。中国—东盟自由贸易区的建立，有利于降低双方的贸易风险。中国与东盟双方的主要出口市场都集中在发达国家，尤其是美国、日本和欧洲，可以看出，中国和东盟对外部市场的出口表现出极强的依赖性，存在较大的风险。中国是目前东亚地区最具活力，也最具发展潜力的国家。随着中国加入世贸组织，市场开放程度进一步加深，使得东盟有了新的出口市场和经济增长的动力，逐步可以使其减少对美国、日本等国家的依赖。同样，从中国的角度来说，东盟也是一个拥有 5 亿人口的巨大市场，在全球经济不振的时候，加强与东盟深层次的合作，将会有助于分散贸易风险，保持持续的经济增长。

二、中国内地与香港、澳门的紧密合作

（一）内地与香港的经贸关系发展概况

新中国成立以来，内地与香港的经贸关系越来越密切。20 世纪 50 年代内

地与香港贸易额只有 2 亿美元左右，60 年代增加到 6 亿美元，70 年代再增至约 30 亿美元。进入 80 年代，随着我国对外开放政策的实行，内地与香港的经贸关系进入了新的发展阶段。

1. 两地贸易额从快速增长向平稳增长过渡

据中国海关统计，1992 年内地与香港的贸易额达 580 亿美元，比 70 年代增长了近 20 倍。2002 年，内地与香港的贸易额已增至 692.1 亿美元，虽较 1992 年有所增长，但这 10 年的增长速度并不快。其原因：一是亚洲金融危机的影响；二是香港绝大部分制造业转移至内地，致使内地进口香港货物减少；三是香港的转口贸易增长速度放慢。

2. 进出口商品范围不断扩大

20 世纪 50—70 年代，内地对香港出口的主要是农副土特产品。80 年代以后，随着内地工农业的发展，对香港出口的商品种类大大增加，由单一的农副土特产品发展到纺织、轻工、五矿、石化、机械设备等多种商品。内地从香港的进口，50—60 年代主要是染料、化学原料、化肥及药剂等。70 年代，以纺织纱布及其制品为大宗，其次为钟表、电讯设备、收录机、塑料制品等。21 世纪开始后，双方出口商品有所变化。内地对香港的主要出口商品是服装及衣着附件；电力机械、器具及其电器零件；纺纱、织物、制成品及有关产品。香港对内地的主要出口商品是服装及衣着附件；电力机械、器具及其电器零件；纺纱、织物、制成品及有关产品；办公用机械及自动数据处理设备；钟表。

3. 转口贸易占据重要地位

20 世纪 70 年代后期以来，内地通过香港的转口贸易发展迅速。据香港方面统计，1978—1996 年，双边转口贸易额年均增长率达 40% 左右。1979 年中国内地还只是香港的第六大转口市场，但到 1980 年便超过美国，一跃而成为香港最大的转口市场。2002 年经香港转口的货物有 90% 来自中国内地或以中国内地为目的地。

4. 由单纯的商品交换发展到工业生产与贸易紧密结合

内地同香港的贸易中，大约有 60% 的商品与香港在内地的"三来一补"业务有关。目前香港电子工业的 90%，成衣及钟表的 80%，鞋类及玩具的 70% 都转入内地生产。内地也是香港制造业的第三大投资者。

（二）内地与澳门的经贸关系

澳门地区是我国出口商品的传统市场。其生活必需品，特别是粮食、副食品和食用水，全部靠内地供应，内地供货占澳门进口的首位。1950 年内地对澳门的出口总额为 1 246 万美元，到 2005 年已增至 16.05 亿美元。1952 年内地从澳门进口总额为 1 256 万美元，到 2005 年已增长到 2.64 亿美元。

内地货物对澳门的充分供应，对稳定澳门经济，缓和通货膨胀，降低生产成本等都起着明显的作用。在西方经济不景气，澳门产品出口困难时，内地增加从澳门进口，对澳门经济起了雪中送炭的作用，并成为推动澳门对外贸易发展的强大动力。同时，澳门作为一个国际化城市，是中国南大门仅次于香港的最主要出口地。随着澳门国际机场、深水码头的修建，会从根本上改善澳门的对外交通条件。这必将使澳门作为连接国内外市场的桥梁作用进一步加强。因此，内地与澳门经贸合作潜力很大，前景十分广阔。

（三） 内地与港澳关于建立更紧密经贸关系的安排

《内地与香港关于建立更紧密经贸关系的安排》及其 6 个附件分别于 2003 年 6 月 29 日、9 月 29 日在香港签署。《内地与澳门关于建立更紧密经贸关系的安排》及其 6 个附件于 2003 年 10 月 17 日在澳门签署。内地与香港、澳门签署的这两个《安排》都于 2004 年 1 月 1 日开始实施。

两个《安排》分别是中国国家主体与其单独关税区香港和澳门之间建立自由贸易关系的经贸安排。《安排》遵循"一国两制"方针，符合世界贸易组织有关自由贸易协定的规定。

本 章 总 结

（1） 对外经贸关系是一国对外贸易政策的重要组成部分，双边经贸关系的发展取决于经济和政治两方面因素。我国历来都根据政治与经济相统一的观点和平等互利的原则研究我国与不同类型国家和地区之间的经贸关系。(2) 中国的主要贸易伙伴都是发达的资本主义国家和地区，反映出彼此间在政治和经济方面存在较强的依存性。(3) 我国与西方各贸易伙伴间都或多或少存在贸易摩擦和纠纷，此类问题既有共性也有特殊性。比如中美之间、中欧之间、中日之间的贸易摩擦就各具特色，解决此问题非常重要，要根据实际情况采取相应对策。(4) 内地与港澳地区的经济贸易关系也是本章重点研究课题。

本章复习思考题

一、中美经贸关系发展过程中的主要障碍和纠纷有哪些?如何解决?

二、中日经贸关系的特点是什么?

三、进一步发展中俄经贸合作的必要性何在?其发展潜力如何?

四、开展中国内地与香港、澳门经贸合作有哪些重要意义?

五、中国与东盟自贸区的发展前景如何?

附　　录

1.《中国对外贸易概论》课程教学大纲

英文名称： China Foreign Trade Outline
建议学时： 48 学时（必修课），36 学时（选修课）
适用对象： 贸易经济专业本科、相关专业选修
先修课程： 经济学原理、国际贸易、国际经济学、国际金融
课程性质、目的和任务： 本课程是贸易经济专业的必修课程。也可以作为市场营销专业、国际经济与贸易专业等其他相关经济类专业的必修课程或者选修课程。教学目的和任务是，使学生全面掌握中国对外贸易的理论和实践。

教学基本要求：

1. 要使学生全面掌握中国对外贸易的发展现状与趋势，中国对外开放与社会主义初级阶段的对外贸易状况，中国发展对外贸易的理论依据，中国对外贸易战略，中国进出口贸易的发展、服务贸易的发展、技术贸易的发展，中国对外贸易与国际直接投资，中国对外贸易体制，中国对外贸易法律制度的建设，中国对外贸易经济调控手段，中国对外贸易行政管理，中国的对外贸易政策以及中国对外贸易关系等内容。

2. 根据课程的内容，结合现实情况，在课堂教学时给学生提供相应的教学案例，使学生能够理论联系实际地学习这门课程的理论问题，并掌握一定的操作性知识。

教学与学习的重点内容：

第一章　导论　学习的重点内容：（1）掌握对外贸易这门学科的背景和意义。（2）掌握国际贸易与对外贸易的联系与区别。（3）了解大经贸战略与市场多元化战略产生的背景与含义。（4）掌握全书各章节之间的逻辑联系。（5）了解对外贸易在国民经济发展中的积极作用。

第二章　中国对外开放与社会主义初级阶段的对外贸易　学习的重点内容：（1）了解对外开放是中国的长期基本国策及确立的时间。（2）掌握中国对外开放的内涵与进程，特别是各阶段对外开放的特征。（3）掌握我国改革开放后，对外贸易所取得的成绩及在国民经济中地位和作用。

第三章　中国发展对外贸易的理论依据　学习的重点内容：（1）了解马克思的国际分工理论、国际价值理论与社会扩大再生产理论的内容。（2）了解邓小平的社会主义初级阶段理论、经济体制改革理论和社会主义市场经济理论的内容。（3）掌握比较优势理论、要素禀赋理论的分析方法及应用。（4）了解里昂惕夫之谜。（5）了解新贸易理论的内容。（6）掌握比较优势与竞争优势的区别与联系。

第四章　中国对外贸易战略　学习的重点内容：（1）正确认识与理解对外贸易战略的含义、特点与类型。（2）清楚了解中国对外贸易战略的历史演变，正确认识一国制定对外贸易战略应该考虑的因素，把握中国制定对外贸易战略的原则。（3）了解并清楚认识中国对外贸易的次级战略。（4）对新时期中国对外贸易战略的调整作出思考。

第五章　中国出口贸易的发展　学习的重点内容：（1）了解我国出口贸易的几个主要阶段及其成就和特点。（2）理解出口对我国经济的重要作用。（3）掌握本章介绍的几个衡量出口竞争力的指标。（4）在了解中国出口发展的历史背景的基础上，认识和把握我国出口面临的问题和挑战。

第六章　中国进口贸易的发展　学习的重点内容：（1）通过对我国进口贸易发展沿革的分析，了解我国进口贸易变化的政策动因。（2）理解中国发展进口贸易的意义。（3）熟悉中国所采取的进口贸易调节措施。（4）了解进口贸易对国民经济健康发展的重要作用，以及中国进口贸易的发展趋势。

第七章　中国服务贸易的发展　学习的重点内容：（1）掌握国际服务贸易的特点与发展趋势。（2）了解服务贸易总协定对国际服务贸易的界定，掌握服务贸易总协定的宗旨与基本原则。（3）了解中国服务贸易的发展趋势，掌握中国服务市场开放的原则。（4）学会分析中国服务贸易的竞争力状况。（5）掌握提高中国服务贸易竞争力对策的分析思路。

第八章　中国技术贸易的发展　学习的重点内容：（1）掌握技术的概念、特征与分类。(2) 掌握国际技术贸易的概念与特点。(3) 掌握专利、商标、专有技术的含义与特点，以及国际技术贸易的方式。(4) 了解中国技术引进发展概况和技术引进的作用。(5) 了解中国技术引进的重点领域、发展方向与基本原则。

第九章　中国对外贸易与国际直接投资　学习的重点内容：(1) 了解我国利用外资的主要方式、规模水平及演进过程。(2) 掌握外商投资在不同的方面对中国对外贸易所发挥的作用，总量规模，出口结构，特别是加工贸易中外商企业举足轻重的作用。(3) 理解"走出去"战略的内涵，发展对外投资的必要性，了解我国对外投资的基本情况及政策措施。

第十章　中国对外贸易体制　学习的重点内容：(1) 了解改革开放前中国对外贸易体制特点及历史性作用。(2) 把握改革开放以来对外贸易体制改革的路径与成效。(3) 掌握入世后中国对外贸易体制改革的成果与方向。

第十一章　中国对外贸易法律制度的建设　学习的重点内容：(1) 通过对我国对外贸易法律制度的建设与完善方面的问题的学习，了解影响我国对外贸易法律制度发展变化的因素。(2) 理解中国对外贸易法律制度在发展对外贸易方面的重大意义。

第十二章　中国对外贸易经济调控手段　学习的重点内容：(1) 掌握和理解中国对外贸易经济调控的主要手段。(2) 不同经济调控手段的特点、实施对外贸易经济调控的必要性。(3) 了解国家通过设置不同的税种、税目、税率等方式，体现对外贸行为的鼓励或限制的意图，调节产业和产品结构，实现国家宏观经济调控的目的。(4) 汇率对一国进出口贸易的影响。(5) 中国进出口信贷的发展概况。

第十三章　中国对外贸易行政管理　学习的重点内容：(1) 形成对对外贸易行政管理的含义、对象、特点及其必要性的基本认识。(2) 从对外贸易经营者的资格管理、进出口货物国有贸易管理制度、进出口货物指定经营管理制度等三个方面了解中国的对外贸易经营管理。(3) 从货物进出口管理的依据、货物进出口管理的主要手段两个方面了解中国的货物进出口管理。(4) 从进出口商品检验管理、海关管理、外汇管理等三个方面了解中国的货物进出口主要环节管理。

第十四章　中国对外贸易政策　学习的重点内容：(1) 了解改革开放前中国对外贸易政策特点及历史性作用。(2) 把握改革开放以来对外贸易政策的变化背景。(3) 掌握入世后中国对外贸易政策变化的脉络与内容。

第十五章　中国对外经济贸易关系　学习的重点内容：(1) 明确我国对外经济贸易关系的基本政策和原则。(2) 了解我国同世界上主要国家和地区贸易关系的发展特点。(3) 把握我国与主要贸易伙伴之间存在的主要问题，研究并制定相应的解决方案。

建议课程学时分配：

章	内　容	参考学时
第一章	导论	3
第二章	中国对外开放与社会主义初级阶段的对外贸易	3
第三章	中国发展对外贸易的理论依据	3
第四章	中国对外贸易战略	3
第五章	中国出口贸易的发展	3
第六章	中国进口贸易的发展	3
第七章	中国服务贸易的发展	3
第八章	中国技术贸易的发展	3
第九章	中国对外贸易与国际直接投资	4
第十章	中国对外贸易体制	3
第十一章	中国对外贸易法律制度的建设	3
第十二章	中国对外贸易经济调控手段	3
第十三章	中国对外贸易行政管理	4
第十四章	中国对外贸易政策	3
第十五章	中国对外经济贸易关系	4

2. 《中国对外贸易概论》模拟期末考试试卷（闭卷）

班级_____考生姓名_____学号_____成绩_____

一、单项选择题（共10分，每小题1分）

1. 中国对外贸易政策的总方向应该是走向贸易_____。
   A. 管制化　　　　B. 保护化　　　　C. 自由化　　　　D. 监管化
2. _____年，邓小平同志在接见外宾时，首次以"对外开放"作为我国对外经济政策而公诸于世。
   A. 1978　　　　　B. 1980　　　　　C. 1982　　　　　D. 1992
3. 我国经济体制改革的目标是建立_____。
   A. 社会主义市场经济体制　　　　B. 市场经济体制
   C. 市场经济　　　　　　　　　　D. 社会主义的商品经济体制
4. _____年，中央又决定开发和开放上海浦东，在浦东实行经济技术开发区和某些经济特区的政策。此后，浦东开发进入实质性的阶段。
   A. 1990　　　　　B. 1978　　　　　C. 1992　　　　　D. 2001
5. _____年以前，中国实行的是进口替代政策。
   A. 1978　　　　　B. 1990　　　　　C. 1992　　　　　D. 2001
6. 我国于_____年4月1日开始实施专利法。
   A. 1978　　　　　B. 1985　　　　　C. 1992　　　　　D. 2001
7. _____至今未能给予中国"完全市场经济地位"。
   A. 欧盟　　　　　B. 日本　　　　　C. 美国　　　　　D. 俄罗斯
8. _____是包括发达国家和发展中国家在内的世界贸易组织成员对货物进出口贸易实行管理的最主要手段。
   A. 倾销与反倾销　　　　　　　　B. 征收关税与反走私
   C. 进出口许可证和配额　　　　　D. 国家采购与国内贸易法
9. 中国承诺在加入WTO后的三年内取消外贸经营权的审批制，实行_____，在中国的所有企业经登记后都有权经营除国有贸易产品外的所有产品。
   A. 注册制　　　　　　　　　　　B. 监管制
   C. 审批制　　　　　　　　　　　D. 登记制

10. 进口替代战略又称为_____的发展战略，主要是通过建立和发展本国的工业，实现对进口工业制成品的替代，以达到削减进口、节约外汇、发展本国工业和减少对国外经济依附等目的。
   A. 开放型　　　　B. 封闭性　　　　C. 外向型　　　　D. 内向型

二、多项选择题（共10分，每小题2分）

1. 对外开放政策的最主要内容：_____。
   A. 发展对外贸易　　　　　　B. 劳务输出
   C. 利用外国资金　　　　　　D. 引进先进技术
   E. 经济合作

2. 我国服务贸易发展中存在的问题：_____。
   A. 服务业结构不合理　　　　B. 劳动力素质低
   C. 服务贸易发展不均衡　　　D. 服务业法律法规不健全
   E. 服务贸易的研究与开发工作未引起高度重视

3. 我国引进技术的基本原则：_____。
   A. 优化引进技术结构，大力引进软件技术
   B. 避免重复引进
   C. 引进先进技术
   D. 引进技术后要消化、吸收、推广、创新
   E. 引进适用先进技术

4. 对外贸易行政管理的特点：_____。
   A. 统一性　　　　　　　　　B. 速效性
   C. 强制性　　　　　　　　　D. 纵向性
   E. 规范性

5. 对外开放政策的最主要的内容是：_____。
   A. 对外经济技术合作　　　　B. 对外援助
   C. 发展对外贸易　　　　　　D. 引进先进技术设备
   E. 利用外国资金

三、填空题（共10分，每空1分）

1. 早在对外开放初期，党中央和国务院就确定了"重点开放沿海地区，逐步向内地开放"的经济发展战略。按照此项战略，将我国地域的对外开放分为经济特区、_____、_____、内地等四个层次。

2. 世界银行按照对国内市场和国际市场的轻重选择不同，把对外贸易战略分为两类：外向型的和内向型的，即_____战略和_____战略。

3. 1978年以前，对外贸易在计划经济体制下作为互通有无、调剂余缺的一

种手段，在国民经济中处于_____。

4. _____是西方发达国家中首先对中国实施反倾销立案的，也是外国对我国实施反倾销案诉讼最多的国家。

5. 自1972年中日邦交正常化以来，两国政府都十分重视发展睦邻友好关系和经济合作关系。1978年在中日联合声明基础上缔结了《中日和平友好条约》，用法律形式巩固了两国关系的政治基础。1983年两国政府首脑互访，确立了两国关系的基本原则，即和平友好、_____、相互依赖、_____。

6. 改革开放前，中国只有一般的_____。改革开放以后，除原有的贸易方式外，中国还采用了加工贸易、补偿贸易、边境贸易、电子商务等多种方式开展对外贸易。

7. 只有_____才能使科学技术水平落后的国家实现"资源转换"，也就是把国内形成的积累转换成先进的技术和设备。

四、判断题（共10分，每题1分）

1. 进入20世纪90年代，对外贸易的发展开始从"以出口创汇为中心"转变为"以经济效益为中心"。（　　）

2. 评价对外贸易社会经济效益不应包括对进出口商品的机会成本的考察。（　　）

3. 欧盟是西方发达国家中首先对中国实施反倾销立案的，也是外国对我国实施反倾销案诉讼最多的国家。（　　）

4. 中美知识产权纠纷是近年来中美经贸关系中的焦点问题，直接影响到中美经贸关系的发展。（　　）

5. 对外贸易战略作为一国经济发展战略的重要组成部分，从本质上讲不应该服从于和服务于一国或地区的经济发展战略。（　　）

6. 只有进口才能使科学技术水平落后的国家实现"资源转换"，也就是把国内形成的积累转换成先进的技术和设备。（　　）

7. 对外贸易净出口总额是指一国对外贸易出口总额与进口总额的差额。如果差额为正，则表现为贸易顺差或出超；如果差额为负，则表现为贸易逆差或入超。（　　）

8. 1992年，中国开始了以汇率并轨为核心的综合配套的新一轮外贸体制改革。（　　）

9. 外贸经济手段是指国家通过经济手段和行政手段调节外贸经济变量从而调节市场价格信号或者市场价格信号的形成条件，来影响外贸领域的微观经济行为，并使之符合宏观经济发展目标的一切政策措施的总和。（　　）

10. 目前，大多数国家对绝大多数产品征出口税。（　　）

五、名词解释（共12分，每小题3分）

1. 外贸依存度

2. 进口替代战略

3. 外贸、外交互相配合的原则

4. 出口换汇成本

六、简答题（共20分，每小题5分）

1. 简要回答对外开放政策的主要内容

2. 对外贸易战略

3. 什么是"以质取胜"与"品牌"战略?

4. 提高外贸企业经济效益的途径

七、论述题(共 24 分,每题 12 分)

1. 出口贸易在国民经济发展中的作用有哪些?

2. 试述 2004 年《中国对外贸易法》的基本原则。

参 考 答 案

班级_____考生姓名_____学号_____成绩_____

一、单项选择题（共10分，每小题1分）

1. 中国对外贸易政策的总方向应该是走向贸易_____。
   A. 管制化　　　B. 保护化　　　C. 自由化　　　D. 监管化
   答案：C

2. _____年，邓小平同志在接见外宾时，首次以"对外开放"作为我国对外经济政策而公诸于世。
   A. 1978　　　B. 1980　　　C. 1982　　　D. 1992
   答案：B

3. 我国经济体制改革的目标是建立_____。
   A. 社会主义市场经济体制　　　B. 市场经济体制
   C. 市场经济　　　D. 社会主义的商品经济体制
   答案：A

4. _____年，中央又决定开发和开放上海浦东，在浦东实行经济技术开发区和某些经济特区的政策。此后，浦东开发进入实质性的阶段。
   A. 1990　　　B. 1978　　　C. 1992　　　D. 2001
   答案：A

5. _____年以前，中国实行的是进口替代政策。
   A. 1978　　　B. 1990　　　C. 1992　　　D. 2001
   答案：B

6. 我国于_____年4月1日开始实施专利法。
   A. 1978　　　B. 1985　　　C. 1992　　　D. 2001
   答案：B

7. _____至今未能给予中国"完全市场经济地位"。
   A. 欧盟　　　B. 日本　　　C. 美国　　　D. 俄罗斯
   答案：A

8. _____是包括发达国家和发展中国家在内的世界贸易组织成员对货物进出口贸易实行管理的最主要手段。

A. 倾销与反倾销　　　　　　B. 征收关税与反走私
C. 进出口许可证和配额　　　D. 国家采购与国内贸易法
答案：C

9. 中国承诺在加入 WTO 后的三年内取消外贸经营权的审批制，实行＿＿＿＿，在中国的所有企业经登记后都有权经营除国有贸易产品外的所有产品。

A. 注册制　　B. 监管制　　C. 审批制　　D. 登记制
答案：D

10. 进口替代战略又称为＿＿＿＿的发展战略，主要是通过建立和发展本国的工业，实现对进口工业制成品的替代，以达到削减进口、节约外汇、发展本国工业和减少对国外经济依附等目的。

A. 开放型　　B. 封闭性　　C. 外向型　　D. 内向型
答案：D

二、多项选择题（共 10 分，每小题 2 分）

1. 对外开放政策的最主要内容：＿＿＿＿＿＿。（ACD）
   A. 发展对外贸易　　B. 劳务输出　　C. 利用外国资金
   D. 引进先进技术　　E. 经济合作

2. 我国服务贸易发展中存在的问题：＿＿＿＿＿＿。（ACDE）
   A. 服务业结构不合理
   B. 劳动力素质低
   C. 服务贸易发展不均衡
   D. 服务业法律法规不健全
   E. 服务贸易的研究与开发工作未引起高度重视

3. 我国引进技术的基本原则：＿＿＿＿。（ABDE）
   A. 优化引进技术结构，大力引进软件技术
   B. 避免重复引进
   C. 引进先进技术
   D. 引进技术后要消化、吸收、推广、创新
   E. 引进适用先进技术

4. 对外贸易行政管理的特点：＿＿＿＿。（ABCDE）
   A. 统一性　　B. 速效性　　C. 强制性
   D. 纵向性　　E. 规范性

5. 对外开放政策的最主要的内容是：＿＿＿＿。（CDE）
   A. 对外经济技术合作　　B. 对外援助

C. 发展对外贸易 　　　　　　　D. 引进先进技术设备
E. 利用外国资金

三、填空题（共 10 分，每空 1 分）

1. 早在对外开放初期，党中央和国务院就确定了"重点开放沿海地区，逐步向内地开放"的经济发展战略。按照此项战略，将我国地域的对外开放分为<u>经济特区</u>、<u>沿海开放城市</u>、<u>沿海经济开放区</u>、内地等四个层次。

2. 世界银行按照对国内市场和国际市场的轻重选择不同，把对外贸易战略分为两类：外向型的和内向型的，即出口<u>导向</u>战略和进口<u>替代</u>战略。

3. 1978 年以前，对外贸易在计划经济体制下作为互通有无、调剂余缺的一种手段，在国民经济中处于<u>辅助</u>地位。

4. <u>欧盟</u>是西方发达国家中首先对中国实施反倾销立案的，也是外国对我国实施反倾销案诉讼最多的国家。

5. 自 1972 年中日邦交正常化以来，两国政府都十分重视发展睦邻友好关系和经济合作关系。1978 年在中日联合声明基础上缔结了《中日和平友好条约》，用法律形式巩固了两国关系的政治基础。1983 年两国政府首脑互访，确立了两国关系的基本原则，即和平友好、<u>平等互利</u>、相互依赖、<u>长期稳定</u>。

6. 改革开放前，中国只有一般的<u>商品贸易</u>。改革开放以后，除原有的贸易方式外，中国还采用了加工贸易、补偿贸易、边境贸易、电子商务等多种方式开展对外贸易。

7. 只有<u>出口</u>才能使科学技术水平落后的国家实现"资源转换"，也就是把国内形成的积累转换成先进的技术和设备。

四、判断题（共 10 分，每小题 1 分）

1. 进入 20 世纪 90 年代，对外贸易的发展开始从"以出口创汇为中心"转变为"以经济效益为中心"。

2. 评价对外贸易社会经济效益不应包括对进出口商品的机会成本的考察。

3. 欧盟是西方发达国家中首先对中国实施反倾销立案的，也是外国对我国实施反倾销案诉讼最多的国家。

4. 中美知识产权纠纷是近年来中美经贸关系中的焦点问题，直接影响到中美经贸关系的发展。

5. 对外贸易战略作为一国经济发展战略的重要组成部分，从本质上讲不应该服从于和服务于一国或地区的经济发展战略。

6. 只有进口才能使科学技术水平落后的国家实现"资源转换"，也就是把国内形成的积累转换成先进的技术和设备。

7. 对外贸易净出口总额是指一国对外贸易出口总额与进口总额的差额。如果差额为正，则表现为贸易顺差或出超；如果差额为负，则表现为贸易逆差或入超。

8. 1992年，中国开始了以汇率并轨为核心的综合配套的新一轮外贸体制改革。

9. 外贸经济手段是指国家通过经济手段和行政手段调节外贸经济变量从而调节市场价格信号或者市场价格信号的形成条件，来影响外贸领域的微观经济行为，并使之符合宏观经济发展目标的一切政策措施的总和。

10. 目前，大多数国家对绝大多数产品征出口税。

参考答案：
1. 正确　2. 错误　3. 正确　4. 正确　5. 错误　6. 错误
7. 正确　8. 错误　9. 错误　10. 错误

五、名词解释（共16分，每小题4分）

1. 外贸依存度

外贸依存度是衡量一国贸易开放程度的一个基本指标，也是反映一国与国际市场联系程度的标尺。对外贸易依存度（进口额＋出口额）/GDP。中国外贸依存度较高。世界银行认为，中国外贸依存度已赶上了发展中国家平均水平，表明了中国经济开放取得了显著成就。

2. 进口替代战略

进口替代战略又称为内向型的发展战略，主要是通过建立和发展本国的工业，实现对进口工业制成品的替代，以达到削减进口、节约外汇、发展本国工业和减少对国外经济依附等目的。因此，实现发展中国家的民族工业化和消除不利贸易因素对国家经济的影响是进口替代战略的主要目的。第二次世界大战后初期，许多发展中国家都走向了政治独立，摆在它们面前的是如何在经济上寻求独立、和平与发展的紧迫任务。为了摆脱对发达国家的依赖，迅速找到摆脱贫困状态的捷径，发展中国家不约而同地把实现工业化和经济多元化作为经济的发展目标。

3. 外贸、外交互相配合的原则

外贸是外交工作的基础之一，对外交活动起着相当大的影响，外交为外贸服务是理所当然的。但政治是经济的集中表现，外贸又不能代表整个经济基础，为了整个国家的政治利益，外贸又要为外交服务。因此，外贸与外交二者是相互影响、相互作用又相互配合的。

国际经济关系是国家之间关系的最重要方面，因此，也是各国外交的主要工作之一。在许多情况下，由于经贸关系的发展，改善了国家之间的关系，促进了外交关系的建立。在外交关系建立以后，又要靠发展两国的经贸关系来巩固和发展国家关系。

4. 出口换汇成本

出口换汇成本是指某商品出口净收入一个单位的外汇所需的人民币成本。

出口换汇成本与出口总成本成正比，与出口外汇净收入成反比。出口换汇成本是衡量对外贸易经济效益的重要指标。它与外汇牌价进行比较能直接反映出商品出口的盈亏状况。例如，在一笔出口交易中，计算出口的出口换汇成本为7.3人民币/美元，收汇时的外汇牌价为1美元折合8.3元人民币（买入价），则出口1美元的该商品取得1元人民币的盈利；反之，如果计算出的汇换成本为9.3人民币/美元，则出口1美元的商品，就会出现1元人民币的亏损。

六、简答题（共20分，每小题5分）

1. 简要回答对外开放政策的主要内容

对外开放政策的主要内容：（1）大力发展对外贸易，特别是扩大出口贸易；（2）积极引进先进技术和设备，特别是企业技术改造所需的先进技术；（3）积极有效地利用外资；（4）积极开展对外工程承包和劳务合作；（5）发展对外技术援助和多种形式的互利合作；（6）设立经济特区和开放沿海城市，带动内地开放。

2. 对外贸易战略

对外贸易战略的全局性是指一国对外贸易战略的制定要着眼于世界经济的分工体系，充分考虑到国内的资源条件和经济发展目标，所制定的各种制度和政策对一国的贸易和经济的发展应发挥指导思想的作用。对外贸易整体性的特点来源于一国对外贸易战略组成部分之间的相互关系，对外贸易战略的制定原则、指导思想、进出口战略、贸易体制和贸易政策等各部分之间不是简单的串行或并行关系，而是相互联系、相互协调、相互促进、相辅相成的关系，从整体上对促进贸易和经济发展发挥作用。

3. 什么是"以质取胜"与"品牌"战略

"以质取胜"与"品牌"战略的主要内容有：（1）树立质量第一的观念，增强重视出口商品质量的意识。（2）加强全面质量管理是提高出口商品质量的保证；（3）加快出口生产企业的技术改造是提高出口商品质量的有效措施；（4）不断开发高科技产品是提高出口商品质量的主要途径；（5）实施品牌战略有助于推动出口商品质量和档次的提高。

4. 提高外贸企业经济效益的途径

提高外贸企业经济效益，除了必须给企业创造平等竞争的宏观环境外，更要从微观层面上进行变革，挖掘企业内在潜力。

(1) 以建立现代企业制度为目标，加快转换经营机制

提高外贸企业经济效益首先要建立产权清晰、权责分明、政企分开、科学管理的现代企业制度，使外贸企业真正成为自主经营、自负盈亏、自我发展、自我约束的独立生产者和经营者。

(2) 加强和改善企业管理，在管理创新上实现新突破

外贸企业内部经营管理制度的完善及科学与否，是影响企业经济效益的关键。

这些年，我们一直强调加强企业管理，特别是在成本控制、压缩费用等方面取得了明显的效果。应当说，管理是企业永恒的主题，在当前新的形势下，我们一定要在管理创新上进行积极的探索。

(3) 加快进行外贸企业的战略性改组，在发展大而强的企业集团上实现新突破

目前，我国外贸集团公司还较少，这种状况不能适应国际市场激烈竞争的要求，必须尽快培植一批实力雄厚、竞争力强的大型企业集团。加快调整经营战略和经营方式，迅速壮大规模，争取形成货物贸易、服务贸易、技术贸易、投资贸易相结合的多元化经营格局。

(4) 培养人才，提高企业素质

外贸企业的一切活动归根结底是人的活动，因此外贸企业人员的素质高低，将在极大的程度上决定着外贸企业的经济效益。外贸企业要在竞争中取胜，提高企业经济效益，必须加强企业职工队伍的建设，要采取多种形式培养企业的经营决策人才和具体业务人才，建设一支有足够数量、高质量的职工队伍。

七、论述题（共 24 分，每题 12 分）

1. 出口贸易在国民经济发展中的作用有哪些？

(1) 出口贸易是对外开放的物质保证。实行对外开放，大规模引进先进设备和技术，向国外借款，吸引外国直接投资，鼓励企业到国外去投资，开展对外承包工程，对外援助以及多边与双边经济贸易合作等都需要出口提供需要的外汇，又称"硬通货"。

(2) 出口贸易对国民经济发展具有动态效应。一个国家通过对外贸易，充分发挥比较优势和竞争优势，并能有效地调整各个社会群体之间的利益分配，就能提高全民的福利水平。这叫做贸易的静态效应。传统的贸易理论主要从这个角度来理解出口贸易带来的好处。对一个经济落后、科学技术水平低的国家来说，只有通过增加出口，才能使国内储蓄变成效率更高的投资并促进经济增长，提升产业结构。这也是我国对外开放战略当前要解决的主要问题。也是提

倡自主创新、建立创新型国家的目的。总之，在体现可持续发展理念的产业政策的指导下，把"进口替代"和"出口导向"巧妙结合起来的发展战略是我们应有的选择。

（3）出口贸易有利于提高我国的技术水平和管理水平。发展出口贸易，使国内产品进入国际市场，参与激烈的国际竞争。这要求出口企业不断地更新设备和生产工艺，采用先进的经营管理方法，以提高劳动生产率，改进商品的质量，增加花色品种，实现规模经济效益。所以，一般来说，出口企业的竞争力更强。加工贸易国内价值链的延伸，对我国产业结构升级也能起到重要的作用。出口企业的辐射和带动作用能完善我国的市场经济，促进整个国民经济的技术水平。

（4）出口贸易是实现"走出去"战略必不可少的重要环节。除了为"走出去"的企业提供资金保障外，出口贸易对"走出去"战略还有另一层含义。那就是通过出口贸易，去认识世界，认识不同国家和文化背景下的企业和经营者，学习国外的先进技术和经验。事实上，在我国已经"走出去"办厂的企业中，相当一部分经历了先发展出口，在了解国外市场的基础上，再直接投资和办厂。而作为一种出口贸易的旅游业，则不仅仅是以赚取外汇为目的的。它还能使世界了解中国。这对增进各国人民之间的了解，消除不同文化之间可能的隔阂起到积极的作用。

2. 试述2004年《中国对外贸易法》的基本原则。

（1）国家实行统一的对外贸易制度的原则

《外贸法》第四条规定："国家实行统一的对外贸易制度。"即由中央政府统一制定、在全国范围内统一实施的制度。具体包括两个方面：一是国家对外贸易法律、法规的统一；二是国家对外贸易管理制度的统一。

（2）货物与技术贸易自由进出口的原则

《外贸法》第十四条规定："国家准许货物与技术的自由进出口。但是，法律、行政法规另有规定的除外。"《外贸法》所确定的进出口自由的前提是进出口贸易不对国家的各项公共利益产生损害。但当对外贸易出现了某些危害国家的利益的倾向时，国家有权对进出口实施必要的限制或禁止。

（3）发展国际服务贸易的原则

《外贸法》第二十四条规定："中华人民共和国在国际服务贸易方面根据所缔结或者参加的国际条约、协定中所作的承诺，给予其他缔约方、参加方市场准入和国民待遇。"由于中国目前的服务业总体水平很低，根据世贸组织的《服务贸易总协定》有关逐步实现服务贸易自由化的原则，我国《外贸法》中发展国际服务贸易的原则，一方面，规定了给予其他缔约方、参加方市场准入和国民待遇；另一方面，也规定了国家限制和禁止国际服务贸易的范围。

(4) 保护与外贸有关的知识产权的原则

2004 年《对外贸易法》对与贸易有关的知识产权保护共三条，规定了三个方面的内容。① 规定中国在货物贸易方面进一步依法加强知识产权保护。把我国的知识产权保护从技术贸易领域扩大到货物贸易的领域。② 中国加强对贸易国滥用知识产权阻碍贸易的限制。③ 中国同美国、日本一样，不仅要重视在国内的知识产权保护，同时也要在国际环境下寻求对中国知识产权更为有利的保护。

(5) 维护对外贸易秩序的原则

对外贸易秩序是指国家运用法律手段对对外贸易行为加以规范，维护国家的经济利益。具体内容有：

① 对于垄断和不正当竞争行为的规定：对于对外贸易中存在的垄断行为、不正当竞争行为以及其他扰乱对外贸易秩序的行为，国务院主管部门可以采取禁止进出口等措施消除其危害或影响。在对外贸易经营活动中，不得实施以不正当的低价销售商品、串通投标、发布虚假广告、进行商业贿赂等不正当竞争行为。

② 关于对外贸易活动中禁止性行为的规定：伪造、变造进出口货物原产地标记，伪造、编造或者买卖进出口货物原产地证书、进出口许可证、进出口配额证明或者其他进出口证明文件；骗取出口退税；走私；逃避法律、行政法规规定的认证、检验和检疫；违反法律、行政法规等其他行为。

③ 对于外汇管理的规定：对外贸易经营者在对外贸易活动中应当遵守国家有关外汇管理的规定。

(6) 实行公平贸易的原则

公平贸易是世贸组织的一项重要原则。2004 年《中国对外贸易法》中的"对外贸易救济"和"对外贸易调查"两章明确规定：外国产品以不公平的方式或价格进入国内市场，对国内同类产业造成损害和构成损害威胁，可以实施贸易救济措施保护国内同类产业；中国产品进入国际市场如遭遇他国的贸易壁垒，可以对国外的贸易壁垒实行贸易调查制度。

(7) 对外贸易促进原则

对外贸易促进措施是指一国根据其对外贸易发展的需要，对对外贸易采取的鼓励、支持、推动等措施。根据世贸组织的规则和我国加入世贸组织协议，《中国对外贸易法》对出口促进做了政策措施方面和组织措施方面的规定。第51、52、53、54 条规定："国家制定对外贸易发展战略，建立和完善对外贸易促进机制"；"国家根据对外贸易的发展需要，建立和完善为对外贸易服务的金融机构,设立对外贸易发展基金、风险基金";"国家通过进出口信贷、出口信用保险、出口退税以及其他促进对外贸易的方式,发展对外贸易";"国家建立对外贸易公共信息服务体系,向对外贸易经营者和其他社会公众提供信息服务"。

《中国对外贸易法》同时规定:"有关协会、商会应当遵守法律、行政法规,按照章程对其成员提供与对外贸易有关的生产、经营、信息、培训等方面的服务,发挥协调和自律作用,依法提出有关对外贸易救济措施的申请,维护成员和行业的利益,向政府有关部门反映成员有关对外贸易方面的建议,开展对外贸易促进活动。"

参 考 文 献

1. 江泽民. 论有中国特色社会主义. 中央文献出版社, 2002 年
2. 邓小平文选（第 3 卷）. 人民出版社, 1993 年
3. 亚当·斯密. 国民财富的性质和原因的研究. 商务印书馆, 1979 年
4. 世界银行. 1987 年世界发展报告. 中国财政经济出版社, 1987 年
5. 刘力. 贸易的动态利益与发展中大国的贸易战略. 《国际贸易问题》, 1997 年第 6 期
6. 刘力. 试论国内市场与发展中大国的贸易战略. 《国际经贸探索》, 1996 年第 5 期
7. 马尔科姆·吉利斯等. 发展经济学. 经济科学出版社, 1989 年
8. 张士元. 试论发展中国家对外贸易发展战略. 对外教育出版社, 1986 年
9. 陈立成等. 发展中国家的经济发展战略与国际经济新秩序. 经济科学出版社, 1987 年
10. 王绍熙等主编. 中国对外贸易概论. 对外经济贸易大学出版社, 2004 年
11. 周泽喜, 胡金根主编. 中国工业化进程中的对外贸易. 中国物价出版社, 1992 年
12. 王绍熙, 王寿椿主编. 中国对外贸易经济学. 对外贸易教育出版社, 1994 年
13. 马洪主编. 现代中国经济事典. 中国社会科学出版社, 1982 年
14. 黄晓玲主编. 中国对外贸易概论. 对外经济贸易大学出版社, 2003 年
15. 王绍熙, 王寿椿编著. 中国对外贸易概论. 对外经济贸易大学出版社, 2007 年
16. 王绍熙编著. 中国对外贸易概论. 对外经济贸易大学出版社, 2003 年
17. 中国海关历年的统计数据
18. 历年《中国对外贸易统计年鉴》
19. 历年商务部统计数据
20. 历年《中国统计年鉴》

21. 历年外汇管理局《国际收支平衡表》
22. WTO《世界贸易发展年度报告》
23. 联合国《统计月报》
24. WTO《新闻简报》和《世界贸易发展年度报告》
25. 中华人民共和国国家统计局网站
26. 中华人民共和国商务部网站

后 记

《中国对外贸易概论》是全国11所高等院校12位在教学第一线的教师们共同打造的一个产品。2005年12月初，我们相聚在北京顺义，准备精心打造一本真正能反映中国对外经济与贸易实践和理论发展变化的教科书，面对面整整商量了几天几夜。我们有备而来：带着大纲、带着计划、带着想法、带着观点，我们进行了具体、详尽、具有很强操作性的讨论；我们踌躇满志而归：带着进一步磋商了的大纲、写作计划和时间节点，我们又回到了各自的学校。我们的一位主编杨逢珉老师和四位副主编杨爱兰老师、刘丽娟老师、汪五一老师和贺长年老师，都再一次各自拿出自己的大纲，经过反复的讨论、交换意见，最终形成了我们这本书的体例和写作大纲。我们12位参编者多次交流意见，最终结合每一位参编者的特色，进行了如下分工：来自华东理工大学商学院的杨逢珉老师负责第一章的撰写；来自北京服装学院商学院的郭燕老师负责第二章的撰写；来自南京财经大学国际经贸学院的张玉和老师负责第三章的撰写；来自安徽工业大学的汪五一老师负责第四章、第十三章的撰写；来自石家庄经济学院的贺长年老师负责第五章的撰写；来自东北大学秦皇岛分校的程艳菲老师负责第六章的撰写；来自东北财经大学的杜晓郁老师和王绍媛老师负责第七章的撰写；来自西安建筑科技大学的李钊老师负责第八章的撰写；来自湖南文理学院的刘建钢老师负责第九章的撰写；来自长春税务学院（原吉林财贸学院）的刘丽娟老师负责第十章、十四章和十五章的撰写；来自山东经济学院的杨爱兰老师负责第十一章、十二章的撰写。全书的统稿、前言、后记是由杨逢珉老师完成的。

今天，我们终于可以松一口气，等待着我们的书与我们的学生见面。每一次完成一部作品，我们的心情都是一样的：在等待和期盼中，我们不安，我们激动。

我们坚信，本书将对我们的学生认识中国对外经济贸易发展变化的历程以及当今在中国经济建设环境发生了很大变化的情况下，中国的对外经济贸易如何发展是非常有益的。我们在多年教学的基础上，对教与学中的一些问题作了研究和探索。我们参编的老师，都力图在写作中，把自己的感想和心得体会写进去；因为长期在教学第一线，我们更有理由说：我们知道哪些内容是学生学习的重点或难点，哪些内容学生在学习的过程中已经完全掌握。我们几乎每个学期都对讲义和教案进行修改。对这本书的出版，我们真的是已经期盼和等待了好久。

当然，如果没有他人的热情帮助，本书的出版几乎是不可能的。感谢商务部的领导们给予的鼓励和支持，在2005年12月1日的全体参编人员的大会上，霍建国副司长对我们的工作寄予很大希望，希望出一本真正能够反映时代特色的教科书。华东理工大学商学院的研究生曹萍、陈蕾等同学，她们为本书的出版及为我们对中国对外经济与贸易的研究提供了支持和帮助。学术界前辈、同仁的研究，为本书提供了重要的基础，我们尽可能一一注明，但难免挂一漏万，愿借此机会向他们表示诚挚的谢意和敬意。

受到我们学术水平的影响，错误依然在所难免。对此，我们将愿意承担全部责任，并希望读者和我们的学生予以指出，以便我们在以后的研究工作中做得再好一些。

以上内容是2006年本书第一次出版时我写的一些感想。

从2008年年初到今天，我们全体编写人员对教材进行了修改，由于大家在祖国的东西南北，只能通过邮件沟通，所以从2008年6月开始，就主要是我与出版社沟通。这里要特别提出的是，中国商务出版社负责本书修订版书稿的编辑同志，以极其认真的态度对本书的修改作了大量工作，审核得非常仔细和认真。拿到他们寄来的审核稿，我非常感动，洋洋洒洒几百页的书稿上，留下了他们各种各样的意见、建议和修改的笔迹。借此机会，在这里也向他们表示深深的谢意和敬佩。

杨逢珉

2009年2月于上海

教学课件索取说明

各位教师：

 中国商务出版社为方便采用本教材教学的教师需要，我社免费提供此教材的教学课件。为确保此课件仅为教学之用，烦请填写如下内容，并寄至北京市东城区安定门外大街东后巷 28 号 7216 室，中国商务出版社组稿编辑部　种清苑收，邮政编码：100710，电话 010-64242964 或传真至：010-64240576；我们收到并核实无误后，通过电子邮件尽快发出。特此。

证　　明

　　兹证明_____大学_____院/系_____年级_____名学生使用书名《　　　》、作者：　　　　的教材，教授此课教师共计_____位，现需课件_____套。

教师姓名：_____　　联系电话：_____
传　　真：_____　　E-mail：_____
通信地址：_____
邮政编码：_____

　　　　　　　　　　　　　　　院/系主任：_____签字
　　　　　　　　　　　　　　　　　（院/系公章）
　　　　　　　　　　　　　　____年____月____日